Ontdek
Marche

anwb

Inhoud

Marche – veelgestelde vragen	7
Favorieten	12
In vogelvlucht	14

Reisinformatie, adressen, websites

Informatie	18
Weer en reisseizoen	20
Reizen naar Marche	22
Overnachten	26
Eten en drinken	28
Actieve vakantie, sport en wellness	33
Feesten en evenementen	36
Praktische informatie van A tot Z	39

Kennismaking – Feiten en cijfers, achtergronden

Marche in het kort	44
Geschiedenis	46
Stad, land, rivier	50
Waar gaat de wijnreis heen – de wijnkaart van Marche	53
De papierpioniers van Fabriano	55
Macht en het mecenaat als aanzet tot de renaissance	58
Door de muze gekust – een bloeiende theaterwereld	61
Castelfidardo – wereldmuziek met instrumenten uit Marche	64
Het goud van Marche – de zwarte en witte truffel	67
Verloren land – regionale herindeling	70
Een contemporain gesamtkunstwerk – hotel Alexander in Pesaro	73
Poort naar de Balkan – Ancona's haven	76

Inhoud

Onderweg in Marche

Montefeltro en het hoger gelegen Metaurodal — 82
Bossen, weiden en wereldcultuur — 84
Exterritoriaal: San Marino — 85
Carpegna — 87
Wandelingen rond Carpegna — 88
Pietrarubbia — 89
Wandeling rond Pietrarubbia — 92
Frontino — 93
Macerata Feltria — 94
Op de fiets door de noordelijke Montefeltro — 96
Montecerignone en omgeving — 97
Montecopiolo — 98
Sassocorvaro/Lago di Mercatale — 99
Urbino — 100
Fermignano — 111
Urbania — 112
Sant'Angelo in Vado — 115
Mercatello sul Metauro — 116
Borgo Pace/Lamoli — 117

De noordkust en de Via Flaminia — 120
Dolce Vita en oude verhalen — 122
Pesaro — 123
Fietstocht van Pesaro naar Gradara — 137
Parco Naturale Monte San Bartolo — 137
Gradara — 141
Fano — 142
Eremo di Monte Giove — 146
Cartoceto en omgeving — 147
Fossombrone — 151
Gola del Furlo — 152
Cagli — 156
Eremo di Fonte Avellana della Santa Croce — 158
Pergola, San Lorenzo in Campo — 160
Castelleone di Suasa — 161
Mondavio — 162
Corinaldo — 163

Castelli di Jesi en de Grotte di Frasassi — 164
Wijngeluk en natuurwonderen — 166
Senigallia — 166
Chiaravalle, Jesi — 169
Ostra (Antica) en Ostra Vetere — 176

Inhoud

Morro d'Alba	177
Belvedere Ostrense	178
Serra de' Conti , Montecarotto	179
Maiolato Spontini, Cupramontana en Staffolo	180
Cingoli	181
Parco della Gola della Rossa e di Frasassi (Genga)	181
Arcevia	183
Sassoferrato	184
Fabriano	185

Ancona en de Riviera del Conero — 190
Droomstranden en pelgrimsdromen — 192

Ancona	192
Parco Regionale del Conero	201
Wandeling naar de Passo del Lupo, Portonovo	202
Badia de San Pietro, Sirolo	206
Camerano	208
Numana	209
Osimo	211
Castelfidardo	212
Loreto	213
Recanati	216

Het Chientidal en Marca Fermana — 220
Bidden en werken — 222

Macerata	222
Treia	227
San Severino Marche	230
Matelica en omgeving	233
Camerino	235
Tolentino	240
Urbisaglia en omgeving, Fermo	242
Porto San Giorgio, Torre di Palme	247
Montappone	248
Falerone, Campofilone	249

De Palmenrivièra en de Monti Sibillini — 252
Mare e monti – zee en bergen — 254

Ascoli Piceno	254
Cupra Marittima, Grottammare	264
San Benedetto del Tronto	268
Offida en omgeving	271
Monti Sibillini	275
Acquasanta Terme en Arquata del Tronto	276
Wandeling op de Monte Vettore	277
Castelluccio, Castelsantangelo sul Nera	277
Visso	278
Lago di Fiastra	279

Inhoud

Sarnano en San Ginesio, Amandola	280
Montefortino	281
Montemonaco	284
Wandelingen naar de Gola dell'Infernaccio en de Monte Sibilla	285
Toeristische woordenlijst	288
Culinaire woordenlijst	290
Register	292
Fotoverantwoording en colofon	296

Op ontdekkingsreis

In de wielersporen van Marco Pantani	90
In de voetstappen van de oude Joodse gemeenschap van Pesaro	128
Voor alle zintuigen – olijvenbolwerk Cartoceto	148
Culinair genieten in Senigallia	170
De wonderbaarlijke wegen van de natuur – de Grotte di Frasassi	186
Beniamino Gigli in Recanati	218
Een spirituele reis door het Chientidal	236
Een uitstapje in schoenenland Marche	250
Grottammare: badplaatsarchitectuur vol nostalgie	266
Linzenveldwerk op de Piano Grande bij Castelluccio	282

Kaarten en plattegronden

Urbino	104
Pesaro	126
Het Joodse getto in Pesaro	129
Ancona	196
Macerata	226
Chientidal	237
Fermo	244
Marche schoenenland	251
Ascoli Piceno	256

▶ Dit symbool verwijst naar de uitneembare kaart

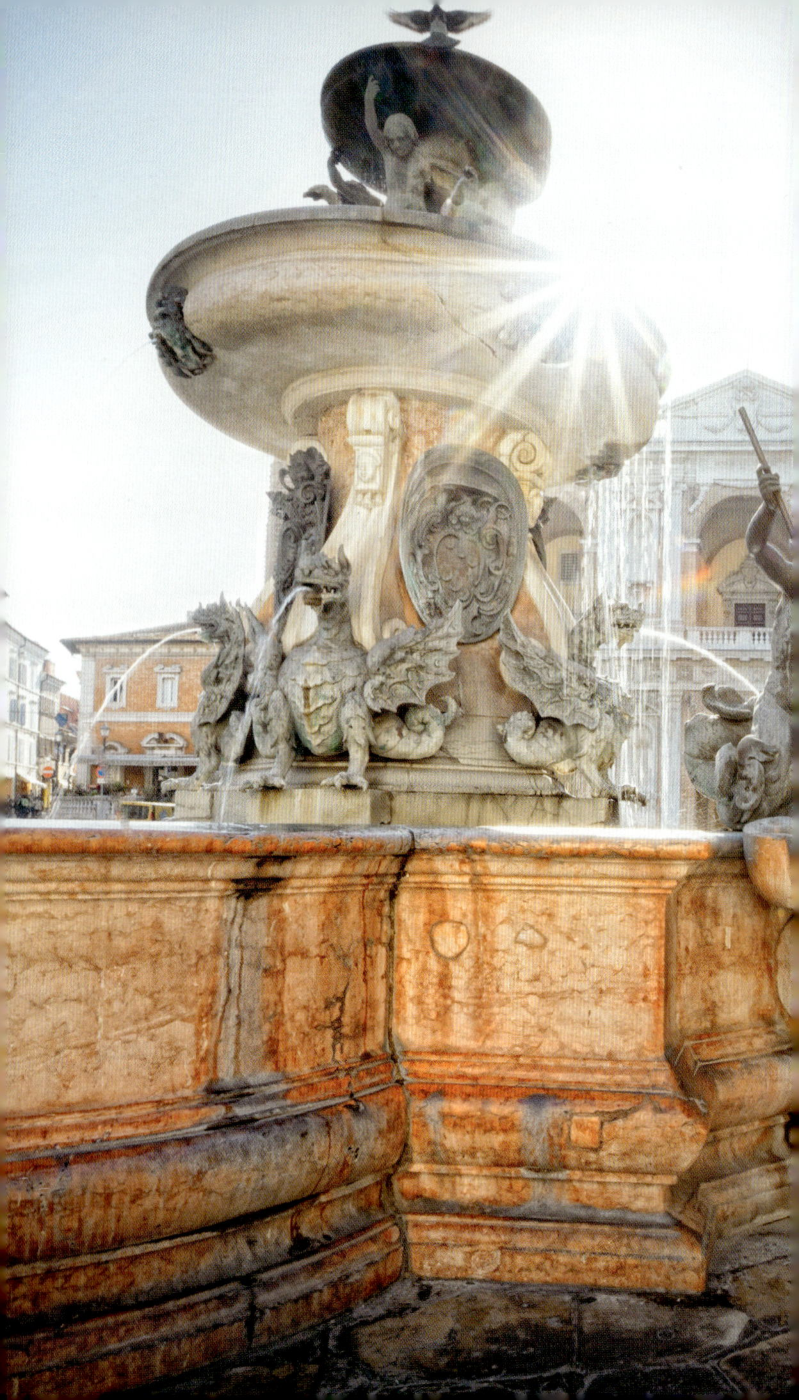

Onovertroffen vergezichten over steden, land en zee

Marche – veelgestelde vragen

Slechts weinig tijd? Een eerste kennismaking

Wie voor een eerste bezoek aan Marche maar weinig tijd heeft en toch wil zwemmen en wandelen, zo nu en dan een cultureel uitstapje wil maken en mediterrane havenstadlucht wil opsnuiven, komt aan de goed bereikbare Riviera del Conero zeker aan zijn trekken. Het misschien wel mooiste kustgedeelte van Marche begint aan de stadsrand van Ancona, opent zich met steile krijtrotsen naar de zee en lonkt met aantrekkelijke stranden en badplaatsen als Portonovo, Sirolo en Numana. De bossen en weiden boven de zee worden doorsneden door een groot aantal fiets- en wandelroutes.

In het nabijgelegen achterland imponeren het wereldberoemde Mariabedevaartsoord Loreto, de door grotten ondermijnde oude steden van Camerano en Osimo en het vriendelijke Recanati, waar nationale dichter Gioacomo Leopardi en sterrentenor Beniamino Gigli werden geboren en uit de renaissance stammende schilderijen van Lorenzo Lotto te bewonderen zijn.

Korte vakantie aan de Riviera del Conero

De fraaie fontein voor het Santuario di Loreto

Op de sfeervolle Piazza del Popolo in Ascoli Piceno

Wat zijn de mooiste steden van Marche?

Als mooiste stad van Marche geldt voor velen Urbino, waar tegen de imposante architectonische achtergrond van de renaissance het hart van een moderne universiteitsstad klopt. Onder de studenten mengen zich het hele jaar door veel toeristen, zodat hier veel uitnodigende restaurants, cafés, muziektenten en trendy bars te vinden zijn.

Alleen al door de schitterende Piazza del Popolo houd ik persoonlijk meer van Ascoli Piceno, vooral omdat het op mij een authentiekere en pretentieloos sympathieke indruk maakt. In de stad van travertijn, die 's avonds bijzonder fraai wordt verlicht, vindt u talrijke leuke kroegen, waaronder het traditionele café Meletti, waar bezoekers al zo'n honderd jaar gastvrij worden ontvangen.

Pesaro en Fano overtuigen met voor badgasten vriendelijke stranden en gezellige, architectuurhistorisch interessante oude steden. Ondanks de vaak gehoorde negatieve verhalen, vind ik de bedrijvige havenstadsfeer van Ancona over het algemeen heel stimulerend, te meer omdat er hier naast veel Romeinse overblijfselen een indrukwekkende middeleeuwse kathedraal en mooie winkels te vinden zijn.

De meeste indruk maken op mij echter de vele kleine stadjes, waaronder het architectonisch bekoorlijke Jesi met het plein waar de Hohenstaufse keizer Frederik II in alle openbaarheid werd geboren, Corinaldo Treia, Cagli en Offida. Vele zijn door middeleeuwse muren omringd, charmeren met sfeervolle pleinen en straatjes, en elegante historische paleizen.

Marche – veelgestelde vragen

Wat mag ik in geen geval missen?

Voor degenen die in de sfeer van de Italiaanse renaissance willen wandelen, is Rafaëls geboorteplaats Urbino een must! Daar straalt het gehele architectonische ensemble in de glans van het belangrijke kunsthistorische tijdperk, dat zich in het alles beheersende Palazzo Ducale en de daarin ondergebrachte Galleria Nazionale met zijn beroemde renaissanceschilderijen openbaart.

Als meesterwerk van de renaissance geldt ook het fraaie marmeren kunstwerk dat in de basiliek van Loreto het huis van de Moeder Gods (Santa Casa) beschermt.

De in de loop der eeuwen kaal gelopen Piazza del Popolo in Ascoli Piceno zal u net zo inspireren als de grotten van Frasassi, waarin zich een fantastisch druipsteenlabyrint verbergt. Van een adembenemende natuurlijke schoonheid zijn ook de met sneeuw bedekte toppen en hoogvlakten van de Monti Sibillini, die door linzenakkers en in de vroege zomer door een kleurrijk bloementapijt zijn bedekt.

En dan is er natuurlijk nog de mooie blauwe Adriatische Zee! In Grottammare aan de Palmenrivièra kunt u een prachtige oude stadskern met uitzicht op de zee en bijzonder fraaie historische badplaatsarchitectuur bewonderen. Aan de Riviera del Conero liggen grillige witte krijtrotsformaties, en in het regionale park Monte San Bartolo ten noorden van Pesaro verbluffen een fascinerend kustpanorama en luxueuze villa's.

Waar kan ik goed winkelen?

Zoals bijna overal in Belpaese vindt u op veel plaatsen lokaal specifieke, zeer smakelijke culinaria, zoals voortreffelijke truffels, erwten en linzen, worst- en hamspecialiteiten, de beste olijfolie en goede wijn. Omdat veel Italiaanse schoenen in Marche worden geproduceerd vindt u vooral in de provincie Fermo talrijke winkels met designschoenen, waaronder de cultmocassins van Tod's, tegen zeer voordelige prijzen. Een goede reputatie hebben ook de hoedenmakers van Montappone, bij wie zelfs de Engelse koningin haar bestellingen plaatst. De meesten van hen richten zich echter op alledaagse modellen, waaronder traditioneel een brede selectie prachtige strohoeden.

Bovendien zijn er in de hele regio fabriekswinkels van bekende kledingmerken, bijvoorbeeld Armani, waarvan de outletstore in Matelica tot geld uitgeven verleidt. Uiteraard zijn in de dure winkelstraten van Ancona en Pesaro flagshipstores van alle beroemde Italiaanse modeontwerpers te vinden.

Welke plaatsen hebben een interessant cultureel programma?

Marche kent een bloeiend theaterleven met zo'n zeventig historische schouwburgen, waarvan in de meeste nog of

De mooiste steden en spectaculairste bezienswaardigheden

weer wordt gespeeld. Bijzonder gerenommeerd is het naar de grote componistenzoon genoemde Teatro Pergolesi in Jesi, waar elk jaar in de herfst het operaseizoen begint. Het nog bekendere Teatro Rossini in Pesaro staat tijdens het Rossini Opera Festival in augustus geheel in het teken van zijn beroemde naamgever. Internationale bekendheid geniet ook het Sferisterio Opera Festival van Macerata, dat eind juli in een grote openluchtarena plaatsvindt.

Op veel plaatsen worden jaarlijks grote historische spektakels opgevoerd. Een van de opzienbarendste is de Quintana van Ascoli Piceno, waarbij de bevolking zich op de eerste zondag van augustus met fraaie kostuums en rekwisieten haar middeleeuwse geschiedenis herinnert.

Accordeonvirtuoos Antonio Franzoso (1934-2016) in Castelfidardo

Wat is er buiten de toeristische drukte te ontdekken?

De meeste toeristen gaan naar Urbino en 's zomers naar de Adriatische kust, zodat op veel andere plaatsen in Marche nog het authentieke alledaagse leven kan worden ervaren. Zelf vind ik de plaatsen waar ambachtelijke tradities nog steeds het alledaagse leven bepalen erg interessant, zoals het accordeonparadijs Castelfidardo, de papierstad Fabriano en 'schoenenparadijs' Sant'Elipidio a Mare, waar interessante musea de geschiedenis en vaak internationale invloed van streekproducten documenteren.

Wandelen, fietsen en zwemmen

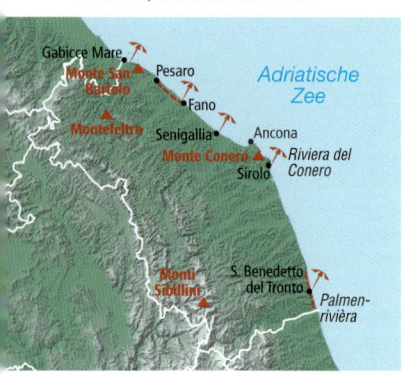

In welke gebieden kan ik goed wandelen of fietsen?

Eigenlijk overal, omdat vrijwel alle mooie heuvel- en berggebieden, kustbossen, rotsige kloven en rivierdalen als regionaal natuurpark zijn aangewezen. Met een groot aantal wandel- en fietsroutes zijn deze parken voor het toerisme ontsloten. Hoewel de meeste wandelingen door het bos- en weidegroene middelgebergtelandschap van Montefeltro ook voor minder fanatieke sportievelingen te doen zijn, is voor de plaatselijke fietsroutes wel de nodige conditie vereist.

Die goede conditie hebt u zeker nodig in de Monti Sibillini, omdat het te voet beklimmen van tweeduizenders natuurlijk geen akkefietje is. Ook een fietsbeklimming langs de steile bergwegen is bijzonder veeleisend. Als u het droevige beeld van de door de laatste aardbeving getekende dorpen buiten beschouwing laat, is het alpiene Marche met zijn soortenrijke flora en fauna een paradijs voor ambitieuze wandelaars en fietsers. Maar ook voor minder ervaren wandelaars zijn er in het hooggebergte in het zuiden makkelijke wandelroutes te vinden.

Dat geldt eveneens voor de kustparken rond de Monte Conero en Monte San Bartolo, waar u met een 'miljonairsuitzicht' op zee voor uw wandel- of fietsinspanningen wordt beloond. Ontspannen fietsen kunt u over de fietspaden langs de kust tussen Pesaro en Fano in het noorden en langs de Palmenrivièra in het uiterste zuiden van de regio.

Waar liggen de mooiste stranden?

De lange en brede zandstranden van Gabicce Mare, Fano, Senigallia en San Benedetto del Tronto zijn bijzonder geschikt om te zonnebaden en te zwemmen. Ze vormen niet alleen een geschikte vakantiebestemming voor gezinnen met kinderen, maar ook voor alle andere reizigers die van zomerse drukte aan het strand houden. Wie de voorkeur geeft aan kleine, rotsige baaien, kan beter kiezen voor de Riviera del Conero. Van bijvoorbeeld het strand van Sirolo zult u zeker onder de indruk zijn.

Wat is er nieuw in de regio?

Vanwege de crisis in de productiesector focust de regio zich meer dan ooit op de ontwikkeling van een duurzaam en voor reizigers met een beperking toegankelijk toerisme. Zo is er een steeds ruimer aanbod van luxueuze onderkomens in landschappelijk fraai gelegen villa's tegen relatief bescheiden prijzen.

Betreurenswaardig is het dat de aardbeving van augustus 2016 ook in de zuidelijke Marche historische bouwwerken heeft verwoest of beschadigd en zelfs levens heeft geëist.

En nog een paar persoonlijke tips tot besluit

Om het land en de mensen beter te leren kennen, raad ik u aan een keer over de schouder van de Marchigiani mee te kijken als ze aan het werk zijn. Bezoek bijvoorbeeld eens een hoedenfabriek in het al eerder genoemde dorp Montappone of ga in Campofilone kijken hoe de flinterdunne maccheroncini worden gemaakt.

Wijnliefhebbers adviseer ik een heerlijke proefreis door de glooiende heuvels van Castelli di Jesi en ook fijnproevers een bezoek aan Senigallia. De tweesterrenrestaurants Madonnina del Pescatore en Uliassi serveren hier een tongstrelende symbiose van eenvoudige maritieme Marchegerechten en avantgardistische moleculaire gastronomie.

Aan de Riviera del Conero

Op de binnenplaats luistert Rossini naar de muziekstudenten uit Parese. Zie blz. 132.

De beste Italiaanse linzen groeien op de hoogvlakte Piano Grande. Zie blz. 286.

Favorieten

Mijn lievelingsplaatsen laten eigenlijk (nagenoeg) alles zien wat voor Marche kenmerkend is: ik houd van de mooie stadspleinen, de cafés en de culinaire voorkeuren van de regio, in het bijzonder van het panorama vanuit de 'woonkamer' van Treia, het café Meletti in Ascoli Piceno, en natuurlijk van de truffelcreaties van Alberto Melagrana. Marche raakt mij, zowel in geestelijk als in muzikaal opzicht, zoals de romaanse kerk van Portonovo en de binnenhof van het Rossini Conservatorium in Pesaro. Ik ben gefasci-

Het uitzicht vanaf de centraal gelegen Piazza in Treia. Zie blz. 228.

Gewoon adembenemend: de Santa Maria di Portonovo. Zie blz. 204.

De keuken van Alberto Melagrana verleidt met zijn truffelgeur. Zie blz. 155.

Harmonieuze natuur en cultuur: Pietrarubbia. Zie blz. 95.

neerd door de symbiose van natuur en cultuur, bijvoorbeeld in Pietrarubbia Castello, waar bossen zich met weiden, middeleeuwse muren en moderne sculpturen tot een harmonieus stilleven verenigen, en ik houd van de typisch mediterrane beelden van het landschap, zoals de bergen die zijn bezaaid met wijnstokken en de olijfboomgaarden rondom Offida. En dan is er natuurlijk nog de zee, die mij bovenal boeit ...

Olijven en wijn in Ripatransone vlak bij Offida. Zie blz. 272.

Een anisetta drinken in Café Meletti in Ascoli Piceno. Zie blz. 261.

In vogelvlucht

Montefeltro en het hoger gelegen Metaurodal
Montefeltro is zeer aantrekkelijk, met diepgroene heuvels, beboste middelhoge bergen en hoog oprijzende rotsplateaus. Daarop tronen middeleeuwse stadjes als Urbino, en dorpen, kerkjes en kastelen, en ook San Marino, de oudste republiek ter wereld. Zie blz. 82.

De noordkust en de Via Flaminia
Boven het met parasols bezette strand van de Adriatische Zee toont het aan de kust gelegen park Monte San Bartolo zijn kleuren. Direct daarachter liggen mooie plaatsjes. De Via Flaminia passeert de rotskloof Gola del Furlo en voert naar bossen en velden aan de voet van de Monte Catria. Zie blz. 120.

Castelli di Jesi en de Grotte di Frasassi
In de Castelli di Jesi duikt u in eindeloze, zacht glooiende wijnvelden, met hier en daar een mooi wijngoed of een gezellig wijnplaatsje met een klein kasteel. Te midden daarvan belichaamt het aantrekkelijke Jesi het enige wereldlijke accent. In het westen raken de wijngaarden de rotsformaties van Frasassi, met prachtige druipsteengrotten. Zie blz. 164.

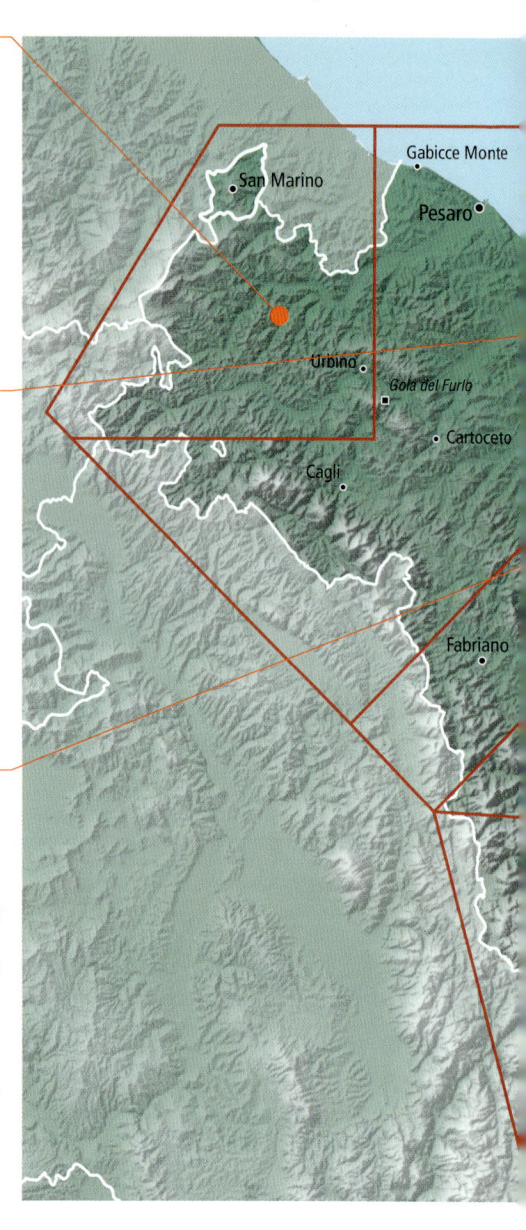

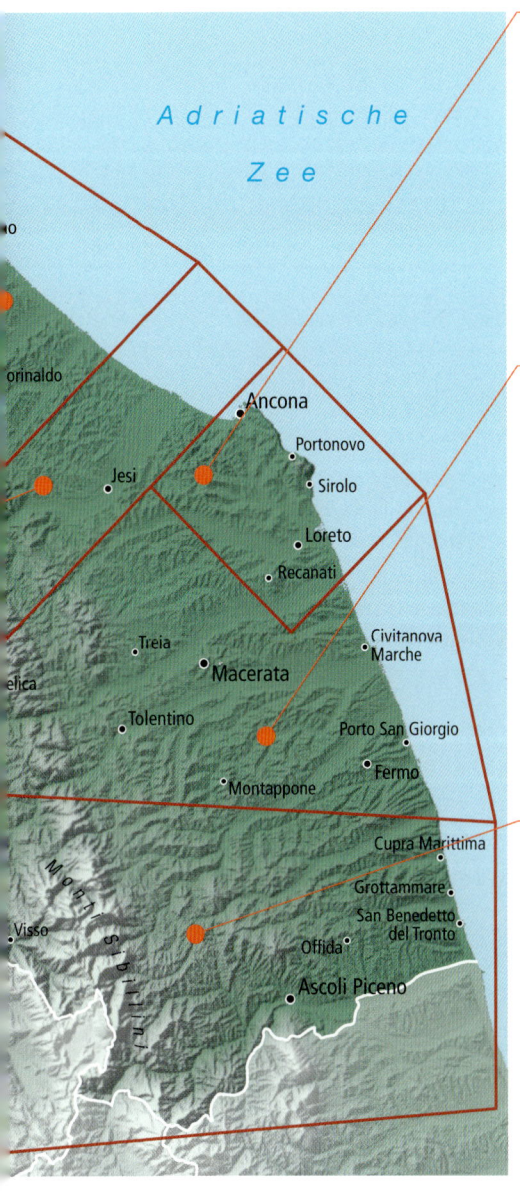

Ancona en de Riviera del Conero

Ancona is een van de oudste Europese havensteden; u treft er veel maritieme charme. In het zuiden van deze regio-metropool lokt de schitterende Riviera del Conero met romantische baaien. Het achterland, bezaaid met wijngaarden, telt veel culturele plaatsen. Zie blz. 190.

Het Chientidal en Marca Fermana

In het Chientidal liggen veel bedevaartplaatsen, mooie kloosters en dito kerken. Over dit alles waakt vanaf een heuvel de stad Macerata, met haar trotse stadspaleizen en de beroemde Opera-arena Sferisterio. De provincie Fermo nodigt uit tot shoppen, en wel voor schoenen, waarvan u weer kunt uitrusten op een van de stranden of op de gezellige piazza's. Zie blz. 220.

De Palmenrivièra en de Monti Sibillini

Vanaf de heuvels boven de fijne zandstranden bieden de oude dorpskernen een schitterend uitzicht op de zee, de olijfbomen en de wijngaarden. Meer landinwaarts verheffen zich de 2000 m hoge Monti Sibillini, en daartussen nodigt Ascoli Piceno u uit op de Piazza del Popolo. Zie blz. 252.

Reisinformatie, adressen, websites

Tussen de krijtrotsen van de Riviera del Conero nodigen kleine baaien uit tot zwemmen

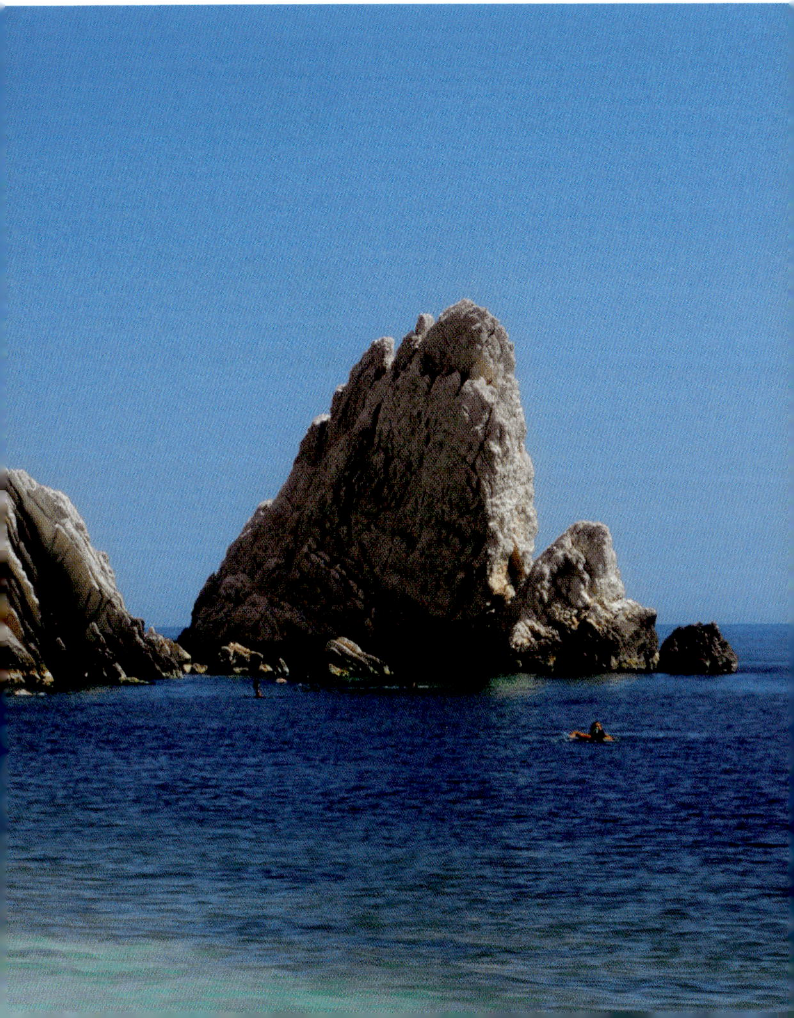

Informatie

Internet

www.lemarche.startpagina.nl biedt een ongelooflijk grote hoeveelheid aan alle denkbare informatie. Hier kunt u echt alles vinden via talloze ingangen: van vervoermiddelen tot sport, van restaurants en winkels tot musea, en van tips voor reizen met kinderen tot een uitgebreide beschrijving van de geografie van de regio, de kust, de bergen en de meren. Wat betreft de accommodatie worden er links gegeven naar campings, hotels, agriturismi, B&B's en zelfs naar sites van makelaars.

www.turismo.marche.it Het portaal voor toeristen van de regio Marche verzorgt zijn bezoekers met thematisch breed georiënteerde reisinformatie en met aantrekkelijke links. De informatie is zowel in het Italiaans als in het Engels en om te downloaden in brochureformaat.

www.regione.marche.it Dit is de officiële homepage van de regio, die met name is bedoeld voor de plaatselijke bevolking, maar zeker ook voor Italiaans sprekende reizigers die een bovenmatige belangstelling voor deze streek hebben.

www.lemarche.com Uitgebreide informatie over alle provincies, met culinaire tips en allerlei informatie over accommodatie, inclusief links en de mogelijkheid tot direct boeken.

www.italianculture.net Algemene (toeristische) informatie over (bijna) alle Italiaanse regio's. U vindt hier ook actuele culturele evenementen en handige links. De site is ook in het Engels, maar niet in het Nederlands.

www.sonoitalia.com Online reisverslag van een Duitse journalist. Liefhebbers van Italië vinden hier artikelen, interviews en tips over diverse Italiaanse regio's waaronder Marche.

www.cultura.marche.it Actuele informatie over regionale kunst- en cultuurprogramma's. Deze site kunt u ook grotendeels in het Engels lezen.

www.museionline.info Een naar streek geordend overzicht van tentoonstellingen en musea, voorzien van adressen, openingstijden en entreeprijzen, ook van archeologische parken en van tijdelijke exposities; dit overigens van heel Italië.

www.musei.marche.it Gedetailleerde informatie over musea in de regio. Links met de museumportals van de afzonderlijke provincies.

www.wein-plus.eu Website met informatie over wijn en wijnboeren in de belangrijkste Europese wijngebieden. Goede voorbereiding voor een wijnreis door Marche.

nl.wikiloc.com/routes/wandelen/italie/marche Veel wandelingen, kort of lang, voor wie Marche graag te voet verkent. Het aantal kilometers en de hoogteverschillen staan aangegeven. De site geeft ook een lijstje met plaatsen waarvandaan u kunt vertrekken. Met kaarten en foto's.

www.parks.it Ook in het Frans, Duits en Engels te lezen: een uitgebreid overzicht van attracties, wandelmogelijkheden en uitstapjes in de Italiaanse nationale en regionaleparken en natuurreservaten.

Informatie

www.in-outlet.it Deze website biedt – ook in het Engels – een overzicht van talloze outletstores in Marche. U leest waar u tegen gunstige(r) prijzen kunt kopen, hoe u deze consumentenparadijzen het snelst bereikt en waar u na het shoppen kunt eten en overnachten.

Verkeersbureaus

De Italiaanse centrale organisatie voor toerisme ENIT (www.enit.it)is met een aantal agentschappen vertegenwoordigd in Europa, zij het niet in Nederland, maar wel in Brussel (geopend ma.-vr. 9-17 uur). Informatiemateriaal is gedrukt te verkrijgen of via e-mail: brussels@enit.it.

De toeristische dienst van de regio Marche (Via Gentile da Fabriano 9, 6025 Ancona, tel. +39 071 213 36 09) heeft een gratis servicenumer: tel. 800 222 111.

Nederland/België
Italiaanse Nationale Dienst voor Toerisme
Emile Clausstraat 28
1050 Brussel
tel. +32 (0)2 647 11 54
brussels@enit.it
www.enit.it

Oostenrijk
Mariahilfer Str. 1b
1060 Wien (Wenen)
tel. +43 (0)1 505 16 39
fax +43 (0)1 505 02 48
www.enit.at
vienna@enit.it

Duitsland
Barckhausstr. 10
60325 Frankfurt a. M.
tel. +49 (0)69 23 74 34
fax +49 (0)69 23 28 94
www.enit.de
frankfurt@enit.de

Italië
IAT Ancona
Banchina N. Sauro 50
60121 Ancona
tel. 335 147 54 54
iat.ancona@regione.marche.it

IAT Urbino
Via Puccinotti 35
61029 Urbino
tel. 0722 26 13
fax 0722 24 41
iat.urbino@provincia.ps.it

IAT Pesaro
Piazzale della Libertà 11
61121 Pesaro
tel. 0721 693 41
fax 0721 304 62
www.turismo.pesarourbino.it

IAT Fermo
Piazza del Popolo 6
63900 Fermo
tel. 0734 22 79 40
fax 0734 21 51 20
iat.fermo@provincia.fm.it

IAT Macerata
Corso della Repubblica 32
62100 Macerata
tel. 0733 23 48 07
fax 0733 26 66 31
iat.macerata@provincia.mc.it

IAT Ascoli Piceno
Piazza Arringo 7
63100 Ascoli Piceno
tel. 0736 25 30 45
iat.ascoli@provincia.ap.it

Leestips

Michel de Montaigne: *Dagboek van een reis naar Italië via Zwitserland en Duitsland*, Zürich, 2007: het reisjournaal van de Franse filosoof/politicus Michel

Reisinformatie

Eyquem, genaamd De Montaigne (1533-1592), van zijn reis in 1580.

Hanns-Josef Ortheil: *Die große Liebe*, München, 8e druk, 2005 (geen vertaling beschikbaar). Deze gelauwerde roman speelt zich af aan het begin van deze eeuw en verhaalt over de liefde tussen een Duitse journalist en een Marchigiana, die als zeebiologe werkzaam is in San Benedetto del Tronto. Plaats van handeling: San Benedetto del Tronto, Ascoli Piceno en de Monti Sibillini. Thema's zijn, behalve de grote liefde, het landschap, de natuur, de cultuur en het eten van *terra marchigiana*.

Stendhal: *Reise in Italien*, München 1996 (geen vertaling beschikbaar). Een reisbericht anno 1817 van de Franse romancier Stendhal (1783-1842) die jarenlang in Italië leefde. Eigenlijk heette hij Marie Henri Beyle.

Stefano Zuffi: *De kunst van het kijken. Italiaanse renaissanceschilderkunst*, uitgeverij Ludion, 2010. Voor de ware liefhebber die vooral vanwege de renaissancekunst Marche bezoekt.

Weer en reisseizoen

Klimaat

Het weer in Marche wordt vooral bepaald door het Middellandse Zeeklimaat, dat het landklimaat van Midden-Europa ongeveer ter hoogte van Noord-Italië aflost. Het klimaat is uiteraard ter plaatse weer afhankelijk van de plaatselijke natuurlijke omstandigheden, waardoor de gemiddelde temperaturen in de heuvelachtige en bergachtige gebieden in vergelijking met die aan de kust veel van elkaar afwijken. De jaarlijkse neerslag laat eenzelfde uiteenlopend beeld zien.

In het algemeen kan men zeggen dat het in Marche tot in juni en vanaf half september iets koeler en regenachtiger is dan in andere gebieden van Midden-Italië.

J	F	M	A	M	J	J	A	S	O	N	D
7	9	13	17	21	25	28	27	24	19	13	8

Gemiddelde dagtemperatuur in °C

0	1	4	7	11	15	17	17	14	10	5	1

Gemiddelde nachttemperatuur in °C

10	9	9	12	16	20	23	24	22	18	15	12

Gemiddelde watertemperatuur in °C

3	4	5	6	8	9	10	9	7	5	3	2

Aantal zonuren per dag

7	6	8	7	6	4	6	6	6	8	8	8

Aantal dagen regen per maand

Beste reistijd en -kleding

Zeeliefhebbers en zonaanbidders die naar Marche komen, kunnen er in principe op rekenen dat de lucht- en watertemperatuur in juli en augustus in de hele regio tussen respectievelijk 26-30 en 20-26 °C ligt. Toeristen die tegen wat lagere temperaturen zijn bestand, kunnen ook al in juni of nog in september hun badkleding meenemen. In die twee perioden kunt u nog makkelijk een onderkomen, een restaurant en een plek voor parasol en ligstoel vinden. Doordat het gros van de hotels, strandtenten en campings alleen is geopend tussen half mei en half september, is het aanbod aan de kust daarmee beperkt. In de Monti Sibillini kan er nog tot in mei sneeuw liggen en vanaf oktober begint de 'regentijd', zodat de periode tussen juni en september ook de beste tijd is voor wandelingen.

De veelvoorkomende voorjaars- en herfstregenbuien in de maanden april, oktober en november kunnen in de gehele regio de vakantiepret bederven. Omdat u ook in de warmste maanden op af en toe een bui en zelfs een onweersbui moet zijn voorbereid (in de zomer zijn er maandelijks gemiddeld zes natte dagen), is het handig om naast uw badkleding een paraplu, een regenjack en een paar warme truien mee op reis te nemen.

Lust voor het oog en tongstrelend

Zodra de lente overgaat in de zomer (eind mei, begin juni) staan overal op de rotspartijen aan de kust van Monte San Bartolo of Monte Conero de gele bloemen van de brem in bloei. En aan het begin van de zomer ziet u in het binnenland weidse velden met vrolijke zonnebloemen.

Tegelijkertijd staat ook de bijna als een kaal maanlandschap aandoende, maar met linzenvelden bedekte hoogvlakte Piano Grande in de Monti Sibillini in alle kleuren van de regenboog in bloei. Dit plantkundige natuurfenomeen dat *fioritura* (bloeitijd) heet, begint ongeveer eind mei en bereikt tegen de tijd van de linzenbloei, krap een maand later, zijn veelkleurige hoogtepunt. Terwijl de filigrane linzenplanten uitsluitend bescheiden pastelkleurige bloemen krijgen, groeien en bloeien daartussenin én hoog bovenuit wilde veldkruiden en -bloemen met hun bonte kleurenpracht. Als gevolg van deze botanische samenstelling zijn de linzenvelden tijdens de *fioritura* dan weer boterbloemgeel gekleurd, dan weer papaverrood of korenbloemenblauw, of gewoon een veelkleurig bloementapijt.

In oktober en november maken de vier tot vijf meter hoge aardbeibomen (*corbezzolo*) op Monte Conero indruk met hun dracht in de nationale driekleur, doordat deze altijdgroene planten, uit het geslacht van de heidekruiden, tegelijk witte bloemen en rode vruchten laten zien. De knobbelige besvruchten hebben een jaar nodig om van bloesem tot rijping te komen; ze worden zo groot als kersen en bevatten veel alcohol. Ze lokken een eveneens kleurrijke vlindersoort aan, *Charaxes jasius;* daarom heet deze vlinder in de volksmond ook wel *farfalla ubriacona* (zuipende vlinder).

Terwijl op Monte Conero de aardbeibomen bloeien, worden in Sant'Agata Feltria, Sant'Angelo in Vado en Acqualagna de truffelhonden losgelaten. Zij mogen met hun getrainde neuzen de kostbare witte en zwarte wintertruffels vinden, die zich onder de grond verborgen houden op het wortelgestel van eiken en populieren. Het truffelseizoen gaat nog door tot ver in februari, wanneer in Fano, San Benedetto del Tronto en elders in Marche uitbundige carnavalsoptochten door de straten trekken en in de pittoresk besneeuwde Monti Sibillini de wintersporters hun skisporen trekken.

Linzenbloei en truffelfeesten

Het hoogtepunt van de *fioritura,* het gelijknamige feest in Castelluccio (meestal de derde zondag in juni) varieert jaarlijks, afhankelijk van het weer (zie voor actuele informatie: www.castelluccio dinorcia. eu). Op blz. 38 en blz. 68 van deze gids vindt u gegevens en data van de belangrijkste truffelmarkten en truffelfeesten.

Reizen naar Marche

Reisdocument

Inwoners van de EU hebben een geldig paspoort of een geldige identiteitskaart nodig. Dat geldt ook voor kinderen.

Douanebepalingen

Inwoners van de EU mogen maximaal 90 l wijn, 10 l sterkedrank en 800 sigaretten meenemen.

Met het vliegtuig

De enige luchthaven van de regio is Marche Airport (Ital.: Aeroporto della Marche) en bevindt zich in Falconara Marittima bij Ancona. Hij stond vroeger bekend als Raffaello Sanzio Airport, genoemd naar de beroemde schilder Raffaello Sanzio, beter bekend als Rafaël. Er zijn geen rechtstreekse vluchten vanuit Nederland, maar prijsvechter Ryanair (www.ryanair.com) vliegt op Ancona vanaf Brussel Charleroi en Düsseldorf Weeze. Andere luchtvaartmaatschappijen die op Ancona vliegen zijn onder meer Alitalia (www.alitalia.com) en Lufthansa (www.lufthansa.com). Reizigers moeten overstappen in Milaan of Rome. Een alternatief is de internationale luchthaven Federico Fellini in Rimini, die door vele luchtvaartmaatschappijen wordt aangevlogen (www.riminiairport.com).

Voor reizigers die als reisdoel het zuiden van Marche hebben, kan het handig zijn om een vlucht naar Pescara, in de Abruzzen, te nemen (www.abruzzo airport.com), waar vliegtuigen van Ryanair landen, ook weer vanaf Brussel Charleroi en Düsseldorf Weeze. Omdat luchtvaartverbindingen elk seizoen kunnen wijzigen, is de vluchtinformatie onder voorbehoud. Vanaf alle luchthavens rijden er taxi's en zijn er goede bus- en treinverbindingen naar de dichtstbijzijnde steden. Details over de haltes en de aankomst- en vertrektijden kunt u vinden op de websites van de verschillende luchthavens en van de vervoersmaatschappijen, maar ook vaak in deze gids bij de desbetreffende steden.

Met de trein of de bus

Er rijden vanuit Nederland geen treinen rechtstreeks naar Ancona. Het spoor leidt via Oostenrijk of Zwitserland naar Bologna, waar u kunt overstappen in de trein naar Ancona. Deze trein stopt onderweg een paar keer in de grote badplaatsen ten noorden van de regiometropool.

Met de treinverbinding Ancona-Otranto (Apulië) kunt u de zuidelijker kustplaatsen aandoen, en het binnenland krijgt u te zien met de verbindingen Ancona-Rome, Civitanova Marche-Fabriano en met San Benedetto del Tronto-Ascoli Piceno. In de plaatselijke toeristenbureaus en op de grote stations is alle informatie voorhanden over actuele reisschema's en over zaken als het meenemen van fietsen in speciaal daartoe ingerichte treinwagons.

Vanaf de maand november zijn de bestemmingen voor het volgende vakantieseizoen al bekend voor als u wilt reizen met de autoslaaptrein naar Italië, in dit geval naar de Adriatische kust (www.trenitalia.com, www.treinreiziger.nl/internationaal/autoslaaptrein).

Vanuit meerdere grote steden in Nederland en België rijden touringcars tegen gunstige tarieven naar Ancona, Pesaro en Rimini, Cattolica en Riccione (bijvoorbeeld www.flixbus.nl).

Met de auto

Als u via Oostenrijk of Zwitserland (via de Brennersnelweg of de Gotthardtunnel) eenmaal in Italië bent aangekomen, rijdt u via Milaan naar Bologna en volgt u vanaf dat punt de A14, die langs de Adriatische kust helemaal tot aan Bari in Apulië doorloopt. Zowel in Oostenrijk als in Zwitserland mag u de snelweg gebruiken tegen betaling, zodat u uiterlijk tot aan de Alpenlanden zonder vignet kunt rijden. Op de Oostenrijkse snel- en hoofdwegen (overal waar het vignet verplicht is) is bij langzaam rijdend of stilstaand verkeer het vrijlaten van een rijbaan aan de linkerkant verplicht, ook als er nog geen hulpdienst nadert. Bij hindering van hulpdiensten kan een boete tot € 2180 worden opgelegd (www.rettungsgasse.com).

In Italië rijdt u op de snelweg tegen contante betaling, of met uw creditcard of ook een Viacard, die u gebruikt bij de tolstations bij de snelwegen. De Viacard met een tegoed tot € 50 is te koop bij grensstations en wegrestaurants.

Met een huurauto

Wanneer u eenmaal bent aangekomen op een van de genoemde luchthavens, treft u daar vestigingen aan van alle gangbare nationale en internationale autoverhuurbedrijven, zoals Maggiore, Hertz, Avis of Europcar. Vele hebben ook een kantoor in de provinciehoofdsteden en in toeristencentra aan de kust. Avis heeft bijvoorbeeld ook vestigingen in Ancona, Pesaro, Macerata, Fabriano, Civitanova Marche en Porto San Giorgio, bij Fermo, zodat u ook af en toe voor een dagje een auto kunt huren (www.avis.nl of www.avis.com (in het Engels)).

Het is niet alleen handig, maar ook meestal goedkoper een huurauto voorafgaand aan uw vertrek te reserveren, zodat u bij het afhalen van de auto veel sneller klaar bent met de formaliteiten (www.goedkope-huurauto.nl).

Vervoer ter plaatse

Wie zijn vakantie doorbrengt in een badplaats en alleen maar uitstapjes wil maken naar (bad)plaatsen in de buurt, naar een grote stad in de regio of naar andere in toeristisch opzicht aantrekkelijke locaties in het directe achterland, kan zonder problemen de bus, de trein of de scooter pakken. Maar voor een stressvrijere verkenning van de landschappelijke en culturele charme van heel Marche of van bepaalde streken, bent u met de auto beter uit. Met veel tijd en een goede conditie voldoet ook de fiets. U treft er nauwelijks echte fietspaden aan, maar wel genoeg (rustige) landwegen, en voor de meeste stre-

De belangrijkse verkeersregels voor automobilisten

De maximumsnelheid op snelwegen bedraagt 130, op autowegen 110, op binnenwegen 90 en in de bebouwde kom 50 km/u. Het maximaal toegestane alcoholpromillage is 0,5.
U moet een veiligheidvest binnen handbereik hebben in de auto en de autogordel om hebben. U bent verplicht om ook overdag de koplampen aan te hebben op snelwegen en autowegen.
Het bij u hebben van de groene kaart is weliswaar niet meer dwingend voorgeschreven, maar maakt het invullen van een schadeformulier bij een aanrijding wel veel makkelijker.

ken zijn er ook goede kaarten en brochures beschikbaar (zie blz. 35).

Autorijden

Vanaf de snelweg langs de kust, de A14, die voor een vlotte noord-zuidverbinding zorgt, kunt u via drie goed onderhouden autowegen door de rivierdalen van de Metauro (N3), de Esino (N76) en de Tronto (N4) naar het binnenland rijden. Parallel daaraan lopen eveneens goed berijdbare binnenwegen in de richting oost-west, van Pesaro naar Urbino, van Civitanova Marche naar Tolentino of van Porto San Giorgio via Fermo naar Amándola. Daartussen ligt een uitgebreid netwerk van provinciale wegen, die verschillen in breedte, in drukte en in staat van onderhoud. De wegen worden westwaarts rijker aan bochten, doordat ze steeds grotere hoogteverschillen overbruggen. Het is daarom logisch dat u voor een rit naar het westen meer tijd moet uittrekken, ook doordat de bewegwijzering soms summier of onduidelijk is.

Binnen de bebouwde kom en in het hoogseizoen vlak bij drukke stranden wordt het steeds lastiger om een parkeerplaats te vinden. Houd er rekening mee dat alleen de wit gemarkeerde parkeerstrepen duiden op gratis parkeren;

In steden en voor kleine uitstapjes is een scooter een prima vervoermiddel

de met geel omrande gedeeltes zijn voor u verboden, en de blauw omrande betekenen dat u parkeergeld moet betalen. U kunt doorgaans betalen bij een parkeerautomaat. Als die niet aanwezig is, is het meestal de bedoeling dat u betaalt in de dichtstbijzijnde tabakswinkel of bar. Voor algemene verkeersregels zie blz. 23.

De trein

Dat de belangrijkste spoorlijnen de kustlijn volgen (Bologna-Ancona en Ancona-Otranto) en dat u op de lijnen Ancona-Rome, Civitanova Marche-Fabriano en San Benedetto del Tronto-Ascoli Piceno treinen kunt kiezen die u naar het binnenland brengen, werd hiervoor al aangestipt. Veel stations in het binnenland bevinden zich vaak ver buiten de centra van steden of plaatsen, zodat er soms toch nog een extra ritje per bus of taxi nodig is om op de plaats van bestemming aan te komen. Treinkaartjes zijn ook niet op elk station te koop. Het is dan de bedoeling dat u deze voorafgaand aan uw reis koopt, bij het toeristenbureau of in een tabakswinkel. Daarna stempelt u het treinkaartje af in een automaat op het treinstation.

De bus

In principe zijn alle steden en dorpen met de bus te bereiken, waarbij u in de kuststreken en in de directe omgeving van de grotere steden kunt rekenen op frequente en stipte bustijden. Verder van de kust af zijn er minder busverbindingen en moeten hele streken het doen met een lagere frequentie, tot zelfs bussen die alleen rijden op werkdagen of in het seizoen.

De dienstregeling, voor zover bij de bushalte aanwezig, is vaak ondoorgrondelijk, wat ook geldt voor het verkrijgen van een buskaartje. In de grote steden kunt u die kopen aan een loket of bij een automaat bij de grote busstations, in kleinere plaatsen bij de tabakswinkel of bij het toeristenbureau, en ten slotte vaak gewoon in de bus zelf, meestal vanuit een automaat.

De boot of veerboot

Het vervoer over water beperkt zich tot seizoensgebonden uitstapjes per boot, en tot bootshuttles die worden ingezet voor de moeilijk bereikbare baaien aan de voet van de Monte Conero. Wie aan zijn vakantie een leuk en spannend uitstapje naar Griekenland of Kroatië wil verbinden, kan in Ancona op de veerboot stappen.

City Bikes

Naar het voorbeeld van het naburige Emilia-Romagna en onder het motto 'centro in bici' is nu ook in een groeiend aantal steden in Marche een meer of minder groot aantal stadsfietsen beschikbaar. Deze maatregel om de duurzame mobiliteit in de binnensteden te bevorderen, vindt u bijvoorbeeld in Ascoli Piceno, Jesi, San Benedetto del Tronto, Senigallia en Pesaro, waar het fietsnetwerk, genaamd Bicipolitana, 78 km fietspaden omvat. Na registratie bij het toeristenbureau of op het stadhuis en het achterlaten van een borg kunt u een gratis leenfiets gebruiken om de stad op een milieuvriendelijke manier te verkennen.

Raadpleeg voor meer informatie de lokale afdelingen of www.bicincitta.com, www.centroinbici.it en www.pesaromobilita.it.

Het openbaar vervoer op internet

Informatie over het regionale openbaar vervoer, maar ook links naar de busbedrijven van de afzonderlijke steden en provincies vindt u op de website www.orari.trasporti.marche.it.

Overnachten

Marche beschikt over een omvangrijke toeristische infrastructuur en heeft over de hele streek verdeeld nagenoeg alle soorten accommodatie voor u in petto. Het prijsniveau ligt aan de kust, met name aan de Rivièra del Conero, hoger dan in het binnenland, maar dat ligt toch nog weer lager dan in het naastgelegen Toscane. Daardoor is de prijs-kwaliteitverhouding hier – de belangrijkste vakantiemaand van Italië, augustus, buiten beschouwing gelaten – vaak aangenaam en acceptabel.

Hotels

De bijna 180 km lange Adriatische kust van Marche bezit een reeks aan uiteenlopende hotels, waarvan de meeste driesterrenhotels zijn. In de periode met het mooiste weer, van half mei tot half september, kunt u werkelijk overal een onderkomen en een restaurant vinden. De prijzen stijgen en dalen gelijk met de stand van de zon, maar afgezien van eventuele lange weekends rond de Italiaanse nationale feestdag op 2 juni, is het niet nodig om in het voor- en naseizoen lang van tevoren te reserveren. Daarentegen is het voor juli en augustus zeer raadzaam om tijdig te boeken. In augustus moet u ook vaak rekening houden met een verplicht verblijf van minimaal een week, verplicht halfpension en soms astronomisch hoge bedragen.

Terwijl van oktober tot april in de badplaatsen veel hotels zijn gesloten, zijn de meeste in het binnenland het hele jaar open, waarbij hun prijzen niet of minder seizoensafhankelijk zijn: u moet wel bedenken dat het hotelaanbod daar beperkter is en dat comfort van echt hoog niveau meestal een uitzondering vormt. Dat geldt echter niet voor toeristencentra als Urbino en de andere grote steden van de provincie, waar u zowel eenvoudig en goedkoop als chic en duur kunt overnachten.

Agriturismo en country houses

Als alternatief voor de klassieke manier van overnachten in hotels vindt u in de hele regio agriturismo (logeren bij de boer, of ruimer genomen: op het platteland) en country houses (landhuizen). De meeste zijn beschikbaar van april tot oktober en vaak is er alleen een minimumverblijf van drie dagen mogelijk. Beide soorten accommodatie bevinden zich midden in het groen en liggen vaak ver van 'de bewoonde wereld'. De qua sfeer meest aantrekkelijke zijn de tot luxe onderkomens gerenoveerde (delen van) boerenhuizen, molens en luxueuze landhuizen, en soms ook kasteeltjes of kloosters. Ze zijn bijna altijd omgeven door bossen, weiden, wijngaarden of olijfboomgaarden, bieden uitzicht op zee, die al dan niet vlakbij ligt, en hebben vaak een zwembad.

Een verblijf dat valt onder agriturismo, behoort meestal direct bij een boerenbedrijf of ligt er in de buurt, zodat groenten, wijn en olijfolie, vlees en eieren van eigen grond of van eigen productie in de landwinkel of direct op het bord van de gast terechtkomen. Bij de meeste agriturismi wordt alleen ontbijt geserveerd, maar bij sommige ook lunch en diner. Dat is ook zo bij country houses, alleen krijgen gasten daar geen maaltijden met producten van eigen land, uit eigen tuin of uit eigen stal. Beide soorten onderkomens verhuren zowel kamers als appartementen voor meerdere personen, vaak met kookgelegenheid. De prijzen zijn afhankelijk van het seizoen en het comfort, dat overigens vaak kan wedijveren met de luxehotels.

Albergo diffuso

Zoals op veel plaatsen in Italië zijn ook in Marche als gevolg van emigratie en de ontvolking van het platteland gehuchten of hele dorpsstraten omgetoverd tot zogenaamde *alberghi diffusi*. In de gerenoveerde historische panden bevinden zich gemeubileerde appartementen en kamers; de huurders van deze alberghi kunnen terecht bij een receptie en krijgen soms te eten in het 'dorpsrestaurant'.

Vakantiehuizen en -woningen

Wie ervoor kiest helemaal zelfvoorziendend te zijn in de vakantie, kan zowel aan de kust als in het binnenland een vakantiehuis of -woning huren. Ook hier varieert het aanbod: van pragmatisch-praktische nieuwbouwwoningen tot keurige villa's. De verhuur verloopt via reisorganisaties of rechtstreeks via de eigenaar.

Bed and breakfast en affitacamera

Net als dat het voor talloze andere Europeanen een leuke uitdaging is gebleken een B&B te runnen, zijn ook in Italië de als B&B bestempelde onderkomens als paddenstoelen uit de grond geschoten. Zo ook in Marche; u vindt er het hele jaar door logies, zowel in de stad als op het platteland. Een bijzonder goedkope B&B waar u veel in contact bent met de familie is echter nauwelijks te vinden. Vaak wonen de verhuurders niet eens in hetzelfde huis, zodat u uw aankomst van tevoren moet regelen. Komt u op de bonnefooi, dan moet doorgaans het op de deur aangebrachte telefoonnummer worden gebeld, en soms moet u even op de komst van de gastheer wachten.

De prijzen zijn afhankelijk van de ligging en de inrichting van de kamers, die net als bij andere soorten accommodatie kunnen variëren van spartaans tot luxueus. Een B&B is uiteraard inclusief ontbijt, waarvan u kunt genieten in een ontbijtruimte of in een dichtbijgelegen bar. Bij de klassieke *affitacamera* (kamer te huur) huurt u alleen een kamer.

Accommodatie op internet

Algemene toeristeninformatieportals kunnen u goed helpen met het vinden van accommodatie van elke soort: www.enit.it, www.fundadore.nl, www.italie.com, www.italiadicharme.com, www.turismo.marche.it of www. le-marche.com.

Informatie over hotels krijgt u via de sites: www.hotel-in-italie.nl, www.tripadvisor.com, www.booking.com of www.alberghi-in-italia.it.

Agriturismi en landhuizen vindt u via: www.agriturist.marche.it, www.agriturismo-online.com, www.countryhouses.it.

B&B's zijn te vinden op de websites www.bedandbreakfastinitalie.nl en www.bbinitaly.it.

Het zoeken naar een **vakantiehuis of -woning** kunt u beginnen met een webbezoekje aan www.italvilla.org, www.vakantiehuizen-italie.nl en www.amicidellemarche.com.

Over de meeste **jeugdherbergen** leest u op www.hostels.com.

Alles over **campers**: www.campersite.nl en www.camperonline.it.

Reisinformatie

Jeugdherbergen

Echt voordelig, maar meestal met een spartaans karakter, is een overnachting in de *ostelli per la gioventu,* waarvan u er in Marche zo'n twaalf ter beschikking staan. U vindt ze vooral in de provinciehoofdsteden en in de bedevaartplaatsen (www.hostels.com).

Campings

Campings hebben van mei-juni tot september-oktober standplaatsen voor tenten en campers. Vaak zijn er ook kleine bungalows en vakantiehuisjes te huur. Aan de kust is de keuze uiteraard groter, maar daar is het seizoen korter, de infrastructuur beter en liggen de prijzen hoger. U moet er wel rekening mee houden dat als u kiest voor meer comfort, u ook meer entertainment kunt verwachten, dat wil zeggen lawaai van het vrolijke (kinder)programma-aanbod, bars en disco.

Op de eenvoudigere campings die zijn gelegen in een bosrijke omgeving of op het platteland, dus verder van het strand af, gaat het er meestal rustig aan toe.

Aree sosta

Reizigers met een camper of een caravan kunnen ervan uitgaan dat er aan de rand van steden meestal gratis standplaatsen zijn (tot wel zo'n tachtig), met stroom- en watervoorziening. U kunt een plaats reserveren bij het toeristenbureau of via de hierboven genoemde websites.

Kloosters

In de voormalige Kerkelijke Staat staan kloosters die ook nu nog als zodanig functioneren. Sommige zullen u uitnodigen voor een beschouwelijk verblijf in hun gasthuizen. Denkt u in dit geval aan de landschappelijk mooi gelegen afgelegen kloosters van Monte San Giove in de buurt van Fano, of die van Eremo Fonte Avellana aan de voet van de Monte Catria.

Eten en drinken

Pranzo, cena en aperitivo

Zoals alle Italianen beginnen de *Marchigiani* hun dag met een snel en eenvoudig ontbijt *(colazione)* met *caffè, cappuccino, cornetto* of een ander zoet broodje of gebak, dat ze het liefst staand in de bar op de hoek opeten. *Pranzo* en *cena* (de lunch en het avondeten) vallen daarbij vergeleken overvloedig uit en bestaan uit *antipasto* (voorgerecht)*, primo* en *secondo* met *contorno* (bijgerecht), water en wijn. Daarna volgen *frutta* (fruit) of *dolce* (zoet nagerecht), *digestivo* (een digestief) en *caffè.*

Als voorgerecht worden worst, ham, kaas en groenten gegeten; aan de kust komen ook zeevruchten op tafel. De eerste gang (*primo*) is een gerecht met pasta of rijst, de tweede gang (*secondo*) is een vlees- of visgerecht, waarbij groenten, aardappels of een salade worden geserveerd. Bij minder trek worden *antipasto* of *primo* overgeslagen, want alleen een pastagerecht eten vinden Italianen vreemd.

Een of twee uur voorafgaand aan *pranzo* en *cena* wordt er genoten van een *aperitivo,* dat bijvoorbeeld bestaat uit een glas prosecco of campari. In Marche kiest men ook wel voor witte wijn, die dankzij de combinatie met kleine hartige hapjes *(stuzzichini)* goed valt.

Waar te eten en drinken

Het *aperitivo* kunt u gebruiken in een *bar*, in het *caffè* of in de *enoteca* (wijnwinkel annex wijnbar). Een compleet menu eet u in een *ristorante*, *trattoria* of *osteria*. Hoewel in beide laatste vroeger vooral eenvoudigere maaltijden werden geserveerd in een sobere ambiance, is dat verschil tegenwoordig vaak bijna weggevallen. Talloze *ristoranti* zijn tegenwoordig tegelijkertijd een pizzeria. De pizza kunt u soms beschouwen als 'fastfood all'italiana', omdat dit gerecht ook te koop is in de *rosticceria*, naast kant-en-klare pasta-, vlees- en groentegerechten – naar wens mee te nemen naar huis *(d'asporto)*.

Vlees en gevogelte

Tot het door de Italianen meest gegeten gevogelte behoren kip *(pollo)*, gans *(oca)*, parelhoen *(faraona)*, duif *(piccione)*, fazant *(fagiano)*, lijster *(trachea)*, kwartel *(quaglia)* en eend *(anatra)*. Het vlees van de eend wordt vaak verwerkt in een delicate pastasaus. Voor Italiaanse vleesgerechten zijn favoriet: de runderrassen *chianina* en *romagnola* evenals de smakelijke kruising daarvan, *marchigiana*. Direct daarna komen wildzwijn, haas, hert en ree aan bod. En tot slot staan in Italië vaak varken, lam, kalf en konijn op het menu.

Het goed verzorgde en ook goed doorvoede vee uit Montefeltro, San Severino, Fabriano en de Monti Sibillini is van uitstekende kwaliteit. Om die reden genieten de hammen van Carpegna, de salami en het donkere, stevige lamsvlees van Fabriano of de *ciauscolo* van Visso erkenning tot ver buiten de regio. Bij *ciauscolo* gaat het om een goed smeerbare, lichtgerookte metworst, met gelijke delen vet en mager varkensvlees, en waarbij een flinke scheut *vin cotto* (halfzoete dessertwijn) en knoflook, zout en zwarte peper voor de karakteristieke smaaksensatie zorgen.

'In porchetta' of 'in potacchio'

Varkensvlees uit Marche wordt verder verwerkt tot *coppa* (doorregen spek uit alle delen van het varken), *lonza* (gerookt vlees uit het lendenstuk) of *porchetta*. Porchetta is met venkelzaad, rozemarijn en knoflook gearomatiseerd speenvarken. Om die reden heet het op dezelfde manier gekruide typische streekgerecht van konijn *coniglio in porchetta*. *In porchetta* worden bovendien gevogelte, vis en schaaldieren (bijvoorbeeld *vongole* (schelpjes) *in porchetta*) en zelfs groenten bereid. Het alternatief is *in potacchio,* dat is een ingekookte saus van witte wijn, rozemarijn, peterselie, knoflook en zwarte peper, waarin de gerechten worden geserveerd.

Vis

De zwemmende leveranciers van de supereiwitten uit de kwaliteitskeuken van Marche komen uit de relatief zoute Adriatische Zee. De veelal vanuit Noorwegen geïmporteerde *baccalà* of *stoccafisso* (stokvis) wordt graag *in potacchio* ingelegd of geweekt. Het gaat hier om een bijzondere manier van kabeljauw bereiden, namelijk eerst gedroogd, in- of exclusief de ingewanden.

Brodetto

Het bekendste regionale visgerecht is *brodetto,* waarvan de receptuur verschilt van kustplaats tot kustplaats. Enige overeenkomst is dat overal inktvis aan deze voortreffelijke vissoep wordt toegevoegd. Deze soep staat in restaurants alleen op bepaalde dagen op het menu en/of moet van tevoren worden besteld. In de echte *brodetto* van Ancona zitten dertien soorten vis, weekdieren en schaaldieren, die samen met rode, gele en groene paprika, tomaten en azijn worden bereid.

De azijn werd oorspronkelijk niet zozeer vanwege de smaak aan de vissoep toegevoegd, maar om de soep te conserveren. De *brodetto* van Ancona werd namelijk vanouds op dezelfde wijze bereid als die van Fano, Gabicce, Porto Recanati en Senigallia, plaatsen die overigens genoegen nemen met minder soorten vis in hun brodetto, namelijk aan boord van de vissersschepen. Omdat de historische *brodetto* in Sant'Elpidio en Porto San Giorgio pas in de haven boven het vuur kwam te hangen, gebruikt men daar tot op heden geen azijn.

Grillen, bakken en frituren

Ook de onlangs herontdekte culinaire verwerking van visingewanden hebben de koks in de kustplaatsen afgekeken van de vissers op de Adriatische Zee, die zich op volle zee te goed deden aan *trippa di pescatrice* (zeeduivelmaag) of *pasta con le frattaglie* (pastasaus met vissenlever, -maag en -hart).

Tegenwoordig leveren de vissers aan de betere restaurants vissoorten als tonijn, poon, zeeduivel, tarbot, roodbaars en zeebarbeel, brasem of zeebaars, verschillende soorten inktvis, mosselen en schaaldieren, en soms de bijzonder gewaardeerde venusschelpen uit Conero. Deze vissoorten worden eenvoudigweg met olie en knoflook gegrild, gebakken, gesmoord of gefrituurd, gecombineerd met verschillende groenten en zelfs met vlees (zoals *pol e poll* = kip en inktvis), een traditie die is terug te voeren op de eeuwenlange ruilhandel tussen boeren en vissers.

Granen, groenten en peulvruchten

In Marche worden tarwe, spelt, mais, zonnebloemen, linzen, erwten en bonen, evenals het hele palet aan mediterrane vitamineleveranciers, zoals olijven, aubergines, artisjokken, courgettes, paprika en pepers, verbouwd. De linzen uit de omgeving van Castelluccio, de bloemkool uit Fano en de artisjokken en olijven uit Cartoceto en uit de provincie Ascoli Piceno kennen een bijzondere faam. De geteelde groentesoorten worden aangevuld met wilde asperges en venkel, met aromatische bos- en weidekruiden en met talrijke soorten paddenstoelen. Wat dat laatste betreft zijn de truffels uit Sant'Angelo in Vado en Acqualagna het absolute summum.

Granen, groenten en peulvruchten vormden de basis van de voornamelijk

Truffels, kazen, hoogwaardige olijfolie – het culinaire palet van Marche toont vele kleuren

vleesloze armeluiskeuken van de kleine boeren en vissers, die tot op heden de regionale topkoks inspireert. Want op de menukaarten van restaurants staan nog steeds *pasta e ceci* (pasta met kikkererwten), voedzame granenpappen met spelt (*farro*) of mais (*granturco*), linzen- en (split-)erwtensoep (*lenticchie, cicerchie*), en met stip bovenaan – in Ascoli Piceno – *olive all'ascolana*. Deze olijven worden gevuld met groente, vlees of kaas, waarna ze worden gepaneerd en gefrituurd. Net als de *formaggio di fossa* behoort dit gerecht tot de culinaire troeven van deze regio.

Kazen

De krachtige *formaggio di fossa*, vooral de oorspronkelijke versie uit het nu in Romagna gelegen Talamello in het Marecchiadal, wordt gemaakt van 70% schapenmelk en 30% koemelk. Deze kaas rijpt in een afgesloten put, heeft een goudbruine korst en is de bekendste soort op het regionale kaasplateau. Andere heerlijke kazen zijn die uit Montefeltro, zoals de *caciotta del Montefeltro,* de met het D.O.P.-keurmerk beschermde *casciotta di Urbino* en *pecorino alle foglie di noce* (schapenkaas in het blad van de walnotenboom). Terwijl deze kazen tot 70-80% schapenmelk bevatten, maakt men de ricottavarianten *giuncata* en *caciofiore* van koemelk.

Pasta en piadina

Onder de plaatselijk geproduceerde pastasoorten eist de goudgele *maccheroncini di Campofilone* de eerste plaats op. De uit ei en harde tarwe vervaardigde lintpasta wordt gemaakt zoals gebruikelijk is in Campofilone, en dat niet alleen in de fabriek, maar ook door de thuiskok. Het beroemdste pastagerecht uit de streek luistert naar de naam *vincisgrassi*, een gerecht waarvan zowel Macerata als Ancona zegt de oorspronkelijke schepper te zijn en dus de oerrechten te bezitten.

Vincisgrassi

Het recept voor *vincisgrassi* bestond al in 1784, toen nog als *princisgrassi,* in het kookboek van een zekere Antonio Nebbia uit Macerata. Volgens de verhalen werd het gerecht in 1799 of 1849 in Ancona voor de Oostenrijkse generaal Windisch-Graetz bereid en vervolgens door de Marchigiani tot *vincisgrassi* gedoopt, waarbij *vincis* de Italiaanse verbastering is van Windisch-Graetz. Als men het geboorte- en sterfjaar van deze veldheer in ogenschouw neemt – hij leefde van 1787 tot 1862 – lijkt de tweede veronderstelde ontstaansdatum van het gerecht, 1849, realistischer, want toen bezetten Oostenrijkse troepen de havenstad Ancona.

In elk geval wordt deze voedingsrijke variant van lasagne volgens de uitdrukkelijke aanwijzingen van Antonio Nebbia tot op de dag van vandaag bereid met een vleessaus van kalfsvlees, lamsvlees, varkensspek, orgaanvlees van gevogelte, zwarte truffel (of eventueel een andere soort paddenstoelen) en bechamelsaus.

Crescia sfogliata

Piadina is een gerecht dat duidelijk de invloeden van het naastgelegen Emilia-Romagna laat zien; het bestaat uit afwisselende lagen groenten en ham of kaas, gescheiden van elkaar door bladen pastadeeg. De in de noordelijke streken van Marche overal aangeboden snack geldt als het kleine zusje van de voedingsrijkere *crescia sfogliata,* waarvan het deeg in tegenstelling tot dat van de *piadina* met eieren, melk en varkensvet wordt verrijkt. Het gerecht *crescia sfogliata* wordt met allerlei variaties gevuld en zou oorspronkelijk uit Urbino komen. In elk geval vindt u tot op heden op ongeveer elke straathoek deze lekkere snack.

Zoete gerechten

Naast de nationale klassiekers als *tiramisu, crostata* (zandtaartdeeg met vruchten), *sorbetto* en *semifreddo* (halfbevroren sorbet of ijs) heeft Marche allerlei regionale en plaatselijke calorieënbommetjes voor u in petto. Tot deze zoete verleidingen behoren bijvoorbeeld *salame di fichi* (vijgensalami), *ravioli di castagne* (gebak met kastanje en chocolade) en *fritelle all'anice* (gebak met wijn, vruchten en anijs).

Wijn, sterkedrank en likeur

Marche schaart zich onder de belangrijkste Italiaanse wijngebieden en produceert internationaal beroemde wijnen, zoals *Verdicchio dei Castelli di Jesi* en *Rosso Piceno,* zodat aan het thema wijn een apart hoofdstuk wordt besteed (zie blz. 53).

Datzelfde geldt voor het digestief, dat in Marche – en zoals ook elders in het *bel paese* – meestal als *grappa* (droesemlikeur), *amaro* (kruidenbitter of -likeur), *limoncello* (citroenlikeur) of *anice* (anijsbrandewijn of -likeur) op tafel komt. De meest geliefde anijsbrandewijn en -likeur van Marche komen uit de destilleerderijen Meletti in Ascoli Piceno en Varnelli in de buurt van Camerino. Ze heten *Mistrà, Anice* en *Anisetta* (Meletti), *L'Anice Speciale, Amaro Sibilla* en *Amaro Tonico* (Varnelli).

Actieve vakantie, sport en wellness

Boogschieten, tennis en golf

In Marche kunt u, afhankelijk van de aanwezige recreatiemogelijkheden bij de door u gehuurde accommodatie, (leren) boogschieten of uw tennisslagen oefenen. De duurdere hotels bezitten vaak behalve de bij het hotel behorende tennisbanen, een eigen fitnessruimte en wellnessfaciliteiten. In veel plaatsen, vooral in de badplaatsen, kunt u ook tennisbanen per uur huren. Sommige golfbanen zijn ook per uur te huur, maar deze banen zijn vaak klein. Voor de echte golfliefhebber zal alleen het grote terrein bij Sirolo tevredenheid kunnen bieden (www.conerogolfclub.it).

Watersport op zee

De kuststrook van Marche telt bijna 180 km. Vrijwel overal wappert de blauwe vlag, ten teken dat de zee en het strand er schoon en veilig zijn. In de meeste badplaatsen bevindt zich een toeristenhaven met ligplaatsen voor zeil- en motorboten met de daarbij behorende service voor de opvarenden, zoals water- en stroomaansluiting, wc's en douches. In de buurt van elke kustplaats biedt men surf- en duiklessen aan, inclusief de verhuur van de benodigde uitrusting. De rotsachtige oever aan de voet van de Monte Conero geldt als een toplocatie voor de geoefende en gepassioneerde duiker. U kunt in tal van oorden (leren) waterskiën, (leren) zeilen, vissen of meevaren met de plaatselijke vissers en samen met hen de netten binnenhalen (*pescaturismo*). De brochure *Le Marche in Blu* geeft een goed overzicht van de mogelijkheden.

U kunt deze brochure downloaden via turismo.marche.it.

Fietsen

U kunt aangenaam en veilig fietsen in de tot bijna 70% heuvelachtige en 30% middelhoge bergen tellende Marche, te beginnen met de kilometerslange strandpromenades. Dankzij de heuvels, maar ook dankzij de vlakkere delen vormt de regio een waar mountainbike- en (race)fietsparadijs. De fietser wordt er goed bediend, met aantrekkelijke fietsroutes en goede service. Op de website www.piste-cicabili.com staan 244 gedetailleerd beschreven routes in Marche die u kunt downloaden.

Op de toeristische website www.turismo.marche.it vindt u onder Guida/Cataloghi een fietsroutegids (*Guida ai percorsicicloturistici nelle Marche*). Van de websites van de provincie Pesaro-Urbina (zie blz. 137) en de organisatie Pesarobike (zie blz. 136) kunt u informatie over elf, respectievelijk dertien fietstochten downloaden. In de hotels rond de vroegere trainingsroutes van wielerlegende Marco Pantani uit Montefeltro zijn legio faciliteiten voor fietstoeristen (www.cicloturismo.com). Ook de toeristenkantoortjes bij de parken van de Monte Conero, Monte San Bartolo en Monti Sibillini (gids *Pedalando nel Parco*) bieden informatie voor fietstoeristen.

Raften en parapente

Wie zijn behoefte aan beweging en avontuur bij het raften over het wilde rivierwater of bij het parapenten kwijt wil, vindt in het grensgebied Marche-

Reisinformatie

De heuvelachtige golfbaan bij Sirolo is ook voor ervaren putters niet makkelijk

Umbrië in het nationale park van de Monti Sibillini de ideale omstandigheden voor deze sporten.

U kunt hier zowel met een kano of kajak alsook met een rubberboot de rivieren Corno en Nera afzakken, of hoog in de lucht over de hoogvlakte Piano Grande in de omgeving van het Umbrische Castelluccio met een parapente zweven (www.raftingumbria.com of www.prodelta.it).

Paardrijden

Wie liever zijn stalen ros inwisselt voor een echt paard, vindt in de hele regio aantrekkelijke mogelijkheden voor paardrijden of voor rijtochten. Maneges en paardrijclubs, zoals in Pesaro, Fano, Senigallia of Ancona, en ook agriturismi, organiseren tochten, bijvoorbeeld rond de Monte Conero. U kunt er een paard huren, maar het is ook mogelijk uw eigen paard mee te brengen en te laten logeren in een passend onderkomen (www.turismoequestre.com, www.escursioniacavallo.it).

Thermaalbaden

Marche bezit meerdere, meest zwavelhoudende thermale bronnen, waarvan het positieve effect op de gezondheid al door de oude Romeinen werd onderkend. De meeste kuuroorden (zie blz. 52) bieden zowel drink- als badkuren. Voor informatie over de regionale geneeskrachtige baden, inclusief medicinale behandelingen en therapieën als fangopakkingen, inhalatie van zwaveldampen of het verblijf in zweethutten, zie www.benessere.com (alleen in het Italiaans).

Wandelen

Met twee nationale en vier regionale natuurparken en drie beschermde natuurgebieden vormt Marche een ideaal wandelgebied. In de meeste parken vindt u gemarkeerde of in elk geval goed op de kaart aangegeven wandelroutes. Deze routes kunt u op eigen gelegenheid of met een plaatselijke gids volgen. Voor de steilere routes hebt u wel de juiste uitrusting en een goede conditie nodig. Dat laatste geldt vooral voor een paar pittige afdalingen naar de droomstranden aan de voet van de Monte Conero, of voor de uitdagende beklimming naar de toppen van de Monti Sibillini. U kunt het fascinerende en schitterende natuur- en cultuurlandschap bewonderen op wandelroutes met weinig tot veel hoogteverschillen, waarbij u onderweg in berghutten *(rifugi)* kunt overnachten en eten.

Hoewel het wandelseizoen in de tot in mei met sneeuw bedekte Monti Sibillini – waarin u overigens maar beter nooit in uw eentje moet gaan wandelen – pas in juni begint en al in september eindigt, zijn de andere wandelgebieden vroeger en later in het jaar zeker een wandeling waard. Meer informatie over wandelen in Marche vindt u in deze gids en via de websites www.parks.it of www.snp.nl/italie.

Wandelkaarten

Veel kaarten zijn ook, net als sommige kleinere wandelkaartjes, verkrijgbaar bij de plaatselijke toeristenbureaus of bij de parkingangen.

Monti Sibillini
Kompass: Monti Sibillini, wandelkaart met fietstochten, 1:50.000; **Edizione Multigraphic:** Monti Sibillini. Topografische wandelkaart, 1:25.000.

Monte Carpegna, Sasso Simone e Simoncello
Kompass: San Marino–San Leo–Urbino–Urbania–Parco Naturale del Sasso Simone e Simoncello, 1:50.000; **Parco Naturale del Sasso e Simoncello:** Carta Escursionistica, 1:25.000; **Istituto Geografico Adriatico:** Monte Carpegna–Sasso Simone, 1:25.000 (met mountainbikeroutes).

De parken aan de kust van San Bartolo en Monte Conero
Ente Parco Naturale Regionale Monte San Bartolo: Trekking nel Parco. Carta escursionistica, 1:15.000; **Ente Parco Regionale del Conero:** Carta escursionistica, 1:25.000.

Gola della Rossa e di Frasassi e Monte Cucco
Kompass: Cagli, Fabriano–San Severino Marche. Wandelkaart met fietsroutes, 1:50.000.

Reisinformatie

Wintersport

Skipistes en langlaufloipes bevinden zich in de buurt van Carpegna in het regionale natuurpark Sasso Simone e Simoncello, in het noordwesten en aan de rand van het nationale park Monti Sibillini (zoals bij Sarnano en Castelsantangelo sul Nera) en bij Gran Sasso e Monti della Laga (bij Acquasanta Terme) in het zuiden van de regio. De beste infrastructuur om te skiën biedt Sarnano. Het wintersportseizoen start begin december en eindigt eind maart.

Feesten en evenementen

De Marchigiani zijn feitelijk het hele jaar door in feeststemming, maar in de zomermaanden gaat daar nog een schepje bovenop. Ze zetten hun geschiedenis in de schijnwerpers met grootse theaterstukken in de openlucht, en ze organiseren operafestivals en allerlei muziek-, film-, theater- en kunstevenementen. Ze brengen passende hulde aan de kazen, de truffels en de wijn, bewieroken hun beschermheiligen en de Madonna, komen samen in de carnavalsoptochten op Goede Vrijdag of op Sacramentsdag, en nodigen u van september tot april uit voor hun toneeluitvoeringen en concerten in de historische theaters.

Het nachtleven zoals wij dat kennen, vindt plaats in juli en augustus, wanneer de promenades langs de Adriatische kust veranderen in bruisende uitgaansgebieden, en er tot in de vroege uurtjes in de discotheken in de openlucht kan worden gedanst. In het binnenland is de centrale piazza meestal het middelpunt van het uitgaansleven, waar bandjes en dansorkesten optreden. Alleen in de hoofdsteden vindt u bars en clubs die ook 's winters open zijn.

Winterfeesten

In Urbania wordt begin januari het feest van de goede oude heks Befana gevierd, die de Italiaanse kinderen in de nacht van 5 op 6 januari cadeautjes brengt. Tijdens **Casa della Befana** vinden er optochten in Befanakostuums plaats en zijn er (kinder-)theateruitvoeringen, lezingen, (straat-)concerten en gezamenlijke eet- en drinkpartijen.

In februari worden in talloze plaatsen uitbundige carnavalsfeesten gevierd. Het **Carnevale dell'Adriatico** van Fano, met zijn bonte optocht van allegorische wagens en meer dan levensgrote poppen van papier-maché, is het grootste en kleurrijkste feest, dat van Offida het grappigst. Bij de zogenoemde **Lu bov' fint' e la sfilata dei Vlurd** wordt symbolisch op de *lu bov' fint,* een uit papier-maché en stof vervaardigde os, gejaagd – en hij wordt gedood. Bij het *sfilata dei vlurd* worden bamboestengels door de straten gedragen, die aansluitend te midden van een kleurrijk verklede, zingende en dansende mensenmassa op de piazza in brand worden gestoken.

Muziekfestivals

Tot de hoogtepunten van de regionale feestkalender behoren het **Rossini-Festival** in Pesaro, het **Sferisterio Opera Festival** in Macerata en het **Festival della Fisarmonica** in Castelfidardo. Omdat het eerstgenoemde op meerdere locaties wordt uitgevoerd, ontmoeten de operavrienden elkaar in Macerata, bij de opvoering van een historisch balspel. Bij het accordeonfestival, in september

Feesten en evenementen

in Castelfidardo, kunnen accordeonorkesten en -solisten vanuit de hele wereld met elkaar wedijveren.

Historiespelen

In augustus gaat Ascoli Piceno met een door fanfareklanken ingeluide en een met ritmische trommelslagen begeleide optocht van meer dan duizend in historische kleding gestoken ridders en jonkvrouwen terug naar de middeleeuwen. Hoogtepunt is de **Quintana**, die hier al vanaf eind 14e eeuw wordt gevierd en genoemd is naar een Romeinse straat. Tijdens dit ruitertoernooi in het plaatselijke stadion meten vertegenwoordigers van de zes stadsdelen, hoog te paard gezeten, zich met elkaar.

In Urbino neemt het historiespel in de openlucht, **Festa del Duca**, compleet met een parade in historische kostuums en een ruitertoernooi, u mee naar de tijd van de families Montefeltro en Della Rovere en het leven tijdens de renaissance.

Bij het carnaval kleuren fantasierijke kostuums de straten van Fano

Feestagenda

Januari-februari

La casa della Befana: feest ter ere van de goede heks Befana, van 2-6 januari in Urbania

Carnevale dell'Adriatico: parade met versierde wagens, een gekostumeerd feest in Fano, soms een zomercarnaval

Carnevale in Piazza: deze dolle dagen beginnen in Ascoli Piceno op carnavalsdonderdag

Lu bov' fint' e la sfilata dei vlurd: viering van carnavalsvrijdag en -dinsdag in Offida

Fiera Regionale del Tartufo Nero Pregiato: proeverij van zwarte truffels in Acqualagna op de voorlaatste zondag in februari

Maart-april

Processione del Cristo Morto: in Cagli trekken op Goede Vrijdag vanaf 21.00 uur lekenbroederschappen door de oude stad, barrevoets en met monnikskappen op

Mei-juni

Sagra del Lacrima di Morro d'Alba: de wijnboeren van Morro d'Alba presenteren op het eerste meiweekend hun rode wijnen

Cantamaggio: in Morro d'Alba zingt men op de derde zondag in mei liederen die de vruchtbaarheid van de bodem afsmeken

Corso alla Spada e Palio: gekostumeerd meerdaags middeleeuws spektakel, half mei in Camerino

Mostra Internazionale del Nuovo Cinema: filmfestival eind juni in Pesaro

Juli-augustus

Verdicchio in Festa: het drinken van de Verdicchio dei Castelli di Jesi op het eerste juliweekend in Montecarotto

Festa del prosciutto: op het voorlaatste weekend van juli bewierookt Carpegna zijn beroemde hamsoort

Sferisterio Opera Festival: opera's in de sfeervolle Arena van Macerata, van eind juli tot half augustus (www.sferisterio.it)

Rossini Opera Festival: operafestival in Rossini's geboorteplaats Pesaro, augustus

Quintana: middeleeuwse kleding en ruitertoernooien op de eerste zondag in augustus, in Ascoli Piceno

Festa del Duca: historische kostuums en een riddertoernooi in Urbino, in het derde weekend van augustus

September

Festivale internazionale del brodetto e delle zuppe di pesce: visfestival aan de Lungomare van Fano (wisselende data)

Bacco tra sole e mare: drink- en eetfestijn in de badplaats Gabicce Mare in het tweede weekend van september

Festival della Fisarmonica: accordeonfestival in het tweede of derde weekend van september in Castelfidardo

Oktober-december

Fiera Nazionale del Tartufo: truffels eten en kopen op de laatste zondag van oktober en in de eerste twee weekends in november in Acqualagna

Mostra Nazionale del Tartufo Bianco Pregiato delle Marche: truffelbeurs in Sant'Angelo in Vado, in de laatste drie weken van oktober en de eerste week van november

Aankomst van Santa Casa: in Loreto wordt in de nacht van 8 op 9 december met vuren herinnerd aan de aankomst van Santa Casa, in Loreto, aan het eind van de 13e eeuw

Praktische informatie van A tot Z

Ambassades en consulaten

Nederlandse ambassade
Via Michele Mercati, 8
00197 Rome
tel. (+39) (0)6 32 28 60 01
rom@minbuza.nl
italie.nlambassade.org

Italiaanse ambassade
Alexanderstraat 12
2514 JL Den Haag
tel. 070 302 10 30
embitaly.denhaag@esteri.it

Belgische ambassade
Via Giuseppe de Notaris, 6
00197 Rome
tel. (39) (0)6 360 95 11
rome@diplobel.fed.be
italy.diplomatie.belgium.be

Apotheken

Apotheken (*farmacia*) kunt u herkennen aan een groen kruis op een witte ondergrond. Ze zijn geopend van ma.-zo. van 8.30-12.30 en 16-20 uur. Buiten de reguliere tijden geldt de informatie voor noodgevallen die op het raam hangt.

Feestdagen

1 jan.: Capodanno (Nieuwjaar)
6 jan.: Epifania (Driekoningen)
25 april: Giorno della Liberazione (Bevrijdingsdag)
1 mei: Giorno del Lavoro (Dag van de Arbeid)
2 juni: Festa della Repubblica (Dag van de Republiek)
15 aug.: Ferragosto (Maria-Hemelvaart)
1 nov.: Tutti Santi (Allerheiligen)
8 dec.: Immaculata (Onbevlekte Ontvangenis)
25-26 dec.: Natale (Kerstmis)
Pasen en **Pinksteren** worden alleen op zondag gevierd; **Goede Vrijdag** gaat overal gepaard met processies in de avond, maar is geen officiële feestdag.

Fooien

In Italië is een fooi van 5 tot 10% gebruikelijk als dank voor een goede service. U legt de fooi simpelweg op tafel, bij uw (contante) betaling van de rekening, of op het speciale geldbordje. Aan de bar geeft u minder fooi.

Geld

In Italië gelden dezelfde maatstaven voor het betalen met de euro als in de andere eurolanden. U vindt overal wel een *bancomat,* waar u met een pinpas maximaal € 300-500 kunt opnemen. De meeste hotels, restaurants, winkels en tankstations accepteren creditcards.

Kranten

In de toeristencentra kunt u internationale kranten kopen. *De Telegraaf* in elk geval. Vaak zijn de kranten van dezelfde dag, in kleinere steden moet u rekenen op vertraging.

Medische verzorging

Op grond van uw wettelijk verplichte ziektekostenverzekering kunt u de Europese zorgpas, de EHIC (European

Health Insurance Card), aanvragen, waarmee u kosteloos wordt behandeld bij opname of ernstig letsel (www.cvz.nl). Zorgt u ervoor dat u na een behandeling altijd een gespecificeerde rekening krijgt overhandigd, zodat restitutie goed verloopt en u eventuele bijbetaling ook krijgt vergoed. Bij niet-ernstig letsel helpt de Pronto Soccorso van een ziekenhuis of de plaatselijke Guardia Medica Turistica u gratis.

Noodgevallen

Carabinieri en noodgevallen: tel. 112
Verkeerspolitie: tel. 113
ANWB Alarmcentrale: tel. 0031 70 314 14 14
Brandweer: tel. 115
Ambulance: tel. 118
Blokkeren creditcard en pinpas: deze telefoonnummers staan vermeld op de passen zelf of hebt u ontvangen via uw bank (voor vertrek noteren en meenemen).

Openingstijden

Banken: ma.-vr. 8.30-13/13.30 en van 14.30-16 uur.
Winkels: ma.-za. 9-13 en 16/17-20/20.30 uur, in de toeristische kustplaatsen vaak tot 22 uur. Tabakswinkels zijn, als ze niet tevens bar zijn, op zondag gesloten.
Kerken: meestal 9-13 en 16-20 uur.
Musea: grote musea di.-zo. 9-19 uur, kleinere en particuliere musea hebben vaak een lunchpauze van 13-16 uur, sommige zijn alleen in het weekend, uitsluitend op afspraak of alleen in de zomer geopend. Omdat er weinig subsidie wordt verleend en veel musea en toeristenbureaus afhankelijk zijn van vrijwilligers, veranderen de openingstijden (half)jaarlijks. De hier genoemde openingstijden zijn dus een indicatie en onder voorbehoud.
Postkantoren: ma.-za. 8-13.30, in de grotere steden doorlopend tot 19 uur.
Restaurants: meestal van 12.30-15 en van 19/20-24 uur.
Tankstations: doorgaans in steden en plaatsen 8-13 en van 14.30-19/20 uur, op zondag gesloten.

Politie

Voor algemene overtredingen en inbraak zijn de carabinieri verantwoordelijk, voor verkeersovertredingen de polizia stradale, en de vigili urbani is vergelijkbaar met de gemeentepolitie. Ga bij problemen eerst naar de dichtstbijzijnde politiepost. Om financiële zaken, zoals de mogelijke controle van bonnetjes van wat u hebt gekocht of geconsumeerd, bekommert zich de in grijze uniformen gestoken guardia di financia.

Reiskosten en budgettips

Overnachten: een 2 pk in een driesterrenhotel kost, afhankelijk van het seizoen, € 60-120 inclusief ontbijt. De prijzen in het binnenland liggen eerder lager, en die aan de kust, vooral in augustus, hoger.
Uitgaan: een liter mineraalwater kost circa € 2 en wijn van het vat circa € 8. Wijn per fles is er vanaf circa € 12, voor een pizza betaalt u € 5-10, voor het mandje brood zo'n € 3.
Musea: de entreeprijzen zijn niet hoog en liggen zelden boven de € 5. U bespaart geld als u de regionale Carta Musei Marche aanschaft voor € 15 (gezinskaarten zijn € 25, www.musei.marche.it), de Carta Musei van de provincie Ancona (www.musan.it/museicard/carta.php) of lokale groepstickets die inmiddels bijna overal gangbaar zijn.

Reizen met een handicap

De regio Marche heeft zich tot doel gesteld de toegankelijkheid voor toeristen met een handicap te bevorderen en hierover voor het hele gebied informatie te verstrekken. Met de website www.fermanofriendly.it van de provincie Fermo en met de speciale tips op de website van het Coneropark (www.rivieradelconero.info/it/turismo-accessibile) is daarmee een begin gemaakt. Hier komt u te weten welke musea, hotels en agriturismi bredere deuren, hellingen of liften hebben en of er speciale kamers voor mensen met een handicap zijn. Ook vindt u hier welke stranden toegankelijk zijn voor reizigers met een handicap. In Ancona bevindt zich zelfs een uniek tastmuseum, het Museo Omero (een staatsmuseum), waarin blinde en slechtziende bezoekers de regionale kunst- en cultuurgeschiedenis in de ware zin van het woord kunnen begrijpen.

Daar is ook het project Accessibilità Turistica Marca Anconetana (toerisme voor gehandicapten) ontstaan. Doel is om in de toeristencentra van de provincie Ancona reisarrangementen, wandelingen, uitstapjes, stads- en museumrondleidingen aan te bieden die geschikt zijn voor mensen met een handicap (www.museoomero.it).

Souvenirs

Echte souvenirs zijn de wijnen en sterkedrank van de streek, zoals de bijna al legendarische likeuren van de firma Meletti in Ascoli Piceno, of de kruidenbitters van het klooster Fonte Avellana of dat van Fiastra. Daarnaast culinaire heerlijkheden, zoals truffelpasta uit Acqualagna, linzen uit Castelluccio, olijfolie uit Cartoceto of de beroemde *maccheroncini di Campofilone;* bovendien papierproducten uit Fabriano, Mariabeeldjes uit Loreto, strohoeden uit Montappone, muziekinstrumenten gemaakt in Castelfidardo en natuurlijk designschoenen en designkleding.

Taal

Het officiële Italiaans uit zich in Marche, en zoals overal in het *bel paese* in het dagelijks taalgebruik is gebeurd, in vele dialecten, waarbij men het gebied grofweg van noord naar zuid in een Gallo-Italiaanse, een mediale (midden) en een meridionale (zuidelijke) dialectzone kan verdelen. Wie aan zijn vakantie in Marche een talencursus wil verbinden, kan dat bijvoorbeeld doen aan de universiteit van Urbino of bij verschillende privéscholen in Urbania en Camerano.

Telefoon en internet

De weinige openbare telefooncellen zijn meestal met een *scheda telefonica* (telefoonkaart) te gebruiken; deze kaarten koopt u bij tabakswinkels of bars.

Het landnummer voor bellen naar Nederland is 0031, dat voor België 0032, waarna u de eerstvolgende nul weglaat. Bij telefoneren in en naar Italië (landnummer 0039) moet u echter de eerstvolgende nul (behalve bij mobiele nummers) ook intoetsen.

Alle hotels zijn online en de meeste bieden gratis wifi. Het wachtwoord is bij de receptie op te vragen.

Veiligheid

Neem de gebruikelijke voorzorgsmaatregelen. Laat geen spullen van waarde in uw auto achter, zeker niet zichtbaar, en let op uw kostbare spullen wanneer u zich in grote mensenmassa's bevindt.

Kennismaking – Feiten en cijfers, achtergronden

Zacht glooiende heuvels, historische steden en veel groen

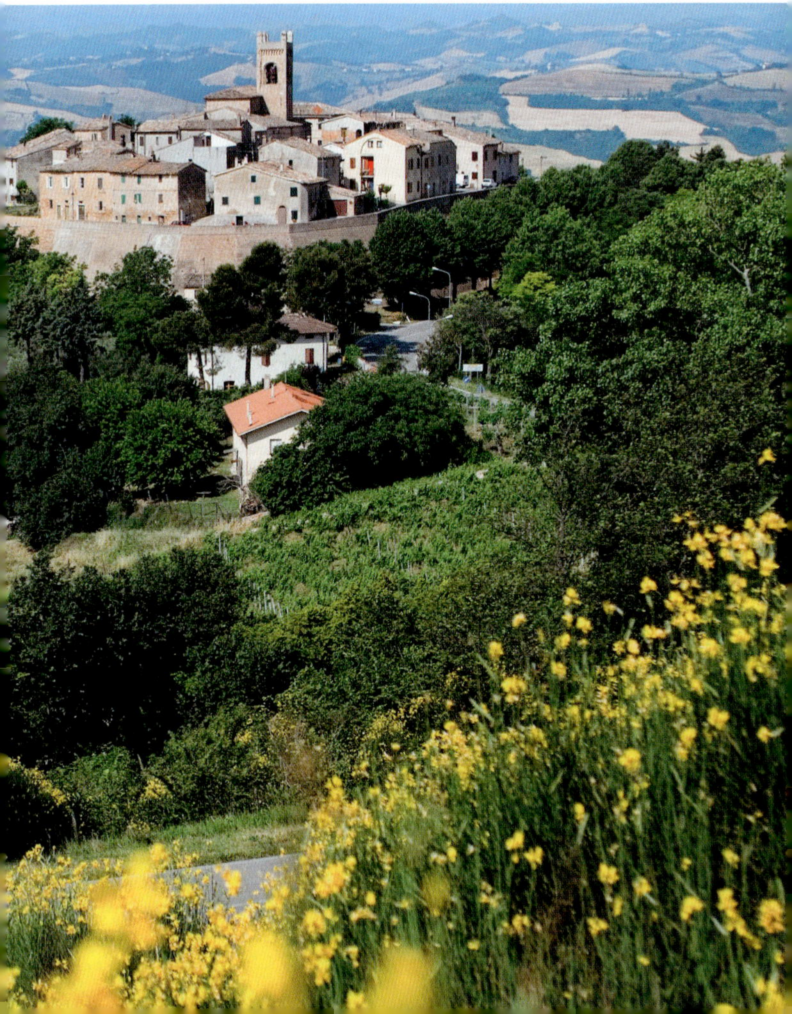

Marche in het kort

Feiten en cijfers

Ligging en grootte: Marche ligt in Midden-Italië, omvat 9366 km² en wordt begrensd door Emilia-Romagna en de republiek San Marino in het noorden, door Toscane en Umbrië in het westen, door bijna 180 km Adriatische kust in het oosten, en tot slot door de Abruzzen en Lazio in het zuiden.

Bevolking: de regio telt 1.543.752 inwoners, waarbij het aandeel buitenlanders ligt op circa 9%. Ongeveer 50% van de migranten komt uit Europa, de andere helft uit Afrika (met name Marokko) en Azië. De gemiddelde bevolkingsdichtheid, die in het binnenland meestal onder het gemiddelde ligt en aan de kust iets erboven, bedraagt 164 inwoners per km².

Taal: Italiaans

Religie: het grootste deel van de bevolking is rooms-katholiek.

Grootste steden: Ancona (100.861 inwoners), Pesaro (94.582), Fano (60.888) en Ascoli Piceno (49.407). Dertien andere steden tellen tussen de 20.000 en 50.000 inwoners, zodat de meeste Marchigiani in gemeenten tot circa 20.000 zielen leven.

Landschap en natuur

Marche is voor 68,8% heuvelachtig en bestaat voor 31,2% uit midden- en hooggebergte. De hoogste berg is de Monte Vettore (2476 m), die met bijna twintig andere tweeduizenders en met een paar schrale hoogvlaktes tot Parco Nazionale dei Monti Sibillini is bestempeld. Terwijl dit park in het zuidwesten doorloopt in Umbrië, ligt het Parco Nazionale del Gran Sasso e Monti della Laga met de Col di Tana (1954 m) gedeeltelijk in de zuidelijke Abruzzen en gedeeltelijk in Marche. De grootste hoogte van de westelijke bergflank, die luistert naar de naam Appennino Umbro-Marchigiano, is de Monte Catria (1702 m). Een tiental grote rivieren baant zich, herhaaldelijk vertakt in smallere zijarmen, een weg door brede dalen en soms door smalle rotsspleten op zijn bijna 100 km lange tocht van de bergbron naar de monding aan de kust.

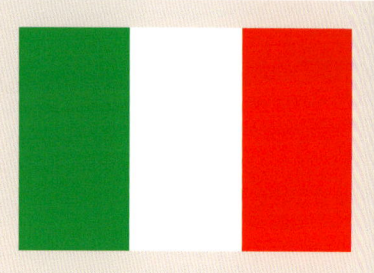

Naast de twee nationale parken vindt u in Marche meerdere regionale natuurparken en -reservaten. Zij beschermen de eiken-, beuken- en kastanjewouden, de aardbeibomen (de Monte Conero), een veelsoortige bloemen- en vogelwereld, spectaculaire druipsteengrotten (*frasassi*) en de endemische kreeftensoort *Chirocephalus marchesonii*, die in het enige natuurlijke meer in dit gebied zwemt. Dat is het Lago di Pilato, dat op 1940 m hoogte in de Monti Sibillini ligt. Hier leven overigens sinds kort weer wolven, die uit de Abruzzen zijn gekomen.

Door de ligging van Marche in het seismische spanningsveld van het Afrikaanse en het Europese aardplateau behoort ook de bijzondere gevoeligheid voor aardbevingen (zoals nog in 2016) tot de natuurlijke karakteristieken van deze streek.

Politiek en bestuur

Marche belichaamt een van de twintig Italiaanse regio's en is verdeeld in vijf provincies: Pesaro-Urbino, Ancona, Macerata, Fermo (sinds 2009) en Ascoli Piceno, met in totaal 236 gemeenten, waarvan Montefeltro er, in 2009, zeven verloor aan Emilia-Romagna.

Hoofdstad en zetel van het regionale bestuur is Ancona. De regio is traditioneel links georiënteerd, waardoor de politieke zaken van de regio sedert 2005 door een centrum-linkse regering (*Partito Democratico*) worden geleid.

Geschiedenis en cultuur

Marche vormde het geboorte- en/of thuisland van beroemde heiligen en heersers, bouwmeesters en beeldhouwers, dichters en denkers, schilders en musici en verschillende pausen. De geschiedenis van Marche komt tot uiting in de ontelbare kerken, kloosters en kastelen, theaters, pleinen en paleizen, bibliotheken en musea, evenals in het regionale culturele programma. De geschiedenis van Marche begon in de 10e eeuw v.Chr., toen dit al sinds de steentijd bewoonde gebied achtereenvolgens werd bezet en bewoond door Umbriërs, Piceniërs, Grieken en Galliërs. Het gebied werd vanaf 295 v.Chr. in hoog tempo geromaniseerd, en kwam na de val van het Romeinse Rijk (476 n.Chr.) onder de heerschappij van de Oost-Romeinse keizers. Vervolgens werd het door de Longobarden veroverd en door Frankische koningen bevrijd. De laatsten moesten het gebied echter eind 8e eeuw afstaan aan de paus, als deel van de Kerkelijke Staat, die als wederdienst Karel de Grote tot eerste keizer van het Heilige Roomse Rijk kroonde. Omdat de verhouding tussen keizers en pausen niet zo harmonisch bleef, boette de Kerkelijke Staat ten gunste van de cultureel ambitieuze stadstaten en adellijke families in aan land en invloed, zodat bijvoorbeeld het hof van Urbino tot op heden furore maakt als kunstzinnig centrum van de Italiaanse renaissance.

Met de consolidering van de Kerkelijke Staat begon vanaf medio 16e eeuw een periode van economische en culturele stagnatie. Pas na de komst van Napoleon waaide er weer een frisse wind, inclusief vrijheid(sgevoel), door het land. De Kerkelijke Staat werd opgeheven, maar in 1815 weer ingesteld en ging – met uitzondering van het Vaticaan, dat in 1929 onafhankelijk werd – in 1860 op in het Italiaanse koninkrijk en vervolgens in de liberale nationale staat.

Economie en toerisme

Nadat Marche tot ver in de jaren 60 van de vorige eeuw tot de economisch armere, nauwelijks geïndustrialiseerde (emigratie)regio's behoorde, zag dit gebied het bruto nationaal product vanaf 1970 gestaag groeien, zodat het zich wat betreft het inkomen per hoofd van de bevolking en het werkloosheidspercentage al snel bewoog op het nationaal gemiddelde (*terza Italia*). Daarbij spelen tegenwoordig landbouw (granen, groente, peulvruchten, (olijf)olie en wijn) en visvangst (zoals in Ancona, San Benedetto del Tronto, Civitanova) nog maar een bijrol.

Het leeuwendeel van deze relatieve welstand wordt, naast de havenbedrijvigheid, de scheepsbouw en de oliewinning, verkregen door zeer gespecialiseerde midden- en kleinbedrijven, die vooral schoenen, elektronische apparatuur, meubels en muziekinstrumenten produceren. Sinds 2008 verkeert de regionale economie echter in een crisis, die zijn dieptepunt in 2013 bereikte. Sinds 2015 is de economie weer aan het herstellen, maar deze opwaartse trend en vooral de daarmee samenhangende toename van het toerisme werd door de aardbeving van 2016 een halt toegeroepen.

Geschiedenis

Opkomst van de Marchigiani: Piceniërs en Romeinen

10e-9e eeuw v.Chr. Na de bewoning in de steentijd, o.a. in de rotsholen rond de Monte Conero, trekken bij de overgang van de 10e naar de 9e eeuw v.Chr. Umbriërs in het noorden en Piceniërs in het zuiden van de regio.

7e-4e eeuw v.Chr. In de 7e en de 6e eeuw v.Chr. beleven de Piceniërs hun bloeitijd. Vanaf de 4e eeuw echter worden zij door de Galliërs in het nauw gedreven. Gelijktijdig (circa 390 v.Chr.) stichten emigranten (van origine uit het moederland Griekenland) vanuit Syracusa de havenstad Ancona.

3e-1e eeuw v.Chr. Teneinde de Galliërs te verdrijven, sluiten de Piceniërs in 299 v.Chr. een verbond met de Romeinen en winnen ze in 295 v.Chr. de Slag bij Sentium (bij Sassoferrato). De Romeinen beginnen echter gelijk met de kolonisering van de Piceniërs, waartegen die zich tussen 269 en 268 v.Chr. tevergeefs verzetten. De Romeinen stichten de ene kolonie na de andere en verbinden die door middel van de Via Flaminia (220 v.Chr.) en de Via Salaria aan de oudere metropolen.

207 v.Chr. Het Metaurodal wordt het toneel van de Tweede Punische Oorlog tegen de Carthagers, waarbij de Romeinen Hannibals broer Hasdrubal verslaan. Ancona wordt pas circa 100 v.Chr. Romeins, na jaren van vredige Grieks-Romeinse co-existentie.

91 v.Chr. In Ascoli Piceno breekt de Bondgenotenoorlog van Italiaanse volkeren uit tegen de koloniale bezitsdrang van de Romeinen (91-89 v.Chr.). Binnen twee jaar daarna echter moeten de provocateurs hun meerdere erkennen in de Romeinse overheersing, die dan inmiddels welke Italiaanse plaats dan ook in haar macht heeft.

1e eeuw v.Chr - 5e eeuw n.Chr Onder keizer Augustus (27 v.Chr.-14 n.Chr) wordt Marche als deel van de 5e (Umbrië) resp. 6e provincie (Piceno) in het Romeinse keizerrijk geïntegreerd. Onder keizer Trajanus (53-117 n.Chr.) wordt de haven van Ancona uitgebouwd tot belangrijkste haven van de oostkust.

330-493 Na de val van de oude Romeinse wereldmacht en de splitsing in een West- en een Oost-Romeins (Byzantijns) Rijk, komt Marche in de machtssfeer van de Germaanse huurlingenleider Odoaker, die als koning in Ravenna resideert. In 488 wordt Odoaker door de Oost-Goten belaagd en in 493 door hun koning Theodorik vermoord.

Germaanse invasie, Byzantijnse overheersing en de Kerkelijke Staat

6e-7e eeuw Na de dood van Theodorik (526) worden zijn opvolgers door de troepen van de Byzantijnse keizer Justinianus belaagd en overwonnen (535-552).

568	De Longobarden rukken op tot aan Zuid-Italië en krijgen ook het zuidelijke deel van Marche in hun macht. Het noordelijke deel blijft echter Byzantijns (Exarchat Ravenna); daar worden de beide vijfstedenbonden geformeerd: *pentapoli annonaria* met Cagli, Fossombrone, Gubbio, Jesi en Urbino, en *pentapoli marittima* met Ancona, Fano, Pesaro, Senigallia en Rimini.
728	De Longobarden wagen een nieuwe aanval, tot zij in 751 met de verovering van Exarchat Ravenna een eind maken aan de Byzantijnse overheersing in Midden-Italië.
752	Paus Stefanus II mengt zich in het politieke gebeuren, omdat keizer Constantijn de paus (naar men beweerde) in de 4e eeuw de wereldlijke macht over Rome en omgeving had overgedragen. Paus Stefanus roept de Frankenkoning Pepijn III te hulp, die de Longobarden grote delen van het bezette gebied, inclusief het noordelijke Marche, tot 756 weer afneemt, en aan de paus de politieke hoogste macht over die gebieden overdraagt.
773/74	Karel de Grote bevrijdt het hele Midden-Italiaanse gebied en bekrachtigt de (overigens in de 15e eeuw als vervalsing ontmaskerde) schenking van Pepijn resp. Constantijn, waarvoor de paus in het jaar 800 zijn erkentelijkheid toont door middel van de kroning van de Frankische koning tot keizer van het Heilige Roomse Rijk.
9e-10e eeuw	Het Heilige Roomse Rijk en de nieuw gestichte Kerkelijke Staat (Emilia-Romagna, Marche, Umbrië en Lazio) worden door de Saracenen en Normandiërs bedreigd, maar niet bedwongen. Dat is niet op de laatste plaats te danken aan koning Otto I, met wie de heerschappij van de Ottonen begint, die de Karolingers aflossen op de keizerstroon, en die de zuidgrens van hun rijk voor de eerste keer benoemen als Marche ('grensland') Camerino, Fermo en Ancona (daarvoor was het alleen de naam van de streek).

Triomf der wereldlijke macht: stadstaten en adeldom

11e-12e eeuw	Nadat de Ottonen in goede verstandhouding met de leiders van de Kerkelijke Staat hebben geregeerd, komt het onder hun opvolgers (Saliërs, Welfen en Hohenstaufen) vanaf de 11e eeuw herhaaldelijk tot onmin tussen keizer en paus. Van die ruzies profiteren vooral de steden in Midden-Italië, die zich voor hun keus voor de ene of de andere partij laten belonen met gemeentelijke autonomie. De Kerkelijke Staat bestaat al snel alleen nog maar op papier (op perkament); steden als Fano, Pesaro, Ancona of Jesi, waar overigens in 1194 de Hohenstaufse keizer Frederik II (1212-1250) wordt geboren, kennen al vanaf de 12e eeuw een buitengewoon grote economische en culturele bloei.

Geschiedenis

13e-14e eeuw	De tijd van de grote adellijke/aristocratische families breekt aan, die van Montefeltro (in 1213 door Frederik II met Urbino beloond), Malatesta, Chiavelli, Varano, Smeducci, Brancaleone en Della Rovere. Zij verzekeren zich via slimme afspraken met keizer (Ghibellijnen) of paus (Welfen) van privileges, maar voeren onderling strijd dat het een lieve lust is, en veroveren, kopen of verkopen steden en landerijen. Intussen proberen de pausen de families enigszins tot bedaren te brengen door het bouwen van kerken en het stichten van kloosters. In 1353 sturen zij kardinaal Egidio Albornoz, die met de *Constitutiones aegidianae* (1357) de basis voor de wederopbouw van de Kerkelijke Staat legt.

Renaissance en consolidering van de Kerkelijke Staat

15e-17e eeuw	De 15e en 16e eeuw worden niet alleen gekenmerkt door een stevige verankering van de Kerkelijke Staat, maar ook door de zowel ruziezoekende als cultureel uitgedragen concurrentiestrijd tussen de families Montefeltro en Malatesta, alsmede door de scheppingskracht van de bouwmeesters, schilders en wetenschappers, die als dé exponenten van de Italiaanse renaissance de cultuurgeschiedenis ingaan. Vanaf medio 15e eeuw horen Fabriano, Jesi en Macerata, en een eeuw later ook Ancona, Camerino en Fermo, weer bij de Kerkelijke Staat.
1631	Urbino, dat zich onder Federico da Montefeltro (1420-1482) als creatief centrum van de vroege renaissance had geprofileerd, keert nu pas terug naar de kerk, waarop een economische en culturele recessie intreedt, die nog wordt overschaduwd door een pestepidemie (1630-1656).
18e eeuw	De Marchigiani leven onder de ontwikkelingsremmende knoet van de klerikale bureaucratie. Alleen paus Clemens XII biedt toekomstgerichte accenten (uitbreiding haven van Ancona). Onder Napoleon worden delen van Marche in samenspraak met paus Pius VI (de Vrede van Tolentino) in 1797 tot 'Republiek van Ancona' uitgeroepen, die echter na 1798 weer helemaal tot de 'Romeinse Republiek' zullen behoren.

Heerschappij van Napoleon Bonaparte en de staatkundige hereniging van Italië (risorgimento)

1801-1815	Nadat Marche door een concordaat in 1801 van Napoleon en paus Pius VII wederom in kerkelijke invloedssfeer is geraakt, wordt de regio in 1808 in het napoleontische koninkrijk ingelijfd en naar Frans voorbeeld geformeerd, waarna de Kerkelijke Staat in 1815 wordt gerestaureerd.
1830-1870	In de jaren 30 van de 19e eeuw sluiten vele Marchigiani zich aan bij de vrijheidsstrijd *(carbonari)* van Mazzini, teneinde zich later bij de Italiaanse vrijheidsbeweging *(risorgimento)* aan te sluiten, die in mei 1860 haar beslissende fase ingaat. Op 18 september 1860 bedwingen de Pie-

montesen in Castelfidardo de troepen van de Kerkelijke Staat, waarna Marche stemt voor de aansluiting bij de Italiaanse staat.

1870-1900 Na de jaren 70 van de 19e eeuw is Marche ook te bereiken via een spoorlijn en ontstaan de eerste badplaatsen. De landbouw is door het middeleeuwse pachtsysteem, de *mezzadria* – het systeem waarbij de (groot)grondbezitters en de boeren de opbrengst van talloze kleine boerenhoven delen – net zo weinig ontwikkeld als de schaarse winkels en fabrieken. De Marchigiani trekken massaal naar Amerika.

Marche in de 20e en 21e eeuw

1900-1918 Aan de vooravond van de Eerste Wereldoorlog ligt het emigratiepercentage ver boven het landelijk gemiddelde. Sociale onrust (*settimana rossa*, 1914) overspoelt het land.

1920-1945 Aan het begin van de jaren 20 mengen communisten en fascisten (Mussolini) zich in de sociale conflicten. De laatsten regeren vanaf 1922 over Italië, dat in 1940 met het nationaalsocialistische Duitsland ten strijde trekt. Na de arrestatie van Mussolini in juli 1943 wordt het zuiden van het land onder het militaire bewind van Badoglio gesteld, terwijl de Duitsers – zij aan zij met de door hen weer bevrijde Duce – het noorden en het midden van Italië bezet houden. Hoewel Marche zwaar te lijden heeft onder de bombardementen van de geallieerden, ontstaat er een krachtige antifascistische beweging. De regio wordt door Britse en Poolse troepen uiteindelijk in september 1944 bevrijd van het fascistische juk.

1946-1980 Anders dan in het noorden van de in 1946 tot stand gekomen Italiaanse Republiek blijft de economische situatie in Marche tot aan circa 1970 hachelijk. Pas na de afschaffing van de *mezzadria* in 1964 begint schoorvoetend een industrialisatie op gang te komen in de hele regio, in de vorm van talrijke midden- en kleinbedrijven, die meubels, schoenen, muziekinstrumenten en papier produceren. Verder verschaft de explosieve toeristische ontwikkeling aan de kust veel arbeidsplaatsen.

1980-2017 De vestiging van nieuwe industriële sectoren, vooral die van de elektronica, geeft de economische ontwikkeling van de regio vleugels, tot deze in 2008 door de crisis wordt getroffen. In 2009 verliest Marche zeven gemeentes aan Emilia-Romagna, en met de nationale herindeling van 2014 wordt het aantal provincies teruggebracht, zodat in heel Italië de provinciekantoren opnieuw moeten worden ingedeeld. Na een voorzichtige regionale economische groei in 2015 noemen experts het door een aardbeving in het zuiden van de regio overschaduwde jaar 2016 voorzichtig optimistisch een 'periode van de overgang' naar een betere toekomst.

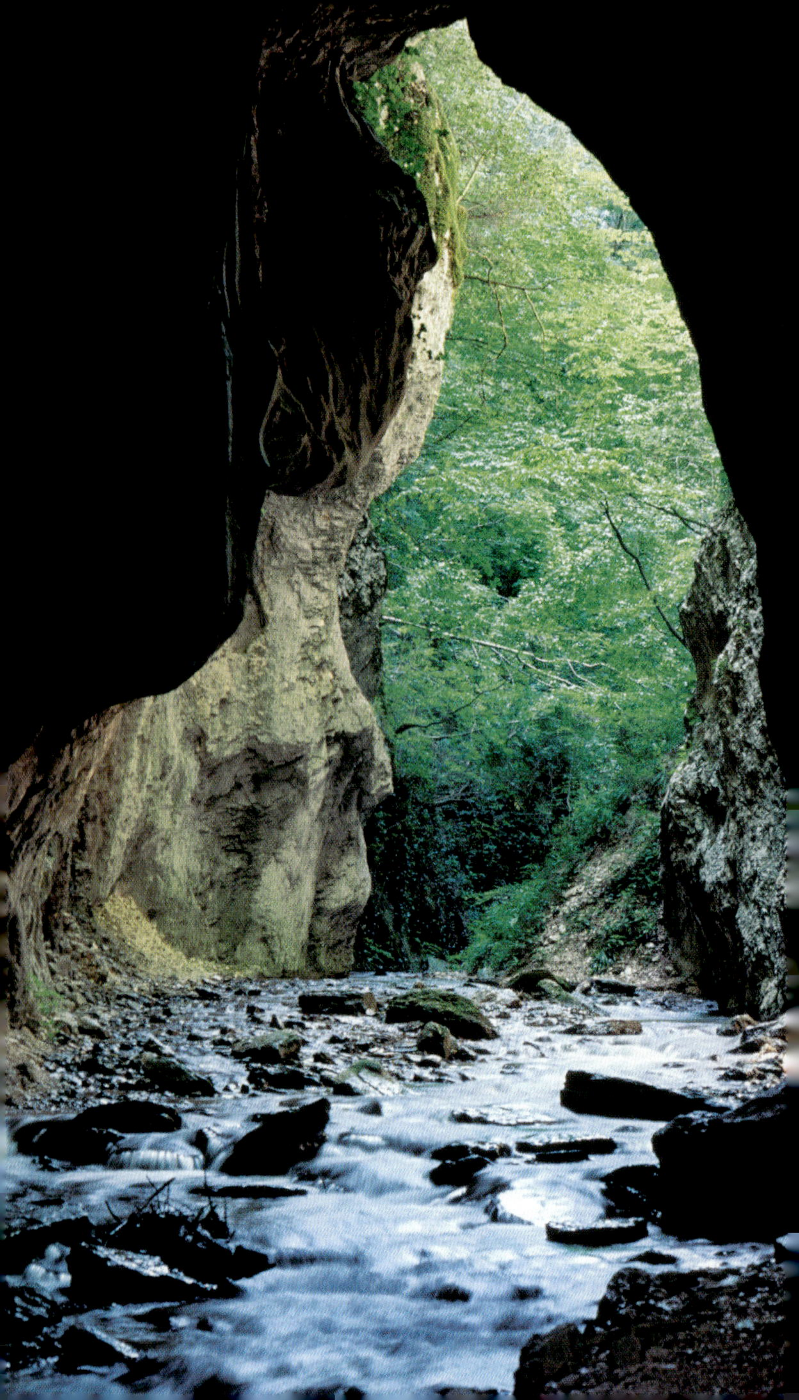

De meeste Marchigiani lijken niet zonder water te kunnen leven en wonen – wat gezien de bijna 180 km zeekust en de ruim vijftig rivieren wel eens waar zou kunnen zijn. Want ook al zijn de meeste rivieren niet langer dan 100 km en ook al vervoeren ze niet allemaal het hele jaar door water, ze zetten wel al van oudsher een stempel op het leven in Marche. Ze leveren water voor de graan- en papiermolens, voeden stuwmeren, bieden spectaculaire uitzichten en bevorderen zelfs de gezondheid, dankzij de vele bronnen.

diepe kloof uit, die Gola della Rossa wordt genoemd. Daarachter – begeleid door de wagons van de treinverbinding Ancona-Rome en de files op de provinciale weg nr. 76 – stroomt de rivier kalm verder naar de kust. De Sentino, die in de periode voorafgaand aan het Romeinse Rijk de natuurlijke grens vormde tussen het woongebied van de Galliërs en dat van de Piceniërs, sleet vóór zijn vereniging met de Esino de kloof van Frasassi in de rotsen en creëerde de gelijknamige druipsteengrotten in het binnenste van de berg. In de Monti Sibillini vindt u ook de Gola di Fiastrone,

Stad, land, rivier

Brede rivierbeddingen en diepe kloven

In de dalen van de Metauro en de Tronto bouwden de oude Romeinen al hun belangrijkste verbindingswegen tussen de Adriatische kust en Rome, de hoofdstad van hun wereldrijk, namelijk de Via Flaminia en de Via Salaria. Parallel aan deze met 110 en 115 km langste rivieren van de regio banen zich vele, door belangrijke regionale verkeersaders geflankeerde rivieren hun weg van de Apennijnen tot aan de Adriatische Zee. Zij stromen, onderweg door talrijke kleinere beken en stroompjes gevoed, doodgemoedereerd door brede rivierbeddingen, doorsnijden romantische rotsformaties of storten zich van de steile rotsen naar beneden.

Zo sleet de Esino, na het samenvloeien met de Sentino bij Genga, een

In de Gola di Fiastrone

aan de bovenloop van de Potenza, in de kloof van Pióraco. Bij Cagli ontvouwt zich dit aan de Burano ontspringende prachtige natuurfenomeen – en zelfs de kleine Candigliano stuwt krachtig en met veel water van Gola del Furlo het gebergte door, voordat hij bij Fossombrone door de grotere rivier de Metauro wordt opgeslokt.

Woeste watervallen

Net zo spectaculair als de ravijnen, kloven en rivierbeddingen van Marche zijn de watervallen: de Metauro stort zich bij Sant'Angelo in Vado maar liefst 12,5 m naar beneden over een rotsrichel en verandert op deze manier in een van de tien grootste watervallen van Italië: de Cascata del Sasso. In de Monti Sibillini valt het water van zes rivieren en beken van meer of minder hoge rotsen en kliffen in de afgrond, zoals de Fiastrone, de Ambro, de Tenna en de Nera. Deze laatste rivier mondt overigens in tegenstelling tot de andere rivieren niet uit in de Adriatische Zee, maar in de Tyrreense Zee. In het in Marche gelegen deel van het Parco Nazionale Gran Sasso Monti della Laga dat bij Marche hoort, ontspringen de Rio di Prata en de Rio di Volpara, en dat dusdanig onstuimig, dat u op het gebied van Acquasanta Terme meteen twee imposante watervallen kunt horen ruisen.

Geneeskrachtige bronnen

De naam Acquasanta Terme geeft al aan dat het hier niet alleen gaat om een natuurlijke bron, maar ook om een heilige, oftewel helende, geneeskrachtige bron. Het water komt in de Orsini-grot naar boven met een temperatuur van 38,6 °C. Dit geheel natuurlijke thermaalbad was al ontdekt door de oude Romeinen, die hier voor hun gezondheid flink aan het zweten waren. Tegenwoordig wordt de zwavelhoudende, nogal stinkende modder alleen nog verzameld om in moderne thermaalbaden te worden gebruikt bij verschilllende therapieën tegen huidziektes, botziekten of longaandoeningen.

Aanbevolen kuuroorden

Macerata Feltria, Pitinum Thermae, www.pitinumthermae.it; **Montegrimano**, www.montegrimanoterme.it; **Petriano**, Terme di Raffaello, www.termediraffaello.it; **Carignano**, www.termecarignano.it; **Genga**, Terme di San Vittore delle Chiuse, www.terme sanvittore.it; **Sarnano**, www.terme disarnano; **Tolentino**, Terme Santa Lucia, www.termesanta lucia.it; **Acquasanta Terme**, www.termeacqua santa.it.

Ook de helende kracht van de zwavelbronnen van Macerata Feltria, die onder de naam Pitinum Thermae bekend zijn en die de reden waren dat er in 1920 een modern kuuroord werd opgericht, genoot in de tijd van het Romeinse Rijk al bekendheid. Daarnaast zijn er nog acht gemeenten in Marche die over mineraal- of thermaalbaden beschikken, zodat men vrijwel in de hele regio kan kuren door te baden, te drinken of zwavel, jodium, broom of zout te inhaleren. Uiteraard kunnen de Marchigiani u het (mineraal)water ook in flessen leveren, met op het etiket de namen Fonte Preistorica (Montefortino), Elisa en Gaia (Genga) Nerea (Castelsantangelo sul Nera) of Fonte di Palme (Torre di Palme).

Kunstmatige meren

Uiteindelijk wordt ruim een dozijn rivieren en beken in Marche ten behoeve van de opwekking van elektriciteit in kunstmatige meren geleid. Voorbeelden hiervan zijn het Lago di Mercatale, het Lago di Polverino, het Lago di Andreuccio, het Lago di Ruffino en het Lago di Fiastra. Hoewel deze meren niet uit zichzelf over een natuurlijke schoonheid beschikken, hebben zich een paar van deze meren dankzij hun bekoorlijke landschappelijke omgeving en dankzij hun visrijkdom ontwikkeld tot populaire bestemmingen of pleisterplaatsen voor wandelaars, vissers en watersporters. Het meest bezochte meer is het Lago di Fiastra in het noorden van het Parco Nazionale dei Monti Sibillini, dat de dorpsrestaurants aan de oever voorziet van smakelijke forellen.

Wie het enige natuurlijke meer van Marche wil zien, moet omhoog wandelen naar het hart van de Monti Sibillini, waar het smeltwater van gletsjers uit de ijstijd het Lago di Pilato vulde.

Waar gaat de wijnreis heen – de wijnkaart van Marche

Hoewel Marche als wijnbouwgebied minder beroemd is dan het nabijgelegen Toscane, is het (meer dan) een wijnreis waard. Daarbij komen wijnliefhebbers van rode en witte wijn in gelijke mate aan hun trekken – en misschien komen ze ook elk jaar weer terug in het laatste weekend van mei, als de wijnboeren van Marche onder het motto 'Cantine Aperte' in de hele regio proeverijen organiseren.

Sinds de eeuwwisseling zijn de kwaliteit en internationale verkoop van 'Marchewijnen' aanzienlijk toegenomen. De wijnmakers van de regio produceerden in 2014 ruim 915.000 hl, waarvan 328.800 hl met de kwaliteitskeurmerken D.O.C. of D.O.C.G. werden gecertificeerd. Momenteel beheren ze zo'n 24.000 ha aan wijngaarden, waarvan de Castelli di Jesi het meeste aanzien genieten.

Lichte witte wijnen

De witte druiven voor de Verdicchio dei Castelli di Jesi D.O.C. worden al sinds de Romeinse tijd in de glooiende heuvels langs de kust van de provincies Ancona en Macerata gecultiveerd. De kwalitatief goede wijn wordt voor bijna 100% van de plaatselijke verdicchiodruif gemaakt en heeft een strogele kleur met een groene gloed. Dat geldt ook voor de Verdicchio di Matelica D.O.C., waarvan de druiven verder landinwaarts en zonder invloed van de frisse zeewind groeien, zodat de smaak enigszins verschilt.

De tweede grote witte wijn van de regio heet Bianchello del Metauro D.O.C. en streelt de tong met een zure frisheid en een perzikaroma. Hij wordt geperst uit bianchello- of biancamedruiven, die in de provincie Pesaro-Urbino hun oorsprong hebben, terwijl het tweede witte 'noorderlicht' genaamd Colli Pesaresi D.O.C. van geïmporteerde trebbiano-toscanodruiven wordt gemaakt.

Uit de heuvels rond Macerata komen de frisse witte wijnen met de naam Colli Maceratesi D.O.C. Ze hebben een lichte citroensmaak en het boeket doet denken aan Verdicchio, omdat de maceratinodruif al in de antieke tijd uit de verdicchiodruif is voortgekomen. De witte Terre di Offida D.O.C. bestaat voor 85% uit passerinadruiven, de Offida D.O.C.G. is gemaakt van peccorinodruiven, die in het grensgebied van Marche en de Abruzzen groeien. Deze druivensoort domineert ook de Falerio dei Colli Ascolani D.O.C., die met 30-50% trebbiano-toscanodruiven verrijkt is. Deze lang als minderwaardig aangemerkte druivensoorten leveren sinds kort uitstekende wijnen, die zich met een hoge zuurgraad, aroma's van Williamsperen en rode appels en een licht bittere afdronk profileren.

Stevige rode wijnen

De witte nieuwkomers verbeteren het imago van de wijngaarden in het zuiden van Marche, die zich traditioneel met de krachtige Rosso Piceno D.O.C. profileren. Deze wijn wordt in de eerste plaats gemaakt van de plaatselijke montepulcianodruif, die rond Fermo en Ascoli Piceno en in de naburige Abruzzen groeit, en ontegenzeggelijk naar kersen en amandelen smaakt. Zijn fruitige karakter en bittere afdronk worden door de toevoeging van 30-50% 'vreemde' sangiovesedruiven geaccentueerd. De laatste domineren voor 70% de rode wijnen uit het noorden, die de naam Colli Pesaresi D.O.C. dragen, terwijl de Pergola D.O.C. van het muscaat-aroma van de eveneens geïmporteerde aleaticodruif profiteert. De wijnen Colli Maceratesi D.O.C en San Ginesio D.O.C. uit de provincies Macerata en Fermo bestaan voor 50% uit sangiovese. Fijnproevers waarderen ook het kleine sangiovese-aandeel in de rode Offida D.O.C.G., die voor 85% met montepulcianodruiven wordt gemaakt. Dezelfde combinatie karakteriseert de Rosso Conero D.O.C. resp. D.O.C.G, die rond de gelijknamige kustberg wordt gemaakt.

Bijzondere rode wijnen zijn Vernaccia di Serrapetrona D.O.C.G. en D.O.C. en Lacrima Morro d'Alba D.O.C., eveneens uit de omliggende gebieden van Macerata respectievelijk Ancona. De eerste is ontwikkeld uit de vernaccia-nera-di-serrapetronadruif, die exclusief rond Serrapetrona op een klein oppervlak van in totaal 45 ha groeit. Deze wijn doorloopt waarschijnlijk als enige wijn ter wereld drie gistingsfasen, is mousserend, heeft een relatief lichte kleur en is zoet of droog. De tweede komt uit hetzelfde wijnbouwgebied en is doorgaans een niet-mousserende, droge wijn. De derde is een lichte rode wijn met de geur van heide en aardbeiboom, die hij aan de druivensoort lacrima morro d'alba te danken heeft. Deze druif groeit op bijna 40 ha heuvelland rond het dorpje Morro d'Alba.

Twee dagen wijnproeven: Cantine Aperte

Elk jaar kunt u in het laatste weekend van mei voor een eenmalige bijdrage van slechts € 10 (2016) van wijngoed naar wijngoed trekken en allerlei heerlijke wijnen proeven, uiteraard begeleid door lekkere hapjes (www.movimento turismovino.it).

Het papier maken is geen Italiaanse, maar een Chinese uitvinding. Toch behoren de bewoners van Fabriano tot de pioniers van de Europese papierproductie, en wel dankzij het uitvinden en toevoegen van iets speciaals: het kunstzinnige watermerk. Watermerken garanderen tot op de dag van vandaag wereldwijd de echtheid van ambtelijke documenten, juridische stukken, officiële bankstukken en postzegels.

Het is aangetoond dat er al vanaf het jaar 105 n.Chr. in China papier werd gefabriceerd, en wel uit thee- en rijstbladeren en uit bamboe- en hennepvezels. Deze kennis verspreidde zich daarna via Azië en het Midden-Oosten naar Egypte en Marokko. De Arabieren, die linnen- en katoenlompen als grondstof voor hun papier gebruikten, exporteerden al papier aan het begin van de 12e eeuw naar Spanje, en een eeuw later naar Italië, in 1252 naar Foligno en in 1268 naar Fabriano. Daar werd de papierfabricage al snel door de Italianen geperfectioneerd.

Nieuwe technische verworvenheden

Dat het plaatsje Fabriano zich in de middeleeuwen tot de 'wieg van de papierkunst in Europa' zou ontwikke-

De papierpioniers van Fabriano

Het 'logo' van de papierkunstenaar – het watermerk

len, had niet in de laatste plaats te maken met het feit dat de textielnijverheid daar allang voorkwam. De papierpioniers haalden daar hun technische kennis vandaan. De volmolens (een met waterkracht aangedreven techniek om wol te kunnen vervilten) stonden model voor de in Fabriano ontwikkelde hydraulische persen, die de gewassen en met de hand in stukken gesneden linnen en katoenen lompen – in vakjargon 'twisten' genoemd – door middel van urenlang slaande houthamers in een vezelbrij veranderden.

Deze papierpap, ook papierpulp genoemd, werd in grote kuipen vermengd met water, en met een zeef van kopergaas werd het gewenste formaat papier geschept. De zeef met de dunne laag papierpap werd vervolgens op een laag vilt gelegd, waarna de inhoud loskwam van de zeef. Daarop werd een volgende laag vilt gelegd en vervolgens weer een vel papier. De stapels met vellen papier werden geperst, waarop de vellen werden opgehangen om te drogen en vervolgens werden 'gelijmd', dat wil zeggen geïmpregneerd. In plaats van het tot dan toe gebruikelijke zetmeel werd in Fabriano vanaf 1292 voor het eerst gelatine als lijm gebruikt. De gelatine zorgde ervoor dat het papier aanzienlijk langer geconserveerd kon worden.

Het watermerk: logo van de papierkunstenaar

De derde historische verdienste van de papiermakers van Fabriano bestond uit het aanbrengen van watermerken. Die waren weliswaar al in 1282 in Bologna uitgevonden, maar werden pas geschikt gemaakt voor massaproductie door de vaardige handen van de *fabrianesi*. De papierkunstenaar bracht een patroon of afbeelding aan op de schepzeef, waarop minder vezels bleven zitten.

Later was het watermerk niet op het eerste gezicht zichtbaar, maar alleen als het papier tegen het licht werd gehouden. De zo verwerkte letters, afbeeldingen en symbolen dienden eerst als merkteken (logo) van de papierkunstenaar zelf, maar vormden later de signatuur van het briefpapier van belangrijke personen. Ten slotte werden ze gebruikt als waarmerk van bankbiljetten en postzegels.

Markt en monopolie

De papierpioniers van Fabriano stonden tot eind 16e eeuw vooraan op technologisch gebied en hadden commercieel de wind in de zeilen. Enthousiaste kooplieden verhandelden het felbegeerde papier en beheerden ondertussen vaak ook de hele productie ervan. Het papier uit de vrije stad Fabriano kwam terecht in Gubbio, Perugia, Rome, Genua, Florence, Venetië en zelfs in Noord-Frankrijk en Spanje. Het werd vanuit Ancona, Fano of Rimini verscheept.

Toen Fabriano in 1378 weer onder feodale heerschappij kwam te vallen, kregen de Chiavelli's, een adellijk geslacht, de controle over de hele papiersector. Zij kochten kleinere papierwerkplaatsen op, voerden fusies uit en investeerden in de oprichting van handelsondernemingen die profiteerden van de monopoliepositie van de lokale papiernijverheid. Lokale verordeningen uit 1436 en 1445 verboden de plaatselijke papiermeesters hun bedrijfsgeheimen prijs te geven en papiermolens buiten de stad te bouwen. Terwijl het in andere bedrijfstakken na het midden van de 15e eeuw economisch achteruitging, kon de papierbranche om die reden ook in de geconsolideerde Kerkelijke Staat blijven bestaan. In 1585 waren er nog twintig papiermolens, waarvan die van het adellijke geslacht Vallemani de belangrijkste was.

Crisis en concurrentie

Na het jaar 1600 kwam er voorlopig een einde aan de hoogtijdagen van de papierbranche. Doordat de kerk belasting op elk vel papier hief, of beter gezegd op elke riem (bepaalde hoeveelheid papier), verminderde het aantal papiermolens tot een drietal. Bovendien raakten de *fabrianesi* geleidelijk achterop in technologisch opzicht bij de Fransen, Engelsen, Duitsers en Hollanders. De laatsten hadden in 1670 een machine uitgevonden die het vermalen en roeren van de lompen combineerde, en die een 'hollander' werd genoemd. Daardoor hoefden de lompen niet langer handmatig te worden fijngemaakt.

In Sachsen werkte men vanaf 1798 met een papierzeefmachine, die het scheppen van papier voor het eerst machinaal kon verrichten en die bovendien lange papierstroken kon produceren. In dezelfde tijd ontstond in Frankrijk het idee om lompen te vervangen door hout, wat dankzij de in 1843 in Duitsland ontwikkelde houtslijpmachine op grote schaal mogelijk werd.

Industrialisering: Cartiere Miliani

Onder de veranderde politieke verhoudingen en dankzij de inzet van nieuwe productiemiddelen beleefde de Europese papierhoofdstad van de middeleeuwen in de 19e eeuw een renaissance. Deze wedergeboorte werd in gang gezet door de voormalige papierarbeider en grondlegger van de papierfabrikantendynastie Pietro Miliani (1744-1817), die vanaf 1782 in eerste instantie samen met de toenmalige marktleider Vallemani een papiermolen dreef. Hier kwamen tot aan 1796 nog vijf bedrijven bij, waarvan de meeste in de loop van de decennia door de nazaten van Pietro Miliani, Giuseppe (1816-1890) en Giambattista (1856-1937), werden overgenomen. Zij legden zich toe op het maken van kwalitatief hoogwaardig papier, dat grote aftrek vond. Dat resulteerde erin dat de fabriek in Fabriano enorm werd uitgebreid.

Het groeiende succes van dit familiebedrijf was het gevolg van de wereldwijd gewaardeerde papierkwaliteit en de hoge productie van de fabriek, die overigens grotendeels te danken was aan de uitbuiting van de voor de helft uit vrouwen en kinderen bestaande arbeiders. De Miliani-arbeiders streden en staakten al vanaf 1860 voor het verkorten van de werktijden en voor hogere lonen. Zij waren al vroeg georganiseerd in een soort vakbonden, kregen een bedrijfsziektenkostenverzekering voor elkaar, en in 1920 een collectieve arbeidsovereenkomst die nationaal van kracht werd. Zo maakten de papierarbeiders van Fabriano ook geschiedenis als pioniers van de Italiaanse arbeidersbeweging.

De Cartiere Miliani maakt sinds 2002 deel uit van de Gruppo Fredrigoni en behoort vandaag de dag tot de koplopers in de Europese papierbranche op het gebied van speciaal papier. De lokale geschiedenis van het papier wordt door hen in een museum uit de doeken gedaan.

Museo della Carta e della Filigrana

Het papier- en watermerkmuseum van Fabriano herbergt de reconstructie van een middeleeuwse papiermolen, een collectie watermerken uit alle historische periodes en een museumwinkel. Largo Fratelli Spacca, tel. 0732 223 34, www.museodellacarta.com, nov.-mrt. di.-zo. 9-13, 14.30-18.30, daarbuiten 10-13, 14.30-19.30 uur, € 7.

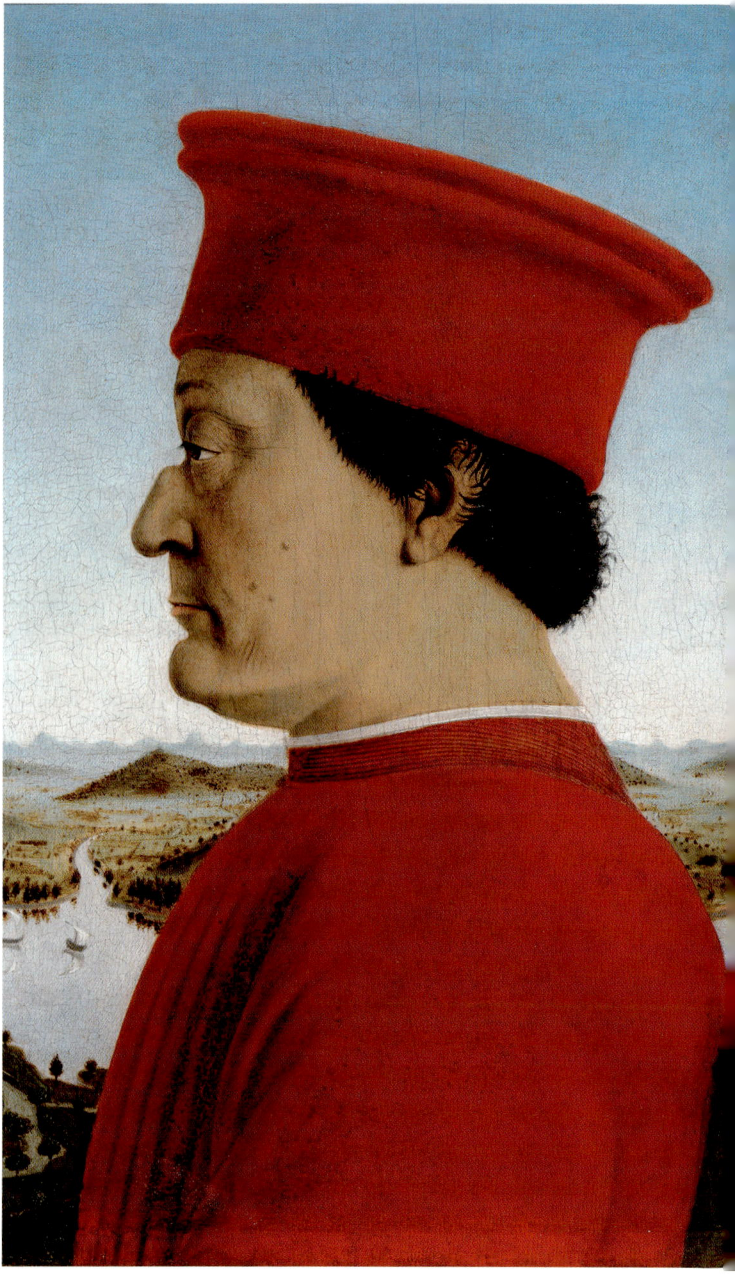

De renaissance belichaamde een allesomvattende vredige revolutie, die met boeken, bouwwerken en beelden de klerikale geest van de middeleeuwen verdreef en de ommekeer naar een wereldlijke nieuwe tijd inluidde. De cultuurrevolutionaire vonk daartoe kwam uit Midden-Italië, waar de rijke hertogen en de crème de la crème van de stadstaten als opdrachtgevers en afnemers van kunst en architectuur optraden en de levensbeschouwelijke en esthetische wedergeboorte van de klassieke oudheid inleidden. Dat de kunst niet alleen het goede, het ware en het schone moest huldigen, maar ook de macht en marktwaarde van de mecenassen moest opstuwen, is vooral in Urbino te aanschouwen.

lijk. Deze overgang ging in de beeldhouwkunst en schilderkunst gepaard met de herontdekking van het naakte menselijke lichaam als motief, en het gebruik van proportie en perspectief bij de weergave ervan. In de architectuur viel men terug op de symmetrische vormen en de hoofdlijnen uit de tijd van de klassieke oudheid.

De beeldhouwers en schilders uit de renaissance trokken de in de kerkelijke kunst van de gotiek stijfjes aangeklede, contourloze heiligen en heersers bij wijze van spreken andere kleding aan, die hen toonden in realistische anatomische verhoudingen en vormen. De architecten grepen weer terug op de architectuurtheorie van hun Romeinse voorvader Vitruvius (84-27 v.Chr.: *De*

Macht en het mecenaat als aanzet tot de renaissance

De renaissancestad Urbino scherpte haar stedenbouwkundige profiel aan ten tijde van de beslissende periode onder Federico da Montefeltro (1444-1482), die als boegbeeld van de kunst- en cultuurbevlogen renaissancevorsten en tegelijkertijd als pionier van de 'multimediale marketingpolitiek' de geschiedenis is ingegaan.

Van gotiek naar renaissance

Zoals alle overgangen in de geschiedenis van kunststijlen, verliep ook die van de gotiek naar de renaissance geleide-

Portret van een kunstmecenas: Federico da Montefeltro

architectura libri decrem). Ook binnen de wetenschap, de literatuur en het theater stonden de werken van de grote Griekse filosofen en klassieke genres als het epos en de tragedie weer model.

De mens als maat van alle dingen

Deze hernieuwde navolging van de mens als maat van alle dingen nam een begin rond het midden van de 14e eeuw. In de eerste decennia van de 15e eeuw kreeg deze kunststijl als eerste vorm in bouwwerken en schilderijen in Florence (de zogenaamde vroegrenaissance, circa 1400-1510).

Vervolgens werd de nieuwe kunstrichting in de stadstaten (*signorie*) en hertogdommen van Midden-Italië en ten slotte ook ten noorden van de Alpen algemeen gebruikt. De bouwmeesters, beeldhouwers, schilders en geleerden, die in opdracht van de De'Medici in Florence, de Sforza in Milaan, de Malatesta in Rimini, de Da Montefeltro in Urbino en niet in de laatste plaats van de paus in Rome de vormen, motieven en gedachtewereld van de klassieke oudheid gebruikten, behoren tegenwoordig tot de belangrijkste exponenten van de Europese kunst- en cultuurgeschiedenis.

Hun namen waren Mantegna, Signorelli, Rafaël, Bellini, Crivelli, Leonardo Da Vinci, Michelangelo en Titiaan, waarbij de latere werken van beide laatstgenoemden al de overgang van het tijdperk van de hoogrenaissance (circa 1480-1530) naar het maniërisme (1543-1606) markeren.

Talentenjager van de Italiaanse renaissance

Aan het hof van Federico da Montefeltro (1422-1482) in Urbino verdienden talloze beroemde renaissancekunstenaars hun sporen. De succesvolle en destijds best betaalde *condottiere* (legeraanvoerder) van Midden-Italië was inmiddels rijk en beroemd geworden en bij zijn onderdanen zeer geliefd vanwege zijn milde belastingpolitiek. Deze heer investeerde zijn immense vermogen in de uitbouw van zijn stad en van zijn paleis, en in een uitbundig en tegelijk prestigegericht hofleven.

Architecten van de 'ideale stad'

Da Montefeltro wierp zich op als een hartstochelijke bewonderaar en genereuze mecenas van wetenschap, kunst en cultuur. Hij verzamelde aan zijn hof humanistische schilders, architecten, dichters, filosofen en wiskundigen. Zij discussieerden daar over het geestelijk erfgoed dat de klassieke oudheid ons had nagelaten en zij formuleerden en visualiseerden de esthetische criteria voor de 'ideale stad' (*città ideale*), die zij tegelijk in Urbino in praktijk brachten.

Tot de bouwmeesters die zich verdienstelijk maakten bij de uitbreiding en het interieur van het Palazzo Ducale behoorden Luciano Laurana, de latere architect van de Sint-Pieter Donato Bramante en Francesco di Giorgio Martini, die met zijn omvangrijke vestingen ook op andere plekken in Marche zijn architectonische voetafdrukken heeft nagelaten.

Schilders aan het hof van Urbino

Tot de schilders aan het hof van Urbino behoorden onder anderen Masaccio's tijdgenoot Paolo Uccello (1397-1475), de Spanjaard Pedro Berruguete (1420-1504) en Piero della Francesca (1416-1492), die er in de jaren 60 van de 15de eeuw een aantal van zijn belangrijkste werken schiep. Van zijn hand komt het vermoedelijk bekendste portret van zijn opdrachtgever, die zich overigens uitsluitend en profil wilde laten vereeuwigen (zie blz. 58). Hij was namelijk met nog maar één oog en met een misvormde neus uit een toernooi gekomen.

De kromneuzige Federico da Montefeltro, die op het portret felrode kleding en dito hoed draagt, siert in onze tijd nagenoeg elke publicatie over de renaissance, omdat hij de ideale vertegenwoordiger is van de vruchtbare artistieke relatie tussen macht en mecenaat in dit verlichte kunsthistorische tijdperk.

Het musiceren, dichten en toneelspelen zit de Marchigiani duidelijk in het bloed. In geen andere Europese streek zijn dermate veel historische theaters te vinden als in Marche, waar elke stad, hoe gering van omvang ook, u zal verrassen met een nostalgische, ontroerende tempel der muzen. Deze 'theaterregio' beschikte begin 1900 over ruim honderd podia, waarvan er ruim zeventig behouden zijn gebleven en die nog steeds – of weer – voor de kunsten worden gebruikt.

De theaters ontstonden voor het merendeel in de 18e en 19e eeuw. Ze zijn wat hun exterieur betreft meestal in neoclassicistische stijl opgetrokken. De zalen en vertrekken zijn vaak met veel pracht en praal gedecoreerd. De interieurs laten een diepe indruk achter, dit dankzij de veelkleurige schilderingen en schilderijen, de vergulde balustrades en de schitterende kroonluchters.

De theaters sieren niet alleen de provinciehoofdsteden, maar ze liggen – zoals nergens anders in Italië – als speelse 'Marche-elementen' over de hele regio verspreid. U vindt een theater in nagenoeg elke (kleine) stad, meestal direct aan het centrale plein, vaak met een gezellig theatercafé er vlakbij gelegen. De meeste theaters zijn een gemeentelijk podium (zonder eigen ge-

Door de muze gekust – een bloeiende theaterwereld

Voor opera- en theaterliefhebbers is Marche een waar paradijs

zelschap) waarop van het begin van de herfst tot in het voorjaar voorstellingen van gastspelers van gererommeerde Italiaanse, maar regelmatig ook buitenlandse theater- en balletgezelschappen, orkesten en solisten op het programma staan.

De nostalgisch aandoende podia worden gebruikt voor try-outs en opvoeringen van amateurgezelschappen en schooltheater; deze gebouwen fungeren vaak ook als bioscoop of feestzaal. Ze vormen niet zozeer de exclusieve ontmoetingsplaatsen van de intellectuele bourgeoisie, maar zijn veeleer multifunctionele culturele centra voor alle generaties en voor alle lagen van de bevolking van de stad.

Theater in de klassieke oudheid

Tot de theaters uit de 18e en 19e eeuw behoren ook de stenen overblijfselen van een handvol theaters uit de Romeinse tijd, waarin de Europese theatergeschiedenis ooit begon. Na de Grieken, van wie wij het woord 'théatron' (toneelplaats) overgenomen hebben, voerden ook de Romeinen menselijke tragedies en komedies ten tonele. Daarvan getuigen nog de archeologische opgravingen van Castelleone di Suasa, Ancona, Ascoli Piceno en niet als laatste Falerone, waar het goed onderhouden oude Romeinse theater tegenwoordig weer wordt gebruikt voor sfeervolle zomerse theateropvoeringen.

Commedia dell'Arte en het melodrama

Nadat het toneelspel in de middeleeuwen voornamelijk beperkt bleef tot het opvoeren van Bijbelse verhalen en tot het uitvoeren van kluchten en andersoortige met grappenmakers bevolkte stukken, kwam in de renaissance de profane theatertraditie, hand in hand met andere kunstvormen uit de antieke oudheid, opnieuw tot leven. Voorstellingen vonden toen echter nog niet plaats in eigen theaters. In de 16e eeuw kwam in Italië de Commedia dell'Arte op. Deze door kenmerkende figuren als Harlekijn en Columbina bezette rollenspellen waren weliswaar aan een vaste opeenvolging van scènes gebonden, maar de woordkeus en mimiek verliepen volgens de wetten van de improvisatie.

De Commedia dell'Arte werd halverwege de 18e eeuw afgelost door het melodrama (melodramma in het Italiaans). Daarmee worden komedies met meerdere akten, maar ook met meer aandacht voor tijd, locatie en karakterstudie bedoeld. De eerste melodrama's vloeiden uit de pen van de Venetiaanse toneelschrijver Carlo Goldoni (1707-1793), die men vorm en inhoud ook de productie van de voorstellingen volledig veranderde. Voor de uitvoeringen van deze nieuwe stukken, met de sfeervolle decors en de enorme hoeveelheid rekwisieten en kostuums, waren vaste theaters nodig. Dat kwam – politiek-maatschappelijk gezien – goed uit voor de sociale geldingsdrang van de cultuurbevlogen stedelijke elites, die met de bouw van representatieve theaters hun welstand demonstreerden, werk voor ambachtslieden en kunstenaars schiepen en het aanzien van de stad verhoogden.

Voornaam theatergezelschap

In die tijd waren in de hele regio Marche stadjes te vinden, wat ervoor zorgde dat deze nieuwe stedelijke culturele ontwikkeling een bijzonder rijke bloei beleefde. In nagenoeg elke gemeente in Marche stichtten rijke families tussen 1750 en 1900 een zogenoemd *condominio teatrale* (een gemeenschap van eigenaren), die de bouwkosten en de zakelijke leiding van het plaatselijke theater overnam.

Voorname theatergezelschappen gaven grootse voorstellingen in schitterende muzentempels met een weelderig interieur en goed uitgeruste podia. Voor de bouw en inrichting van deze theaters werden vaak architecten en kunstenaars van naam aangetrokken. De leden namen overeenkomstig de geldsom die ze hadden gedoneerd, plaats in de comfortabele en luxe gestoffeerde stoelen in de weelderige loges. Zij bezochten optredens van beroemde acteurs en musici en gingen daarna naar schitterende feesten – wat goed viel te realiseren, omdat bijna elk theater dankzij een beweegbaar podium snel en eenvoudig in een danszaal kon worden omgetoverd. Gewone mensen moesten buiten blijven of mochten plaatsnemen op de goedkope plaatsen, die afgeschermd van het chique publiek via aparte ingangen konden worden bereikt.

Modern theater met een nostalgische sfeer

Pas na de uitvinding van de film veroverde het gewone publiek massaal de grote theaterzalen, die zelfs vaak uitsluitend nog als bioscoop fungeerden. Nadat zeker de helft van de eens zo exclusieve kunsttempels met het politiek-maatschappelijke tijdsgewricht meebewoog, waarbij het publiek zich vanaf het eerste decennium van de 20e eeuw in sociaal opzicht mengde, sloten andere in de loop van de 20e eeuw hun deuren. Nadat in 1982 bij een brand in een bioscoop in Turijn 64 mensen om het leven kwamen, en dientengevolge de landelijke brandweervoorschriften werden aangescherpt, moest in Marche weer een hele reeks theaters worden gesloten. Momenteel zijn de meeste theaters in technisch opzicht grondig aangepast aan de huidige eisen en vaak meteen gerestaureerd of gerenoveerd, zodat ze nu het decor vormen voor het nog steeds levendige culturele leven en bovendien een bezienswaardigheid voor toeristen zijn.

Repertoire en programma

Hoewel Marche momenteel geen eigen professionele gezelschappen kent, zijn er desondanks regelmatig voorstellingen te zien, zoals van het gezelschap **Le Città del Teatro**, dat tot 2014 bij het Teatro Stabile delle Marche hoorde. Dit gezelschap heeft zijn thuisbasis in het **Teatro delle Muse in Ancona** en voert voornamelijk stukken van moderne toneelschrijvers op. Ook gaat zij geregeld daarmee op tournee en organiseert het gezelschap gastoptredens van andere toneelgezelschappen (www.marcheteatro.it).

Dit valt ook onder de taken van de **Associazione Marchigiana per le Attività Teatrali (AMAT)**, die als regionale zaakwaarnemer voor de plaatselijke theaters fungeert. Dit bedrijf stelt in opdracht van de bij haar aangesloten gemeenten het repertoire in de lokale theaters samen, maakt de actuele toneelagenda openbaar en geeft links naar de websites van de afzonderlijke theaters. In tegenstelling tot de Città del Teatro, dat zich alleen met toneel met gesproken stukken bezighoudt, is AMAT ook actief op het gebied van andere podiumkunsten zoals muziek en dans (www.amatmarche.net).

Voor kaarten en informatie over de regionale culturele programma's: www.vivaticket.it.

Castelfidardo – wereldmuziek met instrumenten uit Marche

Antonio Franzoso, groot en slank, met een snor en een strohoed in de stijl van een Venetiaanse gondelier, greep naar een kleine, oude knopaccordeon. Maar zijn ogen glinsterden en hij speelde de sterren van de hemel, hoewel de gepensioneerde accordeonbouwer al bij onze eerste ontmoeting ruim tachtig jaar was. Vervolgens liet hij mij een knalrode accordeon zien, die hij zelf had gebouwd. Franzoso, in april 2016 op de leeftijd van 82 jaar overleden, was er trots op dat uitgerekend zijn 'kind' naast Bruno Ganz en Licia Maglietta de hoofdrol speelde in Silvio Soldini's poëtische liefdeskomedie *Pane e Tulipani (Brood en Tulpen)*.

Momenteel ligt het prachtige instrument, omgeven door foto's van scènes uit deze internationaal succesvolle film, weer in zijn vitrine in het plaatselijke Museo Internazionale della Fisarmonica. Het museum vertelt de wereldwijde geschiedenis van de accordeon, waarin het stadje Castelfidardo een niet onbelangrijke rol heeft gespeeld.

De geschiedenis van de moderne accordeon heeft haar begin in de werkplaats van de Weense orgel- en pianobouwer Cyrill Demian, die anno 1829 het patent verkreeg over de uitvinding van de *accordeon*. Zijn constructie berustte op het principe van de klankvoortbrenging van de Chinese sheng, die al vanaf de 3e eeuw v. Chr. door middel van 'ventilatie' van vrij doorslaande 'tongen' oorstrelende tonen voortbracht en die als de historische voorloper wordt gezien van het harmonium, de mondharmonica, de concertina, de bandoneon, de melodeon en dus ook van de latere accordeon (*fisarmonica* in het Italiaans).

Al deze instrumenten behoren tot de familie van de aërofonen, waarbij een balg – door deze in te drukken en weer los te laten (wat met behulp van knoppen of toetsen gebeurt) – een luchtstroom genereert, die tongen tot trillen brengt en daarmee dus geluid produceert. Doordat de accordeons van Demian kleiner en goedkoper waren dan de destijds gebruikelijke trekharmonica's, won zijn uitvinding al snel aan populariteit. Dat inspireerde instrumentenbouwers in heel Europa. Waarschijnlijk belandde er ook een *accordeon* uit handen van een Oostenrijkse pelgrim in bedevaartsoord Loreto in handen van de jonge boer Paolo Soprani uit Castelfidardo.

Hand- en thuisarbeid voor de nationale markt

Paolo Soprani paste Demians model aan en bouwde samen met zijn broer Settimio vanaf 1863 zelf accordeons, die duidelijk de muzikale snaar van de eenvoudige Italiaanse bevolking raakten. In elk geval schoten al snel talrijke accordeonwerkplaatsen als paddenstoelen uit de grond in de nog piepjonge Italiaanse nationale staat. Sommige werden vlakbij opgericht, zoals in Loreto, Recanati en Macerata, andere in de Abruzzen, in Vercelli in Piemonte of in Stradella in Lombardije, waar een zekere Mariano Dallapé in 1876 met de ontwikkeling van een accordeon met een pianoklavier (een klavieraccordeon genoemd) nieuwe technische maatstaven introduceerde.

Alleen al in Castelfidardo werden aan het begin van de 20e eeuw veertien werkplaatsen met in totaal vijfhonderd arbeiders geregistreerd. Omdat de meeste arbeiders in conjuctureel en contractueel flexibele omstandigheden door middel van thuisarbeid en handarbeid accordeons monteerden, kon Paolo Soprani in het jaar 1905 met slechts dertig vaste werknemers in dienst twaalfhonderd accordeons per maand op de – voornamelijk nationale – markt brengen.

Emigratie, export en industrialisering

Het werk en de verdiensten in de jonge accordeonbranche waren echter net zo onzeker en slecht als in de landbouw en de visserij, zodat ook talloze accordeonbouwers en -spelers wegtrokken uit Marche, en velen de boot naar Noordof Zuid-Amerika namen. De emigranten verrijkten de Nieuwe Wereld met hun net zo mooie als welklinkende accordeons, die het al snel wonnen van de esthetisch minder fraaie exemplaren van Tsjechische, Russische, Duitse of Franse makelij. De Italianen (her)openden productie- en reparatiewerkplaatsen en trokken al musicerend door de Amerikaanse steden en over het platteland.

Dat zij gelijk met de klanken uit hun verre thuisland ook de reputatie van hun accordeons zo geliefd maakten, deed de vraag naar accordeons 'made in Italy' nog verder stijgen. In Castelfidardo en elders in Italië werden de arbeidsprocessen gemechaniseerd, en het kwam tot een ware industriële productie van dit immens populaire muziekinstrument. In 1913 bijvoorbeeld werden vanuit Italië 14.365 accordeons verscheept, met voornamelijk Amerika als bestemming.

Crisis en opleving

De mondiale economische crisis in de jaren 20 verlaagde de exportcijfers weer, zodat zelfs Mussolini zich bekommerde om deze door de crisis aangetaste industrietak, en hij de accordeon als nationale verworvenheid prees en propageerde. Met het uitbreken van de Tweede Wereldoorlog raakte de accordeonindustrie wederom in een crisis, waarop de Duce in 1941 hoogstpersoonlijk duizend accordeons bestelde en deze naar het front stuurde, ter bevordering van de militaire kracht en inzet van de strijdende manschappen.

Nieuwe hoop en de weer oplaaiende levensvreugde aan deze en gene zijde van de Atlantische Oceaan zorgden ervoor dat de accordeonindustrie al in de eerste jaren na de oorlog weer booming business werd, zodat alleen al in Castelfidardo tussen 1946 en 1948 negentien nieuwe accordeonwerkplaatsen werden gebouwd. In heel Italië snelden de exportaantallen naar 192.053 stuks in het jaar 1953, en in Castelfidardo, dat toentertijd maar negenduizend inwoners telde, werkten tienduizend mensen uit de stad en de directe omgeving in de accordeonindustrie.

De in Macerata opgerichte eigen zaak van Settimio Soprani fuseerde met de gebroeders Scandalli in Camerano, om de branchegigant Farfisa (*Fabbriche Riunite di Fisarmoniche*) in het leven te roepen. Net als in Castelfidardo produceerde men er jaarlijks in de eerste plaats voor de Amerikaanse markt, bijvoorbeeld voor de Paramount-filmstudio's.

Rock en revival

Met de muzikale zegetocht van de meer ritmische dan uitgesproken melodieuze popmuziek van de Beatles en de Rolling Stones kwam de lokale accordeonindustrie in een grote dip terecht, zodat er in Castelfidardo tussen 1960 en 1963 zeventien traditionele accordeonwerkplaatsen failliet gingen. Andere breidden hun business uit met de productie van elektrische gitaren en orgels, zoals het merk Farfisa, dat aan wereldberoemde bands leverde en bovendien een accordeon ontwikkelde die in de rockmuziek bruikbaar was: de Cordofox.

Sinds kort is de populariteit van de accordeon weer toegenomen, zowel in de klassieke als in de populaire muziek. Ook wordt de accordeon tegenwoordig meer dan ooit gewaardeerd als solo-instrument. Daardoor bedienen de 23 muziekinstrumentproducenten van Castelfidardo en omgeving een kleine, maar bijzondere nichemarkt, zodat net als vroeger de toon voor wereldmuziek nog steeds op instrumenten uit Marche wordt gezet.

Dat geldt uiteraard ook voor de stad Castelfidardo zelf, die een eigen accordeonorkest en een internationaal accordeonfestival in huis heeft en die musici van heinde en verre voorziet van gerenommeerd materiaal. Laten we hopen dat na de dood van Antonio Franzoso de een of andere plaatselijke accordeonvirtuoos in het museum zo af en toe op een van de oude schatten zal spelen en daarmee de ziel van de bezoekers zal raken.

Muziek 'on the spot'

Het internationale **accordeonfestival** *Concorso e Premio Internazionale per Solisti e Complessi di Fisarmonica* is wereldwijd een van de belangrijkste op dit gebied. Het vindt jaarlijks in september plaats en er is ook een wedstrijd aan verbonden, met als hoofdprijs de Albo d'Oro. Daarnaast zijn er het hele jaar door nog allerlei kleinere festivals en accordeonconcerten, zoals het **Fisorchestra Marchigiana – Città di Castelfidardo**, waar jonge musici uit de hele regio hun muziek laten horen (www.pifcastelfidardo.it, www.fisorchestramarchigiana.it).

Het goud van Marche – de zwarte en witte truffel

In een ongehoord tempo jaagt hij door het zojuist wakker geworden bos, snuffelt en zoekt, en begint dan op een bepaalde plek te graven en te wroeten. Nu is het moment aangebroken voor zijn baas om met de schep mee te gaan graven en om de kostbaarste bodemschat van Marche te bergen: de truffel. Anders dan bijvoorbeeld in Frankrijk, waar ook varkens worden ingezet, speuren in de bossen van Marche uitsluitend de eigen, speciaal opgeleide honden naar het aristocratische geslacht onder de paddenstoelen. De honden zoeken altijd in gezelschap van hun baas, die de vindplaatsen weer zorgvuldig toedenkt, om ze zo voor andere truffelzoekers onherkenbaar te maken.

De concurrentie onder de truffelzoekers is groot. Geen wonder, want de truffels brengen op de wereldmarkt tot zo'n € 4000 per kilo op. De duurste soort is een witte truffelsoort met de naam *Tuber magnatum pico,* direct gevolgd door de zwarte *Tuber melanosporum,* die net als het 'witte goud' alleen in de winter te 'delven' is. De beste truffels van Marche worden gevonden in de omgeving van Acqualagna, Sant'Agata Feltria en Sant'Angelo in Vado, waar in het voorjaar en in de zomer ook andere soorten gedijen, die eveneens fantastisch smaken, maar van een iets mindere kwaliteit zijn en dus ook goedkoper.

Truffelbiotoop

Alle truffels resideren onder de plantkundige naam *Tuber,* die verwijst naar hun verwantschap met de familie van de zakjeszwam. Truffels groeien uitsluitend onder de grond, en zonder eigen chlorofyl, in symbiose met andere planten boomsoorten, bij voorkeur met eiken, peppels, beuken en kastanjes. Terwijl het wortelgestel de paddenstoelensoort voorziet van de glucose die ze nodig hebben om te overleven, geven de truffels weer iets terug aan hun gastheer doordat zij water kunnen opslaan. Ook vormen zij een bron van minerale zouten. Voor de verspreiding zijn de rijpe truffels aangewezen op de geur die ze afgeven, een geur die (wilde) zwijnen, insecten, slakken en knaagdieren lokt, en ook dus de daartoe opgeleide honden. Al deze dieren verspreiden de sporen van de truffels op natuurlijke wijze, bij het zoeken, omwoelen en graven door de omliggende grond, zodat het wortelgestel van dezelfde boom later weer nieuwe onderaardse juwelen zal dragen.

Truffelteelt

In weerwil van de hierboven beschreven volstrekt natuurlijke methode van verspreiding van truffels, worden er in de truffelbolwerken van Marche, namelijk Sant'Angelo in Vado en Acqualagna, intussen ook truffels geteeld. Men verrijkt daartoe het wortelgestel van jonge, gekweekte bomen met truffelsporen. Vervolgens worden de boompjes geplant in hun natuurlijke leefomgeving, en na weer een periode geplant op open (truffelboom)velden. Op deze manier worden bijvoorbeeld in Acqualagna al met succes winstgevende zwarte wintertruffels geteeld. De witte truffel echter is met betrekking tot de perfecte combinatie van de bodem, het klimaat, de soort boom als gastheer, en zelfs de vegetatie in de directe omgeving, veel en veel kieskeuriger en veeleisender, en is daarom niet geschikt om te worden geteeld.

Truffeloogst

De conventionele truffeloogst is onderhevig aan strenge wettelijke regels en voorschriften, die onder andere zeggen dat er – de kunstmatige truffelculturen buiten beschouwing gelaten – geen bezitsaanspraak kan of mag worden gemaakt op potentieel 'truffeldragende' bomen of gebieden. Het zoeken naar truffels op ongecultiveerde stukken land is in principe vrij. Wat wel is verplicht is het afleggen van een staatsexa-

---

Truffelreizen en truffelmarkten

Een aantal reisorganisaties biedt aantrekkelijke culinaire reizen aan in het truffelseizoen. Zie bijvoorbeeld www.suprisetickets.nl en zeker ook www.truffle-travel.com.
De Duitser **Klaus Wilhelm Gerard**, auteur van *Faszination Trüffel – Suchen, Finden, Kochen...* (Knürr-Verlag 2013; niet vertaald in het Nederlands), verblijft een deel van het jaar in Marche, bezit zelf een licentie als truffelzoeker en nodigt mensen uit voor culinaire reizen onder het motto Viaggio tartufissimo-bianco-nero (www.trueffel-reisen.de).
Maar als u uw truffelreis liever op eigen houtje organiseert, bent u wellicht gebaat bij de data van de belangrijkste truffelmarkten en -feesten:
Acqualagna: *Fiera Nazionale del Tartufo* (Bianco) op de laatste zondag van oktober en de eerste twee weekends van november, *Fiera Regionale del Tartufo Nero Pregiato* in het voorlaatste weekend van februari, *Fiera Regionale del Tartufo Nero Estivo* begin augustus (www.acqualagna.com).
Sant'Angelo in Vado: *Mostra Nazionale del Tartufo Bianco Pregiato delle Marche e Fiera Nazionale Cani da Tartufo* (truffelhonden) vanaf het tweede weekend van oktober vier weken lang (www.mostratartufo.it).

men, het 'Truffelzoekexamen', waarna de truffelzoeklicentie wordt verleend. Ook is het verplicht om met een opgeleide hond te werken. Verder zijn de oogstperioden voor de afzonderlijke truffelsoorten vastgelegd en voorgeschreven. Ook mag uitsluitend op die plaatsen met graafgereedschap verder worden gegraven, waar de hond al was begonnen met graven.

Truffelhonden

Welke hondenrassen precies geschikt zijn voor het zoeken naar truffels moeten we overlaten aan de deskundigheid van de individuele *tartufaio*, oftewel de truffelhandelaar, om de eenvoudige reden dat een specifieke truffelhond niet bestaat. Desondanks is in 1991 de enigszins op een poedel lijkende hond *Lagotto Romagnolo*, met een warrige vacht en een scherpe neus, als dertiende Italiaanse hondenras erkend en voorzien van het predikaat 'Cane da tartufi' (truffelhond).

Truffelgerechten

Hoewel bij het thema truffel onvermijdelijk de rol van de truffelhond aan de orde komt, wordt het tijd om nu terug te keren naar waar het eigenlijk allemaal om gaat: de truffel als object van culinaire verlangen. Allereerst is daar de peperdure *Tuber magnatum* of *Tartufo bianco pregiato*; naar deze truffel mag van 1 oktober tot en met 31 december worden gezocht en hij bereikt een maximumgewicht van 200-400 gram. Hij is zeer aromatisch en wordt bij voorkeur rauw gegeten. De van half november tot half maart geoogste, iets minder aromatische *Tuber melanosporum* of *Tartufo nero pregiato*, ook wel *Tartufo nero dolce* (zoete zwarte truffel) en aan de andere kant van de Alpen 'diamant noir' genoemd, kan het best licht worden gegaard, hoewel hij ook zonder verhit te worden voortreffelijk smaakt. Al vanaf 1 september wordt gesnuffeld naar de minder bekende *Tartufo nero liscio* (de gladde zwarte truffel), met de Latijnse naam *Tuber macrosporum*, die kwalitatief en prijstechnisch op de derde plaats staat en die zich qua smaak en geur kan meten met zijn kostbare witte aardgenoten. Van minder marktwaarde zijn een handvol andere herfst- en wintersoorten, plus de *Tuber aestivum*, ook een zomertruffel, die van mei tot november groeit en wordt geoogst.

In principe worden alle truffelsoorten, die overigens ook als afrodisiacum zouden werken, zowel rauw als gegaard – bijvoorbeeld op de klassieke manier met geklaarde boter met tagliatelle – geserveerd. Ze worden meestal (rechtstreeks) geschaafd over het gerecht, maar ook in olijfolie gemarineerd of met olijfolie gepureerd. Ze brengen smaak aan pastasauzen en -vullingen, vleesgerechten, salades en broodbeleg, ze aromatiseren regionale kaas- en worstsoorten en ze worden zelfs gebruikt in zoete desserts.

Truffels zijn twee (witte truffels) tot vier (de zwarte) weken houdbaar op een koele plaats in een vochtige doek. Ze kunnen tijdens het seizoen vers worden gegeten, maar ook goed worden bewaard in de diepvries of in goed afgesloten inmaakpotten. Op deze manier kunt u zich in de restaurants van de regionale truffelcentra het hele jaar door (blijven) laven aan de geur en smaak van truffelgerechten. Ook kunt u in de talloze winkels voor fijnproevers leuke en mooie culinaire (truffel)souvenirs aanschaffen. Wie zelf truffels wil zoeken, kan onder meer in hotel Antico Furlo in Acqualagna een arrangement boeken (zie blz. 154) of via een reisorganisatie op truffelreis gaan.

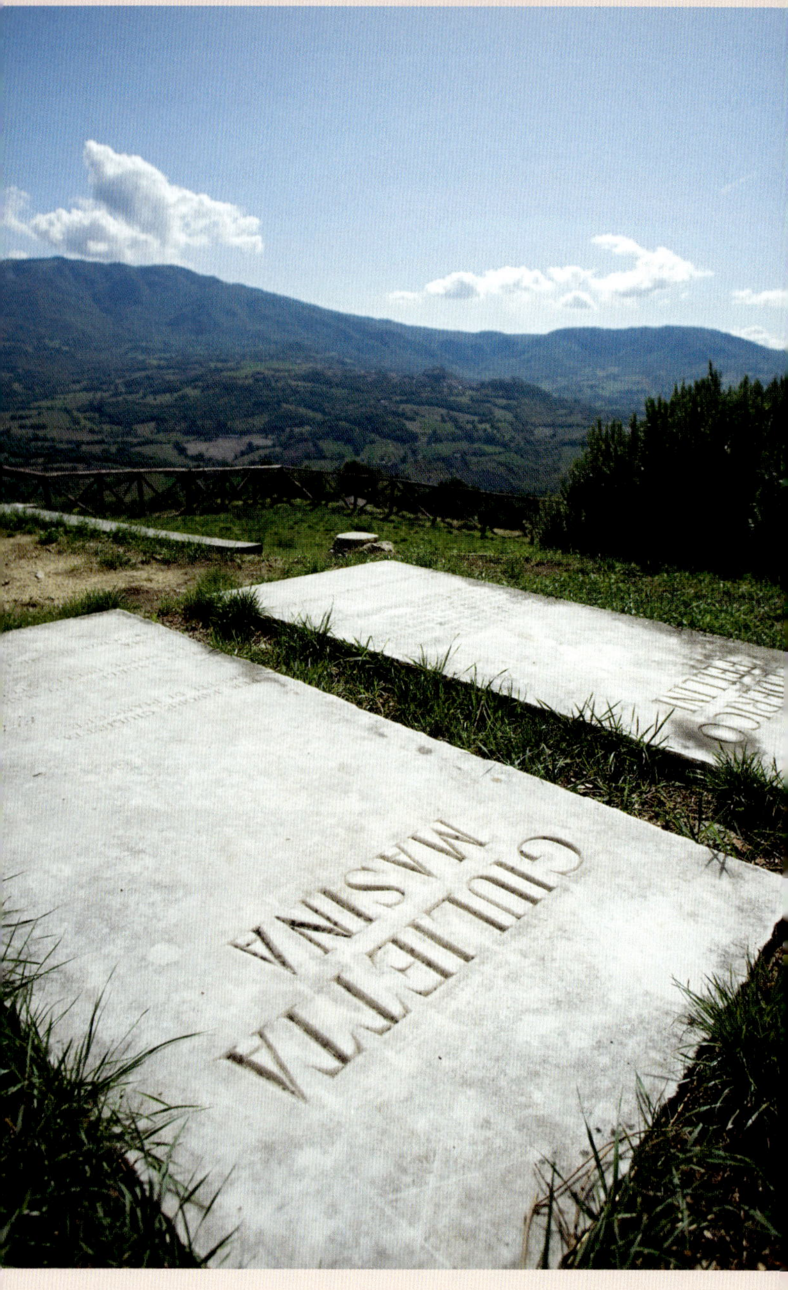
GIULIETTA
MASINA

Sinds de zomer van 2009 is Marche ongeveer 328 km², zeven gemeenten, 15.000 inwoners en enkele mooie dorpen en landschappen armer. Het verloren land ligt aan de bovenkant van het Marecchiadal omgeven door het weelderig groene bos- en weidelandschap van Montefeltro. Het werd aan de noordelijke buurregio toegevoegd, zodat tegenwoordig Emilia-Romagna met het betoverende stadje San Leo en de 'zielenplekken' van schrijver en kunstenaar Tonino Guerra in Pennabilli pronkt.

dum 84% voor het wisselen van regio, wat vervolgens in 2009 officieel werd bekrachtigd.

Sinds de uitlevering van Novafeltria moet Marche het Museo Storico Minerario di Perticara missen, dat in een authentiek decor de geschiedenis van een ooit belangrijke zwavelmijn vertelt. Met het truffelkasteel Sant'Agata Feltria en Talamello, dat bekendheid geniet om zijn *formaggio di fossa* (grottenkaas), zijn twee culinaire uithangborden verdwenen. En met Sant'Agata's wijk Petrella Guidi verloor Marche niet alleen een

Verloren land – regionale herindeling

Met hun hart en tong waren de bewoners van Casteldeci, Maiolo, Novafeltria, Pennabilli, San Leo, Sant'Agata Feltria en Talamello al voor het opgaan in de naburige provincie Rimini eigenlijk Romagnoli. Hun historische voorouders hadden daar onder de vleugels van de Riminese adellijke familie Malatesta gewoond. Pas in de 15e eeuw veroverden hun aartsrivalen uit het geslacht Montefeltro het Marecchiadal om het bij het hertogdom Urbino in te lijven.

Hoewel hun grondgebied na de vereniging van Italië aan de Marcheprovincie Pesaro-Urbino werd toegewezen, bleven de bewoners overwegend Romagno koken en praten. Omdat de bevolking niet in de laatste plaats materieel beter dacht te worden van de economisch gunstiger gelegen en welvarendere provincie Emilia-Romagna, stemde in 2006 via een referen-

Twee naamstenen herinneren in Petrella Guidi aan Fellini en zijn vrouw

mystiek middeleeuws gehucht, maar ook een sfeervolle herinneringsplaats aan Federico Fellini en Giulietta Masina. Hun vriend Tonino Guerra liet voor de imposante oude muren van het plaatsje, op een groene weide met panoramisch uitzicht op de Montefeltro, twee eenvoudige gedenkstenen leggen met de namen van de beroemde regisseur en de toneelspeelster. De meeste pijn doen echter het verlies van het stadje San Leo en de cultureel levendige gemeente Pennabilli.

Op een rots gebouwd

San Leo is een plaats met uitzicht op de groene Montefeltro en tegelijk de territoriale kern van dit fascinerende natuur- en cultuurlandschap: de rots waarop de huizen werden gebouwd, draagt de antieke naam Mons Feretri. Hiernaartoe vluchtte aan het eind van de 3e eeuw de vanwege zijn christelijke overtuiging vervolgde patroonheilige van de stad.

Het stedelijke middelpunt van San Leo heet vanwege een kort bezoek aan de gelijknamige persoon (1306) Piazza Dante en wordt door drie verdiepingen tellende adellijke paleizen uit de 16e en 17e eeuw omgeven. Daarin bevinden zich uitnodigende winkels en restaurants, zoals het sympathieke hotel-restaurant Al Castello (www.hotel ristorantecastellosanleocom). Ernaast staat de oosters aandoende kerk Santa Maria Assunta, die in de 9e eeuw boven een gebedsgrot van de heilige Leo werd opgericht. Het godshuis heeft de vorm van een schip. Direct erachter staat de imposante kathedraal uit de 12e eeuw, waarin de oudere delen van het gebouw zijn opgenomen. Aan de andere kant van het rotsplateau imponeert de Fortezza, een van de vestingen van Francesco di Giorgio Martini. Het in opdracht van Federico da Montefeltro gebouwde complex met zijn enorme ronde torens herbergt representatieve hertogelijke vertrekken, maar ook donkere cellen en martelkamers die door de pausen sinds 1631 als maximaal beveiligde gevangenis voor niet-gewenste tijdgenoten werden gebruikt. Een van hen was de roemruchte Giuseppe Balsamo alias Alessandro Conte di Cagliostro, die in de 17e eeuw de adellijke samenleving polariseerde. Hij werd als wonderdokter en waarzeger vereerd en als gifmenger en godslasteraar verguisd.

Ruimte voor herinneringen

Het landschappelijk zeer fraai gelegen Pennabilli was de geboorteplaats van Tonino Guerra. De schrijver, dichter, schilder en beeldhouwer, die de inspiratie leverde voor Federico Fellini's *Amarcord*, Michelangelo Antonioni's *Blow Up* en Francesco Rosi's *Drie broeders*, werd in 1920 in Sant'Arcangelo di Romagna geboren en trok zich na zijn filmcarrière in 1989 terug in de drieduizend zielen tellende gemeente, waar hij tot zijn dood op 21 maart 2012 woonde. Samen met buren en vrienden veranderde hij huizen, tuinen, straten en pleinen in onconventionele 'luoghi dell'anima'. Deze 'zielenplekken' bieden de mogelijkheid om te ontspannen en na te denken, te herinneren en te dromen, te mediteren en te reflecteren.

Als eerste zielenplek stichtte Guerra in de buurt van de centrale Piazza Vittorio Emanuele II de 'L'Orto dei Frutti Dimenticati', met daarin ongeveer honderd bomen en struiken die zeldzaam geworden vruchten als lijsterbessen en citroenappels aan hun takken hebben hangen. Deze vormen de natuurlijke omlijsting voor grote en kleine kunstobjecten. Het opvallendst is een met oosterse ornamenten versierde 'sprookjesboog' die een weide in de 'Tuin van de vergeten vruchten' overspant en een tweede creatieve hommage aan Fellini en Masina vormt. De zonnewijzer, in de vorm van een stenen plaat waarop het metalen profiel van het kunstenaarspaar zijn schaduw werpt, heet 'Zonnewijzer van de ontmoeting' en maakt deel uit van de zeven zonnenwijzers in de 'Straat van de zonnewijzers' die zich in het bovenste deel van de oude stad voortzet. Daar betoveren nog meer zielenplekken en een museum genaamd Il Mondo di Tonino Guerra (www.toninoguerra.org). De as van de kunstenaar rust in de tuin van zijn huis dat direct om de hoek staat, dankzij de regionale herindeling op zijn Romagnese geboortegrond.

Een contemporain gesamtkunstwerk – hotel Alexander in Pesaro

Aan het strand van Pesaro kwam de droomwens van graaf *(conte)* Alessandro-Ferruccio Marcucci Pinoli di Valfesina tot vervulling: uit een hotelbeddenkolos uit de jaren 60 van de vorige eeuw schiep hij met het Alexander Museum Palace Hotel niet alleen een uiterst comfortabele verblijfplaats met zeezicht en excellente service, hij verrijkte daarmee ook de Adriatische kustplaats met een zeer opvallende bezienswaardigheid die een ervaring op zich betekent – een absoluut bijzonder kunstzinnig vormgegeven hotel.

Vanwege zijn grote liefde voor de beeldende kunst, toneel- en danskunst, literatuur en theater kan men deze heer des huizes (het hotel doet bijna aan als een huis) en (kunst)schepper ook een moderne Federico da Montefeltro noemen. Temeer daar hij zich in de brochures van zijn hotelketen VIP Hotels, waaronder ook de luxe onderkomens Vittoria in Pesaro en San Domenico in Urbino, met veel zelfspot ook als zodanig presenteert. In navolging van het beroemde portret van de renaissancistische heerser gemaakt door Piero della Francesco, staat deze Pesaronese adelborst met de even lange als welluidende naam daarop en profil afgebeeld, compleet met de karakteristieke knalrode hoofdbedekking. De afgestudeerde jurist, voormalige consul, ambassadeur, lyricus, schrijver en beeldhouwer, door zijn vrienden 'Nani' genoemd, is nogal zelfbewust. Toch komt hij niet over als arrogant of lijdend aan grootheidswaanzin wanneer hij gepassioneerd over zijn museumhotel vertelt. Dat hij niet alleen kunst-, maar ook hotelgeschiedenis heeft geschreven,

Kunst passend bij de zee: de lobby van Hotel Alexander

vindt ook de beroemde architect Daniel Libeskind, die in 2012 zei dat kunst hier belangrijker is dan luxe. Nani's droomhuis was het mooiste hotel dat hij ooit had gezien.

Nani's droom

De sneeuwwitte hoteldroom in het decor voor het strand aan de blauwe Adriatische Zee rees in de zomer van 2008 op, gelijk een feniks uit de as, uit een in architectonisch opzicht uiterst saai en gezichtloos hotelblok uit de jaren 60 van de vorige eeuw, dat de graaf in oktober 2004 had aangekocht. Nog voordat *il conte* het grauwe gebouw, gelegen op *first row* aan het strand, compleet liet renoveren, verbouwen en met 1000 m² liet uitbreiden, had hij met een advertentie in het tijdschrift *Arte* al gelijkgestemde kunstenaars gevonden die hij zocht voor het verwerkelijken van zijn 'droom'.

Hij droomde van een totale samensmelting van museum en hotel, een symbiose van kunst en comfort, van esthetische waarden en functionaliteit. Hij wilde het pand niet alleen met dertig door hem aangekochte schilderijen en sculpturen aankleden, maar hij wilde ook voor zijn stad aan zee een gesamtkunstwerk scheppen, dat alle contemporaine kunstuitingen een plaats zou geven en dat een uitgelezen gastvrijheid tentoon zou spreiden.

Woonkunst

De hotelier en mecenas verbood pornografische motieven in de kunstwerken en ook de verwerking van makkelijk breekbare of licht ontvlambare materialen. Hij liet de geselecteerde kunstenaars verder de vrije creatieve hand. De 73 meer of minder bekende schilders en beeldhouwers, die meestal één gastenkamer ter beschikking kregen om hun creativiteit daarin te kunnen botvieren, kwamen op een paar uitzonderingen na allemaal uit Italië zelf. Zij representeren daarmee gezamenlijk nagenoeg het totale spectrum aan eigentijdse kunst, zodat de gasten in hotel Alexander in kamers met de meest uiteenlopende stijlen kunnen overnachten: conceptuele kunst, de zogenoemde Arte Povera, minimal art, Afro art, etnische kunst, body art, popart, drip painting, readymade en underground.

De verdiepingen van het hotel ogen alsof u zich in een galerie bevindt. De deuren van de gastenkamers vormen stuk voor stuk de voorbode van hetgeen zich daarachter als ruimtelijk kunstwerk bevindt qua stijl, motieven, kleuren en materialen. Op de deuren staan schilderingen die alvast een enthousiasmerend beeld geven van het te verwachten interieur. Op een bordje direct daarnaast leest u de namen van de kunstwerken, en de naam en geboortedatum van de betreffende kunstenaar (zie voor alle deuren www.alexandermuseum.it).

Als de 'schilderijdeuren' al indruk op u maken, dan zal dat zeker gebeuren met wat u ziet aan beloopbare en tastbare en zichtbare kunstwerken zodra u de deur opent. Ze zullen u betoveren of verbluffen, verwarren of zelfs irriteren, afhankelijk van ieders persoonlijke smaak.

Minimalistische schoonheid en de kracht van kleur

De kunstwerken zijn subtiel en bescheiden, zoals Luisas Valentini's *Vento* (Wind), waarin een filigraan vlechtwerk van zwart metaal het bed van de verder consequent witgeverfde en van witte meubels voorziene kamer overspant. Maar ze kunnen ook een koel en zakelijk effect hebben, zoals Luigi Carboni's *Nero ombrato* (Overschaduwd zwart), dat focust op het zwart-witcontrast. Sommige zijn van een betoverende minimalistische schoonheid, zoals Renato Bertini's *Vague* of Domenico Borrelli's *White Room*.

U treft er kamers vol kleurintensiteit, afkomstig van schilderijen met abstracte en figuurlijke motieven, waartoe ook *La Voce del Colore* (De stem van de kleur) van Paola Magrini en *Primitive Passion* van Albano Aniballi behoren. Kleurrijke graffiti kleurt Mattia Marangoni's *Camera a Spray* (Kamer met spray). Schreeuwende tinten paars en lila vullen de kamer van Leonilde Carabba met de titel *Il Fiume della Vita scorre in Verticale* (De rivier van het leven stroomt verticaal), dat een zekere psychedelische charme uitstraalt.

Mediterrane lichtheid

Andere kamers komen, soms op natuurlijke wijze geaccentueerd door het uitzicht op de blauwe Adriatische Zee, in kleur, vorm en motief overeen met de mediterrane lichtheid als visie op het bestaan. Deze sfeer spreekt uit Oscar Piattella's *Luci del Mare* (Lichten van de zee) en uit Terry May's *Conchiglie* (Schelpen) en vult het blikveld met de met houten zeemeerminnen, vissen en schaaldieren bedekte blauwe muren van *La Sirena*, de kamer die de Argentijnse Jacqueline Crapanzano inrichtte. De zee drukte ook haar stempel op de warme sfeer in de kamer van Regina Stechow, *Il Tufo* (De duiksprong), waarin deze kunstenares uit Bonn op een witte muur de in knalrode zwemvliezen gestoken benen van een duiker laat zien, en eveneens op Gianni Noli's in blauwtonen opgezette *Itaca*, waarin een houten bed als (oude) boot op de golven van de zee drijft.

Hotelcomfort op niveau

Daarnaast zijn er nog kamers en ruimtes met sculpturen uit draadstaal of met tot kunstwerk omgevormde alledaagse gebruiksvoorwerpen waarin bomen groeien en bloemen bloeien, ballerina's dansen of engelen zweven. Niet elke kamer is mooi te noemen in de gebruikelijke zin van het woord; veel kamers zou u misschien wel stante pede willen betrekken, maar andere slechts bekijken of bewonderen. In elk geval bieden ze niet alleen inspiratie en kunstgenot, maar ook een hoog niveau van comfort.

Dat geldt ook voor de lobby, het restaurant en de als museum bestemde, tevens openbare conferentieruimte, die uiteraard net als de entree, de buitengevel, de terrassen en zelfs de inpandige parkeergarage tegelijk fungeren als tentoonstellingsruimte voor kunst. Ze herbergen schilderijen, sculpturen en installaties van Sandro Chia, Davide Dall'Osso, Primo Formenti, Nanni Valentini, Leonardi Nobile, Walter Valentini, Arnaldo en Giò Pomodoro, die samen met de architecten en de 'ruimtekunstenaars', met de culinair creatieve koks en de vriendelijke keukenbrigade, de toon zetten voor de door de heer des huizes gecomponeerde en gedirigeerde symfonieën van smaak, genot en gastvrijheid.

Het werk van Nani

Dat de gastheer zelf door de muze is gekust, is te zien aan bijvoorbeeld zijn 'manichini', overwegend vuurrode levensgrote poppen met spierwitte ogen die het hotel 'bevolken' en af en toe onderweg zijn naar kunstexposities in binnen- en buitenland.

In de haven van Ancona begint voor Griekse vrachtwagenchauffeurs de 'Straat van God': de vaarverbinding tussen Ancona en Patras. Deze verbinding maakt het mogelijk de zogenaamde 'Autoput', de beroemde maar beruchte vrachtwagenroute door het voormalige Joegoslavië, over te slaan. Dat zij de route over de snelweg, die tegenwoordig door vier Balkanstaten voert, kunnen omzeilen, vinden ook toeristen prettig die vanuit Ancona zo naar Griekenland of Kroatië kunnen oversteken over zee. Voor de inwoners van Ancona vormt de vracht-, vaar- en visserijhaven de belangrijkste werkgever. Voor vluchtelingen uit de oorlogsgebieden van het Midden-Oosten is het een felbegeerde haven, maar ook een vrijwel ontoegankelijke toegangspoort naar Europa.

Geschiedenis van de haven

Het waren overigens de voorvaderen van deze Griekse vrachtwagenchauffeurs die de destijds nog natuurlijk gelegen haven in de 4e eeuw v.Chr. ontdek-

Poort naar de Balkan – Ancona's haven

De haven van Ancona is ook in de moderne tijd een haven van internationaal belang

ten. Zij gaven de bochtige zeebaai aan de kust, aan de voet van de Colle Guasco, de naam 'ankon' (elleboog) vanwege de vorm, en bouwden daarachter en daarboven de gelijknamige stad. Vanuit de Griekse kolonie Syrakus (Syracusa op Sicilië) zeilden nieuwe bewoners over zee richting Ancona; zij mengden zich met de Piceniërs, die het gebied al eeuwen bewoonden, en ook met de Romeinse kolonisatoren, totdat de laatsten in circa 100 v.Chr. de politieke en culturele overhand kregen over Ancona. Zo'n honderd jaar later als onderdeel van de zesde provincie Piceno in het Romeinse Rijk geïntegreerd, groeide Ancona uit tot de belangrijkste oostelijke haven, ook doordat van daaruit de kortste zeeweg naar de Romeinse provincie Dalmatië voerde. Keizer Trajanus breidde dit vloot- en handelssteunpunt begin 2e eeuw uit, en bouwde de noordelijke kade met daaroverheen een triomfboog.

De haven van Ancona sinds de middeleeuwen

De Trajanusboog waakte over het bedrijvige handelsverkeer dat sinds eind

11e eeuw bestond tussen de vrije stad Ancona en de toenmalige metropolen aan de oostelijke Middellandse Zee. De stad was getuige van de economische neergang na de reïntegratie in de Kerkelijke Staat, in 1532, en weer van een havenuitbreiding onder paus Clemens XII (1730-1740). Hij maakte van Ancona een vrijhaven *(porto franco)*; hij gaf Luigi Vanvitelli opdracht om de kade te verlengen in zuidelijke richting en om aan het eind daarvan het *lazaretto* neer te zetten, dat later als quarantainestation voor buitenlandse zeelieden en als opslagplaats voor goederen zou dienen. De in die tijd gevierde toparchitect Vanvitelli bouwde naast de Romeinse triomfboog een neoclassicistische boog voor Clemens XII. Na 1780 maakte – volgens de wens van paus Pius VI – de barokke Porta Pia, tegenover de later uitgevoerde zuidelijke kadeaanleg, dit ensemble aan monumenten compleet.

De vier bouwwerken trotseerden de beschietingen van de Piemontesen op de haven respectievelijk de Kerkelijke Staat op 29 september 1860, de bombardementen van de geallieerden in 1943-1944 en de aardbeving van 1974. Tegenwoordig vormen zij een in architectonisch opzicht enigszins prikkelende blikvanger in het verder technisch hoogontwikkelde moderne havenbedrijf, dat door de politieke en staatkundige veranderingen in de Balkan enorm aan betekenis heeft gewonnen. Ancona is al lange tijd een van de belangrijkste vissershavens aan de Adriatische kust en een van de meest gebruikte zeepoorten naar Griekenland, en verbindt bovendien de vracht- en vaarwegen van het oude Europa met bijvoorbeeld Kroatië en Albanië.

Visserij- en vrachthaven

De haven van Ancona herbergt een respectabele vloot met trawlers voor de sleepvisserij en kleine kotters en schepen voor de traditionele visserij op kleinere vissoorten en mosselen, die op deze havenlocatie direct kunnen teruggrijpen op een goed uitgeruste infrastructuur, met tankstations, reparatiewerkplaatsen en bedrijven voor de ijsproductie. De haven van Ancona bezit ook een van de grootste vismarkten van Europa, plus de gigantische scheepswerf Fincantieri en vijftien kleinere scheepsbouwondernemingen, die op een oppervlakte van 500.000 m^2 boten en schepen tot een grootte van 150.000 (bruto-) registerton in elkaar zetten. Een hoog de lucht in torenend woud van zowel vast geïnstalleerde als flexibele hydraulische kranen, diverse afzuiginstallaties voor vaste en vloeibare lading alswel andere technische apparatuur, zorgt voor een veilige en efficiënte goederenoverslag, die in het afgelopen decennium ruwweg vertienvoudigde en die momenteel zo'n 8,5 miljoen ton bedraagt.

Veer- en cruiseschepenhaven

Het vracht- en personenverkeer laat hetzelfde beeld zien als de groeiende bedrijfscijfers van de haven. Schier eindeloze kolonnes vrachtwagens uit heel Europa kruipen van vroeg in de morgen tot laat in de avond naar de aanlegsteigers van de veerboten en retour. De vrachtwagens verdwijnen in de dikke buiken van de grote veerboten in de richting van Split en Zadar in Kroatië, Dürres in Albanië en Patras, Korfu en Igoumenitsa in Griekenland. Ten slotte vervoeren de veerboten van Ancona jaarlijks één miljoen mensen. Daarbij komen de momenteel veertigduizend gasten van cruiseschepen die voor een of meer dagen in Ancona verblijven of de Adriatische stad als thuishaven hebben uitverkoren (cijfers uit 2015).

Haven voor vluchtelingen en uitwijzingen

Onder de passagiers met bestemming Ancona mengen zich ook vluchtelingen uit de problematische gebieden van het Midden-Oosten. De meesten komen uit de vluchtelingenkampen in Griekenland, waarvan getuige de cijfers 1% een kleine kans op langdurig politiek asiel zal kunnen verwachten, zodat de vluchtelingen toch via Ancona proberen op eigen houtje de landen van Midden- en Noord-Europa te bereiken. Voor de meesten eindigt de reis na een tussenstop in de wachtruimtes van de veerbootmaatschappijen weer op de plek waar ze hun reis begonnen.

De vluchtelingen, onder wie kinderen zonder begeleiding, worden door de plaatselijke grenspolitie linea recta naar Griekenland teruggestuurd. Dit gebeurde en gebeurt – zoals ook in andere Italiaanse havens – meestal zonder aandacht te besteden aan hun asielaanvragen. Hiertegen protesteerden het Europese Hof voor de Mensenrechten en Human Rights Watch.

Ancona zelf kent voor de vluchtelingen een initiatief genaamd Ambasciata dei Diritti (www.meltingpot.org), dat bijvoorbeeld jaarlijks op 20 juni ter gelegenheid van Wereldvluchtelingendag direct voor de (deportatie)plaats tegen de nationale uitwijzigspolitiek demonstreert.

Cultuurhaven

Het mag niet onvermeld blijven dat de haven van Ancona niet uitsluitend een 'muur tussen culturen' is, maar zich juist ook profileert als een communicatieve en culturele plek. In Vanvitelli's *lazaretto,* waarin ooit zeelieden met besmettelijke ziekten in quarantaine lagen en soldaten waren ingekwartierd, hebben sinds een aantal jaar verschillende culturele initiatieven hun thuisbasis gevonden. Deze hebben de grondig gerenoveerde oude gebouwen omgetoverd tot het maritieme museum Mole Vanvitelliana, waarin ook het Museo Omero is gevestigd. Dit museum maakt sinds 1999 de Italiaanse kunstgeschiedenis letterlijk tastbaar (zie blz. 199). Kortom: de haven van Ancona is weliswaar geen lust voor het oog, maar vanuit historisch oogpunt belangrijk en in cultureel opzicht zeker sfeervol.

Tip

Rechtstreeks uit de zee op uw bord

Trattoria Da Irma, in de haven van Ancona, staat de afgelopen decennia min of meer als culinair instituut van de haven van Ancona bekend. Het restaurant bevindt zich in een onooglijk stenen gebouw, in de buurt van de Arco Traiano (Poort van Trajanus). In dit sfeervolle en culinair rustieke restaurant zwaait Nadia, de kordate schoondochter van de in 2014 overleden naamgeefster en Anconese persoonlijkheid Irma Giubilei, de scepter en serveert lokale visspecialiteiten van verse vis van de nabijgelegen vismarkt. Naast vis kunt u er genieten van *stoccafisso al brodetto.* Dit gedurende lunchtijd altijd overvolle en levendige restaurant, waar havenarbeiders en kantoorpersoneel zij aan zij zitten, is een hoogtepunt (Molo San Primanio, tel. 346 963 53 36, menu vanaf € 20, dagelijks 12-14.30 uur, vr. en za. ook 's avonds open).

Onderweg in Marche

Een minder bekend landschap: de Monti Sibillini in Marche

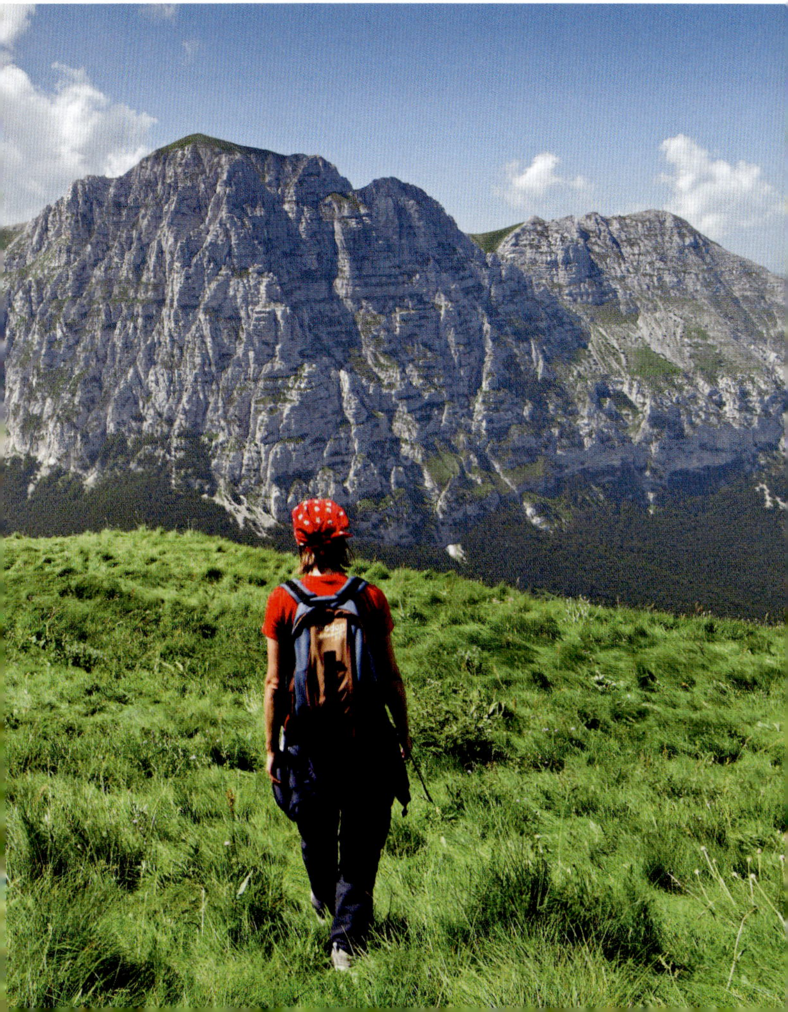

IN EEN OOGOPSLAG

Montefeltro en het hoger gelegen Metaurodal

Hoogtepunten ✹

San Marino: tussen Marche en Emilia-Romagna ligt de zowel historisch als architectonisch opmerkelijke oudste republiek ter wereld. Zie blz. 85.

Urbino: het stedenbouwkundig best bewaarde stadje uit de Italiaanse renaissance is zowel als geheel als in detail bekoorlijk, zoals de Galleria Nazionale delle Marche, die volhangt met eersteklas werken. Zie blz. 101.

Op ontdekkingsreis

In de wielersporen van Marco Pantani: de 1415 m hoge Monte Carpegna is een bezienswaardigheid uit de internationale wielerhistorie. Deze berg vormde het 'trainingskamp' van Marco Pantani, was ook meerdere keren de locatie voor etappes van de Giro d'Italia en vormde in 1973 het strijdperk voor het legendarische duel tussen Eddy Merckx en José Manuel Fuente. De weg naar de top is dan ook geplaveid met herinneringen aan de wielerhelden van weleer. Zie blz. 90.

Bezienswaardigheden

Chiesa dei Morti: in dit kleine kerkje in Urbania vonden achttien gemummificeerde lijken een laatste rustplaats. Zie blz. 113.

Domus del Mito: archeologen legden bij Sant'Angelo in Vado een ongeveer 1000 m² groot 'mozaïektapijt' uit de 1e eeuw n.Chr. bloot. Zie blz. 115.

Museo di San Francesco: het prachtige kloostercomplex in Mercatello sul Metauro herbergt een verzameling van Midden-Italiaanse schilderkunst. Zie blz. 117.

Actief

Wandelen rond Carpegna: het weelderige groene natuurpark Parco del Sasso Simone e Simoncello is vanuit Carpegna goed te voet te verkennen. Zie blz. 88.

Op de fiets door de noordelijke Montefeltro: deze fietstocht vanuit Macerata Feltria leidt onder meer naar San Leo in Romagna. Zie blz. 96.

Sfeervol genieten

Met smaak en geschiedenis: de Borgo Storico Cisterna bij Macerata Feltria biedt comfort en een goede keuken in een zorgvuldig gerenoveerd middeleeuws gebouw midden tussen de groene heuvels. Zie blz. 96.

Heerlijk bier: op een schilderachtige plek hoog boven het Lago di Mercatale serveert de direct aan de oever gelegen agriturismo La Cotta zelfgebrouwen lekker zoetig bier. Zie blz. 100.

Uitgaan

Een avond in Teatro Bramante in Urbania: het Teatro Bramante heeft naast toneelvoorstellingen ook concerten en balletuitvoeringen, zowel van professionele artiesten als amateurgezelschappen, op het programma staan. Zie blz. 113.

Bossen, weiden en wereldcultuur

Montefeltro (Latijn: Mons Feretri) was oorspronkelijk een rots waarop in Romeinse tijden een Jupiter-Feretrius-tempel zou hebben gestaan. Omdat het dorp dat op die plek ontstond naar zijn stichter 'San Leo' werd genoemd, heette het land aan de voeten van dat dorp voortaan Montefeltro. Toen de graven van Carpegna halverwege de 12e eeuw dit gebied beheersten, droegen ook zij voortaan zelf die naam, zodat hun gezamenlijke territorium – dat bijna honderd jaar later met het hertogdom Urbino werd uitgebreid – onder 'Montefeltro' viel. Montefeltro strekt zich uit van de Mons Feretri en de daar dichtbij gelegen Monte Titano, met de republiek San Marino, over het hogere Marecchiadal en het bergpark Sasso Simone e Simoncello, tot aan het hoger gelegen Metaurodal.

Het in Marche gelegen deel, dat in 2009 in het kader van een regionale herindeling ten gunste van het noordelijker gelegen Emilia-Romagna met 328 km² is gekrompen, bestaat voornamelijk uit heuvelachtig bos- en weidelandschap. Het wordt hier en daar door steile, ontoegankelijke rotsformaties doorsneden en stijgt afhankelijk van de streek soms tot 1000 m hoogte. De bewoners leven er van landbouw en veeteelt; ook zijn er een paar textielbedrijven te vinden. Inkomstenbron is ook het toerisme, omdat de geschiedenisrijke landstreek nu eenmaal is gezegend met de best bewaarde stedenbouwkundige overblijfselen uit de Italiaanse renaissance.

Naast Urbino maken ook andere kleinere stadjes indruk, dankzij een spectaculaire ligging, een uitzonderlijke charme, een opvallende bouwwijze uit het verleden, musea waar legio prachtige objecten te bezichtigen zijn, of theaters die terecht nostalgie opwekken. De landstreek is getekend door de massieve vestingen van de beroemde renaissancearchitect Francesco di Giorgio Martini, is gezegend met spirituele gevoelens opwekkende kerken en kloosters, en is in het bezit van pittoresk vervallen maar creatief weer opgepoetste middeleeuwse dorpjes, midden in de nog ongerepte natuur. Het gebied trekt wandelaars met gemarkeerde routes, daagt fietsers uit tot bochtrijke bergetappes en profileert zich in de regionale keuken met vlees, kaas en edele truffels.

INFO

Kaart: ▶ B-D 1-3

De heenreis en dan ...

De dichtstbijzijnde luchthaven bij Montefeltro is die van Rimini, waarvandaan u met de auto of met de bus het middelgebergte in kunt rijden. Ook de luchthaven van Urbino ligt betrekkelijk gunstig ten opzichte van de kust en de daarbij gelegen plaatsen. Wie Montefeltro en het Metaurodal wil doorkruisen over het platteland en daarbij de grotere plaatsen wil omzeilen, heeft een auto nodig.

Landverlies

De gemeenten Casteldelci, Maiolo, Novafeltria, Pennabilli, Sant'Agata Feltria, San Leo en Talamello horen sinds 2009 niet meer bij Marche, maar bij Emilia-Romagna. Vanwege hun ligging bij de grens en omdat toeristen die regelmatig naar Marche gaan ze in deze gids zouden missen, worden ze toch vermeld: wat er in het 'verloren land' te zien en te beleven valt, leest u vanaf blz. 71.

Exterritoriaal: San Marino ✱ ▶ C 1

San Marino is 61 km² groot en telt ruim 32.000 inwoners. De hoofdstad troont op de 756 m hoge Monte Titano en wordt jaarlijks door zo'n twee miljoen dagjesmensen bezocht. Zij persen zich door de steile straatjes van de oude binnenstad, waar ontelbare winkels hen lokken met sieraden, lederwaren, zonnebrillen, sigaretten, pizza's, pasta en piadina, die zonder btw-opslag tegen een gunstige prijs worden verkocht – dat is tenminste wel de bedoeling.

Bij deze commerciële wereld komt het duidelijk middeleeuws getinte architectonische geheel, dat sinds juli 2008 op de Werelderfgoedlijst van de UNESCO staat, op het eerste gezicht over als een decorlandschap van papiermaché. Daarom is het de moeite waard om in de geschiedenis van deze waarschijnlijk oudste republiek ter wereld te duiken, maar ook een blik in het heden is de moeite waard, want u hebt vanuit deze stad een prachtig uitzicht over het landschap van Montefeltro en de Adriatische kust.

Met deze laatste, preciezer gezegd met Rimini, was de kleine republiek overigens van 1932-1944 verbonden via een spoorlijn door de berg, die in opdracht van Mussolini was aangelegd. Een van de historische treinen staat nu als bezienswaardigheid voor de ingang van de in 2012 heropende tunnel met een lengte van 800 m, genaamd Galleria Montale. Deze tunnel werd in 1944 door geallieerde bommen geraakt en tijdens de oorlog door de bevolking als schuilkelder gebruikt

De geschiedenis van San Marino ademt de geest van de middeleeuwse, Italiaanse stadstaat c.q. stadsrepubliek, die volgens de legende met de heilige Marinus is verbonden. Deze vrome steenhouwer had zich eind 3e eeuw teruggetrokken op de Monte Titano en had zijn getrouwen op zijn sterfbed gemaand altijd vrij en onafhankelijk te leven.

Dat zou zijn gebeurd op 3 september 301 – met als gevolg dat de pas vanaf 1295 van een soort republikeinse grondwet voorziene dwergstaat op die datum zijn oprichting viert. San Marino onderhoudt met ruim zestig landen diplomatieke betrekkingen en is sinds 1992 een volwaardig lid van de Verenigde Naties.

Vestingtorens
Toegang over de Salita alla Rocca

De drie vestingtorens representeren het symbool en het wapenschild van de stad en van het land; zij verheffen zich boven de in de 10e eeuw opgetrokken stadsmuren. Ze heten Rocca Guaita (eerste toren), Rocca Cesta (tweede toren) en Montale (derde toren) en werden van de 11e tot de 13e eeuw gebouwd. Ze zijn door een landschappelijk fraai en interessant voetpad met elkaar verbonden.

Museumlandschap

Vestingtorens, Palazzo Pubblico, Pinacoteca San Francesco (Via Basilicius) en Museo di Stato zijn alle staatsmusea, geopend van juni-sept. 8-20, daarbuiten ma.-vr. 9-17 uur (www.museidistato.sm, toegang € 3-4,50). Daarnaast zijn er enkele particuliere musea, waaronder het **Museo delle Curiosità** (Salita della Rocca 26, www.museoodellacuriosita.sm, € 7), het **Museo dell'Emigrante** in het Monastero Santa Chiara (Contrada Omerelli 24), het **Museo della Tortura** (martelen) en het **Museo delle Cere** (wassenbeeldenmuseum met plaatselijke beroemdheden) aan het Porta San Francesco en in de Via Lapicidi Marini 17 en het **Museo di Storia Naturale** in het Borgo Maggiore.

Op de 'balkonpiazza' van San Marino

Palazzo Pubblico
Piazza della Libertà
Het Palazzo Pubblico, dat zó zou passen in een prentenboek, is gelegen aan de 'balkonpiazza' Libertà, werd in 1894 ingewijd en is in neogotische stijl opgetrokken. Vlak voor het palazzo ziet u van mei tot september (9.30-17.30 uur) elk halfuur de wisseling van de wacht van de in rood-groene livrei gestoken soldaten van de in 1754 opgerichte vestingwacht, die achter de stenen ruggen van de legendarische grondleggers van de republiek patrouilleren. In het palazzo vindt het dagelijks overleg van het parlement plaats, waarvan de leden zich in de weelderig gedecoreerde Sala del Consiglio Grande e Generale onder een muurschildering van de heilige Marinus verzamelen.

Museo di Stato
Piazza del Titano
De grondslag van de collectie van het in 1899 geopende museum wordt gevormd door geschenken, vanuit de hele wereld aan de staat gegeven. De archeologische vondsten, schilderijen, beeldhouwwerken en stukken keramiek zijn met vondsten, kunstwerken en cultobjecten uit San Marino zelf aangevuld. De trots van het museum is een door Pompeo Batoni in 1740 in Rome vervaardigd schilderij, waarop de heilige Marinus zijn republiek in zijn handen draagt.

Basilica di San Marino
Piazzale Domus Plebis
De kerk werd aanvankelijk begin 19e eeuw gebouwd op de fundamenten van een romaans godshuis. Achter de van een tempelachtig voorportaal voorziene classicistische gevel verbergt zich een overvloedig gedecoreerd interieur met waardevolle sacrale schilderstukken en beeldhouwwerken. Ook ziet u daar de gouden urn met de as van de heilige Marinus. Vlak naast de kerk staat de eveneens in de 19e eeuw – op de resten van een antieke gewijde plaats – ge-

bouwde **Chiesetta di San Pietro**, waarin zich twee rotsholen bevinden. Daarin zouden ooit de heilige Marinus en de heilige Leo hebben geslapen.

Informatie

Ufficio Turistico: Contrada Omagnao 20, tel. 0549 882 914, www.visitsanmarino.com.
Vervoer: de glazen lift vanaf het parkeerterrein Borgo Maggiore (€ 1,50 per uur) in de oude binnenstad (€ 4,50 retour).

Carpegna ▶ B 2

Deze wat saai aandoende plaats met vooral nieuwbouw vormt wel verrassend de bakermat van Montefeltro, omdat een hele reeks graven van Carpegna – volgens de legende sinds 1140 in Montecopiolo (zie blz. 98) – met deze graventitel werd onderscheiden. De nakomelingen bewonen tot op heden een vleugel van het enorme Palazzo dei Principi uit 1675, het enige pand dat qua architectuur de moeite waard is in deze plaats. Behalve deze schitterende zalen, die sinds kort te bezichtigen zijn tijdens een rondleiding (www.palazzodeiprincipi.it), is de romaanse kerk San Giovanni uit 1181, aan de weg naar Frontino, een bezoekje waard.

Dat het stadje Carpegna – dat zich overigens op culinair gebied profileert met een smakelijk soort ham – ondanks bovengenoemde bouwmissers toch een toeristische bestemming is, is te danken aan de ligging aan de voet van de gelijknamige berg. De berg is 1415 m hoog en overtreft daarmee de Monte Simoncello (1221) en Sasso Simone (1204), die met z'n drieën overigens het in 1994 opgezette en weelderig beboste, inmiddels interregionale **Parco del Sasso Simone e Simoncello** vormen. In 2009 moest Marche echter bijna de helft (5063 ha) aan Emilia-Romagna afstaan. Het park heeft voor natuurvrienden een gevarieerde flora en fauna in petto, biedt wandelaars en mountainbikers gemarkeerde en in kaart gebrachte routes, daagt wielrenners uit met aantrekkelijke bergetappes (zie blz. 90) en is zelfs op bescheiden niveau een skioord.

Overnachten

Fietsers zijn welkom – **Hotel Ulisse:** Via Amaducci 16, tel. 0722 771 19, www.hotelulisse.it, 2 pk vanaf € 70. Centraal gelegen, sober gemeubileerd driesterrenhotel met restaurant en zwembad, dat zich zeer fietsvriendelijk opstelt.
Relatief comfortabel – **Il Poggio:** Via Poggio 2, tel. 0722 72 60 96, www.hotelilpoggio.it, 2 pk € 70. Familiehotel met 44 moderne kamers en een redelijk goede lokale keuken.
Vlak bij het dorp – **Camping Paradiso:** Via Paradiso 36, tel. 0722 72 70 17, www.campeggioparadisocarpegna.com, plaats voor tent en auto € 7,50-10. Een kleine camping met ook bungalows aan de westkant van het dorp, met bar, restaurant, kinderspeelplaats en zwembad.
In de schaduw – **Camping Cippo:** Loc. Cippo, tel. 331 897 69 06, www.carpegnacampingcippo.it, apr.-sept., tent € 6-10, camper € 9-11. Spartaans uitgeruste camping op 1021 m hoogte midden in het bos op de zuidhelling van de Monte Carpegna, met kiosk-bar.

Eten en drinken

Een bos- en weidekeuken – **Vecchio Montefeltro:** Via Roma 52, tel. 0722 771 36, in de winter ma.-avond en di. gesl., menu € 20. Het oudste restaurant van Carpegna is gevestigd in een voormalig handwerkershuis. U eet er wildbraad en

paddenstoelengerechten, die de kok op smaak brengt met verse wilde kruiden.
Voor pizzafans – **Silvana:** Via G.O. Falconieri 7, tel. 0722 776 21. Lekkere pasta en prima vleesgerechten tegen voordelige prijzen. Alom geliefde pizza's.

Winkelen

Aan de lucht gedroogde ham uit Carpegna – **Macelleria del Corso, Macelleria Andrea** en **L'Angolo dei Sapori**, alle aan de Via Roma.

Informatie

Parkbureau (Carpegna): Via Rio Maggio, tel. 0722 77 00 73, www.parcosimone.it, ma.-za. 7.30-13.30 uur.
Fiets- en wandelkaarten: bij het parkbureau, in het bezoekerscentrum en via de (online-)boekhandel.
Vervoer: busverbindingen naar Pesaro gaan via Macerata Feltria (www.adriabus.eu).

Wandelingen rond Carpegna ▶ B 2

Rond Carpegna ligt een dicht netwerk van rood-wit gemarkeerde fiets- en wandelroutes, die op de Carta Escursionistica del Parco del Sasso Simone e Simoncello zijn ingetekend en voorzien zijn van afstand, stijgingspercentage en moeilijkheidsgraad. Tot de klassiekers van de meer of minder zware excursies behoren de beklimming van de Monte Carpegna (1415 m) en het topplateau van de Sasso Simone (1204 m).

Op de Monte Carpegna
Begin/einde: Cippo; route: gemarkeerde wandelpaden 101,102 (104); duur circa 3 uur

Vertrekpunt voor de beklimming van de Monte Carpegna, die ook voor ongeoefende wandelaars mogelijk is, is bijvoorbeeld de bosrijke Cippo op 1021 m hoogte. Daar kunt u parkeren, picknicken en een bezoek brengen aan het monument voor wielerlegende Marco Pantani, die hier ooit op zijn favoriete bergtrainingstraject langs suisde (zie blz. 90). Aan het einde van de geasfalteerde (auto)weg begint de Sentiero (wandelroute) 101, die eerst over een brandweerweg en dan via een smal pad met fijne en grovere kiezels door een naaldbos bergopwaarts voert. Deze bomen werden na de Eerste Wereldoorlog geplant om de erosie op de zuidhelling van de Monte Carpegna tegen te gaan. Hierna bereikt u een natuurlijk beuken- en esdoornbos.

De Sentiero 101 eindigt bij de **Passo del Trabocchino** op 1300 m of de **Eremo Monte Carpegna** op 1266 m, een weidelandschap met een panoramisch uitzicht dat tot de Monte Nerone en Monte Catria in het zuiden en over de rotsen van San Marino tot de Adriatische kust in het oosten reikt. Op de Eremo Monte Carpegna zorgen een kabelbaanstation, een rustieke berghut (Rifugio Eremo) en een kleine bedevaartskerk ter ere van de Madonna del Faggio, van wie de beeltenis eeuwen geleden aan herders op de stam van een nabijgelegen beuk (*faggio*)

Wandeling op de Monte Carpegna

zou zijn verschenen, voor het lichamelijke en spirituele welzijn van wandelaars en wintersporters.

Wie de in het seizoen druk bezochte plaats, die vanuit Villagrande di Montecopiolo (zie blz. 98) ook met de auto kan worden bereikt, liever vermijdt, kan op de Passo del Trabbochino direct de Sentiero 102 volgen en over de door struiken en bloemen begroeide bergrug met een prachtig uitzicht op het dal van Carpegna en de twee rotsmassieven Sasso Simoncello en Sasso Simone (zie hierna) naar de top klimmen. Via dezelfde weg, of een alternatieve route over de iets langere Sentiero 104, komt u na ongeveer drie uur lopen weer bij de Cippo aan.

Naar het topplateau van de Sasso Simone
Begin/einde: Passo Cantoniera; route: gemarkeerde wandelpaden 118, 17, 119; duur circa 4 uur

De snelste weg naar het topplateau van de Sasso Simone, die overigens al tot de Toscaanse provincie Arezzo behoort, is de Sentiero 118, die in de buurt van de parkeerplaats op de **Passo Cantoniera** (enkele kilometers ten westen van Carpegna aan de weg naar Pennabilli) op ongeveer 1000 m hoogte begint. Hij leidt eerst een kort stuk door het bos en kruist dan een hoofdweg, om opnieuw in een uitgestrekt bosgebied uit te komen. Hier gedijen in de ondergroei van esdoorns, eiken, beuken en essen allerlei struiken en afhankelijk van het seizoen (alpen)viooltjes, primula's, lelies en vele soorten paddenstoelen.

Blijf op dit hoofdpad tot het met de Sentiero 17 samenkomt. Hierop overschrijdt u tussen de Sasso Simoncello en Simone de grens met Toscane, om na een halve ronding van de Sasso Simone verder te wandelen op de Sentiero 119 (vanuit het centrum van Carpegna) en na een grote beuk aan de voet ervan het rotsplateau van de Sasso Simone te

Naar de top van de Sasso Simone

beklimmen. Op de steil aflopende 'rotstafel' hebt u een schitterend uitzicht op de nabijgelegen Sasso Simoncello, Toscane en de Monte Carpegna. Via dezelfde route, of desgewenst door een uitgestrekt weidelandschap langs de Sentiero 119, gaat u terug naar het vertrekpunt, dat u na zo'n vier uur bereikt.

Pietrarubbia ▶ C 2

De gemeente Pietrarubbia bestaat uit een aantal kleine verzamelingen huizen, midden in bos, weide- en graanvelden. Hun natuurlijke kenmerk is een hoog oprijzende rotspartij, met de naam **Pietrafagnana**. Daarnaast verrast het oudste en mooiste deel van het dorp, Pietrarubbia Castello, met hedendaagse staal- en ijzersculpturen – tegen het decor van het middeleeuwse dorpje – de bezoeker. Deze plaats is hier gegroeid vanaf de 10e eeuw en bestaat nu nog uit de kasteelruïne, het kleine kerkje San Silvestro en een handvol huizen en palazzi. In een daarvan heeft de internationaal succesvolle kunstenaar Arnaldo Pomodoro in 1990 zijn opleidingswerkplaats voor kunstzinnige metaalbewerking TAM (Trattamento Artistico di Metallo) opgericht en gehuisvest. Daarmee gaf hij een tweede leven aan de ▷ blz. 92

Op ontdekkingsreis

In de wielersporen van Marco Pantani

De 1415 m hoge Monte Carpegna is een schouwtoneel voor de internationale wielersporthistorie. De berg was het 'trainingskamp' van Marco Pantani, figureerde diverse keren in een etappe in de Giro d'Italia en vormde in 1973 het strijdtoneel van het legendarische duel tussen Eddy Merckx en José Manuel Fuente. De weg naar de top is met heldennostalgie geplaveid.

Kaart: ▶ B 2

Beginpunt: Carpegna

Route: met de auto krap een uur, fietsers hebben uiteraard meer tijd nodig. De kiosk is niet altijd open, dus neem proviand en water mee. Een kaart (zie blz. 35) en wegmarkeringen wijzen de wandelaar de weg (tot aan de Cippo en Monte Carpegna en weer terug: circa 5 uur lopen).

In de harten van familie, vrienden en fans is Marco Pantani (1970-2004) onsterfelijk, zodat men voor hem in zijn geboorteplaats Cesenatico, op de Italiaanse Alpenpas Mortirolo, en ook op het stukje van zijn trainingsroute bij **Carpegna**, gedenktekens heeft neergezet. Over deze bergetappe heeft Pantani zich ooit bijna liefdevol uitgesproken. Het moeilijkste stuk begint achter het dorp **Carpegna,** waarna het zo'n 7 km lang met een gemiddeld stijgingspercentage van 10, soms zelfs 12,5% bergop gaat. 'Il Carpegna mi basta' (de Carpegna is voldoende voor mij), zei Pantani over zijn trainingstrack naar de zogenoemde Cippo Pantani, de top op 1350 m hoogte. Deze uitzonderlijke sportman, die veertien keer de roze trui en zes keer de gele trui kon aantrekken en die in 1998 zowel de Giro d'Italia als de Tour de France won, bereidde zich op deze berg op zijn zeges voor.

Eerste etappe voor de pelgrim

Deze 'laatste woorden' van Pantani over de Carpegna moet u wel kennen, als u zich zonder kennis van de Italiaanse taal op Pantani-bedevaart begeeft. Aan de voet van de Monte Carpegna wordt u al direct met de man geconfronteerd, of u nu loopt of fietst. Wie zichzelf de zweetdrijvende en spierverscheurende klim op twee wielen niet toevertrouwt, kan de eerste etappe ook gemotoriseerd beklimmen en zo het aura rond de held toch een beetje aanraken. De afslag naar de **Via del Cippo** aan de westelijke dorpskant van Carpegna mag u absoluut niet missen, omdat daar een gigantische foto van de *pirata,* zoals Pantani wegens zijn meestal met een bandana bedekte kale hoofd werd genoemd, hangt, en die de schaduwrijke pelgrimsweg naar de Monte Carpegna wijst. Deze weg voert, meestal bereden door superslanke en sportief tegen de wind geklede wielrenners met een verbeten gelaatsuitdrukking en met de geest doordrongen van de hiernaast genoemde beroemde woorden van Pantani, in vier bochtige kilometers over een bosrijke weg naar het Pantanimonument op goed 1000 m hoogte. De door Francesco M. Tigli uit staaldraad gebogen Pantanisculptuur 'fietst' langs een gestileerd 'piratenprofiel' op een open plek genaamd Cippo (Cippo betekent 'zuil', waarmee hier een obeliskvormig monument wordt bedoeld dat in 1935 voor een neef van de Duce in de buurt van de gelijknamige rustplek werd geplaatst). Dit is dan gelijk het mekka voor de autopelgrim, want de legendarische wielerroute is voor gemotoriseerd verkeer verder afgesloten.

De piratenhemel

Wie met de fiets is gekomen, kan geflankeerd door nog meer fotografische eerbetuigingen aan Pantani en zijn nog succesvollere 'voorvader' Eddy Merckx, tot aan de **Cippo Pantani** gaan. Pantani-fans noemen de plek, waar een andere foto van Pantani in roze trui te zien is, ook de Cielo del Pirata (piratenhemel), die men – naast de geasfalteerde pelgrimsweg – ook over gemarkeerde wandelwegen (zie blz. 88) kan bereiken.

Misschien kijkt Pantani, die in 1999 van doping werd verdacht en die na zijn comeback bij de Tour de France in 2000 met concurrent Lance Armstrong in conflict kwam, werkelijk wel vanuit de hemel neer op zijn fans beneden. De tragische held, voor wie als aandenken de organisatie Poli-sportiva Mirka Santini jaarlijks in mei een mountainbike-marathon houdt, stierf in 2004 – depressief geworden en ten prooi gevallen aan drugs – aan een overdosis cocaïne in een hotelkamer in Rimini.

landschappelijk goed gesitueerde, oude en vervallen bouwwerken. De tentoonstellingsruimte met de door leerlingen van Pomodoro gemaakte metalen werken, sculpturen en designobjecten hoort tegenwoordig bij het **Museo D'Arte Contemporanea**.

In een ander gebouw zijn nog drie kleine **musea** gevestigd, waarin keramiek en metalen kunstobjecten worden getoond. Ook is er aandacht voor de plaatselijke flora en fauna.

Levende planten gedijen in de **Giardino Botanico** naast het kapucijnenklooster in **Ponte Cappuccini**, deel van de gemeente Pietrarubbia. In de kerk is bijzondere sacrale kunst te bewonderen (zie hierna).

Museo D'Arte Contemporanea

Tel. 0722 751 10, www.comune. pietrarubbia.pu.it, juli en aug. dag. 9-12, 15-18 uur, daarbuiten alleen op za., zon- en feestdagen; vooraf aanmelden

Arnaldo Pomodoro (geb. 1926), die al sinds de jaren 60 gefascineerd en geïnspireerd is door het dorp en zijn directe omgeving, richtte met ondersteuning van de gemeente Pietrarubbia het centrum TAM op, waar zich tot 1998 jonge kunstenaars door Arnaldo Pomodoro en door andere leermeesters van naam lieten onderwijzen in de kunstzinnige verwerking van ijzer, staal, lood, koper, messing, goud, zilver en brons (zie hiernaast).

In de Sala Arnaldo Pomodoro, die onlangs aan het museum is toegevoegd, bevinden zich originele kunstwerken die de gemeente Pietrarubbia heeft ontvangen van de in Milaan wonende kunstenaar. Daartoe behoort ook de bronzen zon, die al sinds zijn werkverblijf boven het altaar van het kerkje San Silvestro schijnt. De grotere sculpturen van zijn meesterleerlingen gaan naadloos en harmonisch op in het toch al schitterende dorp en zijn omgeving.

Overnachten, eten

In de natuur – **B&B Casa Bracci:** Ca' Bosco 7, tel. 0722 32 88 76, 331 357 32 98, www.casabracci.com, 2 pk € 50-70. Verzorgde kamers in een onlangs gerestaureerd landhuis in de natuur. De eigenaars zijn behulpzaam bij het plannen van een mountainbiketocht.

Paddenstoelen en pizza – **La Rupe:** Via Montefeltresca 163, tel. 0722 751 33. Voor verse lokale seizoensgerechten en redelijke goede pizza's gaat u naar de wijk Ponte Cappuccini.

Informatie

Comune Pietrarubbia: Piazza Municipio 3, tel. 0722 751 10, www.comune. pietrarubbia.pu.it.

Wandeling rond Pietrarubbia ▶ B/C 2

Wandeling rond Pietrarubbia

Begin/einde: Pietrarubbia; **route:** rondwandeling op de gemarkeerde wandelpaden 107, 108; **duur** circa 3 uur

Op de goed gemarkeerde route, die de Sentieri 108 en 107 volgt, liggen de natuurlijke 'steensculptuur' **Pietra-**

fagnana en het gehucht **Ponte Cappuccini** met het bezoekerscentrum van het park (Via Montefeltresca 157, za. 9-12, zo. 10-12 uur) en het **Convento di Ponte Cappuccini** direct tegenover elkaar. Het laatste werd in de 16e eeuw op de plek van een ouder klooster gesticht en in de 18e eeuw gerenoveerd. Het toont met kleurrijke reliëfs een naïef vormgegeven terracotta kruisweg, vermoedelijk uit het jaar 1760. Bovendien is het verfraaid met de al eerder genoemde **Giardino Botanico**, waar u zich over de bomen-, struiken- en bloemenrijkdom van Montefeltro kunt laten informeren.

De eerste etappe leidt door een koel bosje 'in de rug' van het middeleeuwse dorp langs de schijnbaar met de daaronder gelegen rotsen vergroeide torenstomp van het 14e-eeuwse kasteel op een groene weide. Daar wijst een verweerde houten pijl de weg bergopwaarts naar Pietrafagnana. Op een onverharde weg aangekomen houdt u rechts aan, om het imposante 'stenencomplex', dat door een hoog verheven rotsvinger wordt gedomineerd, van dichtbij en van onderen te bekijken en tegelijk van een heerlijk panorama op Montefeltro te genieten.

De Sentiero 108 komt uit bij de hoofdweg naar Carpegna, waar u na bijna 100 m naar rechts afbuigt. Hierna volgt u de Sentiero 108 bergopwaarts. Bij de kruising gaat u dan naar beneden via de Sentiero 107 naar Ponte Cappuccini, waar u in de buurt van het klooster opnieuw de wandelroute 108 neemt en eerst door een groen weidedal en dan langs oplopende oude ezelspaden naar Pietrarubbia terugkeert.

Frontino ▶ C 2

Frontino verheft zich vanaf een rots boven het diepgroene Mutinodal en maakt veel indruk op de bezoeker, met zijn solide ommuurde, goed onderhouden middeleeuwse gebouwen. Het dorp viel bijzonder in de smaak bij de Turijnse kunstenaar Franco Assetto (1911-1991), die het oude dorp in 1973 met een moderne fontein (Scultura d'Acqua) verjongde en de gemeente bovendien veel van zijn werken schonk. Die werken hangen er in een eigen museum. Onderaan de in architectonisch opzicht imponerende dorpskern verdienen het voormalige franciscanenklooster Montefiorentino en een oude molen (16e eeuw) naast het broodmuseum en een aangenaam restaurant bijzondere vermelding. Iets daarboven vindt u het klooster San Girolamo uit de 16e eeuw (tegenwoordig een hotel).

Museo Franco Assetto

Corso Giovanni XXIII 16, tel. 0722 702 70 03, za. 15.30-19.30 uur, € 2
De schilderijen en beeldhouwwerken van de hand van Franco Assetto, die als een van de belangrijkste vertegenwoordigers van de zogenoemde Baroque Ensembliste wordt beschouwd, zijn in stilistisch opzicht gevarieerd, van surrealisme en fotorealisme tot etno-art en informeel.

Convento Montefiorentino

Wisselende openingstijden, in principe dag. 8-12, 14-18 uur
De bouwgeschiedenis van het in de 15e eeuw in de stijl van de renaissance vergrote franciscanenklooster – om de kapel van graaf Oliva heen – gaat terug tot in de 13e eeuw. De kapel is tegelijk de grootste attractie van het in een klein park liggende sacrale gebouw. De kapel is uitgerust met een vloer van majolica(tegels) uit de werkplaats van Francesco di Simone Ferrucci en daar in 1484 neergelegd. Hij is gemeubileerd met twee bidstoelen met inlegwerk van meester Zocchino (1493) en bevat een altaarbeeld van Rafaëls vader Giovanni Santi uit 1489.

Museo Mulino del Pane

Loc. Mulino, wo.-zo. 11-15, 19-24 uur, toegang gratis

De door een wachttoren opvallende molen uit de 15e eeuw diende vroeger niet alleen zijn oorspronkelijke doel. Hij is door onderaardse gangen met de dorpskern verbonden en was tevens een toevluchtsoord voor de bewoners. Ervoor bevindt zich het waterreservoir van de gemeente. Daar leert u te midden van gereedschappen, afbeeldingen en teksten hoe van graan meel en van meel brood werd en wordt gemaakt.

Overnachten, eten

Diervriendelijk – **San Girolamo**: Via San Girolamo, tel. 0722 712 93, www.sangirolamo.com, 2 pk € 100, HP € 85. Dit klooster uit de 16e eeuw ligt midden in een groene wereld en is omgebouwd tot hotel met bescheiden gemeubileerde kamers. Er zijn met fresco's gedecoreerde ruimtes en een koele kloostertuin. De ideale plek voor kattenliefhebbers en hondenbezitters, omdat katten en honden hier welkom zijn.

Nostalgie met uitzicht – **La Rocco dei Malatesta**: Via Giovanni XXIII 1, tel. 0722 711 02, 349 622 90 09, www.laroccadeimalatesta.com, 2 pk € 70, HP € 55. Keurige kamers en prima gerechten in het Palazzo Vandini uit de 16e eeuw. Het palazzo ligt midden in het dorp en biedt uitzicht op een fraaie groene omgeving.

Goed bewaard gebleven – **La Spiga d'Oro**: Loc. San Girolamo, tel. 0722 713 62, 348 525 34 25, www.laspigadoro.eu, 2 pk € 70, HP € 55, restaurant 12-13.30, 19-21.30 uur, ma. gesl. De vriendelijke boerenfamilie Giampiero-Domenici nodigt u uit voor heerlijke maaltijden met producten van eigen land en heeft daarnaast nette kamers. Vanaf de binnenplaats met zwembad kijkt u uit op de groene omgeving en het klooster San Girolamo.

Rondom aangenaam – **Particolari Nostra ni**: Loc. Mulino, tel. 0722 711 27, 329 361 95 93, wo.-zo. 11-15, 17-24 uur. Verfijnde Montefeltro-keuken in een pretentieloze, elegante sfeer. Het restaurant is gevestigd in een historische molen. U kunt hier terecht voor alle wijnen uit de regio en een ruime selectie bieren.

Macerata Feltria ▶ C 2

Van de sinds 1920 ten behoeve van een modern kuuroord geëxploiteerde zwavelbronnen van Macerata Feltria genoten de Romeinen al. Zij stichtten hier in de 3e eeuw v.Chr. hun nederzetting Pitinum Pisaurense, die in de 6e eeuw door de Goten zou worden verwoest en die dicht bij de romaanse kerk San Cassiano, buiten het directe dorp, gedeeltelijk weer werd uitgegraven. Het dorp herstelde zich rond het jaar 1000. De middeleeuwse dorpskern Castello werd in de 18e en 19e eeuw rond het nieuwe stadsgedeelte Borgo uitgebreid.

San Cassiano en Romeinse opgravingen

Opgravingen zijn toegankelijk, neem voor kerkbezichtiging contact op met het museum of IAT (zie blz. 96)

De romaanse kerk staat iets buiten het dorp, aan de weg naar Carpegna, en werd rond 1000 op én met de resten van een Romeinse Saturnustempel gebouwd. Direct ernaast liggen de tot nu toe uitgegraven resten van een weg en een thermaalbad van Pitinum Pisaurense.

Museo Civico Archeologico e Paleontologico

Castello, Via Abstemio 2, tel. 0722 732 31, vr. en za. 14.30-18.30 uur, € 3

Favoriet

Harmonieus natuur- en cultuurbeeld ▶ C 2

Prachtige bossen, weiden, bizarre rotsformaties, middeleeuwse muren en een hedendaagse stalen sculptuur in één oogopslag: Pietrarubbia's behoedzaam cultureel en gastronomisch gerevitaliseerde gehucht Castello verandert nauwelijks en betovert me juist daarom keer op keer.

Het museum bevindt zich in het Palazzo del Podestà en in de daarnaast oprijzende Torre Civico en daarmee als het ware in het middeleeuwse hart van de stad. De museumstukken – vondsten uit de prehistorische en Romeinse tijd – de middeleeuwse muurfragmenten en kunst- en cultusobjecten documenteren de vroege stadshistorie. Een fossielenverzameling maakt het geheel compleet. Deze laatste treft u aan in de Torre Civico – wanneer u daar op de bovenste etage staat, ziet u stad en omgeving in prachtig vogelperspectief.

Overnachten, eten

Gastvrije sfeer – **Hotel Pitinum**: Via Matteotti 16, tel. 0722 744 96, www.pitinum.com, 2 pk vanaf € 60, HP € 47. Dit eenvoudige familiehotel met een zwembad is weliswaar toe aan een renovatie, maar heeft als pluspunt een gastvrije sfeer, waarvan ook de 25 daar ondergebrachte vluchtelingen profiteren. De eigenaar Emiliano doet flink zijn best om het hoge culinaire niveau van zijn onlangs overleden vader annex chef-kok te evenaren.

Informatie

IAT: Corso A. Battelli 33, tel. 0722 72 82 08, www.comune.maceratafeltria.pu.it, di. 9.30-13.30, do. 14.30-18.30 uur.

Op de fiets door de noordelijke Montefeltro

Begin/einde: Macerata Feltri; route: 70 km; moeilijke route

Voor getrainde fietsers is er vanuit **Macerata Feltria** een bijna 70 km lange, van 300 naar bijna 1000 m stijgende rondrit te maken door de noordelijke Montefeltro.

Vanuit het centrum van de stad fietst u eerst over de provinciale weg SP 6 via **Mercato Vecchio** in de richting van Carpegna, om in **Ponte Cappuccini** (zie blz. 92) rechts af te buigen en steil bergopwaarts naar San Leo te rijden. Nadat u ongeveer 2 km voorbij **Villagrande di Montecopiolo** (zie blz. 98) in de waarste zin van het woord het hoogtepunt van de route hebt bereikt, daalt u af naar het al in Romagna gelegen **San Leo** (zie blz. 71). Daarna fietst u in de richting van Rimini, om na ongeveer

Tip

Logies en ontbijt in middeleeuwse sfeer – agriturismo Borgo Storico Cisterna

Zo'n 3 km van Macerata Feltria ligt in absolute rust en met een panoramisch uitzicht op het groene heuvellandschap een imposant middeleeuws landgoed. De 'stadsvluchtelingen' Stefania en Mario Gallerani hebben het met veel respect voor het origineel en aandacht voor bouwkundige details gerestaureerd, en in een comfortabel pension met vijf ruime kamers, sfeervolle eetzalen en verschillende terrassen met een mooi uitzicht omgetoverd. Het gebouw is niet in de laatste plaats aantrekkelijk door de openheid, gastvrijheid en aanwezigheid van de familie Gallerani. De gasten kunnen bovendien genieten van een zwembad met een mooi uitzicht (Santa Lucia Cisterna 12, aan de oostkant van de stad aangegeven met borden, tel. 335 833 59 76, www.agriturismolacisterna.it, 2 pk € 110-150, HP € 80-100).

Door de noordelijke Montefeltro

5 km aan uw rechterhand de weg naar San Marino (zie blz. 85) te nemen.

Vandaar begint, nadat u over een brug bent gereden, een circa 4 km lange beklimming, die voorbij **Montemaggio** met een ongeveer even lange afdaling vervolgt tot u – houd de richting San Marino aan – wederom circa 5 km bergopwaarts fietst.

Nadat u bij de weg in de richting van Urbino bent afgeslagen, 'beklimt' u bij **Montelicciano** opnieuw Italië respectievelijk Marche, om aansluitend via Sassofeltrio naar Mercatino Conca af te dalen. Op de weg van het dorp in het rivierdal van de Conca naar Macerata Feltria moet u vlak bij het mooie centro storico van **Monte Cerignone** (zie hieronder) nog eenmaal op uw tanden bijten, voordat ongeveer 3 km voorbij de plaats de aardig ontspannen afdaling naar het vertrekpunt **Macerata Feltria** begint.

Een korte variant op de rondrit: wie deze tocht te lang en moeilijk vindt, kan deze laatste korte etappe ook in omgekeerde richting fietsen. De ongeveer 8 km lange route van Macerata Feltria naar Montecerignone is namelijk landschappelijk fraai, vooral als op een heldere dag achter de groene heuvels het mooie blauwe water van de Adriatische Zee te zien is.

Winkelen

Vlees en worst – **Macelleria Penserini:** Via Antimi 24/26, tel. 0722 742 09. Net als Montefeltro is ook Macerata Feltria met recht trots op zijn vlees- en worstspecialiteiten. De smakelijke producten van Macelleria Penserini worden bijzonder aantrekkelijk gepresenteerd.

Montecerignone en omgeving ▶ C 2

Montecerignone telt bijna 700 inwoners. In de zomer en met Kerstmis mocht Umberto Eco (1932-2016) zich tot hen rekenen. In 1976 kocht hij hier een voormalig jezuïetenklooster en renoveerde het. Het zou hem tot zijn wereldberoemde roman *De naam van de roos* hebben geïnspireerd. De plaats strekt zich uit van de rechteroever van Conca naar de Monte Faggiola en culmineert in een groot **rotskasteel** uit de 13e eeuw, dat later als jachtslot van Federico da Montefeltro diende en in de 15e eeuw door diens favoriete architect Francesco di Giorgio Martini werd verbouwd en uitgebreid.

Aan de voet van het machtige slot, dat in het eerste weekend van juli het decor voor een middeleeuws historisch spektakel vormt en ook op andere momenten voor grote feesten kan worden afgehuurd, ligt voor het **renaissancistische Palazzo Begni** de gelijknamige piazza. Vanhier loopt u door nostalgische straatjes omhoog naar de fraaie Piazza Clementina, die naar paus Clemens XIV is genoemd omdat zijn familie uit Montecerignone stamt. U komt dan bovendien langs de **Chiesa Santa Caterina**, die in de 15e eeuw op verzoek van de Maltezer Orde werd gebouwd, de **Chiesa Santa Maria del Soccorso** uit de 17e eeuw en de patroonskerk **Chiesa San Biagio** uit dezelfde eeuw, die schilderijen van de beroemde Venetiaanse schilder Bartolomeo Vivarini (circa 1432-1499) herbergen.

Het vierde belangrijke religieuze gebouw van de plaats ligt aan de linkeroever van de rivier. De **Chiesa Santa Maria in Recluso**, die u na het oversteken van de brug over de Conca na enkele minuten rijden bereikt, werd in de 16e eeuw op de resten van een Romeinse Junotempel gebouwd. De kerk herbergt sinds 1677 de stoffelijke resten van de in 1921 heilig verklaarde Domenico Spadafora (1450-1521), die in de 15e eeuw vanuit Sicilië met enkele gelijkgestemden een na zijn dood spoedig weer verlaten klein klooster ('conventino') in de Valle Magnano aan de andere (noordoostelijke) kant van het dorp stichtte.

Montecopiolo ▶ B/C 2

De bedevaartskerk van de heilige Siciliaan ligt aan de weg naar Montecopiolo, dat in meerdere woonkernen langs de noordelijke uitlopers van de Monte Carpegna is onderverdeeld. De grootste is het met passende infrastructuur op wandelaars en wintersporters ingestelde **Villagrande**, de kleinste **Montecopiolo Castello**, een pittoreske kasteelruïne op 1030 m hoogte. Daar werd naar verluidt een zekere Antonio di Carpegna, een niet officieel traceerbare nazaat van het gravengeslacht uit het nabijgelegen Carpegna, door keizer Barbarossa anno 1140 de titel Conte di Montefeltro verleend. Daarmee werd volgens de legende de beroemde heersersdynastie gesticht, die daar in de 15e eeuw uiteindelijk zegevierde in de slagen met de concurrerende Malatesta uit Rimini.

Natuurlijke bezienswaardigheden van Montecopiolo zijn een klein meer bij Villagrande en de watervallen **Cascatelle Fiume Conca**, die in het stadsdeel Ponte Conca enkele kilometers ten zuiden van de grootste woonkern naar beneden klateren. Spiritueel referentiepunt van de over meerdere plekken verspreide gemeente is de bedevaartskerk van **Madonna del Faggio**, in het weidegroene stadsdeel **Eremo Monte Carpegna**, waar ook geskied kan worden. Vanuit Carpegna kunt u er eenvoudig en (landschappelijk gezien) prachtig naartoe wandelen (zie blz. 88).

Overnachten

Wellness aan het bergmeer – **Parco del Lago**: Villagrande di Montecopiolo, Via

San Francesco 1, tel. 0722 782 47, www.parco-del-lago.com, 2 pk maximaal € 140, regelmatig voordelige arrangementen. Het hotel-restaurant aan het kleine meer biedt driesterrencomfort. De kamers hebben een romantisch interieur en uitzicht op de bergen en het meer. Er zijn een tuin, een binnen- en buitenzwembad en een redelijke wellnessfaciliteiten.

Mooi gebouw met een mooie ligging – **B&B Ca'Riccio:** Macerata Feltria, Loc. San Teodoro, tel. 334 785 04 07, www.caricciodellafaggiola.it, 2 pk € 75-90. Deze gerenoveerde boerderij ligt halverwege de weg naar Monte Cerignone. De bed-and-breakfast behoort vanwege de verzorgde kamers, de prachtige ligging in de natuur en het bijzonder aangename zwembad tot de prettigste accommodaties in de buurt van het mooie kleine dorp.

Eten en drinken

Eenvoudige gerechten aan het dorpsplein – **Osteria Clementina:** Monte Cerignone, Piazza Clementina 5, tel. 0541 97 86 89, do.-zo. 's middags en 's avonds geopend, ma. en wo. alleen 's avonds, di. gesl. Pretentieloze, maar smakelijke lokale gerechten, zoals wildzwijn of wild eekhoorntjesbrood, in een rustiek en gezellig restaurant met een terras aan het gelijknamige charmante dorpsplein. Er zijn een goede selectie wijnen en soms livemuziek.

Snacks, een babbeltje en borrels – **Bar dello Sport:** Via Angelo Battelli 2, tel. 0541 97 06, do. gesloten (behalve in aug.). Hier ontmoeten plaatselijke bewoners en bezoekers elkaar om gezellig met elkaar te kletsen. Dat gebeurt dan natuurlijk onder het genot van een heerlijk kopje koffie, een glaasje wijn of een borrel. Ook zijn er huisgemaakt ijs en diverse snacks.

Info en festiviteiten

Comune Montecerignone: Piazza Clementina, tel. 0541 97 85 22, www.comune.montecerignone.pu.
Comune Montecopiolo: tel. 0722 781 06, www.comune.montecopiolo.pu.
Mons Cerignonis: kleurrijk middeleeuws spektakel in het eerste weekend van juli, www.monscerignonis.org.
Sagra del Bustreng: medio aug. Een groots opgezet feest ter ere van de *bustreng*, een heerlijke zoete Romagna-specialiteit, die in deze omgeving uit volkorenmeel en witte bloem, eieren en rozijnen bestaat.

Sassocorvaro/ Lago di Mercatale ▶ C 2

De belangrijkste bezienswaardigheid van de stad Sassocorvaro, met zicht op het Lago di Mercatale dat zijn water krijgt van de rivier Foglia, is de massieve **Rocca Ubaldinesca**, waarmee Francesco di Giorgio Martini in 1475 zijn eerste militaire bouwwerk afleverde. Hij bouwde dit gigantische verdedigingswerk in opdracht van Federico da Montefeltro. Die wilde zijn getrouwe Ottaviano Ubaldini daarmee beschermen tegen een aanval met de in de late middeleeuwen ontwikkelde bombarde, een soort mortier.

Het naar buiten toe hermetisch afgesloten, respect afdwingende gebouwencomplex, waarvan de afgeronde vormen de lichaamsvorm van een schildpad nabootsen, heeft een verrassend interieur met de luchtige binnenplaats renaissancestijl.

Museo della Rocca
Piazza Angelo Battelli, tel. 0722 761 77, apr.-sept. dag. 9.30-12.30, 15-19, daarbuiten za. en zo. 9.30-12.30, 14.30-18 uur, € 4

Rondom de binnenplaats liggen de tot schilderijenkabinet omgetoverde vertrekken van de vroegere hoge heren en het schattige kleine **Teatro della Rocca**. Het werd, nadat het in 1860 samen met het gehele vestingwerk in gemeentelijk bezit kwam, in 1895 door een lokale kunstenaar met bloemenguirlandes, engeltjes en kleine landschapstafereeltjes in voornamelijk blauwe tinten beschilderd. Het mooie theater wordt nog altijd als zodanig gebruikt.

Urbino ✹ ▶ D 2

Al voordat Urbino in het jaar 1998 tot Werelderfgoed van de UNESCO werd uitgeroepen, kwamen bezoekers uit de hele wereld naar de geboortestad van Rafaël, om er het spoor van de Italiaanse renaissance te volgen. Omdat de renaissancistische bouwstijl niet alleen haar stempel heeft gedrukt op het allesoverheersende Palazzo Ducale, maar ook op het totale stadsbeeld, vormt deze architectonische erfenis uit de renaissancetijd in Urbino meer dan uitsluitend een bezienswaardige herinnering aan het verleden: de erfenis is zeer zeker ook de historische aankleding van de tegenwoordige tijd – het is het culturele levenselixer van deze moderne universiteits- en provinciehoofdstad (samen met Pesaro). Woningen en werkplaatsen, instanties en opleidingsinstituten, winkels en restaurants komen harmonisch bij elkaar in dit gesamtkunstwerk, dat wordt bevolkt door 15.000 vaste inwoners, 25.000 studenten en duizenden toeristen. Onlangs vormde het het decor voor de verfilming van de in 2016 door de Duitse televisiezender ARD uitgezonden 'Poliziotto-Krimi' van Uli T. Swidler.

Stadsgeschiedenis

Hoewel de renaissance de stedenbouwkundige hoofdtoon aangeeft, begint de geschiedenis van Urbino natuurlijk niet pas in de 15e eeuw. Al in de 3e eeuw v.Chr. breidde het toen Romeinse Urbinum Metaurense zich uit over het stedelijk gebied van Urbino. De beide heuvels tussen het Foglia- en het Metaurodal werden vanwege hun gunstige strategische positie al eerder door Piceniërs en Galliërs bewoond. Tussen de 5e en 8e eeuw werden ze door Goten, Byzantijnen en Longobarden bezet, bevrijd en belaagd. Als verlengstuk van de Pippinische Donatie werd Urbino, dat in de 6e eeuw tot de statenbond *pentapoli annonaria* behoorde, aan de Kerkelijke Staat toegewezen (8e eeuw). Begin 13e eeuw raakte Urbino in de machtssfeer van de graven van Montefeltro en daarna, medio 14e eeuw, kortstondig in handen van Egidio Albornoz, die in opdracht van paus Innocentius VI de po-

Tip

Topadres voor bierdrinkers: Agriturismo La Cotta

Deze uitnodigende herberg ligt in het frisse groen hoog boven het Lago di Mercatale en serveert verscheidene smakelijke bieren, die met zelfverbouwde gerst en zuiver bronwater van de Montefeltro direct ernaast worden gebrouwen. De gastheren en brouwmeesters Luigi Rengucci en Francesco Tontini hebben hun merk 'la Cotta' succesvol op de nationale markt van 'birre artigianali' ('ambachtelijke bieren') gepositioneerd. Bij het bier serveren ze bruschette en lekkernijen uit de lokale seizoenskeuken (Mercatale di Sassocorvaro, Loc. Ca' Corsuccio, Via Vecellio, tel. 334 252 04 71, www.lacotta.it, do.-zo. 18-2 uur, aug. dag.).

litieke invloed van de Kerkelijke Staat moest consolideren. Al in deze tijd leefde er in Urbino een van de oudste Joodse gemeenschappen van Italië, die later de bijzondere waardering van Federico da Montefeltro genoot.

Dit prototype van de renaissancevorsten werd in 1422 als onwettig kind geboren en ontving pas na de dood van zijn stiefbroer Oddantonio de erfenis van zijn voorvaderen. Hij werd in 1444 tot hertog van Urbino benoemd. Als bestbetaalde legeraanvoerder uit die tijd vergaarde hij onmetelijke rijkdom en roem. Hij was klassiek geschoold en was een uitzonderlijk liefhebber van boeken. Hij profileerde zichzelf als genereuze mecenas aan het hof van Urbino dat toen het geestelijk en kunstzinnig centum vormde van de vroege renaissance.

Toen Federico da Montefeltro in 1482 stierf, trad zijn zoon Guidobaldo in zijn politieke en culturele voetstappen. Die verzamelde, net als zijn vader, kunstenaars en wetenschappers om zich heen aan het hof van Urbino. Een paar straten verderop was ondertussen de schilder Giovanni Santi dolblij met de geboorte van zijn zoon Rafaël (1483). Daarentegen was Guidobaldo de geboorte van een zoon niet gegund, zodat hij zijn neef Francesco Maria della Rovere adopteerde, om hem Urbino te kunnen laten erven. Dat gebeurde in 1508, nadat daar een jaar eerder onder bescherming van paus Julius II, geboren als Giuliano della Rovere en oom van de toekomstige regent, een universiteit was gesticht. De faculteiten (rechten, economie, literatuur en kunst) liggen ook nu nog verspreid over de stad.

Francesco Maria della Rovere I werd opgevolgd door zijn zoon Guidobaldo II, die het bewindstokje weer doorgaf aan zijn eerstgeboren zoon, Francesco della Rovere II. Doordat diens zoon Federico Ubaldo jong stierf, viel het hertogdom Urbino na zijn dood in 1631 weer toe aan de Kerkelijke Staat, waarmee een periode van geestelijke intolerantie, economische neergang en stedebouwkundig verval werd ingeluid. Het Palazzo Ducale werd regelrecht geplunderd; de waardevolle inventaris werd naar Rome gebracht. Dat de stad tot op de dag van vandaag zijn renaissancistische uitstraling heeft behouden, is niet in de laatste plaats te danken aan paus Clemens XI, die in 1649 als Giovanni Francesco Albani in Urbino werd geboren en in 1700 de Heilige Stoel in Rome beklom. Hij bood de negatieve ontwikkeling tegenwicht door kerken te laten verbouwen, verouderde huizen te laten restaureren en nieuwe huizen te laten bouwen.

Palazzo Ducale/Galleria Nazionale [1]

Piazza Duca Federico 3, tel. 199 15 11 23, www.palazzoducaleurbino.it, ma. 8.30-14 (kassa tot 12.30), di.-zo. 8.30-19.15 (kassa tot 18) uur, € 6,50

Het Palazzo Ducale verkeerde ongeveer twee eeuwen in staat van verbouwing, doordat continue aanpassingen en uitbreidingen van dit middeleeuwse stadspaleis van de 15e tot ver in de 16e eeuw voortduurden. Daardoor hangt het gebouw bij nadere bestudering stilistisch gezien tussen gotiek, renaissance en maniërisme. Tegelijkertijd kreeg het gebouw zijn karakteristieke kenmerken zoals de slanke tweelingtorens (1465), die inmiddels een symbool van Urbino zijn. Dit gebeurde onder het bewind van Federico da Montefeltro (1444-1482), die de Dalmatische architect Luciano Laurana (1420-1479), diens collega uit Siena, Francesco di Giorgio Martini (1439-1501), en de latere bouwmeester van de Sint-Pieter Donato Bramante (1444-1514) de verwezelijking van hun

Montefeltro en het hoger gelegen Metaurodal

Het stedenbouwkundig best bewaarde stadje uit de Italiaanse renaissance: Urbino

gezamenlijke droom van *città ideale* (de ideale stad) toevertrouwde.

Cortile dell'Onore

Bezoekers betreden het in zijn omvang gigantische gebouw met de fantastisch uitgewerkte details via de rechthoekige en licht doorlatende Cortile dell'Onore (erehof).

Deze binnenplaats is omzoomd met symmetrisch geplaatste rondboogarcaden met korinthische zuilen.

Sotterranei en Rampa Elicoidale

Een grote trap (*rampa*) voert van dit erehof naar de zogenaamde *sotterranei*, de ruimtes in de kelder, die door een slim buizensysteem worden voorzien van water. Hiertoe behoren de bijkeuken, voorraadkamers en de *neviera*, een historische koelkast die werd gekoeld met sneeuw.

Museo Archeologico en Biblioteca del Duca

Op de begane grond kunt u het archeologisch museum en de bibliotheek van de hertog bezoeken. Het museum is een goed uitgerust 'lapidarium' met grafschriften, sarcofagen en beeldhouwwerken van vooral Romeinse oorsprong. De bibliotheek is de moeite waard vanwege het plafond, waaraan de uit verguld stucwerk gecreëerde zon oplicht, met in het midden, als symbool van het huis Montefeltro, een opvliegende adelaar. Daaronder vervangt een virtuele, interactieve bibliotheek de oorspronkelijke van Da Montefeltro; de echte boeken zijn halverwege de 17e eeuw door de kerk weggeroofd en liggen in het Vaticaan.

Galleria Nazionale Delle Marche

Via een monumentale trap loopt u omhoog naar de **piano nobile** en komt u in de heilige zalen van de onder leiding van de nieuwe Oostenrijkse directeur Peter Aufreiter (sinds januari 2016) binnenkort nieuw ingerichte Galleria Nazionale Delle Marche.

U komt eerst in het zogenoemde **Appartamento della Jole** met schilderijen en beeldhouwwerken uit de vroege renaissance van Florence en Marche. Via de prachtige artistiek vormgegeven **Portale della Guerra** (Krijgsportaal) betreedt u de eerste zaal, de **Salone della Jole**. Hier springt de plastisch met beeltenissen voorziene schouw in het oog, met motieven van Griekse sagen over Hercules en zijn beminde Jole, van de hand van Giovanni da Fiesole (geb. 1418).

De tweede zaal, de zogenoemde **Krijgszaal**, wordt gedomineerd door een muurschilderingencyclus ter ere van heldhaftige krijgers; de cyclus wordt toegeschreven aan Giovanni Boccati en stamt waarschijnlijk uit 1459. In de derde zaal is de prachtig gedecoreerde, met bomen en vogels beschilderde **houten alkoof** van de hertog te bewonderen. In de **vierde zaal** zijn werken tentoongesteld van kunstenaars uit het Marche van de late middeleeuwen en uit de bloeitijd van de renaissance, waaronder het beeld *Madonna met kind op de troon met engelen*, waarschijnlijk van Girolami di Giovanni.

Wie zaal vijf tot zeven wil overslaan – werk van de schilder Antonio Alberto (uit Ferrara) uit de 15e eeuw (zaal zes) en fresco's uit de kerk San Domenico uit de 14e eeuw (zaal zeven) – kan direct naar het **Appartamento dei Melaranci e degli Ospiti** gaan. De gastenverblijven, waaronder één exclusief voor de koning van Engeland bedoeld, herbergen onder andere kunstuitingen van beroemde Venetianen als Giovanni Bellini (1432-1516) en Alvise Vivarini (1445-1505).

Urbino

Bezienswaardigheden
1. Palazzo Ducale/Galleria Nazionale
2. Dom
3. Museo Diocesano Albani
4. Obelisk
5. San Domenico
6. San Francesco
7. Palazzo Albani
8. Casa Natale di Raffaello
9. Accademia di Belle Arti
10. Rafaëlmonument
11. Fortezza Albornoz
12. Oratorio di San Giovanni
13. Oratorio di San Giuseppe
14. Het Joodse getto
15. Teatro Sanzio
16. Chiesa di San Bernardino (Mausoleo dei Duchi)
17. Casa della Poesia

Overnachten
1. San Domenico
2. Bonconte
3. Raffaello
4. Albergo Italia

5. San Giovanni
6. B&B Aquilone
7. Nenè
8. Pineta

Eten en drinken
1. Caffè Basili
2. Vecchia Urbino
3. L'Angolo Divino
4. Taverna degli Artisti
5. Il Girarrosto
6. La Balestra
7. La Trattoria del Leone
8. Antica Osteria da la Stella

Winkelen
1. Raffaello Degusteria

Uitgaan
1. Bosom-Pub

In de **Appartamenti del Duca** waren bij het ontwerp en de bouw bekende architecten uit die tijd betrokken. Hier hangen de beroemdste schilderijen uit de collectie, zoals de meesterwerken *De geseling van Christus* en de *Madonna van Senigallia* van Piero della Francesca (1417-1492) in de **Sala delle Udienze** (Audiëntiezaal). Daarna betreedt u de vermoedelijk naar een ontwerp van Sandro Botticelli (1445-1510) met inlegwerk/houtsnijwerk 'beklede' werkkamer (**Studiolo del Duca**). De keuze van de motieven van het driedimensionaal aandoende houtsnijwerk, waaronder boeken, muziekinstrumenten en wapens, verwijst naar Federico da Montefeltro's idee over zichzelf als erudiete veldheer. Dat geldt ook voor de daartussen hangende 28 olieverfportretten van beroemde mannen (onder anderen Seneca, Petrarca en Thomas van Aquino), voortgekomen uit het penseel van de Vlaming Giusto di Gand (Justus van Gent) en de Spanjaard Pedro Berruguete (1420-1504). Via de **Guardaroba** van de hertog komt u door de met marmer- en stucwerkdecoraties gevulde **Cappellina del Perdono** (Kapel van de genade), die het kunstzinnige handschrift van Bramante draagt en die oorspronkelijk was bedoeld als reliekschrijn voor de hertogelijke familie. In de **Tempietto delle Muse**, in een van de ronde torens, worden de antieke muzen van de wetenschap en de kunst gehuldigd. In de slaapkamer (**Camera da Letto**) van Federico da Montefeltro kunt u het bekende portret van hem en zijn zoon bewonderen, een schilderij van Pedro Berruguete. Direct daarnaast hangt in de **Sala degli Angeli** (Zaal van de engelen) het wereldberoemde schilderij *Città Ideale*, dat als een bouwkundige schets de ideale renaissancestad uitbeeldt. Als scheppers van het kunstwerk worden naast de schilder Piero della Francesca de bouwmeesters Laurana en Bramante genoemd – deze bouwmeesters zijn onderwerp van een kunsthistorische discussie, waarbij de meest recente onderzoeken veelal voor Laurana spreken.

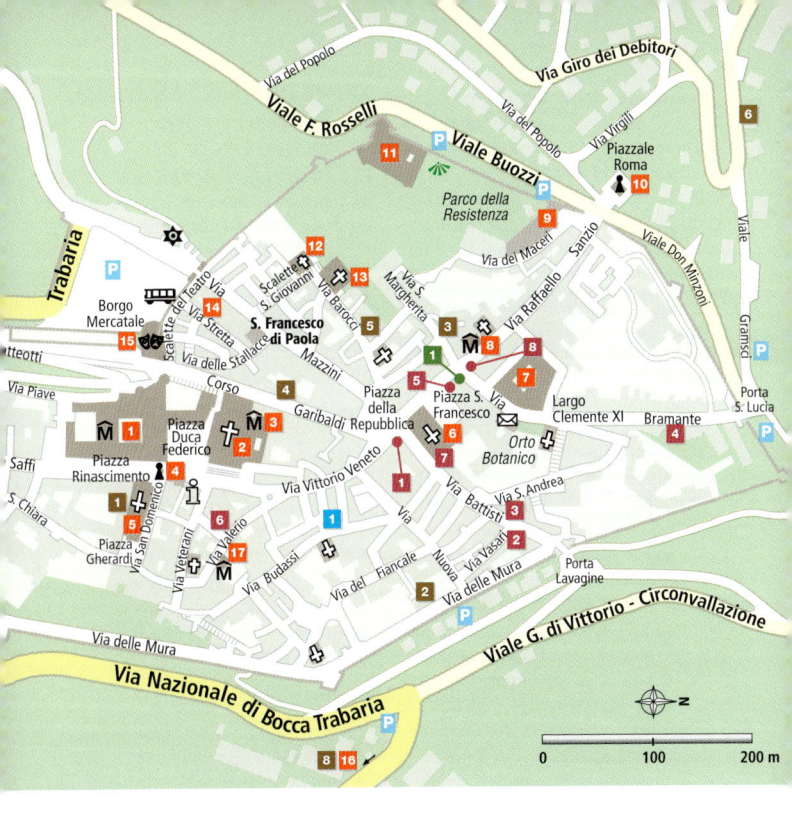

Aansluitend aan deze **Sala degli Angeli** ligt de **Salone dell'Onore** (Erezaal of Troonzaal), die is overwelfd met een plafond dat is gedecoreerd met goudstukken. De zaal fungeerde oorspronkelijk als feestzaal en podium voor theateruitvoeringen, herbergde van 1631 tot 1861 de pauselijke troon *(seggio pontificio)* en is momenteel gedecoreerd met een serie gobelins uit de 17e eeuw, die motieven uit de geschiedenis van de apostelen uitbeelden.

Door de met Giovanni Santi's *Kroning van de Maagd* gedecoreerde **Sala delle Veglie** (Zaal van de nachtwakes) komt u bij de vertrekken van de hertogin, het **Appartamento della Duchessa**. Hoewel de vertrekken waren bedoeld voor de tweede echtgenote van Federico da Montefeltro, Battista Sforza, werden ze pas na haar dood voltooid en vanaf 1488 door de vrouw van Guidobaldo II, Elisabetta Gonzaga, bewoond. In de kamers hangen schilderijen die in de periode 1500 tot 1570 in Urbino zijn vervaardigd, waarvan ook Rafaëls *Ritratto di Gentildonna* (Portret van een adellijke vrouw), beter bekend onder de naam *La Muta* (De doofstomme vrouw), deel uitmaakt. Dit 'heiligdom' van Urbino hangt in de **Salotto della Duchessa** (Woonkamer van de hertogin). Het keerde in 2016 terug na een 'tentoonstellingstour' en is nu nieuw belicht en voorzien van uitgebreide informatie. In de **Camera da Letto della Duchessa** (Slaapkamer) hangen *Het laatste Avondmaal* en *De Opstanding* van Titiaan (circa 1490-1576). Op de **tweede verdieping** van het Palazzo Ducale zijn schilderijen uit de late 16e en 17e eeuw bij elkaar gebracht. Daaronder vindt u een serie schilderijen van Federico Barocci (circa 1528-1612) en een werk van Orazio Gentileschi (1563-1639). Ook kunt u er **keramiek** en een **collectie bronzen beelden** bewonderen.

Nog meer bezienswaardigheden

Dom [2]
Piazza Duca Federico, dag. 7.30-13, 14-20 uur

De Dom werd gebouwd in opdracht van Federico da Montefeltro, naar een ontwerp van Francesco di Giorgio Martini. Nadat de Dom in 1789 door een aardbeving was beschadigd, werd hij onder leiding van Giuseppe Valadier in neoclassicistische stijl gerenoveerd. In het drieschepige interieur ziet u meesterwerken van de schilder Federico Barocci. Veel andere kunstschatten die zich oorspronkelijk in de Dom bevonden, zijn ondergebracht in het nabijgelegen Museo Albani.

Museo Diocesano Albani [3]
Piazza Pascoli 1, tel. 0722 32 25 29, dag. behalve di. 9.30-13, 14-18 uur, € 3,50

In dit museum vonden kunstwerken uit de Dom en andere kerken van Urbino, zoals de door Antonio Alberto da Ferrara geschilderde fresco's uit de schuin ertegenover gelegen kerk San Domenico, onderdak. Vanuit het museum kunt u naar de Grotte del Duomo afdalen en daar een oratorium met een pietà uit marmer bezichtigen.

Obelisk [4]
Piazza Rinascimento

Deze Egyptische obelisk, die door zijn locatie midden op de piazza meteen in het oog springt, behoort tot de vele waardevolle geschenken die paus Clemens XI deed aan zijn thuisstad Urbino. Het kunstwerk werd direct aan het begin van zijn pontificaat vanuit Rome daarheen gebracht.

San Domenico [5]
Piazza Rinascimento/Via San Domenico, alleen vanbuiten te bezichtigen

De gevel van deze oorspronkelijk gotische kerk, waarvan het kostbare interieur inmiddels is ondergebracht in het Museo Albani en de Galleria Nationale in het Palazzo Ducale, vormt hét voorbeeld van sacrale bouwkunst in renaissancestijl en werd in opdracht van paus Clemens XI door Maso di Bartolomeo ontworpen.

San Francesco [6]
Kerk: Piazza San Franceso, dag. 7-12.30, 15-19 uur; musea: ma.-vr. 10-13 uur

De kerk dateert uit de 14e eeuw en werd in de 18e eeuw verbouwd. Ernaast staat het gebouw van het door paus Clemens XI – die ook bekend werd als enthousiast bevorderaar van het renoveren van kerken – opgerichte jongensinternaat Collegio Raffaello. Hierin zijn een museum met gravures en een universitair techniek- en wetenschapsmuseum (Gabinetto di Fisica) gehuisvest.

Palazzo Albani 7

Via Clemente XI

Het geboortehuis van paus Clemens XI, die hier in 1649 werd geboren, kunt u eenvoudig herkennen aan het pauselijke wapen dat de gevel siert. Tegenwoordig is het in gebruik als universiteitsgebouw. Vlak voor de ingang klatert een barokke fontein er lustig op los.

Casa Natale di Raffaello 8

Via Raffaello Sanzio 57, tel. 0722 32 01 05, ma.-za. 9-13, 15-19, zon- en feestdagen 10-13, 15-18 uur, € 3,50

De toenmalige nieuwbouw werd in 1460 door Giovanni Santi (1435-1494), hofschilder bij Federico da Montefeltro, gekocht en gebruikt als woning en atelier. In 1483 kwam daar zijn zoon Raffaello ter wereld, die hij in kunstzinnig opzicht blijvend zou beïnvloeden. In het huis van deze kunstschildersfamilie zijn originele werken van de vader en kopieën van schilderijen van de zoon te bewonderen. Of het fresco *Madonna met Kind* in Rafaëls geboortekamer van de hand van vader Giovanni Santi is of dat het een vroeg werk van zijn zoon is, is niet duidelijk.

Raffaello Santi, ook Sanzio en later kortweg Raffaello genoemd, begon zijn carrière onder vaders vleugels. Hij werd ook door diens collega aan het hof van Urbino, Piero della Francesca (1416/1417-1492), geïnspireerd.

Zijn latere beroepsmatige weg leidde hem naar het atelier van Pietro Perugino, naar Florence en naar Rome, waar hij in de invloedssfeer van Michelangelo en Leonardo da Vinci werkte. In Urbino zelf is maar een van zijn schilderijen te zien, de op een engel lijkende *La Muta* in het Palazzo Ducale. Rafaël overleed in 1520.

Accademia di Belle Arti 9

Via dei Maceri

De Accademia di Belle Arti verhuisde in de jaren 60 naar het voormalige Convento dei Carmelitani Scalzi.

Rafaëlmonument 10

Piazzale Roma

Het monument voor de schilder werd in 1897 op de Piazzale Roma onthuld. Het toont de kunstenaar staand en met penseel en schilderspalet in de hand. Achter hem staan aan de rand van het plein nog meer grootheden uit de renaissance.

Fortezza Albornoz 11

Za., zon- en feestdagen 10-13, 15-18 uur, € 2

De klim naar het Fortezza Albornoz, in de 14e eeuw in opdracht van de gelijknamige Spaanse kardinaal respectievelijk paus gebouwd, en dat een tentoonstelling van vuurwapens uit de tijd van Federico da Montefeltros huisvest, is alleen al vanwege het uitzicht de moeite waard. Dit compacte bakstenen bolwerk tegen de vijanden van de Kerkelijk Staat ligt in het weidse Parco della Resistanza, vanwaar u kunt genieten van een mooi uitzicht op het Palazzo Ducale en de stad.

Oratorio di San Giovanni 12 en Oratorio di San Giuseppe 13

Via F. Barocci 31 en 42, tel. 347 671 11 81, ma.-za. 10-13, 15-18, zo. 10-13 uur, € 2,50

In de loop der eeuwen werkten er in Urbino meerdere lekenbroederschappen, die zich verplichtten aan een heilige en die hulp en verzorging boden aan zieke, arme of geestelijk ontredderde medeburgers. Zij kwamen bijeen in een oratorio. Een van de spectaculairste is het **Oratorio di San Giovanni** uit de 14e eeuw, dat rondom is versierd met adembenemend mooie fresco's van Jacopo en Lorenzo Salimbeni. Deze

Montefeltro en het hoger gelegen Metaurodal

De binnenplaats van het Palazzo Ducale

broers uit San Severino zijn belangrijke vertegenwoordigers van de laatgotische kunst.

Het **Oratorio di San Giuseppe**, dat uit de 16e eeuw stamt en in de 17e eeuw werd verbouwd, is ook voorzien van fresco's. De grootste attractie is een uit albast vervaardigde kribbe, die de beeldhouwer Federico Brandani (uit Urbino) daar tussen 1545 en 1550 neerzette.

Het Joodse getto 14

Via Stretta, informatie over bezichtigingstijden van de synagoge tel. 0722 30 222, Assessorato al Turismo
De Joodse gemeenschap van Urbino was een van de oudste van Italië. Zij vestigde zich begin 14e eeuw rond de Via Veterani, niet ver van het Palazzo Ducale, waar aan huisnummer 12 tot op de dag van vandaag de ingang van de middeleeuwse synagoge (*L'androne dei giudei*) ligt. Terwijl de Joden, van wie velen werkzaam waren als wetenschapper, jurist, arts of bankier, op andere plaatsen in Italië al vanaf de vroege 16e eeuw werden gediscrimineerd, genoten zij in het hertogdom Urbino groot aanzien.

Pas met de reïntegratie in de Kerkelijke Staat werden ze ook hier naar een getto verbannen. Daar werd in 1633 aan de Via Stretta de tot op heden behouden gebleven, medio 19e eeuw grondig gerenoveerde nieuwe synagoge gebouwd.

Teatro Sanzio 15
Via G. Matteotti/Corso Garibaldi, tel. 0722 22 81
Rood is de dominerende kleur in het hoefijzervormige Teatro Raffaello Sanzio, dat rondom is voorzien van vier rijen loges boven elkaar. Het werd 1840-1853 door Vincenzo Ghinelli onder de moeilijkste stedenbouwkundige eisen gebouwd en in 1982 door Giancarlo de Carlo gerestaureerd. Terwijl een aantal van de originele decoraties verloren is gegaan, maakt het door Francesco Serafini geschilderde podiumdoek, waarop zich het Palazzo Ducale, de Dom en de obelisk van Urbino verheffen en waarop ook de naamspatroon Rafaël is afgebeeld, sinds jaar en dag veel indruk.

Chiesa di San Bernardino (Mausoleo dei Duchi) 16
Stadsdeel San Donato, ca. 3 km buiten het stadscentrum, dag. 8-18 uur
De kerk ligt midden in het groen, naast het kerkhof van Urbino. Het ontwerp werd eerst toegeschreven aan Donato Bramante, maar is intussen aan de lange lijst met werken van Francesco di Giorgio Martini toegevoegd. Binnen rusten de renaissanceheersers Federico en zijn zoon Guidobaldo da Montefeltro in barokke sarcofagen uit begin 17e eeuw.

Casa della Poesia 17
Via Valerio 1, ma., do. 15-19, wo., vr. 9-13, za. en zo. 10.30-18.30 uur
Het renaissancepalazzo Odasi fungeert sinds 2015 als Huis van de Literatuur. Er vinden regelmatig boekpresentaties plaats en u kunt er luisteren naar cd's met de stemmen van beroemde auteurs en acteurs uit de 20e eeuw.

Overnachten

Een topplek op het plein – **San Domenico** 1: Piazza Rinascimento 3, tel. 0722 26 26, www.viphotels.it, 2 pk vanaf € 110. Keurig en gastvrij. Modern viersterrencomfort in het met aandacht gerenoveerde gebouw van het oude klooster San Domenico.

Met een intieme tuin – **Bonconte** 2: Via delle Mura 28, tel. 0722 24 63, www.viphotels.it, 2 pk vanaf € 95. Deze elegante 19e-eeuwse villa ligt aan de rand van de groene heuvels, op loopafstand van de belangrijkste bezienswaardigheden. Het is een comfortabele en aangename plek. De knusse tuin is een groot pluspunt.

Mijn favoriet! – **Raffaello** 3: Vicolino S. Margherita 38-40, tel. 0722 47 84, www.albergoraffaello.com, 2 pk vanaf € 90 (afhankelijk van de inrichting). Dit driesterrenhotel bezet een aantal verdiepingen in een palazzo uit de 18e eeuw. Het ligt aan een smal, steil steegje in de oude binnenstad, biedt modern comfort en vanuit sommige kamers een fascinerend uitzicht over de stad.

Verzorgd en centraal – **Albergo Italia** 4: Corso G. Garibaldi 32, tel. 0722 27 01, www.albergo-italia-urbino.it, 2 pk vanaf € 80. De goed verzorgde en met modern meubilair ingerichte kamers, deels met balkon, bevinden zich in een historisch palazzo met een terrastuin midden in de stad.

Eenvoudig en centraal – **San Giovanni** 5: Via Barocci 13, tel. 0722 28 27, www.albergosangiovanniurbino.it, 2 pk € 60 (zonder ontbijt). Dit tweesterrenhotel is weliswaar wat verouderd en eenvoudig ingericht, maar gezien de prijs en de sfeer is het een acceptabel onderkomen.

Aan de groene stadsrand – **B&B Aquilone** 6: Via Gramsci 22, tel. 0722 32 81 54, www.bbaquilone.com, 2 pk € 55-70. In deze jugenstilvilla met tuin en uitzicht op het groene heuvellandschap zijn vier eenvoudig gemeubileerde kamers te huur. Ontbijten doet u in een bar.

Landelijk en rustiek – **Nenè** 7 : Loc. Crocicicchia, Via Biancalana 30, tel. 0722 35 01 61, www.neneurbino.com, 2 pk vanaf € 60. Een rustiek gemeubileerd hotel met zwembad, tuin en een gerenommeerd restaurant in het groene achterland van de renaissancestad.

Camping – **Pineta** 8 : Loc. S.Donato, Via Ca' Mignone 5, tel. 0722 47 10, www.camping-pineta-urbino.it. Door pijnbomen beschaduwde plaatsen voor tenten en campers. Er zijn ook bungalows te huur. De camping ligt ongeveer 4 km buiten de stad.

Eten en drinken

In de volksmond Caffè Centrale – **Caffè Basili** 1 : Piazza della Repubblica 1, tel. 0722 24 48. In de schaduw van de arcaden kunt u bij een kop *caffè* de bedrijvigheid op de piazza observeren.

Hoog (prijs)niveau – **Vecchia Urbino** 2 : Via Vasari 3/5, tel. 0722 44 47, di. gesl., vanaf € 40. In het meest gerenommeerde restaurant van de stad kunt u genieten van een geraffineerde seizoenskeuken met gevoel voor traditie.

Degelijk en creatief – **L'Angolo Divino** 3 : Via S. Andrea 14, tel. 0722 32 75 59, zo.-avond en ma.-middag gesl., € 30. De gezellige en stijlvolle familie-osteria verzorgt succesvol en smakelijk het culinaire erfgoed van de in het voorjaar van 2016 overleden Claudio Amati, die een voorstander was van een creatieve traditionele keuken met hoogwaardige ingrediënten.

Pasta, pizza, panorama – **Taverna degli Artisti** 4 : Via Bramante 52, tel. 0722 26 76, 's winters di. gesl., € 25. Een sober ingericht, maar charmant souterrain, met een terras met uitzicht op het stadsgewoel. U kunt hier heerlijke lokale gerechten bestellen. 's Avonds worden er ook pizza's gebakken.

Gezelschap te over – **Il Girarrosto** 5 : Piazza S. Francesco 3, tel. 0722 44 45, 's winters zo.-avond en ma. gesl. Originele gerechten uit Urbino aan de rand van de toeristisch drukke Via Raffaello. De specialiteit is hier *crescia sfogliata*.

Wildbraad en truffels – **La Balestra** 6 : Via Lorenzo Valerio 16, tel. 0722 29 42, 's winters wo. gesl. Restaurant met een verzorgde osteriasfeer. Smakelijke, biologische streekkeuken en pizza's.

Goed en voordelig – **La Trattoria del Leone** 7 : Via Cesare Battisti 5, tel. 0722 32 98 94, 's avonds, za. en zo. ook 's middags. Lekkere lokale en regionale gerechten tegen redelijke prijzen. Het restaurant is centraal gelegen en heeft een gezellige sfeer.

Met smaak en historie – **Antica Osteria da la Stella** 8 : Via S. Margherita 1, tel. 0722 32 02 28, 's zomers ma.- en zomiddag, 's winters ma.- en zo.-avond gesl. Deze osteria werd in 2009 nieuw leven ingeblazen en u kunt hier nu terecht voor een uitstekende traditionele seizoenskeuken. In de renaissance zou dit een ontmoetingsplek van kunstenaars zijn geweest.

Winkelen

Overheerlijk – **Raffaello Degusteria** 1 : Via Bramante 6-10, tel. 0722 32 95 46, www.raffaellodegusteria.it. Alles wat het culinaire hart begeert! Worst, kaas, wijn, dolci ....

Uitgaan

Degelijk – **Teatro Sanzio** 15 : Via G. Matteotti/Corso Garibaldi, informatie: www.amatmarche.net.

Studentenpub – **Bosom-Pub** 1 : Via Budassi 24, tel. 0722 47 83. Lawaaiig café, Sinds jaren *the place to be* van de studentenwereld.

Info en festiviteiten

I.A.T. Urbino: Via Puccinotti 35/Piazza Rinascimento, tel. 0722 26 13, www.turismo.pesarourbino.it.
Ufficio Comunale Informazioni Turistiche: Borgo Mercatale/Rampa, tel. 0722 26 31. Hier kunt u onder andere terecht voor stadsplattegronden, voor de **Urbino Tourist Card**, waarmee u voor € 12 de acht belangrijkste musea kunt bezoeken, en voor een tijdelijke ontheffing voor het *centro storico*, bijvoorbeeld zodat u uw bagage bij uw hotel kunt afleveren.
Zomercursus van de Università degli Studi Urbino Carlo Bo: informatie via www.linguaideale.it.
Festival Internazionale di Musica Antica: renaissancemuziek in de binnenhof van het hertogelijk paleis, laatste weekenden in juli.
Festa del Duca: derde weekend augustus (zie blz. 38).
Festa dell'Aquilone: vliegerfestival aan de rand van de stad *(Cesane)*, eerste weekend in september.
Vervoer: het verkeersknooppunt van Urbino is Borgo Mercatale/Porta Valbona, met betaalde **parkeerplaatsen**, **taxi's** en het centrale **busstation**. Vandaar kunt u met de lift (50 cent) of via een oprit te voet naar het centrum van de stad.

Fermignano ▶ D 3

Urbino's buurgemeente schittert als het geboortedorp van de grote renaissancearchitect Donato Bramante. Toen hij er in 1444 werd geboren, werd in deze stad aan de oever van de Metauro al papier vervaardigd. Dat gebeurde volgens de methode van de papierpioniers van Fabriano (zie blz. 55) en in opdracht van de hertogen van Urbino, die de gestaag groeiende papierfabriek in 1434 kochten. Zij beschikten ook eeuwenlang over het politieke lot van Fermignano, dat eerder door de Romeinen bezet was geweest en dat vermoedelijk het toneel is geweest van hun overwinning bij de Slag bij de Metauro, waarbij de broer van Hannibal, Hasdrubal, in 207 v.Chr., de verliezer was. Daarmee zijn ook meteen de architectonisch karakteristieke plaatsen van Fermignano genoemd, die bestaan uit de bij elkaar gelegen bouwwerken van de Romeinse **Metaurobrug**, de middeleeuwse **verdedigingstoren** en de oude **papierfabriek**. Na de sluiting van de papierfabriek in de jaren 70 van de 18e eeuw legde Fermignano zich toe op de productie van pasta en textiel (truien). Fermignano is ook bekend van zijn potsierlijke feest **Palio della Rana** ('kikkerrace'; zie hieronder).

Info en festiviteiten

Pro Loco: Corso Bramante 33, tel. 0722 33 05 23, www.proloco-fermignano.it.

Tip

'Beestachtig goed': Agriturismo Ca' Maddalena

Een echte boerderij in de groene omgeving van Fermignano met een manege, biologische varkens en runderen, schone kamers en een restaurant waar producten uit eigen bedrijf worden geserveerd. Een zwembad zorgt voor heerlijke verfrissing en de charmante gastvrouw Soraia, die trouwens heel goed Duits spreekt, voor het lichamelijk en geestelijk welzijn (Loc. Ca' Maddalena, weg in de richting van Sagrata, tel. 0722 33 10 25, www.camaddalena.com, 2 pk € 80-90, HP € 68-84, keuze van de kaart, juli en aug. verplicht halfpension).

Palio della Rana: op de zondag na Pasen wedijveren de vertegenwoordigers van de verschillende stadsdelen met elkaar door met platte kruiwagens, waarop een kikker zit, zo snel mogelijk mét de kikker bij de finish te komen.

Urbania ▶ C 3

Urbania is een (multi)cultureel levendige stad in het Metaurodal. De stad staat bekend als het recent door de crisis getroffen centrum van de Italiaanse jeansproductie. Voor de verwoesting door de Ghibellijnen (de keizersgetrouwen) van Urbino in 1277 heette Urbinia Castel delle Ripe. Na de wederopbouw in 1284 werd de naam Casteldurante (naar de pauselijke legaat Guillaume Durant), totdat de plaats door paus Urbanus VIII in 1636 tot stad werd verheven en ook diens naam kreeg. Dat gebeurde nadat met Francesco Maria II Della Rovere het hertogdom Urbino ophield te bestaan: hij stierf in 1631 in het plaatselijke Palazzo Ducale, dat al in de 14e eeuw door de adellijke familie Brancaleoni pal aan de oever van de Metauro was gebouwd en dat na de overname als zomerresidentie door de families Montefeltro en Della Rovere door hun huisarchitecten Francesco di Giorgio Martini en Girolamo Genga was uitgebreid en verfraaid.

Per boot bereikten de hertogen van daaruit het 1 km buiten de stad gelegen jachtslot **Barco Ducale**, waar men tegenwoordig keramiekcursussen kan volgen. Daarmee sluit Urbania, waar meerdere ateliers voor kunstzinnig handwerk staan, weer aan bij de grote keramiektraditie van het vroegere Casteldurante, die zijn oorsprong al in de 16e eeuw had.

Palazzo Ducale

Corso V. Emanuele 23, tel. 0722 31 31 51, di.-zo. 10-12.30, 15-18 uur, € 4

In het Palazzo Ducale zijn op de begane grond en op de hogere verdiepingen het stadsarchief, de stedelijke bibliotheek, een schilderijenkabinet en het Museo Civico ondergebracht. In de kelder vindt u – als contrast met de voorname culturele erfenis – landbouwwerktuigen, gereedschap en foto's van het boerenleven (**Museo di Storia dell' Agricoltura**).

Op de beletage zullen kostbare boeken en schilderijen u verrassen – zoals een exemplaar van Dante Alighieri's *Divina commedia* uit 1491 en tekeningen van Federico Barocci – maar ook lokaal keramiek en een verzameling historische stadsgezichten. Twee globes van de beroemde cartograaf Gerard De Kremer alias Mercator (1512-1594) spannen de kroon.

Urbania

De Chiesa dei Morti: een griezelig-mooie ervaring

Teatro Bramante
Piazza S. Cristofero 1, tel. 0722 31 79 29, voor een bezichtiging: tel. 0722 31 31 40, € 1

Het aan de buitenkant strenge neoclassicistische en vanbinnen goud glimmende Teatro Bramante, waar in 1864 voor de eerste keer het met een afbeelding van de Piazza Cristofero beschilderde gordijn omhoogging, behoort tot de grootste van de regio. Het heeft een hoefijzervorm en 44 van elkaar gescheiden loges, die zijn verdeeld over drie etages. De bovenste is overdekt met een vierde 'balkonetage' met goedkope plaatsen. Terwijl deze met sober traliewerk zijn afgewerkt en spartaans zijn gemeubileerd, zijn de leuningen van de comfortabele loges daaronder met goudomrande schilderingen gedecoreerd, waarop renaissancearchitect en naamspatroon Bramante te zien is, naast de componist Rossini en andere regionale beroemdheden, zoals Rafaël en Giuseppe Verdi.

Chiesa dei Morti
Via F. Ugolini, naast Chiesa S. Francesco, tel. 349 819 54 69, rondleidingen di.-zo. 11.30 en 16.30 uur (informeer van tevoren naar de actuele tijden), € 2

In de kleine kapel van de in 1567 opgerichte *Confraternità della Buona Morte* (Lekenbroederschap van de goede dood) staan achttien gemummificeerde lijken elk in een eigen nis op rij naast elkaar. Ze zijn opgegraven op een kerkhof in de binnenstad, nadat in 1804 het begraven buiten de stadspoort verplicht was geworden. Door de toevallige inwerking van een schimmel bleven de lijken met huid en haar geconserveerd. De humoristische gids vertelt u over de levens en de doodsoorzaken van deze behouden overledenen.

Overnachten

In de omgeving van Urbania treft u veel agriturismi en aantrekkelijke landhuizen (country houses), bijvoorbeeld:

Rijke geschiedenis – **Country House Parco Ducale**: Loc. Parco Ducale, tel. 0722 31 28 72, 340 622 76 88, www.ilparcoducale.it, 2 pk € 80-115, suite met keukenhoekje € 115-140. Landgoed uit de 19e eeuw annex omgebouwde schuur waarin tabak werd gedroogd. Direct ernaast bevindt zich het hertogelijke jachtslot. In authentieke landhuisstijl, met zwembad en op loopafstand van Urbania (ruim 1 km).

Gastvrij landhuis – **Agriturismo La Rosa Tea**: Loc. Santa Cecilia 18, tel. 0722 31 29 80, www.agriturismolarosatea.it, 2 pk € 80-95. Dit huis op een heuvel boven het Metaurodal heeft vriendelijke eigenaren. Het is liefdevol ingericht, met een aangenaam zwembad en een rozentuin. Circa 2 km van het stadscentrum gelegen.

Eten en drinken

Een instituut – **Osteria Doddo**: Via delle Cererie 4, tel. 0722 31 94 11, menu vanaf € 30. In deze onvervalste osteria worden vlees-, groente- en pastagerechten met seizoensproducten aan de gasten geserveerd.

Duurzaam genieten – **Casa Tintoria**: Via Porto Molino 4, tel. 0722 31 74 12, gemiddeld prijsniveau. Verfijnde seizoensgerechten uit de regio op basis van duurzaam geproduceerde ingrediënten in een smaakvol gerestaureerde boerderij met tuin aan de rand van de stad. Hier toont gastvrouw en kok Donatella haar culinaire talent. In haar restaurant aan de rivier organiseert ze samen met haar man Giorgio ook kunsttentoonstellingen en kookcursussen.

Nr 1 van de pizza-adressen – **La Loggia**: Via Bramante 5, tel. 0722 31 76 08, ma. gesl. Druk restaurant met een klein terras aan de straat, waar goede streekgerechten worden bereid en waar u echt lekkere pizza's kunt eten.

Winkelen

Keramiek – In Urbania wordt volgens oude traditities keramiek met historische motieven, maar ook in modern design vormgegeven, vervaardigd en verkocht. De meeste ateliers liggen in het stadscentrum, zoals **Le Maiolice di Monal** (Via Piccini 8).

Jeans-outletstore – **Incom**: Via Santa Maria del Piano 39 A.

Actief

Fietsen en wandelen – De stad is een beginpunt voor mountainbiketochten en gemarkeerde wandelingen in de omgeving en in de Massa Trabaria. Informatie en kaarten zijn verkrijgbaar bij het toeristenbureau.

Uitgaan

Alles goud dat er blinkt – **Teatro Bramante**: Piazza S. Cristofero 1, tel. 0722 31 79 29, informatie over het culturele programma ter plekke.

De stad in beeld – **Caffè Centrale**: Largo F.M. II Della Rovere 3, tel. 0722 31 80 05. Een de hele dag door maar vooral in de avond goed bezochte plek, waar u van een leuk zicht op de levendige centrale Piazza S. Cristofero kunt genieten.

Info en festiviteiten

Ufficio Turismo Urbania: Corso Vittorio Emanuele 21, tel. 0722 31 31 40, www. urbania-casteldurante.it, ma.-za. 9-12.30, zo. 10-13 uur. Betrouwbaar en goed gesorteerd!
Keramiekworkshops – Associazione Amici della Ceramica, Piazza del Mercato 6-7, tel. 0722 31 76 44.
Cursus Italiaans – Centro Studi Italiani, Via Boscarini 1, tel. 0722 31 76 46, www. centrostudiitaliani.org; Scuola Italia, Via Roma 75 b, tel. 0722 31 79 82, www. scuola-italia.com.
Festa Nazionale della Befana: 2-6 jan. Feest ter ere van de heks Befana.
Vervoer: bus naar Urbino en Lamoli.

Sant'Angelo in Vado ▶ C 3

Sant'Angelo in Vado is beroemd als truffelcentrum en de belangrijkste plaats in Italië voor de bestudering van truffelculturen (zie blz. 67). Bovendien maakt de stad furore met een antiek 'mozaïektapijt'. De plaats ligt – omgeven door bossen en weiden – aan de rivier de Metauro, die zich aan de rand van de stad in de **Cascata del Sasso** van een rots naar beneden stort. Sant'Angelo in Vado is als Tifernum Mataurense in de Romeinse annalen opgenomen, en daarna eeuwenlang onder de hoede van de Kerkelijke Staat en het bestuurlijk centrum van het district Massa Trabaria gebleven. Medio 14e eeuw werd de plaats door de families Brancaleoni, Montefeltro en Della Rovere gedomineerd. Vanaf 1631 kwam de plaats weer onder bescherming van de Kerkelijke Staat te staan en kreeg in 1636 stadsrechten.

Ondertussen zagen Federico Zuccari (1542-1609) en Taddeo Zuccari (1529-1561) er het levenslicht. Zij maakten als schilder carrière in Rome, alwaar overigens in 1769 een adellijke telg uit Sant'Angelo in Vado de Heilige Stoel besteeg. Hoewel hij er niet werd geboren, eist de stad in zekere zin de 'rechten' op van paus Clemens XIV. Daarom staat er op de centrale Piazza Umberto I een standbeeld van hem. De stenen paus zit in zegenende positie voor het Palazzo Fagnani uit de 18e eeuw, dat al sinds 1838 als stadhuis fungeert en waar binnenin werken van de gebroeders Zuccari hangen.

Het **oude stadhuis** uit de 14e eeuw, het **Palazzo della Ragione**, staat op het nabijgelegen Piazza Pio XII en wordt door de Torre Civica (stadstoren) uit 1580 in hoogte overtroffen. Aan ditzelfde plein bevinden zich de van oorsprong middeleeuwse kathedraal en het **Palazzo Mercuri** met het **Museo dei Antichi Mestieri** (Museum van oude beroepen). De in de 16e en 17e eeuw artistiek opgeknapte **Dom** herbergt onder andere schilderijen van Gentile da Fabriano uit de 15e eeuw. De Dom is een van de zeven kerkelijke gebouwen in het kleine historische centrum. In de hoofdstraat **Corso Garibaldi** werd in de 19e eeuw de Porta Albani gebouwd.

Domus del Mito

Via Ghibelline, www.domusdelmito. com, zo. 10-12.30, 14-16 uur, daarbuiten op afspraak, tel. 0722 81 99 24, € 3
Een deel van dit eind jaren 90 opgegraven fundament van een huis uit de 1e eeuw n.Chr. kunt u bewonderen op de Campo della Pieve, een van de twee opgravingszones ten zuiden van de historische binnenstad. Het grondoppervlak van het huis bedraagt zo'n 1000 m² en de vloeren laten mozaïeken zien met motieven uit de Romeinse mythologie.

Museo Civico

Via Pratello Santa Maria/hoek Via Nazionale, tel. 0722 81 85 36, za. 15.30-18.30, zo. 10-12, 14-16 uur, € 3

Dit museum – in het vroegere klooster Santa Maria Extra Muros – licht de opgravingen toe die zijn verricht op het grondgebied van Sant'Angelo in Vado vanaf ruwweg 1950 tot 2000, en toont wat daarbij aan het licht werd gebracht. Muurresten, inscripties, delen van borstbeelden en beeldhouwwerken, gebruiksceramiek, munten, bronzen en glazen voorwerpen: zij spannen de historische boog van de verre oudheid tot aan de bloeitijd van de middeleeuwen.

Overnachten

Elegant baden – **Palazzo Baldani**: Via Mancini 4, tel. 0722 81 88 92, www.tadoefederico.it, 2 pk € 90-130. Driesterrencomfort met stijl in het neoclassicistische Palazzo Baldani. Er zijn grote badkamers en ook grote kamers, ingericht met smeedijzeren bedden en houten meubilair met een antieke uitstraling.

Keurig familiehotel – **Santa Chiara**: Corso Garibaldi 26, tel. 0722 81 88 74, www.santachiarahotel.it, 2 pk € 80. Een keurig driesterrenhotel achter oude kloostermuren. Het restaurant serveert prima lokale gerechten.

Eten en drinken

Truffelspecialiteiten – **Taddeo e Federico**: de trattoria in het Palazzo Baldani (zie boven) profileert zich voornamelijk met truffels en rekent daarom vrij hoge prijzen. De ervaring leert dat de trattoria onregelmatig is geopend.

Verzorgd, goed en voordelig – **Barbara**: SS 73 Bis-Loc. Fosso 21, tel. 0722 81 84 70, alleen 's avonds, zo. ook 's middags, ma. gesl. Sympathiek restaurant dat buiten de stad aan de weg naar Mercatello is gelegen. Smakelijke lokale gerechten, ook met truffels, zelfgebakken brood en goede pizza's. Redelijk geprijsd en vriendelijk geserveerd.

Winkelen

Truffels – Truffels en met truffels gearomatiseerde producten: **Fabiano Martelli**: Via Papa Clemente XIV 1, tel. 0722 880 30 of **La Bottega del Buongustaio**: Via XX Settembre 9, tel. 0722 81 82 69.

Info en festiviteiten

IAT/Pro Loco: Corso Garibaldi 62, tel. 0722 882 54, www.comunesantangeloinvado.it, di.-za. 9-12 uur; Via Pratello Santa Maria, tel. 0722 884 55, zo. 9-12, 15-18.30 uur.

Il Cerchio: Via Nazionale Sud 8, tel. 347 860 75 85, www.coopilcerchio.com. De coöperatie informeert over toeristische highlights en biedt rondleidingen aan. **Mostra Nazionale del Tartufo**: zie blz. 68.

Vervoer: er rijden bussen naar Urbino en Lamoli.

Mercatello sul Metauro ▶ B 3

Dit ommuurde stadje in het met een overweldigende hoeveelheid groen toebedeelde grensgebied tussen Marche en Toscane streelt het oog met liefdevol onderhouden historische bouwwerken, waaronder spectaculaire kerken. Aanraders om te gaan bekijken zijn de **romaanse brug over de Metauro**, het **Palazzo Ducale** van Francesco di Giorgio Martini (15e eeuw), de in stedenbouwkundig opzicht belangwekkende **Piazza Garibaldi** die eind 19e eeuw met het met arcaden uitgeruste **stadhuis** werd verrijkt, en het op een filmdecor lijkende **Castello della Pieve** boven aan de stad. Het stadje was vroeger overslagplaats voor boomstammen (van de spar), die van hier over de Apenninjse bergpas Bocca Trabaria (1049 m) naar de Tiber en vervolgens per schip naar Rome werden vervoerd, ten behoeve van de voortdurende bouw van kerken en kathedralen.

Pieve Collegiata San Pietro d'Ico

Piazza G. Garibaldi, tel. 0722 891 14, museumbezoek op afspraak

De oorsprong van deze kerk ligt in de vroege 11e eeuw en vormde de stedenbouwkundige kiem van Mercatello. Het – ondanks alle latere aanpassingen – nog duidelijk herkenbare primitief-romaanse interieur herbergt behalve een Maria-icoon uit de 11e eeuw ook schilderijen van Giovan Francesco Guerrieri (1589-1655) en Raffaelino del Colle (1480-1566). Meer heilige schatten – stafkruisen uit de 15e tot 18e eeuw – kunt u zien in het museum in de linker zijbeuk.

Museo di San Francesco

Piazza San Francesco 6, www.museodelmetauro.it, ma.-do. 10-12, 16-18, vr. en za. 9-12, 15,30-18, zo. 9.30-12, 15.30-18.30 uur, € 3

Het subtiel gerestaureerde en uitgebreide kerk- en kloostercomplex uit de 13e eeuw bezit een exterieur dat een lust voor het oog is dankzij de sobere schoonheid, en een interieur dat in kunsthistorisch opzicht sensationele fresco's en schilderijen toont. De aldaar gepresenteerde verzameling van midden-Italiaanse schilderijen uit de 14e tot de 17e eeuw omvat schitterende werken van Giovanni da Rimini (14e eeuw), Claudio Ridolfi en Gian Giacomo Pandolfi (15e en 16e eeuw).

Overnachten, eten

Tafel en bed tussen oude muren – **Castello della Pieve:** Loc. Castello della Pieve, tel. 0722 895 25, 328 729 91 59, www.castellodellapieve.it, 2 pk vanaf € 108. Een cultureel ambitieuze familie heeft dit middeleeuwse dorp met een verdedigingstoren en een kerkje op een heuvel boven de weg van Mercatello naar Borgo Pace nieuw leven ingeblazen met een stijlvol vakantieverblijf en het goede (ontbijt)restaurant 'Il Girone dei Golosi'. Ook niet-hotelgasten kunnen genieten van de geprezen lokale specialiteiten van het restaurant.

Met een bewogen geschiedenis – **Ca' Montioni:** Via Guinza 23, tel. 0722 897 06, 347 940 54 01, www.camontioni.it, 2 pk vanaf € 80, menu € 35. Dit in de 16e tot 18e eeuw gebouwde herenhuis met landarbeidershuisjes werd in de Tweede Wereldoorlog gebruikt als onderkomen van Duitse troepen. In de jaren 70 werd het verlaten. Later werd het gerenoveerd en kreeg het een nieuwe bestemming als agriturismo met comfortabele kamers, een zwembad en Agri campeggio. Deze laatste ligt 500 m van het erf en 3 km van Mercatello.

Informatie

IAT: Piazza Garibaldi 5, tel. 0722 891 14, ma.-vr. 9-12, 16-18, za. 9-12, zo. 9.30-12 uur.

Borgo Pace/Lamoli ▶ B 3

Borgo Pace werd lang geleden gesticht in de invloedssfeer van de benedictijnenabdij San Michele Arcangelo di Lamoli uit de 11e/12e eeuw. Dat in het centrum desondanks bijna uitsluitend huizen staan uit het midden van de 20e eeuw, is te danken aan de Duitse troepen die deze historische nederzetting van houtwerkers, kolenbranders en ververijen in augustus 1944 met de aardbodem gelijkmaakten, om zo het oprukken van de geallieerden te verhinderen. Zij lokten daarmee het verzet uit van de partizanen die zich achter de Toscaanse grens in het onvruchtbare bergmassief Alpe della Luna verscholen. Dit gebied vormt thans samen met het destijds pauselijke bos- en houtkapgebied Massa Trabaria een met gemarkeerde wegen toegankelijk gemaakt gebied met fiets- en wandelroutes.

Lang geleden hielden de bewoners van Borgo Pace zich bezig met de houtkap: zij leverden boomstammen voor de middeleeuwse kathedralenbouw en maakten zich ook verdienstelijk als kolenbranders – en zelfs ook nu nog. Een andere industrie, het winnen van wedeblauw (indigo), de kleurstof uit de eens daar welig tierende en gecultiveerde wede (*Isatis tinctoria*), oftewel *guado*, die met speciale verfmolens uit de plant werd geperst, vormt tegenwoordig een herontdekt stukje geschiedenis.

San Michele Arcangelo di Lamoli

In een oorkonde uit 1218 werd voor de eerste keer gerept over het bestaan van de landschappelijk mooi gelegen benedictijnenabdij van Lamoli. Haar ontroerend eenvoudige kerk – zowel qua interieur als exterieur – is vermoedelijk al gebouwd voor het jaar 1000. Dit in de loop der eeuwen meerdere keren verbouwde drieschepige godshuis heeft, na de meest recente restauratie, haar oorspronkelijke spirituele glans en uitstraling weer terug. De abdij, die wegens haar ligging vlak bij de bergpas Bocca Trabaria (die destijds het Tiberdal met het Metaurodal verbond) in de bloeitijd van de middeleeuwen grote economische en geestelijke invloed had, wordt momenteel op alternatieve manier voor het toerisme gebruikt door de coöperatie Oasi San Benedetto.

Boerenhoeves en zacht glooiende velden domineren het landschap boven de Metauro

Museo dei Colori Naturali

Oasi San Benedetto, Via Abbazia 7, tel. 0722 80 133, www.oasisanbenedetto.it, informatie in het restaurant ernaast

Het museum geeft met beeldmateriaal, werktuigen, planten en pigmenten informatie over de aanplant en de verwerking van de met gele bloemetjes bloeiende wede (*guado*) en ook over andere kleurstof leverende planten. Voor workshops kunt u terecht bij de coöperatie Colori dell'Appenino.

Het uit de peulen van de wede (*Isatis tinctoria*) gewonnen blauwe pigment (indigo) kleurde vroeger niet alleen wol en stof, maar werd ook gebruikt door de grote schilders voor hun kunstwerken. In de museumwinkel is het pigment te koop.

Overnachten

Bijzonder charmant – **Locanda La Diligenza**: Piazza del Pino 9, tel. 0722 891 24, www.centrobebladiligenza.it, 2 pk vanaf € 90, appartementen vanaf € 130, HP € 75-85. Het nostalgische, van tierelantijnen voorziene interieur van kamers en restaurant laat romantische harten sneller kloppen. Ook het comfort en de keuken overtuigen. Als stilistisch alternatief biedt gastvrouw Anna Conti-Polverini net zo prettige, maar eenvoudiger gemeubileerde appartementen in de buurt aan. Ook op loopafstand van het kleine hotel ligt het eigen wellnesspark.

Oud en jong – **Oasi San Benedetto**: Via Abbazia 7, tel. 0722 801 33, www.oasisanbenedetto.it, 2 pk € 70. Keurige gastenverblijven in de vroegere stallen en schuren van de abdij, die vaak worden geboekt door schoolklassen en jongerengroepen. Maar ook volwassenen en individuele gasten kunnen van de workshops en het excursieprogramma van de coöperatie Forestalp profiteren.

Borgo Pace/Lamoli

Eten en drinken

Degelijk en profi – **La Diligenza** en **Oasi San Benedetto**: beide accommodaties hebben een restaurant, dat ook gasten van buitenaf verwelkomt. Terwijl u in La Diligenza bij kaarslicht en aan een charmant gedekte tafel uitstekend dineert, gaat het er in abdij San Benedetto (di. gesl.) qua ambiance en menukaart iets serieuzer aan toe. Maar in beide eetgelegenheden komen de klassiekers uit de lokale keuken op tafel, zodat u kunt genieten van pasta met wildzwijnsaus, forel en paddenstoelen.

Eenvoudige gerechten – **Osteria Massa Trabaria**: Via Ubaldini 44, tel. 0722 80 00 13. Heerlijke lokale seizoensgerechten in een dorpskroegsfeer. Ook pizza's sinds er in 2016 nieuw eigenaren kwamen.

Actief

Fietsen en wandelen – Informatie en kaarten voor als u wilt gaan fietsen of een fietstocht wilt maken in het gebied van Massa Trabaria of van de Alpe della Luna, kunt u vinden bij het toeristenbureau in Urbania (zie blz. 115), bij **Il Cerchio** in Sant'Angelo in Vado (zie blz. 116) en de IAT in Borgo Pace. Een aardige korte (fiets)tocht leidt van Mercatello naar Castello della Pieve (zie blz. 117). U volgt eerst circa 2 km de weg naar Borgo Pace en slaat dan rechtsaf naar wandelpad 91. Dit voert over de Metauro en dan bergopwaarts 'naar de middeleeuwen'.

Info en festiviteiten

IAT/Pro Loco: Piazza del Pino, tel. 0722 80 01 38, www.turismoborgopace.it.
Festa del Carbonaio: de eerste zondag in oktober, in Lamoli.

IN EEN OOGOPSLAG

De noordkust en de Via Flaminia

Hoogtepunt ✸

Pesaro: een met mozaïeken uit de vroegchristelijke periode 'versierde' Dom, een interessant archeologisch museum, het geboortehuis van Rossini, een schitterend theater dat zijn naam draagt, een voorliefde voor klassieke muziek en moderne (film)kunst en leuke restaurants zijn kenmerken van de Adriatische stad. Zie blz. 123.

Eremo di Fonte Avellana: een bezoek aan de landschappelijk fraai gelegen camaldulenzenabdij, die bol staat van de historie en die aan de voet van de Monte Catria ligt, behoort zonder twijfel niet alleen tot de in architectonisch opzicht maar ook qua sfeer boeiendste en ontroerendste ervaringen van een reis door Marche. Zie blz. 158.

Op ontdekkingsreis

In de voetstappen van de oude Joodse gemeenschap van Pesaro: de synagoge in het vroegere Joodse getto midden in het historisch centrum en de Joodse begraafplaats aan de rand van deze kuststad roepen lang vervlogen herinneringen op aan de eens zo bloeiende Joodse gemeenschap die hier was gevestigd. Zie blz. 128.

Olijvenbolwerk Cartoceto: hier perst men olijfolie van topkwaliteit, maakt men wijn met een D.O.C.-keurmerk, brengt men een beroemde schapenkaas tot rijping in aardkuilen en wordt er geschilderd en gebeeldhouwd. Zie blz. 148.

Bezienswaardigheden

Het Romeinse Fano: de Arco d'Augusto, de Augustusboog, vormt hét karakteristieke kenmerk van de historische binnenstad en een van de belangrijkste stenen getuigenissen van het Romeinse verleden van de regio. Zie blz. 144.

Gesamtkunstwerk Corinaldo: deze stad vormt vanwege het schilderachtig ommuurde stedenbouwkundig geheel een belevenis op zich en is daarom een bezichtiging meer dan waard. Zie blz. 163.

Actief

Fietstocht van Pesaro naar Gradara: de rondrit leidt langs de gedeeltelijk zware Strada Panoramica hoog boven de kust naar Gradara. Vervolgens rijdt u door het achterland weer terug. Zie blz. 137.

Wandelingen door het kustpark: het Parco Monte San Bartolo kan op eigen gelegenheid, maar ook met een excursie met gids worden verkend. Zie blz. 139.

Sfeervol genieten

'Zeebalkons' in het kustpark Monte San Bartolo: op de over de zee uitkijkende natuurlijke, groene balkons in dit kustpark, komt vast en zeker het warme, mediterrane vakantiegevoel in u op. Zie blz. 139.

Truffelgenot in Gola del Furlo: in deze rotskloof vindt u niet alleen een bijzondere sfeer, maar ook een truffelparadijs. Zie blz. 152.

Uitgaan

Theateravond in het Teatro Rossini in Pesaro: vooral tijdens het Rossini Opera Festival, dat in de zomer plaatsvindt, biedt een bezoek aan het Teatro Rossini een onvergetelijke avond. Zie blz. 134.

Dance the night away aan zee: discotheek Baia Imperiale, in Gabicce Monte, ligt direct boven zee en geldt als een van de mooiste gelegenheden ter wereld in deze uitgaanscategorie. Zie blz. 141.

Dolce Vita en oude verhalen

Aan de stranden tussen Gabicce Mare en Fano rijgen de hoge hotelgiganten zich als een kralensnoer aaneen. Als het hoogzomer is, bedekken de duizenden parasols samen als één massief zonnedak elk plekje zand. Ontelbare horecagelegenheden en bedrijfjes aan het strand verzorgen de badgasten de hele dag door met eten en drinken, douches, ligstoelen en zonneschermen, die van lido tot lido kleurrijk van elkaar verschillen. 's Avonds zijn deze locaties bij mooi weer restaurant of cocktaillounge, en lokken ze de bezoeker met liveconcerten, discomuziek en karaoke. Feestvierders flaneneren er tot diep in de nacht over de strandpromenaden.

Dit alles vormt één kant van de Adriatische medaille. De andere kant toont sfeerrijke oude stadjes, idyllische dorpen, kastelen, havenwijken en schitterende natuur. In Pesaro hoeft u maar een klein stukje te lopen om van decor te wisselen: u kunt bijna direct van het strandparadijs het historisch stadscentrum in duiken. Aan het noordelijk van de stad gelegen strand Baia Flaminia begint het natuurpark Colle San Bartolo, met een adembenemend zeepanorama en rijke mediterrane vegetatie. Het park loopt tot aan Gabicce Mare, waar u goed kunt zwemmen – wel in de drukte – en waar het 'sprookjesslot' Gradara 3 km vandaan ligt.

Ook in Fano ervaart u dat de geschiedenisrijke binnenstad en het strand door slechts een spoorrails van elkaar zijn gescheiden, waarbij u hier, net als de oude Romeinen dat deden, op de – inmiddels geasfalteerde – Via Flaminia terechtkomt. De weg verbond deze metropool uit het oude wereldrijk met de Adriatische kust en dateert uit 220 v.Chr., werd onder keizer Augustus en Vespasianus in de 1e eeuw verlengd en doorkruist Marche met een lengte van 60 km. In het binnenland kunt u uitstapjes maken naar het sfeervolle klooster Eremo di Monte Giove en naar het olijven- en wijneldorado Cartoceto, voordat u de Romeinse weg weer volgt en u via een tunnel (uit de antieke oudheid) en de weerbarstige rotskloof Gola del Furlo de truffelstad Acqualagna bereikt.

Verder westwaarts is het de moeite waard een wandeling te maken in Fossombrone en Cagli en naar het mooi in het landschap gelegen klooster Eremo Fonte Avellana. U kunt nu via de N 424 direct terugkeren naar uw badlaken onder de strandparasol, maar en passant ook nog wat anders opnemen in uw programma: de beroemde bronzen van Pergola, de romaanse kloosterkerk van San Lorenzo in Campo, de Romeinse resten van Castelleone di Suasa, het leuke stadje Corinaldo en de burcht van Mondavio.

INFO

Kaart: ▶ E 1

De heenreis en dan ...

De kust is vanaf de luchthaven van Rimini met alle soorten vervoer snel te bereiken. De plaatsen kennen goede onderlinge bus- en treinverbindingen en het kustgebied is, althans in de zomer, heel goed met de bus te doorkruisen. Wie echter de Via Flaminia landinwaarts wil volgen, kan beter in de auto stappen, omdat de weliswaar voorhanden zijnde busverbindingen richting de kust en naar de plaatsen onderling niet zijn afgestemd op toeristische wensen/stopplaatsen.

Pesaro ✳︎ ▶ E 1

Pesaro wordt landinwaarts bewaakt door de met een slot gekroonde heuvels van Novilara en Candelara. Deze plaatsen werden al bewoond door de Piceniërs en vormen tegelijk de bakermat van de sympathieke kust- en provinciehoofdstad, die zich overigens sinds 2015 vanwege het voorbeeldige fietsnetwerk 'Città della Bicicletta' mag noemen.

Zijn economische welstand heeft Pesaro te danken aan de meubelindustrie en het massatoerisme, en zijn culturele welstand aan de rijke Romeinse erfenis, renaissancevorsten en Rossini. Ze hebben het stadsbeeld bepaald, de musea gevuld en de creativiteit van jongere generaties geïnspireerd.

Biografie van de stad

Het levensverhaal van Pesaro begint in de periode van de 8e tot de 6e eeuw v.Chr. met de bewoning door Piceniërs, die zich later mengden met de bewoners van de in 184 v.Chr. gestichte Romeinse kolonie Pisaurum. Deze kolonie ging eind 5e eeuw n.Chr. ten onder, werd begin 6e eeuw door de Goten verwoest en werd onder Byzantijnse heerschappij weer opgebouwd, waarna Pesaro zich met Ancona, Fano, Senigallia en Rimini verenigde in het vijfstedenverbond *pentapoli marittima*. Na een korte belegering door de Longobarden werd Pesaro in de 8e eeuw deel van de Kerkelijke Staat, om zich weer in de 12e eeuw als vrije stad van dat juk te ontdoen.

In de 13e eeuw raakte Pesaro onder het feodale juk van de Malatesta's, die de stad als gevolg van interne twisten in hun dynastie verkochten aan de Sforza's. Bij gebrek aan een erfgenaam legden deze de stad begin 16e eeuw in handen van de hertog van Urbino, Francesco Maria I della Rovere. Het beviel hem aan zee zo goed, dat hij zijn hof in 1525 naar Pesaro verhuisde, waarvan de stad in architectonisch en kunstzinnig opzicht flink kon profiteren. Na het uitsterven van de familie Della Rovere viel Pesaro terug aan de Kerkelijke Staat (1631) en verloor de stad daarmee haar economische en culturele dynamiek; zij kon echter wel haar status als hoofdstad behouden.

Nadat Pesaro in de nationale staat was opgegaan, werd vanaf 1870 een treinverbinding langs de kust aangelegd. Daarmee begon haar ontwikkeling van het bad- en strandtoerisme, gesymboliseerd door een reeks mondaine villa's uit het eerste decennium van de 20e eeuw. Sinds de jaren 60 richt de lokale toeristensector zich op het massatoerisme. Het traditionele meubelhandwerk werd meer en meer geïndustrialiseerd; tegenwoordig wordt in Pesaro 7% van het uit Italië afkomstige designmeubilair geproduceerd. Desondanks raakten in de afgelopen jaren traditierijke 'meubelhuizen' als Febal, Berloni en Scavolini in een crisis, wat helaas ook hier met het verlies van arbeidsplaatsen en de verkoop van aandelen aan internationale concerns gepaard ging. Sinds 2016 lijkt het economische dieptepunt achter de rug te zijn, zodat Pesaro voorzichtig optimisch kan zijn

Wandeling door het oude centrum

De moderne hotelstraat Viale Trieste scheidt het circa 4 km lange strand van het historische stadscentrum. Halverwege de straat bevindt zich de **Piazzale della Libertà**. Ervoor 'zweeft' sinds 1998 boven een kunstmatig aangelegde waterspiegel de **Sfera Grande** **1** van de hand van Arnaldo Pomodoro, en de zachtgroene **jugendstilvilla Ruggeri** **2**, met haar weelderige witte stucwerkornamentiek, zorgt voor een nostalgisch tintje. De bronzen wereldbol markeert het begin respectievelijk het einde van een as, die al sinds Romeinse tijden het gehele stadscentrum doorsnijdt. Deze hoofdslagader van het stadsleven luistert op de route van de zee landinwaarts naar de namen Viale Repubblica, Via Rossini, Via Branca en Viale Risorgimento. De weg eindigt bij het treinstation en voert midden door het stadshart, al sinds mensenheugenis de Piazza del Popolo, waar zich al het forum bevond van de oude Romeinen.

De door hotels geflankeerde Viale Repubblica ligt haaks op een chique villawijk waar het wemelt van de zomerverblijven uit begin 20e eeuw. Eén daarvan is Villa Molaroni, waarin het Museo della Marineria Pesarese Washington Patrignani is gevestigd.

Museo della Marineria Pesarese Washington Patrignani 3

Viale Pola 9, tel. 0721 355 88, www.museomarineriapesaro.info, vr.-zo. 16-19, juni-sept. ook di.-do. 8.30-12.30 uur

De imposante villa met park en panoramaterras op het dak werd in 1924-1925 in opdracht van een zekere Giuseppe Molaroni gebouwd en is begin 2000 grondig gerenoveerd. Het erin ondergebrachte maritiem museum geeft informatie over verschillende soorten boten, visgereedschap en -kleding, en ook over schilderijen van lokale kunstenaars die het vissersleven en het leven in de haven van Pesaro hebben vastgelegd.

De Viale Repubblica gaat over in de Via Rossini, die geflankeerd wordt door elegante winkels, de Dom en het Diocesenmuseum. Voor het museum splitst de Via dell'Abbondanza zich af, waar sinds de zomer van 2015 de indrukwekkende ruïnes van een Romeins huis kunnen worden bezichtigd.

Domus Romana 4

Via dell'Abbondanza, juni-sept. di.-do. 10.30-12.30, vr.-zo. ook 16.30-18.30, okt.-mei 15.30-17.30 uur, € 10 (incl. Casa Rossini en Musei Civici)

De ruïnes van dit Romeinse woonhuis werden in 2004 toevallig ontdekt tijdens bouwwerkzaamheden. In 2005 werden ze uitgegraven en vervolgens opgenomen in de nieuwbouw van een museum. Deze meest recente bezienswaardigheid van Pesaro wordt levendig toegelicht via multimedia. Indrukwekkend zijn de mozaïekvloeren van deze chique antieke villa die tussen de 1e eeuw v.Chr. en de 1e eeuw na Chr. werd gebouwd en tot in de 3e eeuw werd bewoond.

Cattedrale 5

Via Rossini 62

De kathedraal werd in de 13e eeuw gebouwd en in de 19e eeuw weer voorzien van haar oorspronkelijke romaanse façade. Nadat al bij de eerste restauratiewerkzaamheden een vloermozaïek van een eerder daar gebouwde kerk – uit de 6e eeuw – was ontdekt, legde men bij de overgang naar het tweede millennium ongeveer 1 m dááronder nog oudere resten uit de 4e-5e eeuw van een kerk vrij, beide met Byzantijnse motieven.

Museo Diocesano 6

Via Rossini 53, tel. 0721 37 12 19, do. 16.30-22.30, za. en zo. 16-19 uur, € 3

Het museum in het souterrain van het Palazzo Lazzarini (18e eeuw) toont archeologische vondsten uit de Romeinse tijd en sacrale kostbaarheden, zoals beelden en zilveren objecten uit de kathedraal.

Casa Rossini 7

Via Rossini 34, tel. 0721 38 73 57, juni-sept. di.-zo. 10-13, 16.30-19.30, daarbuiten di.-do. 10-13, vr.-zo. ook 15.30-19 uur, € 10 (incl. Domus Romana en Musei Civici)

Pesaro

Het moderne herkenningsteken van Pesaro: de Sfera Grande van Arnaldo Pomodoro

Wat voor Urbino de schilder Rafaël is, is voor Pesaro de componist Rossini, zodat men het geboortehuis van deze ver buiten de grenzen beroemd geworden musicus in 2015 in een modern museum met orginiele multimediale effecten heeft omgetoverd. De expositie is uitgebreid met een extra verdieping en heeft op de begane grond een representatieve ingang en een winkel. In het musuem zijn behalve het spinet, waarop Gioachino Rossini al als kind zijn muzikale talenten bewees, talloze geschilderde en getekende portretten, karikaturen van het weldoorvoede genie, partituren en foto's van scènes uit gevierde opera's te zien.

Deze zoon van musicus Giuseppe Rossini werd geboren op 29 februari 1792. Vanwege de door de Kerkelijke Staat ongewenste sympathie die vader Giuseppe koesterde voor Napoleon, moest de familie in 1799 Pesaro verlaten. Gioachino Rossini groeide op in Bologna, waar hij bij leraren van naam leerde componeren en zingen, en cembalo, viool, cello en klavier leerde spelen. Zijn loopbaan als operacomponist begon in 1810 in Venetië, voerde hem naar Bologna, Rome, Milaan en Napels, later naar Wenen en Londen, en in 1824 naar Parijs, waar hij in 1868 stierf. Zijn lichaam werd in 1887 naar de Santa Croce in Florence overgebracht.

Rossini, een van de belangrijkste vertegenwoordigers van de *opera buffa*, schreef in de loop van zijn leven talloze opera's, waarvan *De barbier van Sevilla* (1816) wel de bekendste is. Rossini was een overtuigd fijnproever, zodat Pesaro niet alleen zijn compositorische, maar ook zijn culinaire erfenis onderhoudt, zoals in de vorm van de 'Pizza Rossini', die is belegd met eieren en mayonaise.

Wie geïnteresseerd is in de Musei Civici en de **synagoge** 8 (zie blz. 128), slaat tegenover het Casa Rossini rechts af.

Pesaro

Bezienswaardigheden
1. Sfera Grande
2. Jugendstilvilla Ruggeri
3. Museo della Marineria Pesarese Washington Patrignani
4. Domus Romana
5. Kathedraal
6. Museo Diocesano
7. Casa Rossini
8. Synagoge
9. Musei Civici
10. Palazzo Gradari
11. Cinema-Teatro Sperimentale
12. Santuario Madonna delle Grazie
13. Rocca Costanza
14. Chiesa Sant'Agostino
15. Centro Arti Visive Pescheria
16. Piazza del Popolo en Palazzo Ducale
17. Palazzo della Posta
18. Rossini Conservatorium
19. Museo Oliveriano/Biblioteca Oliveriana
20. Teatro Rossini

Overnachten
1. Excelsior
2. Grand Hotel Vittoria
3. Villa Cattani Stuart
4. Alexander Museum Palace Hotel
5. Savoy
6. Metropol

Eten en drinken
1. Club Nautico Pesaro
2. La Baita
3. Osteria La Guercia
4. Felici e Contenti
5. C'era una volta
6. Nostrano di Stefano Ciotti
7. Il Gelato di Juri

Winkelen
1. In.pu.t

Actief
1. Pesarobike
2. Pesaro Trek & Bike Experience

Uitgaan
1. Grà

Musei Civici 9

Piazza Toschi Mosca 29, tel. 0721 38 75 41, juni-sept. di.-zo. 10-13, 16.30-19.30 uur, daarbuiten di.-do. 10-13, vr.-zo. 10-13, 15.30-19 uur, € 10 (incl. Casa Rossini en Domus Romana)

Het museum is verdeeld in een schilderijengalerie en een keramiektentoonstelling, waarbij de galerie vooral sacrale kunst uit de 15e tot de 20e eeuw laat zien. De grote trots van het museum is de *Kroning van de Maagd* van Giovanni Bellini, dat de grote meester in 1475 voor de kerk San Francesco had geschilderd.

Weer terug op de Via Rossini, passeert u aansluitend het **Palazzo Gradari** 10 uit de 17e eeuw, met gemeentelijke kantoren en een mooie binnentuin waar u kunt eten, en het **Cinema-Teatro Sperimentale** 11, waarin onder andere het internationale festival van nieuwe films wordt gehouden. Daarachter loopt u naar links, door de Via San Francesco, naar de Piazzale Matteotti, waar zowel sacrale als profane bouwwerken bewonderd kunnen worden.

Santuario Madonna delle Grazie 12

Via San Francesco

Dit van origine romaanse kerkje dateert uit de 13e eeuw. Het ▷ blz. 131

Op ontdekkingsreis

In de voetstappen van de oude Joodse gemeenschap van Pesaro

De synagoge 8, in het vroegere Joodse getto midden in het historische centrum, en de Joodse begraafplaats op de Colle San Bartolo aan de rand van deze kuststad, houden de herinnering wakker aan de Joden van Pesaro. De geschiedenis van deze eens zo bloeiende gemeenschap – economisch, wetenschappelijk en cultureel – is in het recente verleden onderzocht en heeft inmiddels ook een plaats in de toeristische promotie van de stad.

Route: wandeling door het getto met bezoek aan de synagoge circa 1,5 uur, begraafplaats circa 1 uur.

Beginpunt: synagoge: Via delle Scuole, juni-sept. do. 17-20 uur, anders derde zo. van de maand 10-13 uur of op aanvraag, tel. 199 15 11 23; begraafplaats: Strada Panoramica 161, juni-sept. do. 17-19 uur of op aanvraag, tel. 0721 40 08 58.

De Sefardische synagoge aan de Via delle Scuole en de Joodse begraafplaats vormen de markantste getuigenissen van de verdwenen Joodse gemeenschap, waarvan de sporen in het oude Joodse getto nog zijn af te lezen. De namen van straten, winkels en bedrijven verwijzen nog naar de vroegere bewoners, aan wie de havenstad economisch en cultureel veel had én heeft te danken.

Met stucwerk getooid gebedshuis

De synagoge werd vermoedelijk aan het begin van de 17e eeuw gebouwd en geldt tegenwoordig als een van de in kunsthistorisch opzicht belangrijkste joodse godshuizen in Italië. Nadat het gebouw tot eind jaren 80 als opslagruimte was gebruikt, werd het met openbare middelen gerestaureerd en in 1999 voor bezichtiging vrijgegeven. Het opvallendste kenmerk van het interieur is het met bloemen van stucwerk bezaaide en door rijkversierde marmeren zuilen gedragen dakgewelf. Op de eerste verdieping bevindt zich de gebedszaal, in de kelder ziet u een ritueel wasbekken en een bakoven voor het bakken van ongedesemd brood. Het religieuze interieur – met een sacrale schrijn en kansel van Angelo Scoccianti – vormde gedurende vele jaren voor de synagogen van Livorno, Ancona en Talpioth (Jeruzalem) een voorbeeld.

Ertegenover stond eerder een oudere synagoge, met ingangen aan de Via delle Scuole en de Via delle Botthege, destijds dé winkelstraat en de 'flaneerpromenade' van het Joodse getto – overigens tot op heden nog steeds een levendige straat met veel werkplaatsen en winkeltjes. Deze synagoge verving op zijn beurt een nog oudere synagoge, aan de Piazza Mamiani, die in 1938 ten offer viel aan de slopershamer – toen (nog) niet om antisemitische redenen.

Aan deze Piazza Mamiani konden de Italiaanse Joden hun religieuze verplichtingen nakomen, voordat zij in 1633 samen met hun vanuit Spanje gevluchte Sefardische geloofsgenoten in de stadswijk tussen Corso XI Settembre, Via Castelfidardo, Via Battaglia en Via T. Bertozzini werden teruggedrongen. Met hun ballingschap in een getto begon het verval van de Joodse gemeente.

Een deel van de geschiedenis van de Joden van Pesaro

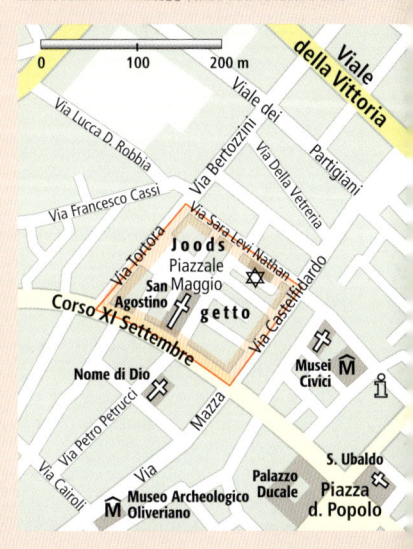

Het bestaan van een Joodse gemeenschap in Pesaro al voor het begin 13e eeuw is aangetoond. Zij was aanvankelijk gevestigd buiten het centrum, aan de monding van de Foglia. Daarbij voegden zich vanaf midden 14e eeuw Duitse, in dit geval Asjkenazische, geloofsbroeders. Als handelaren en handarbeiders, bankiers en artsen, wetenschappers en kunstenaars door de contemporaine elite in toenemende mate gewaardeerd, verplaatsten de Joden zich geleidelijk van de rand van de stad naar het centrum, tussen de al bestaande sociale structuren. Dit gold bijvoorbeeld voor theaterregisseur en choreograaf Guglielmo en voor Beniamino da Pesaro, wier esthetische danskunsten aan het hof van Montefeltro medio 15e eeuw buitengewoon geliefd waren, en niet te vergeten voor Ghershom Soncino. Deze pionier binnen de boekdrukkunst werkte jarenlang in Pesaro en introduceerde niet alleen in 1510 het Hebreeuwse schrift op papier, maar legde ook belangrijke werken uit de Italiaanse renaissance vast.

Eiland der gelukzaligheid

Vanaf eind 15e eeuw vluchtten Spaanse Joden, opgejaagd door de Jodenvervolging in hun thuisland, aanvankelijk naar Portugal, maar strandden zij op hun verdere vlucht onder meer in de regio Marche. Toen vanaf midden 16e eeuw daar ook nog marranen – Spaans-Portugese Joden die tot het christendom waren bekeerd, of zij die dat veinsden om zo aan vervolging te ontkomen – kwamen wonen, zette dit dermate kwaad bloed op het grondgebied van de Kerkelijk Staat, dat dit in 1555 uiteindelijk leidde tot de oprichting van getto's. In Marche mochten de Joden zich uitsluitend nog in Ancona vrij vestigen. Bijna nog aantrekkelijker voor hen was het om te verhuizen naar het religieus tolerante hertogdom Urbino, dat nog zo ongeveer als een Eiland der Gelukzaligheid vanuit de antisemitische golven van de Kerkelijke Staat omhoogstak. Pesaro vormde in de jaren voorafgaand aan het getto een bloeiend centrum van Joodse handel, wetenschap en cultuur.

Getto en pogrom

Nadat de paus beslag had gelegd op Urbino, werden ook de Joden van Pesaro in een getto ingekwartierd. Ondanks dit isolement behielden ze hun economische en wetenschappelijke invloed, temeer daar hun gerenommeerde opleidingsinstituten, winkels en (hand)werkplaatsen overdag voor alle burgers van Pesaro openstonden. Het getto, met als straatnamen Via delle Scuole (naar de synagoge en het studiecentrum), Via delle Botthege en Via dei Negozianti, vanwege de focus op winkels en werkplaatsen, werd pas in de avonduren van de christelijke buitenwereld afgesloten. Onder Napoleon werd het getto in 1798 opgeheven, waarbij de vreugde daarover meteen ook werd gedempt door het uitbrekende antisemitisme. Binnen de herstelde Kerkelijke Staat verscherpten zich de verhoudingen nog meer, zodat talrijke Joodse stadsbewoners van Pesaro naar het buitenland trokken om de discriminatie te ontlopen. Een van hen was Sarah Levi Nathan, die aan de vooravond van de Italiaanse vereniging naar London uitweek, waar Giuseppe Mazzini en andere latere Italiaanse kopstukken asiel genoten. Om die reden kreeg de Via dei Negozianti na de stichting van het verenigde Italië een andere naam: de Via Sarah Levi Nathan.

Nadat de Joodse bevolking in 1890 was gekrompen tot 55 zielen en de Italiaanse synagoge in 1930 als gevolg van een aardbeving niet meer kon worden gebruikt, hield in 1931 de aanvankelijk daarvóór bezochte Sefardische synagoge er ook mee op. Vanaf 1938 werden de Joden ook in Italië geregistreerd, waarop de laatste Joden stad en land verlieten, als ze ze zich tenminste niet bevonden onder de 157 Joden uit Marche die in 1944 naar de Duitse concentratiekampen werden gedeporteerd.

Dit alles is in een boek van de **Stichting Fondazione Scavolini** (2003) na te lezen. Aan haar is het ook te danken dat de grafstenen op de begraafplaats zijn bevrijd van onkruid en aanslag, zodat u met een waardig bezoek aan deze oude begraafplaats in het kustpark San Bartolo uw ontdekkingsreis binnen de geschiedenis van de Italiaanse Joden in Pesaro kunt afronden. De in de 17e eeuw op de hellingen van de Monte San Bartolo aangelegde begraafplaats telt zo'n 150 grafmonumenten van bemiddelde Joden.

werd in de 14e eeuw in opdracht van de familie Malatesta verbouwd en aan de franciscanen gegeven. Het werd in de 19e eeuw wederom gerestaureerd, waarbij het gotische portaal behouden bleef. Binnen treft u een drieluik aan van Jacobello del Fiore.

Rocca Costanza 13

Piazza Matteotti

Deze vesting met zijn massieve, ronde torens werd eind 15e eeuw door Costanzo Sforza aan niemand minder dan Luciano Laurana in opdracht gegeven; de bouw verving een oudere burcht van de familie Malatesta. De vesting werd door de familie Della Rovere aangepast en diende van 1864-1989 als gevangenis. Tegenwoordig fungeert hij als decor voor openluchtvoorstellingen.

Rechts van de Via Rossini komt u op de Corso XI Settembre terecht, waar u de eerbiedwaardige Chiesa Sant'Agostino kunt bewonderen en van eigentijdse kunst kunt genieten.

Chiesa Sant'Agostino 14

Corso XI Settembre

Ook hier werd de romaanse voorgaande bouw uit het midden van de 13e eeuw zo'n eeuw later aangepast in gotische stijl. De bouwheren waren augustijner monniken, die de kerk in 1282 hadden overgenomen. De rigoureuze renovatie in de 19e eeuw liet alleen het gotische portaal over uit eerdere tijden. Eenmaal door het portaal maakt men met het door de familie Sforza geschonken koorgestoelte indruk, rijkversierd met kunstzinnig inleg- en houtsnijwerk.

Centro Arti Visive Pescheria 15

Corso XI Settembre 184, tel. 0721 38 76 51, www.centroartivisivepescheria.it, bij tentoonstellingen 's zomers di.-zo. 10-12, 18-23, 's winters 17.30-19.30 uur
Het in 1996 opgerichte centrum voor eigentijdse en avant-gardistische kunst wil met regelmatige tentoonstellingen het lokale kunstdebat stimuleren. Het is gevestigd in een vismarkthal uit begin 19e eeuw, en vanaf 2001 ook in ruimtes van de direct daarnaast gelegen **Chiesa del Suffragio**, die hier in de 18e eeuw op de fundamenten van een nog ouder godshuis was gebouwd en die in 1930 door een aardbeving ernstig werd beschadigd.

De rechte weg voert nu rechtstreeks naar de Piazza del Popolo, het in stedenbouwkundig opzicht royaal opgezette, altijd drukke stadscentrum.

Piazza del Popolo en Palazzo Ducale

De Piazza del Popolo wordt door het stadhuis, het **Palazzo Ducale** 16 en het **Palazzo della Posta** 17 uit medio 19e eeuw omzoomd. In het midden klatert de Fontana Grande, uit 1593 (in 1684-1685 van barokke stijlelementen voorzien) en aan de rand nodigen het elegante Caffè Ducale en de Bar Centrale u uit om te pauzeren. De ruwe vorm van dit hertogelijk paleis werd al eind 14e eeuw door de Malatesta's vastgelegd. In het tijdperk van de families Sforza en Della Rovere werd het verbouwd en aangepast en werd het geheel voorzien van de karakteristieke arcaden. Bij de laatste metamorfose waren de destijds beroemde bouwmeesters ▷ blz. 134

Rossini Opera Festival (ROF)

Het internationaal gerenommeerde Rossini Operafestival vindt sinds 1980 jaarlijks plaats in juli/augustus in het Teatro Rossini, maar ook op een reeks andere locaties, waaronder zelfs het plaatselijke sportstadion. Het muzikale programma legt het zwaartepunt op het werk van Rossini, maar presenteert eveneens werken van andere componisten (www.rossiniioperafestival.it).

Favoriet

Klankvol – de binnenhof van het Rossini Conservatorium 18

Anders dan Gioachino Rossini, die daar in brons gegoten op zijn sokkel zit, kunt u het studeren – met stem of instrument – van het aanstormend klassiek talent alleen staand beluisteren, op de binnenhof van het Rossini Conservatorium. Ondanks dat staan kon ik me met moeite van deze sfeervolle en klankrijke plek losrukken. Ik besloot de vriendelijke dame in het portiershokje een voorstel te doen, namelijk om er een bankje te laten plaatsen. Ze vond het een goed idee en ze beloofde me het voor te leggen aan haar leidinggevenden.

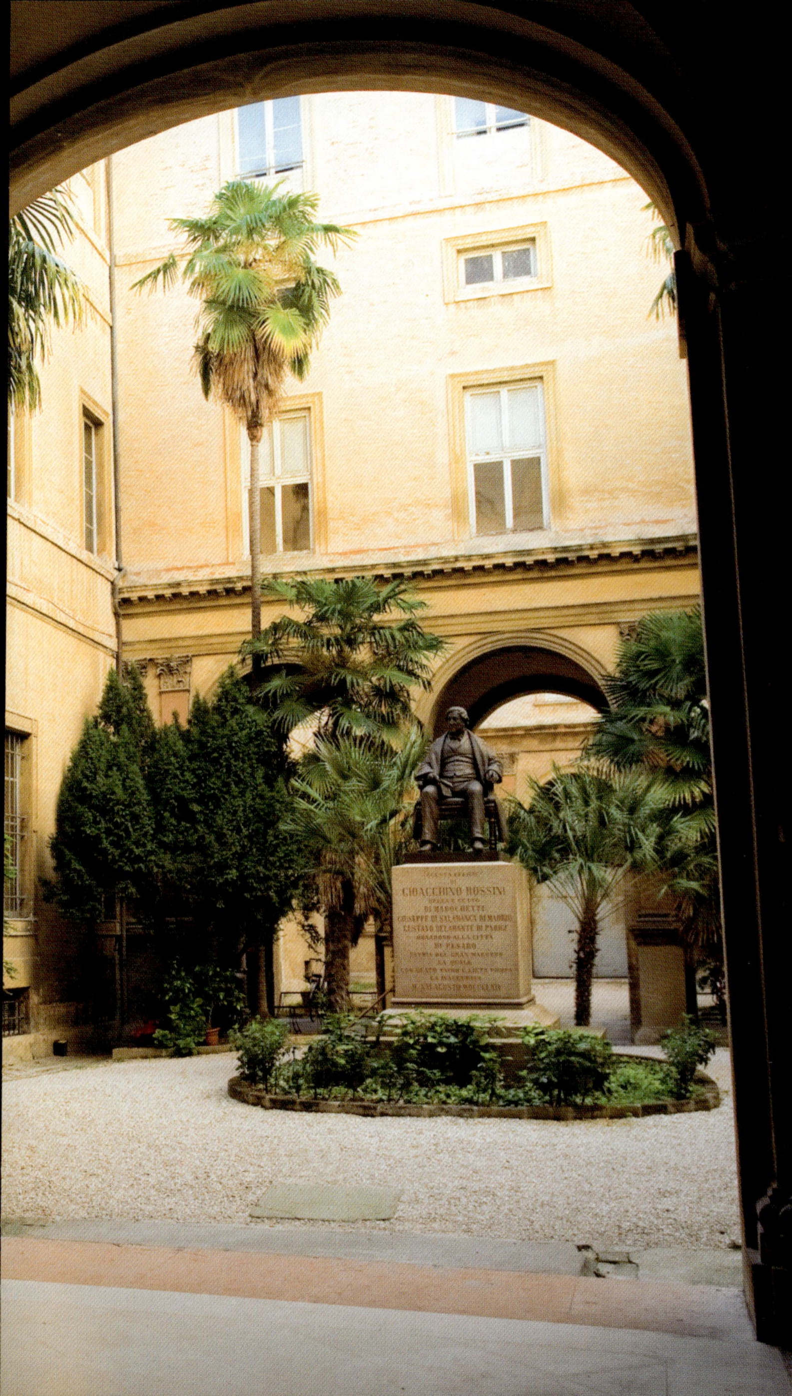

Girolamo en Bartolomeo Genga aan het werk.

Het centrale plein versmalt zich tot de Via Branca, van waaruit u aan uw rechterhand het Rossini Conservatorium bereikt.

Rossini Conservatorium [18]

Piazza Olivieri 5, www.conservatorio rossini.it

Het Rossini Conservatorium heeft haar residentie in het Palazzo Olivieri, dat in de 18e eeuw is gebouwd door de toenmalige stadsarchitect Gianandrea Lazzarini (1710-1801) en dat vanaf 1882 aanvankelijk fungeerde als muziekgymnasium. In de eveneens met muziek gevulde binnenhof (zie blz. 132) treft u een bronzen beeld aan van de grote componist. Eigenlijk is het alleen tijdens concerten toegankelijk, maar als u zich rustig gedraagt mag u hier best luisteren naar het studeren van de musici of naar de zangoefeningen.

Museo Oliveriano/Biblioteca Oliveriana [19]

www.oliveriana.pu.it, museum voorlopig vanwege renovatiewerkzaamheden gesloten, bibliotheek: ma.-vr. 8.30-18.45, za. 8.30-13 uur

Meteen op de volgende straathoek komt u bij het Palazzo Almerici (19e eeuw) dat het archeologische **Museo Oliveriano** en de Biblioteca Oliveriana huisvest. Het propvolle archeologische museum (19e eeuw) baseert zich op de sinds 1787 tentoongestelde verzameling van Annibale degli Abbati Olivieri (1708-1789) en documenteert de historie van de stad en de regio, vanaf de Piceniërs tot in de vroegmiddeleeuwse periode. U ziet er bronzen voorwerpen uit Romeinse en Griekse tijden, antieke stenen sculpturen, borstbeelden en gebeeldhouwde hoofden, votiefkeramiek, sarcofagen, grafschriften, munten en sieraden. Het spectaculairste voorwerp is een van inschriften voorziene stèle uit de 7e-6e eeuw v.Chr., die in de 19e eeuw werd ontdekt op de heuvel van Novilara.

Al voordat Olivieri de stad Pesaro zijn waardevolle archeologische verzameling had toevertrouwd, schonk hij haar in 1756 zijn ongelooflijk rijke boeken- en handschriftenverzameling, die de basis vormde voor de **Biblioteca Oliveriana** in hetzelfde pand. De schitterende bibliotheek, met haar nostalgische maar levendige sfeer, is voor de toerist-bibliofiel een absolute must.

Teatro Rossini [19]

Piazza Lazzarini, tel. 0721 38 76 20, www.teatridipesaro.it

Weer terug op de flaneerboulevard eindigt uw tocht bij het Teatro Rossini. Totdat het theater in 1855 werd gewijd aan de grote componist, had het al meerdere verbouwingen en naamsveranderingen achter de rug. In 1631 werd het gebouwd als Teatro del Sole en in 1637 werd het geopend. Begin 19e eeuw werd het pand ingrijpend verbouwd en in 1818 als Teatro Nuovo heropend. In de jaren 1854, 1930 en 1966 werd het wederom gesloten ten behoeve van renovatiewerkzaamheden. Dit theater, dat in de loop der eeuwen door architecten en kunstenaars van naam in rood en goud is uitgevoerd, biedt plaats aan achthonderd toehoorders, onder andere in vier rijen loges. De bezoekers kunnen in het theaterseizoen, van de herfst tot het voorjaar, genieten van zowel opera als toneel, waarbij het theater in augustus natuurlijk geheel in het teken staat van zijn beroemde naamgever.

Overnachten

Non plus ultra – **Excelsior** [1]: Lungomare Nazario Sauro 30-34, tel. 0721 63 00 11, www.excelsiorpesaro.it, 2 pk en suites € 150-1030. Vijfsterrenhotel op een toplocatie met alle mogelijke comfort in een eigentijdse stijlvolle sfeer. Restaurant waar de ex-sterrenkok Lucio Pompili (zie blz. 150) de scepter zwaait.

Historische elegantie – **Grand Hotel Vittoria** 2: Piazzale della Libertà 2, tel. 0721 343 43, www.viphotels.it, 2 pk € 128-340. Dit eerste gebouw aan het plein werd in 1908 geopend en bezit veel historische charme. Stijlvolle omgeving, zwembad en chic restaurant.

Noblesse in het groen – **Villa Cattani Stuart** 3: Via Trebbiantico 67, tel. 0721 557 82, www.villacattani.it, 2 pk € 120-220. Ooit door een bekend geslacht bewoonde, overeenkomstig elegant ingerichte villa uit de 17e eeuw in de groene heuvels boven de stad en de zee. Het gebouw ligt aan de rand van het kleine gehucht Trebbiantico en charmeert met nostalgisch elegante kamers, een mooi park en een zwembad.

Meer dan een hotel – **Alexander Museum Palace Hotel** 4: Viale Trieste 20, tel. 0721 344 41, 0721 647 50, www.alexandermuseum.it, 2 pk vanaf € 100, 1 pk vanaf € 90. Zie ook blz. 73.

Tussen zee en stad – **Savoy** 5: Viale della Repubblica 22, tel. 0721 674 40, www.viphotels.it, 2 pk vanaf € 95. Comfortabel, modern viersterrenhotel, gelegen tussen de zee en het oude centrum.

Eenvoudig, gastvrij, toplocatie – **Metropol** 6: Via Cristoforo Colombo 3, tel. 0721 682 52, www.hotelmetropol.it, 2 pk € 85-140. Dit driesterrenhotel ligt aan de strandpromenade en op loopafstand van het oude centrum. Er zijn geen zwembad of strand, maar wel parkeerplaatsen voor de deur, keurige kamers (met balkon) en vriendelijk personeel.

Eten en drinken

Topkwaliteit – **Club Nautico Pesaro** 1: Strada fra i due Porti 22, tel. 0721 28 72 30, menu € 65. Hier komen, kundig bereid door de plaatselijke 'kooklegende' Alceo Rapa, alleen versgevangen vis en zeevruchten op tafel. Het restaurant aan de haven is ook voor niet-hotelgasten toegankelijk. Reserveren gewenst.

Heerlijke dolci – **Alexander Museum Palace Hotel** 4: zie hierboven, gemiddelde prijsklasse. Het hotel-restaurant serveert de goede pasta-, vis- en vleesgerechten ook aan niet-hotelgasten. Het verleidt niet in de laatste plaats met zijn heerlijke desserts, waarmee chef-kok Marco di Lorenzi ook buiten Pesaro bekendstaat.

Vis eten aan de haven – **La Baita** 2: Strada Tra I Due Porti 49, tel. 0721 256 72, di. gesl. Gezellig restaurant, waarin vis de culinaire boventoon voert. U vindt hier geen haute cuisine, maar heerlijke lokale gerechten met vis, schaal- en schelpdieren. Redelijke prijzen.

Rustieke sfeer – **Osteria La Guercia** 3: Via Baviera 33, tel. 0721 336 43, zo. gesl., menu € 20. Gemoedelijke osteria in het historisch centrum, waarvan de muren zijn beschilderd met scènes uit de druivenoogst. Hier worden vooral de typisch lokale (vlees- en groente-)gerechten klaargemaakt. In de zomer eet u heerlijk buiten op het terras.

Vrolijk en met historische flair – **Felici e Contenti** 4: Piazzetta Esedra Ciachi 34, tel. 0721 320 60, di. gesl., menu € 25. Een altijd druk en vriendelijk eetlokaal in de historische binnenstad, dat zijn vloeroppervlak romantisch over de kleine piazza laat uitwaaieren. Behalve typisch lokale gerechten kunt u er ook genieten van pizza's.

Pizza Rossini – **C'era una volta** 5: Via Cattaneo 26, tel. 0721 309 11, ma. gesl. Lekkere pizza's in allerlei variaties, redelijke pastagerechten en smakelijke salades zijn de culinaire trekkers van dit altijd goed bezochte en pretentieloze sympathieke restaurant, niet ver van het Teatro Rossini. In herinnering aan

Tip

Om voor weg te smelten...

De ijssalon **Il Gelato di Juri** [7] in de Viale Trieste 323 is echt een van de beste van de stad. Het ijs is er zo romig dat u eigenlijk de gratis erbij aangeboden slagroom kunt laten schieten. Er zijn oneindig veel soorten en het klassieke chocoladeijs zal u weg doen smelten (www.ilgelatodijuri.it, andere filialen in de Via Marsala 24/26 en op de Piazza del Popolo 21).

---

de grote componist Rossini wordt hier zijn lievelingspizza met eieren en mayonaise geserveerd. De eigenaren Lamberto en William zijn bijzonder sympathiek.

Exclusief en stijlvol – **Nostrano di Stefano Ciotti** [6]: Piazzale della Libertà 7, tel. 0721 63 98 13, menu vanaf € 45, di. gesl. Dit weelderige restaurant met veel glas en een eenvoudig en stijlvol houten interieur ligt direct aan zee. Verfijne maritieme gerechten van een jonge, maar gerenommeerde chef-kok.

Winkelen

In de **Via Rossini**, de **Corso XI Settembre** en de **Via Passeri** vindt u designmode en leuke winkeltjes met sieraden, boeken en cd's, en restaurantjes. Chique (culinaire) regionale souvenirs koopt u bij **In.pu.t** [1] (Via Rossini 41).

Actief

Zwemmen – **81 lido's** met verplichte huur van strandstoelen en **gratis toegankelijk stranden** aan de Baia Flaminia achter de haven en de weg naar Fano.

Fietsen – Pesaro biedt een gemarkeerd fietsnetwerk genaamd Bicipolitana, dat stad en omgeving ontsluit en bijvoorbeeld een route langs de zee in de aangrenzende stad Fano opneemt. Voor de mobiliteit in de binnenstad zorgt de service 'centro in bici': tegen een borg van € 10 krijgt u op het Largo Mariani 11 (achter de Piazza del Popolo) een persoonlijke fietssleutel overhandigd waarmee u op meerdere stations, bijvoorbeeld op de Piazzale della Libertà, voor maximaal vijf dagen een fiets kunt afhalen (www.pesaromobilita.it).

De organisatie **Pesarobike** [1] (Piazzale Libertà 10, www.pesarobike.it) biedt op zijn website verscheidene, meertalige routes aan om te downloaden. Er zijn ook tochten met gids. Bij **Pesaro Trek & Bike Experience** [2] zijn tegen een dagtarief van € 15 fietsen te huur. Hier kunt u ook rondritten boeken (Via Morselli 45, tel. 377 284 04 50, www.trekmtb.it).

Uitgaan

Cultuur op niveau – **Teatro Rossini** [20]: www.teatridipesaro.it, zie blz. 134.
Bij de tijd – **Teatro Sperimentale** [11]: Via Rossini, tel. 0721 38 75 48. Dit podium voor het festival voor nieuwe films staat ook met zijn muziek- en theaterprogramma open voor nieuwe initiatieven.
Goede wijn en leuke mensen – **Grà** [1]: Via Rossini 24, tel. 333 359 02 65, 12-2 uur. Dit vriendelijke café op de sfeervolle binnenplaats van Palazzo Gradari is een initiatief van de geliefde burgemeester van Pesaro, Marteo Ricci. In 2016 werd hij tot de op twee na populairste burgemeester van Italië gekozen. Hij is tevens vicepresident van de PD (Partito Democratico). Hij had een wedstrijd uitgeschreven en gemeentelijke locaties in handen gegeven van een groep jonge-

ren, die er goede wijn schenken, cocktails mixen, kleine gerechten met regionale ingrediënten serveren en af en toe exposities en optredens organiseren.

Info en festiviteiten

Centro IAT: Piazzale della Libertà 11, tel. 0721 693 41, www.turismo.pesarourbino.it, ma.-za. 9-13, di.-vr. ook 15-18 uur.
Vervoer: het **treinstation** ligt aan de Viale Risorgimento. Van daaruit zijn er regelmatige verbindingen met Rimini, Fano, Senigallia en Ancona. Goede **busverbindingen** naar Urbino, Montefeltro, Gabicce, Rimini, Cagli, Fossombrone en Pergola; in de zomer worden er ook stadsbussen ingezet naar de stranden. Haltes vindt u bij het station en bij Piazza Matteotti, www.adriabus.eu; taxi's staan onder andere bij het station, op Piazzale Matteotti en Piazza del Popolo.
Rossini Opera Festival: in juli en augustus, zie blz. 131.
Mostra Internazionale del Nuovo Cinema: eind juni/juli en oktober, zie www.pesarofilmfest.it.

Fietstocht van Pesaro naar Gradara ▶ D/E 1

Begin/einde: Pesaro, Piazzale della Libertà; route: rondrit van bijna 50 km; duur: circa 5 uur; fietsverhuur zie Pesaro Actief op blz. 136

De route leidt van de Piazzale della Libertà eerst richting haven. Na circa 1 km bereikt u de in het begin behoorlijk steile en inspannende Strada Panoramica. Hierlangs rijdt u via **Santa Marina Alta** (160 m) en de dorpen **Fiorenzuola di Focara** (177 m) en **Casteldimezzo** (197 m) bergopwaarts en daalt u vervolgens naar **Gabicce Monte** (144 m).

Vandaar fietst u bergafwaarts verder in de richting van de SS 16 (gemarkeerd).

Op de kruising gaat u eerst in de richting van Rimini en na ongeveer 1 km rechts bergopwaarts naar **Gradara** (142 m, zie blz. 141). Vanhier fietst u weer bergafwaarts in de richting van Tavullia en buigt u na ongeveer 4 km af naar **Babbucce-Treponti**, waar u de richting Pesaro aanhoudt. Bij het plaatsnaambord gaat u via de brug over de Foglia naar het stadscentrum. Na verscheidene kruisingen met verkeerslichten komt u weer terug op de Piazzale della Libertà.

Parco Naturale Monte San Bartolo ▶ D/E 1

De oever aan de zee tussen Gabicce Mare en Pesaro wordt door een steil aflopende keten van heuvels begrensd. Dit gebied direct langs de kust werd aanvankelijk intensief voor de landbouw gebruikt. Nadat de natuur er in zijn oorspronkeijke toestand werd teruggebracht, zijn de meeste akkers nu overvloedig begroeid met *macchia* en bijzondere planten. Het gebied wordt bewoond door zeldzaam geworden trek- en roofvogels en is in 1994 uitgeroepen tot regionaal natuurpark. Dit Parco Naturale Monte San Bartolo is vernoemd naar zijn hoogste heuvel (198 m) en is toegankelijk via de **Strada Panoramica** voor zowel auto's als fietsers. Er is ook een netwerk

Fietstocht van Pesaro naar Gradara

De noordkust en de Via Flaminia

van wandelpaden aangelegd. Vanaf de Strada Panoramica hebt u steeds een adembenemend uitzicht. U kijkt uit over zee en passeert vanaf Pesaro wegen die naar de pompeuze zomerverblijven **Villa Caprile** (Via Caprile 1, juni-sept. dag. 15-19 uur, € 4) en Villa Imperiale leiden, en ook naar de middeleeuwse bergdorpen Fiorenzuola di Focara en Casteldimezzo.

De Strada Panoramica komt eveneens vlak langs de weg naar de oude Romeinse haven Vallugola, die tegenwoordig een toeristenhaven is, en landinwaarts naar de weg naar de archeologische uitgravingen van Colombarone met de restanten van huizen en kerken uit de late oudheid en de middeleeuwen (www.archeopesaro.it, half juni-half juli, half aug.-sept. vr.-zo. 17-20 uur, half juli-half aug. dag.). De Strada Panoramica Adriatica eindigt in Gabicce Monte of Gabicce Mare.

Villa Imperiale

Via dei Cipressi, rondleiding juni-sept. wo. 16 uur, vertrek Piazzale della Libertà, informatie en reserveren: Coöperatie Isairon, tel. 338 262 93 72, www.isairon.it of IAT, € 13

De villa, uit de renaissance, is opgetrokken op een vierkant bouwplan, en wordt in hoogte overtroffen door een flankerende slanke wachttoren. Het pand stamt uit het midden van de 15e eeuw en is daarna bouwkundig aangepast, met name door de vaardige handen van bouwmeester Alessandro Sforza, die niemand minder dan keizer Frederik III de eerste steen liet leggen (vandaar de naam!). Zo'n honderd jaar later werd de villa in opdracht van Francesco Maria I della Rovere onder de architectonische regie van Girolamo Genga aangepast en veranderd. In de door kunstenaars rijkelijk van fresco's voorziene zalen en in het 35 ha grote park amuseerden zich

Het werkt verkwikkend om vanaf een weelderig begroeid 'zeebalkon' bij Fiorenzuola over zee uit te kijken

ooit de vips uit de culturele scene van destijds.

Fiorenzuola di Focara en Casteldimezzo

Beide dorpen lagen vroeger rond een middeleeuws kasteel en presenteren zich vandaag de dag als architectonisch pittoreske **'zeebalkons'** van Pesaro. In Fiorenzuola di Focara zijn nog de toegangspoort tot het destijds door een aardbeving verwoeste kasteel, resten van de middeleeuwse stadsmuur en het kerkje Sant'Andrea uit de 13e eeuw te zien. Casteldimezzo, het 'kasteel in het midden', is indrukwekkend vanwege het uitzicht en de rond het jaar 1000 gebouwde kerk voor de heiligen Apollinaris en Christophorus, waarin een houten kruis uit de 15e eeuw wordt bewaard.

Gabicce Monte en Gabicce Mare

Gabicce Monte deelt de ontstaansgeschiedenis van het buurdorp Gabicce Mare, en vormde tot 1942 het bestuurlijk centrum van de pas daarna uitdijende kustplaats. Nadat het stadhuis in datzelfde jaar was verplaatst vanaf de heuvel aan zee naar elders, ontstond onder aan de heuvel de moderne badplaats voor de massa. In het historische centrum kunt u de Chiesa San Ermete uit de 8e eeuw met een fragment van een fresco en een houten kruis uit de late 14e eeuw bewonderen. Het dorp Gabicce Monte ontwikkelde zich tot het kleine maar fijne, wat deftige 'voorstadje' van Gabicce Mare, dat zo ongeveer is volgebouwd met hotels. Het 3 km lange zandstrand, dat bijna naadloos overgaat in dat van **Cattolica**, is op een zomerse dag 'overkapt' door zo'n vijfduizend parasols.

Wandelingen door het kustpark

Het Parco Monte San Bartolo is via een geleidelijk uitgebreid netwerk van gemarkeerde wandelroutes op eigen gelegenheid of als onderdeel van een excursie met gids goed te voet te verkennen. Hiervoor zijn een goede conditie of een vaste tred niet echt een vereiste. Voor de oriëntatie is de in het park verkrijgbare kaart voldoende. Hiermee kunt u ook mooie korte wandelingen maken, zoals de klimtocht van **Santa Marina Alta** naar de top van de **Monte Castellaro** (181 m), vanwaar u in het voorjaar tussen veel gele brem naar het blauwe zeewater kijkt.

Hoewel deze wandeling op de door talrijke roofvogels bezochte kustheuvel een aantal meters steil bergopwaarts gaat, daalt u langs de 'Strada del Mare' in ongeveer 20 minuten vanuit het aardige dorpje **Fiorenzuola del Focara** door een in de jaren 60 aangeplant dennen- en sparrenbos, langs fruitbomen en wilde wijnranken naar de zee af. Als u op het vrijwel ongerepte strand bent aangekomen, kunt u de de voor dergelijke steile kusten karakteristieke vegetatie, waaronder riet en brem, dieprood bloeiende sulla, diverse kruiden, rozenbottels en orchideeën, van onderaf bekijken. Verder zijn er zeldzame zandplanten (Psammophile), zoals de rose bloemblaadjes van de zeewinde (Calystegia soldanella). U kunt er bovendien de door de zee gemodelleerde kiezelstenen bewonderen, waar het strand van Fiorenzuola di Focara bekend om staat.

Overnachten

Het beste hotel – **Posillipo:** Via Dell' Orizzonte 1, Gabicce Monte, tel. 0541 95 33 73, www.hotelposillipo.com, HP in 2 pk € 90-140. Wat betreft ligging, comfort en uitzicht het elegantste (viersterren)hotel in de omgeving van Gabicces chique wijk Gabicce Monte.

Met uitzicht op de haven – **Capo Est:** Via Panoramica 123, Vallugola, tel. 0541

95 33 33, www.capoest.com, 2 pk € 130-210. Hoewel het interieur van dit hotel niet heel bijzonder is, biedt het uitzicht op zee en van apr.-sept. viersterrencomfort, zoals een zwembad, een tennisbaan, een fitnessruimte, een lift naar het strand en een fietsservice.

Uitnodigend – **Camping Paradiso**: Via Rive del Faro 2, Casteldimezzo (van Pesaro uit 1 km van de stad gelegen), tel. 0721 20 85 79, www.campingparadiso.net. Schaduwrijke camping met restaurant, bar, minimarket enzovoort en stranden op acceptabele loopafstand in de buurt (circa 20 minuten). Naast tentplaatsen en plaatsen voor caravans en campers zijn er ook eenvoudige houten bungalows en stacaravans te huur. De bushalte van de bussen van Pesaro naar Gabicce en terug ligt direct voor de deur.

Net zo mooi – **Camping Panorama**: Strada Brisighella 7c, Fiorenzuola di Focara, tel. 0721 20 81 45, www.campingpanorama.it; tweepersoonsbungalow € 55-115, een plaats voor een camper € 10-14. Het profiel komt verder overeen met de camping hierboven. Vanuit Pesaro zo'n 3 km buiten het dorp.

Eten en drinken

Cultherberg in het groen – **Osteria della Miseria**, Via dei Mandorli 2, tel. 0541 95 83 08, vanaf 20 uur, menu € 30-50. Deze eenvoudig-rustiek ingerichte, met hedendaagse tafelmuziek op sfeer gebrachte osteria met een heerlijk terras, seizoensgerechten met vis en vlees en een goed gesorteerde wijnkaart heeft in deze omgeving al sinds vele jaren een cultstatus. U bereikt het sfeervolle restaurant, dat volgens zeggen vrij middelmatig is, via een afslag van de Strada Panoramica op circa 1,5 km afstand van Gabicce Monte.

Verfijnde vis met uitzicht op zee – **Posillipo**: Gabicce Monte, Via Dell'Orizzonte 1, tel. 0541 95 33 73, menu € 30-60. In het restaurant van het gelijknamige hotel is iedereen welkom. Het wordt zeer gewaardeerd vanwege de verse en verfijnde visgerechten – vooral de *crudi*, de rauwe vis, schelp- en schaaldieren – en het mooie panoramaterras.

Dito! – **Dalla Giocanda**: Via Dell'Orizzonte 2, tel. 0541 96 22 95. Direct naast Posillipo en net zo'n aanrader, vooral omdat het nog net iets hoger ligt en het uitzicht nog mooier is. Culinair even goed en niet zo geliefd.

Keuken met liefde voor de zee – **Il Rifugio del Gabbiano**: Strada Panoramica, S. Marina Alta 1, tel. 0721 27 98 44. In dit gerenommeerde restaurant direct aan de uitvalsweg niet ver van de stadsgrens van Pesaro geeft vis eveneens de culinaire toon aan.

Nomen est omen – **Taverna del Pescatore**: Via Borgata 23, Casteldimezzo, tel. 0721 20 81 16, di. en wo. alleen 's avonds,

---

Tip

Informeel en sympathiek: hotel Everest

Riccardo Badioli en zijn Cubaanse echtgenote Lellanys Contreras Santos, eenvoudig Richi und Lilly, hebben dit kleine hotel midden in Gabicce Monte van de ouders van de gastheer geërfd. Ze hebben de sober gemeubileerde en goed onderhouden kamers (met balkon) liefdevol en kleurrijk ingericht met meegebrachte voorwerpen van hun reizen. In de hotelbar kunt u terecht voor bier, wijn en cocktails en op zaterdag soms voor Cubaanse avonden met muziek. Wellicht openen de eigenaars binnenkort weer een restaurant (Via E. Filiberto 2, tel. 0541 95 34 34, www.hotel-everest.com, 2 pk € 60-80, appartement voor twee personen € 80).

juli en aug. ook 's middags, hogere prijsklasse. Ook hier kunt u terecht voor visspecialiteiten in een sobere dorpssfeer, maar met een uitstekende kwaliteit en ook nog eens een schitterend uitzicht.

Vis of vlees – **La Canonica:** Casteldimezzo, Via Borgata 20, tel. 0721 20 90 17, ma. gesl., alleen 's avonds geopend, maar op za., zon- en feestdagen ook 's middags, menu € 30-40. Hier kunt u kiezen uit vlees- én vismenu's, als alternatief voor de hierboven genoemde taverna. U eet hier op een klein romantisch dorpsplein.

Dorpsrestaurants – **Osteria Focara:** Fiorenzuola di Focara, Via Fosso 1, tel. 0721 20 90 52, 8-22.00 uur, di. gesl. De beide eenvoudige dorpsrestaurants hebben als pluspunt hun ligging – de eerste onder schaduwrijke bomen, de tweede aan een leuke dorpspiazzetta en aan de achterkant een terras met uitzicht op zee. Ze zijn culinair (vis) middelmatig, hebben een vriendelijke sfeer en zijn relatief goedkoop.

Actief

Zwemmen – Stranden vindt u bij **Fiorenzuola** (zand), **Casteldimezzo** (kiezels) en in de toeristenhaven van **Vallugola** (zand).

Uitgaan

Gigantisch Romeins – **Baia Imperiale:** Strada Panoramica, Gabicce Monte. Deze discotheek schijnt een van de tien mooiste discotheken ter wereld te zijn. Hij trekt in ieder geval altijd veel publiek. De discotheek is gigantisch en ingericht in Romeinse sfeer. Binnen zijn er meerdere dansvloeren, terrassen met een mooi uitzicht en een zwembad. Vanaf 22 uur, circa € 30.

Informatie

Ente Parco Naturale Monte San Bartolo: Viale Varsavia (aan de zuidgrens van het park aan het strand Baia Flaminia in Pesaro), tel. 0721 40 08 58. Hier kunt u terecht voor veel informatiemateriaal, onder andere een wandelkaart, www.parcosanbartolo.it.
Vervoer: busverbindingen tussen Pesaro en Gabicce, ook via de Strada Panoramica, met haltes in de dorpen en bij de campings (www.adriabus.eu).

Gradara ▶ D 1

De door een dubbele muur omgeven **burcht** van Gradara, met zeventien met tinnen daken bekroonde torens en drie ophaalbruggen, ligt decoratief op een heuvel en lijkt van verre al op een onlangs neergezet decor van papiermaché (tel. 0541 96 41 15, www.gradara.org, ma. 8.30-13, di.-zo. 8.30-19.30 uur, € 4).

De indruk dat u verzeild bent geraakt in een middeleeuws attractiepark, wordt versterkt wanneer u door de Porta del Castello het eveneens stevig ommuurde dorp betreedt en u over de Via Umberto I naar de toeristische bezienswaardghed – de burcht – omhoog wandelt. De steile dorpsstraat is rijkelijk voorzien van horeca en souvenirwinkels en voert u linea recta naar het sprookjesachtige slot, dat natuurlijk niet van papier-maché is gemaakt en in ieder geval gedeeltelijk inderdaad van middeleeuwse oorsprong is.

Paolo en Francesca

Ergens tussen 1283 en 1285 zou zich hier de in Dantes *Divina Commedia*, door Boccaccio en D'Annunzio literair bezongen en door beroemde schilders uitgebeelde, tragische liefdesgeschiedenis van Paolo Malatesta en Francesca da Polenta hebben afgespeeld. De aantrekkelijke Paolo Malatesta had in de jaren 70 van de 13e eeuw om de hand van Francesca gevraagd: hij deed dit echter voor zijn kreupele broer Giovanni. Zwager en schoonzuster in spe werden echter verliefd op elkaar.

Ook na de huwelijkssluiting van Francesca met Giovanni (*Lo sciancato*) ging hun liefdesrelatie door. Toen de echtgenoot in 1284 de geliefden bij een tête-à-tête betrapte, maakte hij korte metten en vermoordde hen beiden. Sinds men in Gradara in 1790 het adellijk geklede skelet van een vrouw heeft gevonden, wordt verteld dat deze historische moord uit jaloezie hier echt moet zijn gepleegd.

Lucrezia Borgia

Het kasteel raakte uit het bezit van de familie Malatesta en ging in handen van de familie Sforza over, die het gebouw opnieuw verfraaide en zich in eerste instantie vooral op het interieur richtte. Het feit dat Giovanni Sforza het kasteel samen met zijn roemruchte echtgenote – tevens dochter van de paus – Lucrezia Borgia in de jaren 90 van de 15e eeuw een poos bewoonde, zou zich in onze tijd ontpoppen als extra lucratief gegeven voor de toeristeneconomie.

Het kasteel maakte vanaf de 16e eeuw deel uit van het hertogdom Urbino. Nadat het lange tijd was verlaten en verwaarloosd, kocht in 1920 Umberto Zanvettori – investeerder uit Milaan – het half tot ruïne verworden geheel aan. Hij liet het slot naar zijn eigen architectonische ideeën opknappen en richtte voor Paolo en Francesca postuum een kamer in: deze kamer vormt een van de hoogtepunten van een bezichtiging van de burcht. Verder kunt u er een martelkamer, de vertrekken van de familie Malatesta (*piano nobile*) en uiteraard de kamers van Lucrezia Borgia bewonderen.

Informatie

Vervoer: busverbindingen via Gabicce Mare naar Pesaro.

Fano ▶ E 2

De op twee na grootste stad van Marche is een bezoek waard vanwege de verzorgde, vlak bij het historische centrum gelegen zandstranden Spiaggia Lido en Spiaggia Sassonia, de sfeervolle havenwijk Porto Canale en – niet onbelangrijk – de bouwkundige erfenis van de stadsbestuurders uit het verleden, die met elkaar een stedenbouwkundig harmonische binnenstad construeerden die zowel qua architectuur als qua sfeer interessant is. Deze binnenstad onthult meer dan enig andere stad in Marche de Romeinse geschiedenis van de regio en toont overduidelijk de geldingsdrang van de Malatesta's. Romeinse invloeden en barokke pronkzucht zijn er met elkaar geïntegreerd, en de binnenstad biedt een fraai nostalgisch decor voor het moderne dagelijkse en culturele leven. De aan het strand gelegen en vooral met hotels, campings en seizoenshoreca bebouwde wijken Torrette en Marotta zijn uitsluitend als zodanig een vermelding waard.

Stadsgeschiedenis

Wanneer het vermoedelijk al voor de Romeinse kolonisatie bewoonde en in 49 v.Chr. voor het eerst genoemde 'Fanum Fortunae' werd gesticht, is niet precies bekend. Ook de uit die naam afgeleide veronderstelling dat er al ruim 150 jaar eerder een tempel ter ere van de godin Fortuna zou hebben gestaan, berust op pure speculatie.

Zeker is echter dat keizer Augustus er in het jaar 9 n.Chr. een stadsmuur

Piazza XX Settembre met de Fontana della Fortuna en het Palazzo del Podestà

liet optrekken, die door de met een triomfboog overspannen poort te passeren was. De Arco d'Augusto en andere delen van de antieke stadsmuur (*Mura Augustee*) hielden tegen de verwoestingsdrang van de Goten stand. Die maakten de rest van het oude Fano in het jaar 538 met de aardbodem gelijk, waarna de stad weer door de Byzantijnen nieuw leven werd ingeblazen (als lid van de *pentapoli marittima*), deel werd van de Kerkelijke Staat en in de 12e eeuw een vrije stad werd. De vrije stadsrepubliek Fano verbond zich dan weer met de Ghibellijnen, dan weer met de Welfen, en beleefde de eerste renovatie van de kathedraal (1140) en de bouw van het Palazzo del Podestà (1299) aan de centrale Piazza XX Settembre. Fano onderging de concurrentiestrijd tussen de families Cassero en Corignano, waarover in 1357 de derde familie, namelijk de roemruchte familie Malatesta, in zijn vuistje lachte. Die liet de Romeinse stadsmuur herstellen en rond de Mura Malatestiana uitbreiden, de Rocca Malatestiana en de Corte Malatestiana bouwen, gaf de scepter in 1463 (onvrijwillig) over aan Federico da Montefeltro en rust ondertussen in de eigen tombe van de dynastie. Daarna deelde Fano, waar in de 17e eeuw de kerk San Pietro in Valle aan de Via Nolfi en de al sinds eind 16e eeuw daar neergezette fontein Fontana della Fortuna op de Piazza XX Settembre een overvloedig barokke uitstraling toonden, het lot van het hertogdom Urbino. Fano keerde – gelijk met Urbino – in 1631 terug in de moederschoot van de kerk. Dat ging, net als in Urbino, ook in Fano met een verstrekkende stedenbouwkundige stagnatie gepaard, tot aan de vooravond van de vorming van de Italiaanse staat voor het middeleeuwse stadshuis het neoclassicistische Teatro della Fortuna werd opgericht, waar in 1863 voor de eerste keer het doek opging.

Tot in de jaren 60 richtte Fano zich op landbouw en visvangst, maar sinds de jaren 70 wordt er ook het zogenaamde 'Marche-model' toegepast, met talrijke midden- en kleinbedrijven. Een van de belangrijkste bedrijfstakken is de scheepsbouw met 1500 werknemers, en natuurlijk het toerisme, temeer daar Fano een mekka is voor visliefhebbers en de *brodetto* (vissoep) tot buiten de regio bekend is.

Bezienswaardigheden

Arco d'Augusto

Tussen Via Roma en Via Arco d'Augusto

Deze stadspoort uit de oudheid, de architectonische blikvanger van Fano, werd vroeger door zuilen bekroond, die in 1463 ten prooi viel aan de troepen van Federico da Montefeltro. Als u wilt weten hoe deze zuilenrij er heeft uitgezien, vindt u in de ernaastgelegen kerk **Loggia di San Michele** uit 1499 een reliëf van het ongeschonden origineel.

Cattedrale

Piazza XX Settembre

De drieschepige romaanse kathedraal werd al in 1140 voor de eerste keer verbouwd en in de daaropvolgende eeuwen met meerdere zijkapellen uitgebreid. De kathedraal herbergt waardevolle fresco's en schilderijen, voornamelijk uit de 17e eeuw.

Corte Malatestiana (Museo Civico en Pinacoteca)

Piazza XX Settembre 4, tel. 0721 82 83 62, di.-za. 9-13, 15-18 uur, € 4

Het archeologische Museo Civico en de schilderijengalerie zijn alleen al vanwege hun locatie in het historische hof van de familie Malatesta een bezoek waard. De museumstukken van het Museo Civico geven een historisch beeld van de 8e eeuw v.Chr. tot de 5e eeuw n.Chr., waarbij de bijzonder rijk gedocumenteerde Romeinse periode extra aandacht waard is. U ziet sieraden en gebruiksvoorwerpen, objecten van glas en keramiek, resten van muren, munten en mozaïeken, waaronder het beroemde pantermozaïek, kleine beeldjes en grote standbeelden, zoals een armloze keizer Claudius. De schilderijengalerie toont kunst van de 15e tot de 20e eeuw, waaronder veel sacrale werken, die oorspronkelijk in de kerken van Fano hingen, bijvoorbeeld schilderijen van Guerrieri, Viviani, Ceccarini en Magini.

Tombe dei Malatesta

Via P. 3 Malatesta

De drie sarcofagen stonden oorspronkelijk in en vanaf 1659 vóór de kerk San Francesco, die inmiddels geen dak meer heeft. Ze bevatten het lichaam van Pandolfo III Malatesta en diens eerste echtgenote Paola Bianca, en dat van een zekere Bonetto da Castelfranco, lijfarts van Sigismondo Malatesta.

San Pietro in Valle

Via Nolfi, za. 16-19, zon- en feestdagen 10.30-12.30, 16-19 uur

Deze in de eerste helft van de 17e eeuw gebouwde en rijkversierde eenschepige kerk aan de Via Nolfi behoort tot de belangrijkste barokkerken van de regio. De kerk is met overdadig en uitbundig gestuct krulwerk gedecoreerd, overdadig met goud versierd en met een indrukwekkende koepel overspannen. Ten overstaan van zoveel pronkzucht vallen de grote leegtes, die hier en daar aan de wanden gapen, des te meer op. Deze lege vlakken waren vroeger gevuld met enorme schilderijen van tijdgenoten van naam. Deze werken zijn momenteel ondergebracht in de Pinacoteca.

Pinacoteca San Domenico

Via Arco d'Augusto, tel. 0721 80 28 85, www.fondazionecarifano.it, half juni-sept. za. en zo. 21-24, daarbuiten za. en zo. 16.30-19.30 uur

Sinds de renovatie fungeert deze gotische kerk als schilderijengalerie van

Overnachten

Fano en de kustplaatsen Torrette en Marotta beschikken over zo'n honderd hotels in de categorie één tot vier sterren, die bijna allemaal aan zee liggen. De campings (inclusief die in Torrette en Marotta zijn het er elf!) rijgen zich zuidelijk van de stad aaneen.

Op stand in het groen – **Villa Giulia:** Loc. San Biagio 40, tel. 0721 92 31 59, www.relaisvillagiulia.com, 2 pk tot € 280. Historisch huis op een olijfgroene heuvel langs de kust tussen Fano en Pesaro. Het is het eigendom van een vriendelijke adellijke familie, die er gasten ontvangt en ze bovendien verwent met uitstekende (biologische) gerechten (restaurant alleen 's avonds, ma. en di. gesloten).

Comfort op het strand – **Elisabeth Due:** Piazzale Amendola 2, tel. 0721 82 31 46, www.hotelelisabethdue.it, 2 pk € 140-160. Comfortabel, modern viersterrenhotel naast het veelgeprezen restaurant Il Galeone. Aan de centrale strandpiazza, het zandstrand Spiaggia Lido.

Verzorgd en sympathiek – **Augustus:** Via Puccini 2, tel. 0721 80 97 81, www.hotelaugustus.it, 2 pk € 110-190. Het in decente antieke stijl gemeubileerde viersterrenhotel ademt een relaxte luxueuze sfeer. Dat geldt zowel voor de kamers als het restaurant Casa Nolfi, waar u vooral kunt genieten van verse vis.

Modern en centraal – **Astoria:** Viale Cairoli 86/Spiaggia Lido, tel. 0721 80 00 77, www.hotelastoriafano.it, apr.-sept., 2 pk € 80-130. Het aan de buitenkant zeeblauwe Astoria heeft een strand aan het Spiagia Lido. Dit driesterrenhotel ligt vlak bij de leuke havenwijk.

Vriendelijk – **Angela:** Viale Adriatico 13, tel. 0721 80 12 39, www.hotelangela.it, 2 pk € 85. Dit door de familie Verni vriendelijk geleide hotelletje aan het strand Spiaggia Sassonia (met fijne kiezels) heeft redelijke kamers en een goede keuken. Dit is het 'moederhotel' van een kleine familieketen, waartoe ook de driesterrenhotels **Beaurivage** en **Excelsior** behoren.

Kamperen bij de stad – **Madonna Ponte:** Via delle Brecce 25, tel. 0721 80 45 20, www.campingmadonnaponte.it, half apr.-half sept., bijvoorbeeld bungalows voor vier personen € 80-120. Deze driesterrencamping aan zee ligt het dichtst bij de stad.

Eten en drinken

Traditioneel – **Il Cantinone:** Via Arco di Augusto 60/62, tel. 0721 83 12 27, circa € 30. Dit restaurant bevindt zich in een historisch palazzo uit de 19e eeuw. Het ligt in het oude centrum en was een wijnhandel voordat het in 1958 als restaurant in gebruik werd genomen. De (vis)keuken blijft populair, vooral omdat ook de wijnkeuze in Il Cantinone nog altijd goed is.

Last but not least: desserts – **Da Tano:** Via del Moletto 10, tel. 0721 82 32 91, di. gesl., menu € 40. In dit intussen elegante voormalige vissershuis aan de Spiaggia Arzilla wordt superverse vis met verse groente gecombineerd. De desserts zijn verleidelijk en creatief gedecoreerd.

Zelfbediening – **Al Pesce Azzurro:** Viale Adriatico 52, tel. 0721 80 31 65, www.pesceazzurro.com, di.-zo. 12-14 en 19.30-22 uur, menu € 13. In dit modern ingerichte zelfbedieningsrestaurant wordt van april tot oktober dagelijks en daarbuiten in de weekenden gekookt door de visserscoöperatie Coomarpesca.

De noordkust en de Via Flaminia

Bekroonde pizza's – **Bella Napoli:** Piazza Rosselli 7, tel. 0721 82 63 93, wo. gesl. Lekkere pizza's. Deze pizzeria werd uitgeroepen tot een van de honderd beste van Italië.
Natuurlijk genot – **Puro e Bio:** Via Nazzario Sauro 10. Maritiem ingerichte ijssalon met (ook veganistisch) ijs met natuurlijke ingrediënten in een horentje of een bakje.

Winkelen

Markten – Dagelijks aan de **Piazza Costa** en wo. en za. aan de **Piazza XX Settembre/Corso Giacomo Matteotti**. De laatste straat is naast de Via Arco d'Augusto en de Via Garibaldi ook een van de belangrijkste winkelstraten van de stad.

Actief

Zwemmen – De stadsstranden **Lido** (zand) en **Sassonia** (kiezelsteentjes), noordelijk respectievelijk zuidelijk daarvan de 'wilde' stranden Lido Arzilla en Baia Metauro.
Fietsen en wandelen – U kunt langs de zee naar Pesaro en verder naar het Parco Monte San Bartolo fietsen, waar u goed kunt wandelen (zie blz. 139).

Tip

'Geheim', goed en goedkoop – restaurant La Quinta

Achter een onopvallende deur aan de Viale Adriatico 42 bevindt zich een levendige trattoria met een terras in de tuin en goede en betaalbare visgerechten (tel. 0721 80 80 43, www.trattoria laquinta.com, zo. gesl., 's winters zo. en di. gesl.).

Uitgaan

In de zomer gesloten – **Teatro della Fortuna:** tel. 0721 80 07 50, www.teatro dellafortuna.it, zie blz. 61.
Hotspots – Bijzonder populair zijn de stijlvolle lokale **Green Bar** (Viale Cairoli 114) en **J Lounge** (Marina di Cesari, Lungomare Mediterraneo 24).

Info en festiviteiten

IAT: Via Cesare Battisti 10 (tussen de historische binnenstad en het strand), tel. 0721 80 35 34, www.turismofano.com.
Carnaval: zie blz. 36.
Jazz by the Sea: jazzfestival, juni-juli.
Fano dei Cesari: (Romeins) historisch spektakel, juli of aug. (het feest is afhankelijk van de financiële situatie van de gemeente, zodat niet gegarandeerd kan worden dat het feest daadwerkelijk jaarlijks plaatsvindt).
Fano Internationaal Filmfestival: okt., drive-in-bioscoop (www.fanofilm festival.it).
Vervoer: het treinstation met regelmatige treinverbindingen naar Rimini en Ancona ligt centraal tussen de stranden en de historische binnenstad. Er zijn busverbindingen naar Pesaro, Fabriano, Torrette en Marotta.

Eremo di Monte Giove ▶ E 2

Wanneer u in Fano eenmaal op de Via Flaminia rijdt, is een eerste uitstapje naar de abdij Eremo di Monte Giove zeker de moeite waard. Deze abdij van de Camaldulensen werd gebouwd tussen 1609 en 1623, en in 1743 rondom de kerk uitgebreid. Het complex ligt op een rustige plek met een mooi uitzicht. Dat de abdij de naam van een heidens-Romeinse god heeft (Giove), komt door de veronderstelling dat hier ooit een tempel ter ere van Jupiter zou hebben gestaan. In elk geval heeft dit oord veel spirituele kracht en uitstraling, waarvan de vrome gastheren hun gasten graag wat meegeven – voor zover die bereid zijn mee te doen aan het door gebed gestructureerde dagprogramma. In de **Farmacia Antica** kunt u informatie verkrijgen en ook sterkedrank van eigen makelij kopen (boeking van een retraite: tel. 0721 86 40 90, www.eremomontegiove.it, dag. 7.30-12, 15-19 uur).

Cartoceto en omgeving ▶ E 2

Het uitstapje naar Cartoceto, waarvoor u de Via Flaminia in Calcinelli aan uw rechterhand moet verlaten, voert via Saltara naar het olijvenbolwerk (zie blz. 148). Van daaruit komt u via Serrungarina terug op de oude Romeinse weg, die u bij Tavernelle wederom vindt, en waar u direct aan de kant van de weg de nietige restanten van een Romeins huis kunt zien. De weg voert door een lieflijk mediterraan heuvellandschap, vol sfeervolle olijfboomgaarden en wijnstokken en bebouwd met kleine middeleeuwse dorpjes en landhuizen.

Museo del Balì

Saltara, Via San Martino 10, tel. 0721 89 23 90, www.museodelbali.it, sept.-juni zon- en feestdagen 15-20 (museum) resp. 16.30-18 uur (planetarium), juli 18.30-22.30 resp. 19.30-22 uur, aug. dag. 18-23.30 resp. 19.30-22 uur, elk € 7, combiticket € 9

De elegante Villa del Bali in de heuvels tussen Saltara en Cartoceto stamt uit de 16e eeuw en behoorde ooit aan de adellijke familie Negusanti, die hier al in de 18e eeuw astronomische studies deed. Tegenwoordig bevindt zich hier een interactief wetenschapsmuseum, speciaal voor kinderen en jongeren. Ze kunnen hier experimenteren met natuurlijke en natuurkundige verschijnselen. Direct ernaast bevindt zich een planetarium, waar de sterren kunnen worden bekeken.

Overnachten

Comfort met historisch flair – **Casa Oliva**: Via Castello 19, Bargni di Serrungarina, tel. 0721 89 15 00, www.casaoliva.it, 2 pk (met ontbijt) € 95, appartement met kookgelegenheid voor max. vier personen € 110 per dag, € 600-680 per week. In Serrungarina's stadswijk Bargni is een klein middeleeuws gehucht omgebouwd tot een schitterende *albergo diffuso*. Met zwembad, restaurant en wellnesscentrum.

Hedendaags design – **Locanda Borgognina**: Via Borgognina, Lucrezia di Cartoceto, tel. 0721 87 60 49, www.locandaborgognina.it, 2 pk vanaf € 75. Terwijl de vijftien kamers zijn ingericht met minimalistisch-moderne meubels en zwart-wit fotobehang met verschillende thema's, richt de heerlijke en voordelige keuken van het hotel – afgezien van de pizza's die er worden geserveerd – zich op lokale en traditionele gerechten. Het restaurant is op weekdagen alleen 's avonds geopend. Honden zijn welkom in deze accommodatie.

Eten en slapen – **Antica Osteria Da Gustin**: B&B, zie Eten en drinken, 2 pk € 85. Dit is een van de veelgeprezen kleine restaurants in Serrungarina, met een aantal gezellige kamers, zodat u hier zowel heerlijk kunt eten als slapen (en ontbijten).

Agriturismo met biologisch keurmerk – **La Locanda del Gelso**: Cartoceto, Via Morola 12, tel. 0721 187 70 20, 348 377 21 35, www.lalocandadelgelso.it, 2 pk € 65, HP € 55. Historische boerderij in Cartoceto's groene wijk ▷ blz. 151

Op ontdekkingsreis

Voor alle zintuigen – olijvenbolwerk Cartoceto

In en om Cartoceto perst men olijfolie van topkwaliteit, produceren de wijnboeren een D.O.C.-wijn, oogst men artisjokken en laat men schapenkaas in kuilen onder de grond rijpen. De lieflijke olijfgroene heuvels, waarop de 'Engelse peren' van Serrungarina groeien, inspireren de culinaire kunstenaar Lucio Pompili en de schilder Gesine Arps, die hier haar atelier heeft.

Kaart: ▶ E 2

Vervoer: het best met de auto, maar er rijden ook bussen van Fano naar Cartoceto.

Tijdsduur: als u ook wat wilt eten en een wandeling door het dorp wilt maken een halve dag; informatie over accommodatie en restaurants zie blz. 147.

De zevenduizend inwoners tellende gemeente Cartoceto, waarvan de bewoners zijn verdeeld over het kleine historische centrum en de agrarische nederzettingen Lucrezia en Ripalta, ligt op een hoogte van zo'n 200 m te midden van olijfboomgaarden, hellingen met wijnstokken, korenvelden en akkers met groenten. De huizen staan er dicht tegen elkaar geklemd en hangen bijna straatsgewijs boven de centrale Piazza Garibaldi, waar in het toeristenbureau brochures en kaarten verkrijgbaar zijn (Piazza Garibaldi 1, ma.-za. 8.30-12.30 uur). Het vriendelijke personeel kent ook de geschiedenis van Cartoceto, waarvan het wel en wee al sinds eeuwen onlosmakelijk is verbonden met de olijf.

Levenselixer van Cartoceto: de olijfolie

Al vanaf de 13e eeuw wordt in Cartoceto olijfolie geproduceerd, meer dan voor eigen gebruik nodig is. In 1538 waren er zeven oliemolens in bedrijf. De vraag naar olie steeg nog dermate dat het aantal olijfbomen tussen 1590 en 1681 verviervoudigde. Dat het alledaagse leven van de mensen in deze stad en streek sinds jaar en dag wordt bepaald door olijven, demonstreert ook het jarenlang aan verval prijsgegeven **Teatro del Trionfo**, dat in 1801 op de bovenverdieping van een olijfmolen aan de Piazza Marconi werd gevestigd. Dit charmante theatertje telt slechts 37 zitplaatsen en wordt momenteel gerestaureerd, zodat ook het olijvenmuseum op de benedenverdieping – dat nog niet klaar is – vooralsnog gesloten is voor het publiek.

Tegenwoordig wordt in vier grote oliemolens de sinds jaar en dag gewaardeerde L'Olio Cartoceto DOP (Denominazione di Origine Prottetata) geperst, uiteraard koud en 'extra vergine'. De olie is diepgroen, smaakt fruitig, heeft een kruidige ondertoon en wordt onder de goede naam van Cartoceto ook in de buurgemeenten Saltara, Serrungarina en Mombarocchio in de flessen gegoten.

Culinaire openbaringen van diverse aard

De bekendste 'oliebaron' van vandaag de dag is Vittorio Beltrami, die een fascinerende ambassadeur van het mediterrane landleven is. Hij bedient de **Frantoio della Rocca**, die op afspraak en tijdens de olijvenfeesten in november bezichtigd kan worden. Hij houdt zich niet alleen bezig met olijfolie, maar maakt ook een plaatselijke variant van de in kuilen rijpende Formaggio di Fossa. Sinds 1980 drijft hij samen met zijn familie de **Azienda Agricola Covo dei Briganti**, waar hij schapen fokt en ook nog talloze andere kaassoorten maakt, zoals zijn melkverse ricotta en zijn met wilde bos- en weidekruiden gearomatiseerde kaasspecialiteiten.

Op de boerderij van Vittorio Beltrami maakt de familie bovendien worst en verbouwen ze groenten. Vruchten die zijn geoogst worden in azijn geconserveerd, in olie ingelegd of tot jam en marmelade bereid. Al deze kostelijkheden staan, liggen en hangen in de **Gastronomia Beltrami**, een winkel in het historisch centrum van Cartoceto – u kunt er kopen én proeven. In de bescheiden winkel met een leuk voortuintje hangen de heerlijkste geuren: van de kazen, de verse kruiden en het fruit. De zaak wordt gerund door Vittorio's echtgenote Elide en dochter Cristiana Beltrami, met gevoel voor klantvriendelijkheid en met passie voor het familiebedrijf.

De Gastronomia Beltrami voert naast eigen landbouwproducten ook alcoholische dranken, zoals de in Tavernelle (Serrungarina) uitgevonden olijflikeur Liquor D'Ulivi van het huis Giuliano Berloni, een digestief dat ook als verfijning van desserts en cocktails kan worden gebruikt. Daarnaast zijn er lokale wijnen, die u natuurlijk ook direct bij de wijnboeren zelf op de wijngoederen van Cartoceto kunt proeven en kopen.

De heren van de wijnranken – wijnboeren en wijngoederen

De lokale wijngrootheden luisteren naar de namen Bianchini, Brunetti, Galiardi en Lucarelli en besturen hun wijngoederen op slechts enige kilometers van de historische binnenstad verwijderd. Ze maken verschillende witte wijnen, die afhankelijk van de druivensoort en het aanplantgebied vallen onder Bianchello del Metauro, en ook rode wijnen, gemaakt van de druivensoort sangiovese, die onder de naam Colli Pesaresi worden verkocht. Daarnaast brengen ze kleinere hoeveelheden andere soorten op de markt: spumante, prosecco en grappa, en tot slot ook olijfolie.

Het grootste en tevens oudste wijngoed is in het bezit van de familie **Bianchini**, in 1941 door hun voorvader Augusto Bianchini opgericht. Dit bedrijf in Cartoceto en in de buurgemeente Serrungarina omvat in totaal 18 ha wijnbouwcultuur, 9 ha olijfbomen en 3 ha fruitbomen met onder andere de eerder genoemde 'Engelse peren' met hun hemelse aroma.

Tot de succesvolle jonge generatie wijnboeren behoren **Giordano Galiardi**, die zich sinds de eeuwwisseling uitsluitend op biologisch geproduceerde wijn en olijfolie toelegt, en **Roberto Lucarelli**, die in 1998 tot de sector toetrad; zijn wijngoed in Ripalta – een deel van Cartoceto – staat vol wijnstokken en olijfboomgaarden. In dit specifieke mediterrane landschap kunt u Lucarelli's uitstekend drinkbare, inspirerende witte wijnen en zijn evenwichtige rode wijnen met veel body proeven.

(Kook-)kunst uit Cartoceto

De sympathieke Italiaan Lucarelli, wiens producten onder het label La Ripe worden verkocht, vertrouwt bij het componeren van nieuwe wijnen niet in de laatste plaats op de professionele tong van Lucio Pompili, die in zijn stijlvolle restaurant **Symposium Quattro Stagioni**, gelegen in de groene heuvels van Serrungarina, circa 1 km van Cartoceto, niet meer regelmatig, maar alleen tijdens 'events' de scepter zwaait (www.symposiumeventi.com). Het pand fungeert tegelijk als een klein maar fijn hotel en ligt midden in een wonderschone mediterrane tuin, met schitterend zwembad en oeroude olijfbomen. Verder profileert Pompili, die het olijvenbolwerk jaren geleden in de sterrenhemel van Michelin heeft laten oprijzen, zich sinds kort als 'chef nomade' (www.luciopompili.it).

Pompili woont nog steeds in Cartoceto, waar ook de schilder, ontwerper en dichter Gesine Arps (geb. 1964) haar artistieke thuis heeft gevonden. Ze is geboren in het Duitse Hannover en woont en werkt sinds 1984 in Marche. Projecten met de bekende ontwerper Piero Giudi en exposities in Italië, Duitsland en Nederland hebben ervoor gezorgd dat ze naam heeft gemaakt. Ze heeft een atelier en expositieruimte, **Magazzino 3**, in Cartoceta (Via Dante Alighieri 1, www.gesinearps.com), wijde in 2006 een expositie aan haar nieuwe 'vaderland' ('Dedicato alle terre di Pesaro Urbino') en laat zich inspireren door olijven, wijn, lokale schapenkaas en de 'Engelse peren'.

Lucrezia. Verzorgde, rustiek gemeubileerde kamers en goede en gezonde gerechten met biologische producten, afkomstig van het eigen bedrijf.

Eten en drinken

Klein maar fijn – **Locanda 30 Posti:** Via Gioachino Rossini 8, tel. 389 602 96 07, okt.-mei, alleen za. en zo. geopend. Het liefdevol gerestaureerde en gemeubileerde kelder- en grotrestaurant in het centrum van Cartoceto heeft – zoals de naam al zegt – slechts dertig plaatsen en bovendien een uitstekende culinaire reputatie.

Goede olie, goede keuken – **Osteria im Frantoio del Trionfo:** Via San Martino 9, tel. 0721 89 30 50, za. en zo. ook 's middags, anders alleen 's avonds geopend, circa € 20. In de Osteria in de gelijknamige oliemolen van Cartoceto wordt ook lekker gekookt.

Populair en gezellig – **Antica Osteria Da Gustin:** Bargni di Serrungarina, Via Castello 27, tel. 0721 89 15 17. Een veelgeprezen kleine osteria voor de buur van Casa Oliva (zie hiervoor). Hier kunt u in een vriendelijke sfeer en tegen een redelijke prijs (menu circa € 35) op traditionele wijze smullen.

Winkelen

Olijfolie – **Frantoio della Rocca:** Via Cardinale Pandolfi 1, Cartoceto, tel. 0721 89 81 45, www.gastronomiabeltrami. com; **Frantoio del Trionfo:** Via San Martino 9, Cartoceto, tel. 0721 89 82 86, www.frantoiodeltrinfo.it; **Olio Alessandri:** Via Ripe 6, tel. 0721 89 83 02, www.olioalessandri.it.

Mediterrane lekkernijen – **Gastronomia Beltrami:** Via Umberto I 21-23, Cartoceto; **Covo dei Briganti:** Via Morcia 1, Loc. Ripalta, Cartoceto, tel. 0721 89 30 06; beide www.gastronomiabeltrami. com; **Giuliano Berloni:** Via San Francesco, Loc. Tavernelle di Serrungarina, tel. 0721 89 12 02, www.liquordulivi.it.

Wijn, sekt, grappa en olijfolie – **Giordano Galiardi:** Via Falarco 4, Cartoceto, tel. 0721 87 73 47, www.galiardi. it; **Roberto Lucarelli:** Via Piana 20, Loc. Ripalta, tel. 0721 89 30 19, www. laripe.com; **Cantina Bianchini:** Via Via Sant' Anna 33, Cartoceto, tel. 0721 89 84 40, www.sangiovese.it.

Fossombrone ▶ D 2

Als u vanuit Fano aan komt rijden, ligt ruim 2 km voor Fossombrone de wijk San Martino del Piano met het **Parco Archeologico Di Forum Sempronii,** waar de geschiedenis van de stad tussen 133 en 126 v.Chr. begon. Doordat het terrein vaak afgesloten is, bestaat er geen garantie dat u de daarin vrijgelegde straatdelen van de oude Via Flaminia – de hoofdstraat van de oorspronkelijke stad – en haar met mozaïeken versierde thermaalbaden van dichtbij kunt bewonderen.

Deze opgravingen vormen overigens maar een van de vele bezienswaardigheden die een bezoek aan Fossombrone de moeite waard maken. Daartoe behoort zeker ook een wandeling over de met arcaden omzoomde en 's avonds sfeervol verlichte voetgangersstraat **Corso Garibaldi** (helaas zijn de mooie lichten vanwege gemeentelijke bezuinigingen niet meer het hele jaar door elke avond aan). De stad bezit verder een **kathedraal** en de **Chiesa di San Filippo,** beide met kostbare en fraaie interieurs. U ziet er bijvoorbeeld schilderijen van Guerrieri en Ridolfi. Ook heeft Fossombrone drie musea en een 30 m diepe rotskloof met grotten eronder, de **Marmitte dei Giganti,** die u vanaf de brug over de Metauro aan

De noordkust en de Via Flaminia

de zuidelijke stadsrand (San Lazzaro) goed kunt zien.

Corte Alta (Museo Civico e Pinacoteca A. Vernarecci)

Via del Verziere, tel. 0721 71 46 50, za. en zo. 16-19 uur, € 8

In het door de familie Montefeltro renaissancestijl verbouwde hertogelijk paleis uit de periode van de Malatesta's zijn vondsten tentoongesteld uit de prehistorie en uit op het Forum Sempronii opgegegraven archeologische kostbaarheden. U ziet er (stand)beelden en resten van muren, gebruiksvoorwerpen, waaronder een verzameling amfora's, en allerlei objecten die met de dood te maken hebben, zoals sarcofagen en grafstenen met inschriften, en grafgiften. Het schilderijenkabinet bevat werken van onder anderen Guerrieri (1589-1657), Federico Barocci (1528-1612) en Ceccarini (1703-1783).

Casa Museo – Quadreria Cesarini

Via Pergamino 32, tel. 0721 71 46 50, openingstijden zie Museo Civico, € 4

Dit representatieve onderkomen van het schilderijenkabinet dateert uit de 16e eeuw en is gemeubileerd in jaren 30-stijl. U ziet hier de collectie van Giuseppe Cesarini (1896-1977), die de stad schilderijen en sculpturen van de in Fossombrone geboren schilder Anselmo Bucci (1887-1955) en van andere bekende hedendaagse kunstenaars, onder wie Giorgio Morandi, Francesco Messina, Achille Funi en Marino Marini, schonk.

Overnachten

Alles biologisch – **Casal San Sergio:** Via San Sergio 11, tel. 0721 72 74 13, www.casalsansergio.it, 2 pk € 80-90. Biologisch restaurant in een historisch landhuis dat zonne- en windenergie gebruikt. In het gebouw zitten tevens gastenkamers en appartementen, een zwembad en gratis fietsverhuur.

Eenvoudig en schoon – **Mancinelli:** Piazza Petrucci 5/Corso Garibaldi, tel. 0721 71 65 50, 2 pk € 60-70. Eenvoudig gemeubileerde tweesterrenkamers boven het gelijknamige restaurant in het hart van de oude stad.

Eten en drinken

Pizza's tot diep in de nacht – **La Grotta:** Corso Garibaldi 73, tel. 0721 71 47 53, zo.-do. 18.30-2, vr. en za. 18.30-3 uur. In de gezellige gewelven achter de arcades van de voetgangersstraat worden lekkere pizza's gebakken.

Lekker en goedkoop – **Mancinelli:** Piazza Petrucci/Corso Garibaldi, tel. 0721 71 65 50. Smakelijke vlees- en groentegerechten, superverse salades, goed belegde pizza's met knapperige bodem – dit alles tussen de locals, binnen in het sober ingerichte restaurant of op het eenvoudige, sympathieke terras op de piazza (menu € 25).

Informatie

IAT/Pro Loco: Corso Garibaldi 12, tel. 0721 72 32 63, www.comune.fossombrone.ps.it, 9-12 uur.

Gola del Furlo ▶ D 3

Door een authentieke Romeinse tunnel, die keizer Vespasianus in 76 n.Chr. in het rotsmassief liet uithouwen, rijdt u (onder voorbehoud dat de tunnel weer is geopend na tijdelijke sluiting, zie blz. 156) als u uit Fossombrone komt, de Gola del Furlo in. Deze diepe kloof in de rotsen, waarin de rivier de Candigliano tussen de bijna 1000 m hoge rotsen

Gola del Furlo

Imponerend met ontzagwekkende rotspartijen en veelsoortige flora: de Gola del Furlo

Monte Pietralata en Monte Paganuccio afstevent op zijn samensmelting met de Metauro (bij Fossombrone), is een schitterend natuurfenomeen.

De kloof is vanwege de buitengewoon gevarieerde flora en fauna uitgeroepen tot staatsnatuurreservaat en vormt een gebied dat niet alleen van historische waarde is, maar dat ook een grote culinaire aantrekkingskracht bezit.

In dit 3600 ha grote, beschermde landschap, waarboven valken en koningsadelaars cirkelen, groeien en bloeien zo'n duizend soorten bomen en andere planten, zoals eiken, esdoorns, beuken, orchideeën, lelies, klokjesbloemen en aardbeibomen, en leven dieren als kikkers, padden, vlinders, adders, reeën, herten, vossen, stekelvarkens en bunzingen. U hoort er 's nachts de roep van de uil en er huilen soms zelfs weer wolven.

Furlo-pas

De Furlo-pas vormde eens een belangrijk knooppunt van wegen, over welk de Romeinen, de Goten en de Byzantijnen vanuit Rome naar Rimini liepen of reden, en waar zich in recenter tijden Mussolini stationeerde. Hij kwartierde zich in in een herberg genaamd Furlo – daar in 1829 samen met een postagentschap neergezet – waarna Mussolini's getrouwen op die plek boven het ravijn een gedenkteken voor hem metselden. Terwijl Mussolini's in 1936 in de rotsen uitgehouwen portret in het jaar 1944 door antifascistische partizanen werd opgeblazen, bleef de genoemde herberg gespaard en biedt deze aldus nog steeds tafel en bed. De herberg wordt gedreven door het vriendelijk echtpaar Alberto Melagrana en Roberta Roberti. Er wordt op het hoogste culinaire niveau gekookt. Hoewel beiden geen enkele sympathie koesteren voor Mussolini, is zijn kamer in de oorspronkelijk staat gelaten, puur als historische plaats, en is de salon waarin de Duce eens at, in de achterkamer van de ernaast gelegen bar, te bezichtigen.

Het iets verderop gelegen **Museo del Territorio Gola del Furlo** is gewijd aan de natuurlijke en culturele bijzonderheden van de kloof op de gemeentegrond van het architectonisch matig interessante truffelcentrum **Acqualagna** (zie blz. 67), dat u vanaf de herberg na een kort autoritje bereikt. Op de weg ernaartoe ligt **San Vincenzo al Furlo**. Daar vlakbij ligt een Romeins viaduct over de Candigliano. De zowel vanbinnen als vanbuiten sobere, maar mooie romaanse kerk dateert uit de 10e eeuw en behoorde bij de erachter liggende, inmiddels verwereldlijkte benedictijnenabdij.

Fiets- en wandeltochten in en boven de kloof
Het natuurreservaat is met twaalf gemarkeerde wandelroutes ontsloten. Ervaren wandelaars kunnen hun hart ophalen op de Sentiero 149, die vanuit de kloof (180 m) naar het 670 m hoge **Terrazza Alta** op de helling van de Monte Pietralata leidt. Vandaar kunt u de kloof van bovenaf in het vizier nemen.

De georganiseerde wandeling **door de kloof** die de IAT van maart tot december op zon- en feestdagen aanbiedt, duurt anderhalf uur en is zelfs voor rolstoelgebruikers te volgen. Aanmelden kunt u zich telefonisch of online bij de IAT, waar u ook terecht kunt voor een wandelkaart en ander informatiemateriaal (gedeeltelijk in het Engels). U kunt de informatie ook downloaden (zie blz. 156). **Fietsers** met een goede conditie kunnen vanaf de hotels van Furlo een ongeveer 70 km lange, tot maximaal 588 m hoogte stijgende rondrit maken. Hierbij gaat u via Fossombrone naar Urbino en van daar langs Fermignano en Acqualagna terug naar Furlo. De relatief vlakke 'kloofoversteek' van Furlo tot de afslag naar Calmazzo en retour is ongeveer 10 km lang. Ook recreatieve fietsers zullen hier niet buiten adem raken.

Overnachten, eten

Heerlijke truffels – **Antico Furlo:** Via Furlo 60, tel. 0721 70 00 96, www.anticofurlo.it, 2 pk € 80-105. Restaurant behalve juli, aug. en nov. ma.-avond en di. gesl., menu vanaf € 60. Het hotel is warm aan te bevelen. De kamers zijn met smaak gerenoveerd en op een aangenaam bescheiden manier gemeubileerd in jaren 30-stijl. Hetzelfde geldt voor het eenvoudig-elegante restaurant, waar de chef met internationale kookervaring het hele jaar door de edelste truffelgerechten en plaatselijke specialiteiten bereidt. Zijn echtgenote beveelt daarbij passende wijnen aan. Fijne truffelsnacks (bijvoorbeeld panino met spek, ei en zomertruffels) zijn al vanaf € 8 verkrijgbaar. Bovendien organiseert Alberto af en toe truffelexcursies.

Dubieuze bezienswaardigheid – **Bar Furlo:** Via Furlo 52, tel. 0721 70 00 36. Koffie, taart, hapjes, en op verzoek een blik in de 'Mussolini-salon'.

Traditionele snacks – **Chiosco dell'Abbazia:** Acqualagna, Pianacce 67. De kiosk tussen de kerk en het benedictijnenklooster verzorgt de zomergasten al decennialang met koude drankjes en lekkere *crescia* (zie blz. 32).

Winkelen

Truffels – **Acqualagna Tartufi:** Piazza Mattei 9, Acqualagna, tel. 0721 799 310;

Favoriet

Te gast bij Alberto Melagrana ▶ D 3

Toen ik voor de eerste keer in **Antico Furlo** (zie blz. 154) was, bleek het die dag net gesloten – wat zich als een gelukkig toeval voor mij zou ontvouwen. Het echtpaar Melagrana en Roberti nam me mee naar het Allerheiligste – de keuken. Ik kreeg bruschette met truffelcrème, waarover Alberto gul zwarte zomertruffel schaafde, Roberta bracht een glas witte wijn … perfect!

Marini Tartufi: Via Risorgimento 26, Acqualagna, tel. 0721 798 629; **Palazzo del Gusto** (truffelwinkel en cultureel centrum): Piazza Mattei 6.

Info en festiviteiten

IAT/Riserva Naturale Statale Gola del Furlo: met het **Museo del Territorio Gola del Furlo**, Via Flaminia, Loc. Furlo, tel. 0721 70 00 41, www.riservagoladelfurlo.it. De openingstijden wisselen elke maand, maar zijn te vinden op de website. Over het algemeen 9-13 uur; apr.-okt. ook 14-18 uur.

Fiera Nazionale del Tartufo: okt.-nov., zie blz. 68.

Vervoer: na een aardverschuiving in de winter van 2013 was de Gola del Furlo in verband met herstelwerkzaamheden tot april 2016 afgesloten. De tunnel is nu weer toegankelijk voor voetgangers, fietsers en motoren en zou binnenkort ook weer voor auto's geopend moeten zijn. Anders zijn de hier genoemde restaurants en musea als u vanuit Fossombrone via de SS 3-afritten Calmazzo-Furlo en Furlo komt helaas niet door de Romeinse maar door een moderne tunnel te bereiken.

Cagli ▶ D 3

In de 4e eeuw als 'Cale' in de Romeinse annalen opgenomen, profileerde Cagli zich in de 12e eeuw als vrije stad. Die plaats lag halverwege het huidige stadscentrum, werd in 1287 platgebrand en op de huidige plaats weer opgebouwd. Daarbij oriënteerden de bouwers zich op een rechthoekig grondplan, met rechte, parallel lopende straten en kruisingen, daarmee in zekere zin anticiperend op het stedenbouwkundige ideaal van de renaissance. U kunt hier op een beperkt oppervlak alleen al elf kerken bezoeken, die makkelijk zijn te vinden dankzij de overzichtelijke indeling van de beschikbare ruimte door innovatieve middeleeuwse stadsarchitecten. Op ongeveer elke vierkante meter zal een imposant renaissancepalazzo indruk op u maken. En op de mooie Piazza Matteotti nodigt Caffè Italia u uit om van heerlijke *dolci* en *gelati* te genieten.

Cattedrale

Via Fonte del Duomo/Piazza Matteotti

Een gotisch portaal wijst op de middeleeuwse oorsprong van de kathedraal, die haar huidige verschijningsvorm kreeg in 1646. Bij de aardbeving van 1781 ging de koepel verloren. Binnen kunt u kunstwerken van de in Cagli geboren schilder Gaetano Lapis (1706-1773) bekijken, die overigens nog meer kerken in deze stad heeft opgesierd.

Chiesa di San Domenico

Via Lapis

De Chiesa di San Domenico behoort tot de eerste bouwwerken van de na 1289 heropgebouwde stad, waarna het hoofdportaal al in 1483 de vorm kreeg die het thans nog heeft. De apsis en de toren stammen van veel later, uit medio 17e eeuw. De grootste attractie van deze kerk wordt gevormd door de fresco's van de vader van Rafaël: Giovanni Santi. Sommige fresco's zijn grondig gerestaureerd. Men zegt dat deze grote schilder op zijn hoofdwerk – in de Cappella Tiranni – met Johannes de Doper feitelijk zichzelf heeft afgebeeld en dat een engel naast de Madonna het portret van zijn zoontje Rafaël zou zijn. Behalve deze Santi hebben ook Antonio Viviani en de grote schilderszoon Lapis bijgedragen aan de vormgeving van de kerk.

Palazzo Pubblico (Museo Archeologico e della Via Flaminia)

Piazza Matteotti 1

Het Palazzo Pubblico werd in 1289 gebouwd en in 1476 overgedaan aan de nieuwe stadsheer Federico da Montefeltro, die zijn huisarchitect Francesco di Giorgio Martini met de gewenste verbouwing tot hertogelijk paleis belastte. Hoewel de bouwplannen niet volledig werden gerealiseerd, zijn sporen van renaissancearchitectuur hier duidelijk te traceren. In het paleis met de indrukwekkende binnenhof bevindt zich het archeologisch museum, dat na een jarenlange renovatie binnenkort zijn deuren weer zal openen. Het museum toont de geschiedenis van de stad van de prehistorie tot de middeleeuwen. Zwaartepunt vormt het rijke verleden van de Via Flaminia.

Teatro Comunale
Piazza Niccolò 4, tel. 0721 78 13 41, www.teatrodicagli.it

Het tussen 1870 en 1878 gebouwde theater vormde feitelijk de opvolger van het een eeuw daarvoor op een andere locatie geopende Teatro delle Muse. Het presenteert zich in de in die tijd geliefde stijlenmix van verschillende periodes. De buitenkant doet denken aan de bouwstijl van de late 16e eeuw, het interieur is zowel classicistisch als barok. Tal van toneeldecors zijn afkomstig van de hand van Girolamo Magnani, de lievelingsdecorschilder van de grote componist Verdi. Juist vanwege de 'bonte mengeling' van vormen en kleuren, schilderingen, beelden en ornamenten, verspreidt deze met drie pronkzuchtige logebalkons uitgeruste, actief bezochte en bespeelde muzentempel veel nostalgische flair. Het is op aanvraag bij het toeristenbureau of in het stadhuis (Palazzo Pubblico) te bezichtigen (tel. 0721 78 07 31).

Torrione/Centro di Scultura Contemporanea
Via del Torrione, tel. 0721 78 07 73, aug. dag. 10-12.30, 16.30-19.30, daarbuiten za. en zo. 10-12.30, 15-19 uur, € 3

De massieve toren is het enige wat overbleef van Francesco di Giorgio Martini's vesting uit de jaren 80 van de 15e eeuw. Op initiatief van de in binnen- en buitenland beroemde kunstenaar Eliseo Mattiacci uit Cagli dient deze plek sinds 1990 als historische tentoonstellingslocatie voor eigentijdse sculpturen, waarbij de expositie van bekende hedendaagse kunstenaars tot 2012 geleidelijk met nieuwe kunstwerken werd uitgebreid.

Overnachten

Centraal – **Pineta:** Viale della Vittoria 15, tel. 0721 78 73 87, www.hpineta.com, 2 pk € 75-85. Keurig driesterrenhotel in het centrum bij de Torrione en met een café-restaurant ernaast.

Vakantiewoningen aan de rand van de stad – **Ca' Battista:** Strada del Valubbio 29, tel. 0721 79 73 92, 392 550 44 89, www.cabattista.it. Het country house met zwembad ligt op ruim 6 km afstand van Cagli en verhuurt per week of in het weekend vakantiewoningen voor twee tot acht personen. Bijvoorbeeld: tweekamerappartement met terras € 380-600 per week, € 80 per (weekend)nacht, plus € 50 schoonmaakkosten.

Eten en drinken

Nieuwe interpretatie – **La Gioconda:** Via Brancuti, tel. 0721 78 15 49, ma. gesl., menu vanaf € 30-120. Dit soberelegante restaurant in het centrum serveert geraffineerd bereide, traditionele gerechten, met in het seizoen ook uitstekende zwarte- en wittetruffelgerechten. Chef-kok en eigenaar Gabriele Giacomuzzi is een van de opkomende jonge koks van Marche en schenkt bij zijn gewaardeerde gerechten uiteraard passende wijnen.

Info en festiviteiten

Ufficio Cultura: Rathaus, Piazza Matteotti 1, tel. 0721 78 07 31.
IAT: Via Alessandri 4, tel. 0721 78 07 73, www.cagliturismo.it. Ook informatie over wandelroutes en wandelkaarten.
Palio dell'Oca: middeleeuwse spelen, tweede zondag in augustus, www.giochistoricicagli.it.
Vervoer: busverbindingen naar onder andere Acqualagna, Fossombrone, Fano, Pesaro, Frontone en Pergola.

Eremo di Fonte Avellana della Santa Croce ✱ ▶ D 4

De grootste abdij van Marche ligt in een afgelegen stuk gevarieerd bos, op 700 m hoogte aan de voet van de **Monte Catria** (1701 m), een stuk natuur dat met de berg daarnaast, de Monte Acuto (1668 m), een goed gemarkeerd wandelgebied vormt en ook open is voor mountainbikers en skitoeristen. Er is zelfs een kabelbaan.

Geschiedenis

De historische eerste steen voor de abdij, waar in vroeger tijden zo'n duizend camaldulenzen (monniken van die orde) – meest in witte pij gekleed – hebben gewerkt en gebeden, werd gelegd in circa 970, toen de heilige Romuald zich samen met een paar gelijkgezinde geestelijke broeders terugtrok in de eenzaamheid van de aan de Kerkelijke Staat toebehorende bossen, teneinde zich daar te wijden aan gebed en ascese. Een ware spirituele en inspirerende kracht straalde het klooster echter pas uit toen de strenge kerk- en kloosterreformateur Petrus Damiani zich in 1037 bij de bewoners aansloot en er in 1043 de geestelijke leiding overnam. In 1325 klom het klooster – waarin zich, als we tenminste de relevante versregels uit de *Divina Commedia* op waarde schatten, ook Dante moet hebben opgehouden (1318) – op tot abdij. In het jaar 1810 werd de kloosterorde door Napoleon opgeheven. Doordat de Italiaanse eenheidsstaat de Franse politieke beslissingen in 1866 bekrachtigde, trokken spirituele volgelingen van de heilige Romuald in 1935 wederom in het klooster. Het was van de 13e tot de 15e eeuw met zijn geestelijke en economische betekenis enorm uitgegroeid en veranderd, zodat van de oorspronkelijke stichting van het klooster alleen nog een herinnering rest, en uit de tijd van Damiani alleen nog de crypte.

Bezichtiging

De abdij Fonte Avellana, wat 'hazelnotenbron' betekent, is uitsluitend met gids te bezichtigen. Ze wekt architectonisch en lichttechnisch absolute bekoring op en bespeelt zelfs bij niet-gelovigen de emoties. U begint in het **Scriptorium** uit de 13e eeuw, waarin de zes op het oosten, een op het zuiden en zeven op het westen gerichte eenbogige vensters als zonnewijzer c.q. kalender fungeren, wat fascinerend is en alleen volledig valt te begrijpen als u er zelf bent.

Daarvoor ziet u een laboratorium uit de 12e eeuw, dat onder andere werd gebruikt voor het inbinden van manuscripten. De **oude bibliotheek,** waarin 25.000 waardevolle banden liggen, is inmiddels voor bezoekers gesloten. Wel wordt u een blik gegund in de nieuwe, aan Dante gewijde bibliotheek, gevuld met zevenduizend boeken van theologische strekking.

De **kruisgang,** bestaande uit vier met elkaar verbonden vloeroppervlakken, zonder tuin, dateert met zijn oudste delen uit de 12e eeuw en is daar overspannen door een romaanse boog. De latere bogen zijn opgetrokken in fenicische stijl, als exponent van de door de monniken gegenereerde welvaart. De

Eremo di Fonte Avellana della Santa Croce

kapittelzaal uit de 13e eeuw, waarin de monniken de Heilige Schrift lazen, is met een tongewelf overspannen en maakt indruk met zijn uitstekende akoestiek en met het slimme gebruik van de lichtval uit de op het oosten gelegen vensters.

Tot slot ervaart u de aparte ruimtelijke atmosfeer van de 13e-eeuwse romaanse kerk en de direct uit de rotsbodem van de Monte Catria gehakte 11e-eeuwse crypte, die nog het originele altaar bevat en die met haar twee naar het (zuid)oosten gerichte vensters op heel natuurlijke wijze de crypte van licht voorziet.

Overnachten

Tussen Cagli, Fonte Avellana en Pergola vindt u meerdere locaties met agriturismo-allure in het mooie landschap.

Vakantie op een boerderij – **Alla Vecchia Quercia:** Via Montaiate 26, Loc. Valdarca, Pergola, tel. 0721 77 30 85, www.vecchiaquercia.it, 2 pk € 70-80, ontbijt € 8. Behoedzaam gerestaureerde oude boerderijen met kamers en appartementen, gerund door een Zwitsers echtpaar. Zij bebouwen ook akkers en houden vee. U kunt er paardrijden en fietsen huren, of van het zwembad en het restaurant genieten.

Eten, winkelen

Bij het klooster – Direct naast het klooster bevindt zich een **bar met picknickplaats,** waar u op krachten kunt komen met koffie en taart of met hartige kost. Enkele kilometers verder lonkt de boshut **Le Cafanne** (Via Fonte Avellana 19, tel. 0721 73 07 06, wo. gesl.) met wild-

De abdij aan de hazelnotenbron

braad, paddenstoelspecialiteiten en lekkere *crescia* (zie blz. 32). Wie **souvenirs** met een kloosterachtig tintje wil meenemen, zoals kruidenmengsels of kruidenlikeur, jam of marmelade, of geurende zeepjes, kan terecht in de **Antica Farmacia die Monaci Camaldolesi** (9-18.30 uur).

Actief

Fietsen en wandelen – Tochten op en rond de Monte Catria, Monte Acuto en Monte Nerone vereisen klimervaring en conditie. Startpunten zijn Fonte Avellana, Sant'Abbondio, Frontone en Caprile. Vandaar leidt (half apr.-sept.) een kabelbaan (*cabinovia*) over de helling van de Monte Acuto (aug. dag., tot half juni alleen zo., daarbuiten za. en zo. 9-17.30 uur), met skipistes en een mountainbikeroute (zie voor meer informatie: www.valcesano.com, www.pesarotrekking.it en www.montecatria.com).

Informatie

Rondleidingen: het kerkplein is het trefpunt (ma.-za. 10, 11, 11.30, 15, 16, 17 uur, zon- en feestdagen 10-12, 14.30-18 uur elk halfuur).
Godsdienstoefeningen: in Fonte Avellana bestaat de mogelijkheid deel te nemen aan godsdienstige plechtigheden. Informatie en voorwaarden verkrijgt u telefonisch of via de website: tel. 0721 73 02 61, www.fonteavellana.it.
Vervoer: geen bussen!

Pergola ▶ D 3

De grote trots van Pergola wordt gevormd door de **Bronzi Dorati da Cartoceto di Pergola**, waaraan de stad, die bovendien nog een dozijn oude kerken bezit plus het obligate **Palazzo Ducale** en een **theater** uit de 18e eeuw, een heel **museum** heeft gewijd. Het is gevestigd in een voormalig augustijnenklooster uit de 15e eeuw en beheert naast de bovengenoemde spectaculaire toevallige vondsten, ook nog schilderijen uit de 15e tot de 18e eeuw, een mozaïek uit de late Romeinse tijd en een muntenverzameling. De door velen bewonderde, meer of minder volledig vergulde bronzen beelden van twee (echt)paren uit de hogere kringen van de Romeinse maatschappij – de heren te paard – werden in 1946 bij grondwerk in Pergola's stadswijk Cartoceto bij toeval ontdekt. De datering valt op 50 tot 30 v. Chr. (Museo dei Bronzi Dorati da Cartoceto di Pergola, Largo S. Giacomo 1, tel. 0721 73 40 90, www.bronzidorati.com, di.-zo. 10-12.30, 15.30-18.30 uur, juli en aug. dag. 10-12.30, 15.30-19 uur, € 6).

Informatie

Vervoer: busverbindingen naar Fano, Pesaro, Cagli en Fabriano.

San Lorenzo in Campo ▶ E 3

Het aardige dorp San Lorenzo in Campo ontwikkelde zich rond de gelijknamige, eind 10e eeuw vermoedelijk met stenen van de Romeinse stad Suasa gestichte benedictijnenabdij. Van de abij resteert alleen de in 1140 gebouwde en in de 18e eeuw verbouwde **kerk**, die in 1936 in originele staat is teruggebracht. De kerk raakte in 1997 door een aardbeving beschadigd en kan momenteel alleen op afspraak worden bezichtigd (tel. 0721 77 64 79).

Het tweede belangrijke bouwwerk in deze stad is het **Palazzo Della Rovere** uit de 16e eeuw, waarin het nog steeds in bedrijf zijnde **Teatro Mario Tiberini** en het **Museo Archeologico del Territorio di Suasa** de moeite van het bezichtigen waard zijn (Via Mazzini 2, tel. 0721 77 64 79, juli/aug. do.-zo. 16-20 uur, € 3).

Voor informatie over het alledaagse leven van boeren en ambachtslieden in de afgelopen eeuw gaat u naar het **Museo delle Terre Marchigiane**, dat met werktuigen en taferelen het historische landleven toont en dat op afspraak via het IAT of het museum zelf te bezichtigen is.

De culinaire trekker van San Lorenzo in Campo is spelt (Ital.: *farro*), dat hier als hele korrels, tot meel gemalen of tot pasta gekneed te proeven en te koop is (museum: Via Leopardi, tel. 0721 77 69 04).

Overnachten, eten

Topkeuken – **Hotel Giardino:** Via Enrico Mattei 4, tel. 0721 776 803, www.hotelgiardino.it, 2 pk vanaf € 60, zo.-avond en ma. gesl., menu € 40. Het moderne hotel met tuin en zwembad is eigenlijk niet meer dan een aanhangsel van het wijd en zijd bekende en geprezen gelijknamige restaurant.

Eten, slapen, biken – **Locanda San Martino:** Piazza San Martino 9, Montalfoglio di San Lorenzo i. C., tel. 0721 77 55 13, www.locandasanmartino.it, wisselende gerechten. Achter de oude muren van een middeleeuws gehucht, een paar kilometer ten noordwesten van San Lorenzo in Campo, kunt u uitstekend (vlees) eten, in twee verzorgde appartementen met maximaal vier slaapplaatsen (voor twee personen € 70) overnachten en deelnemen aan door de eigenaren georganiseerde moutainbiketochten in de omgeving.

Allemaal spelt – **Farroteca Monterosso:** Via Costantinopoli 9, tel. 0721 77 65 11, gemiddeld prijsniveau. In dit eenvoudig gemeubileerde restaurant en in de mooie tuin kunt u terecht voor onder andere speltsoep, speltpasta en zelfs speltbier dat is gemaakt van het graan van de Azienda Monterosso (dag. op afspraak geopend).

Informatie

IAT: Via San Demetrio 4, tel. 0721 77 64 79, www.proloco-sanlorenzo.it. ma., wo. en vr. gesl., anders 9-12, za. ook 16.30-19 uur.

Castelleone di Suasa ▶ E 3

In het **Parco Archeologico di Suasa** werden tot nu toe waardevolle en gedeeltelijk met kunstzinnige mozaïeken versierde restanten van het Romeinse forum, een woonhuis, een thermaalbad, een theater en een amfitheater opgegraven.

Het **Museo Civico Archeologico della Città Romana** in het plaatselijke **Palazzo Della Rovere** toont wat er nog meer op het terrein van de antieke stad is gevonden, zoals beelden, grafgiften en nauwkeurig gereconstrueerde Romeinse fresco's.

Informatie

Associazione Turistica Pro Suasa: Via Ospedale 9, tel. 071 96 67 70, www.prosuasa.it.
Parco Archeologico en **Museo di Suasa:** Via Pian Volpello en Via Ospedale 7, tel. 071 96 65 24, www.progettosuasa.it, juli vr.-zo. 16-20, aug. di.-zo. 16-20, sept.-nov. za., zon- en feestdagen 15.30-19.30 uur, park € 5, museum € 3, combiticket € 7.

De noordkust en de Via Flaminia

Mondavio ▶ E 3

Het tussen 1482 en 1492 gebouwde **Rocca Roveresca** van Mondavio is een schoolvoorbeeld van de militaire architectuur van de hand van Francesco di Giorgio Martini, vooral omdat deze vesting in haar lange geschiedenis verschoond is gebleven van branden en bombardementen (Piazza della Rovere, tel. 0721 97 73 31, 9-12, 15-18/19 uur, € 6).

Dit enorme gebouw, waarin u een **museum** aantreft met wapens, wapenrustingen en kostuums die een beeld geven van het alledaagse leven van de hogere kringen uit de renaissance, vormt in augustus het toneel van een nostalgisch banket. Dit behoort tot de hoogtepunten van het volksfeest **Caccia al Cinghiale** (wildezwijnenjacht), waarbij in schitterend opgeroepen renaissancesfeer de bogen worden gespannen en met vaandels wordt gezwaaid.

Overnachten, eten

Alles onder een dak – **La Palomba:** Via Gramsci 13, tel. 0721 971 05, www.lapalomba.it, 2 pk € 70-85, menu € 25. Een sympathiek familiebedrijf dat direct tegenover de Rocca ligt, met lokale specialiteiten en heerlijk knapperige pizza's. Keurige kamers met een mooi balkonterras.

Info en festiviteiten

Ufficio Turismo: Corso Roma 1, tel. 0721 97 77 58, www.mondavioturismo.it. **Caccia al Cinghiale:** 12-15 aug.

De getrapte straatjes van Corinaldo

Corinaldo ▶ E 3

Het stevig ommuurde Corinaldo is eigenlijk een gesamtkunstwerk. De sinds 1367 aangelegde, maar grotendeels van na 1480 daterende **stadsmuur** inclusief de pittoreske **poorten** en torens vormt een van de grootste bezienswaardigheden van de stad. De muur omringt de met getrapte steegjes en straatjes dooraderde stad, die vooral een barokke en neoclassicistische architectonische signatuur draagt. Er is ook een aantal middeleeuwse **palazzi** en kerken, zoals ook de kerk die bij het **augustijnenklooster** hoort, waarin de stadsheilige Santa Maria Gorretti wordt vereerd (Via di Santa Maria Goretti). Zij werd in 1890 geboren, iets buiten Corinaldo, en stierf in 1902 aan de gevolgen van een afgeweerde verkrachtingspoging. Omdat zij haar maagdelijkheid met haar leven had verdedigd en haar kwelgeest en overweldiger op haar sterfbed nog zou hebben vergeven, werd zij in 1950 heilig verklaard – onder de trotse ogen van haar moeder, die vier jaar na deze heiligverklaring stierf en die naast een als relikwie vereerd stukje bot uit de onderarm van haar vrome dochter in de genoemde kloosterkerk haar laatste rustplaats heeft gekregen.

Het stadje heeft verder een klein theater, het **Teatro Goldoni** (Via del Teatro 1), de **Pinacoteca Comunale Claudio Ridolfi** met een overzicht van de werken van deze beroemde schilder (Largo XVII Settembre 1860 1/2, dag. 10-12.30, 15.30-19 uur, € 2,50), en de **Sala del Costume e delle Tradizioni Popolari** met een collectie historische kostuums (adres zie boven, za. 16.30-19, zo. ook 10-12 uur). Deze kostuums worden sinds jaar en dag gedragen op de derde zondag in juli, wanneer bij de **Pozzo della Polenta** de verdediging tegen de veroveringspoging van Francesco Maria I della Rovere uit het jaar 1517 wordt herdacht.

Overnachten, eten

Albergo diffuso – **Corinaldo Albergo Diffuso:** Via del Teatro 31 en Via Dietro Le Monache 2 (restaurant), tel. 071 797 58 49, www.corinaldoalbergodiffuso.it, 2 pk en appartementen € 50-130. Het van oudsher bekende hotelrestaurant I Tigli in een voormalig klooster is na een wisseling van eigenaren het hoofdgebouw van het Albergo Diffuso Corinaldo geworden. Naast het restaurant en de hotelkamers in het gebouw komen er geleidelijk steeds gerenoveerde kamers en appartementen in huizen in de oude binnenstad bij, bijvoorbeeld in het Palazzo delle Meraviglie (18e eeuw), waar gasten in mooie kamers kunnen overnachten en kunnen genieten van een heerlijk terras op de bovenste verdieping. Het ontbijt wordt in het restaurant geserveerd. Er worden ook elektrische fietsen verhuurd.

In het groen – **Casalantico:** Via Conagrande 8, tel. 071 797 60 30, www.casalantico.it. 2 pk en appartementen € 350-875 per week, half juni-sept. verblijf van minimaal een week, daarbuiten drie dagen. Goed verzorgde appartementen met keuken in een behoedzaam gerenoveerd landhuis met zwembad. Het ligt halverwege Corinaldo en Fano-Marotta.

Proeven en kopen – **Osteria de Scuretto:** Via Cimarelli 2, tel. 347 263 13 54, 9.30-2 uur, ma. gesl. Aardige kleine osteria, waar met mooi weer enkele tafels aan de straat worden gedekt. Kleine koude en warme gerechten, naast eten en drinken om mee te nemen.

Info en festiviteiten

Ufficio IAT: Largo XVII Settembre 1860 1-2, tel. 071 67 78 22 36, www.corinaldo.it, met een specialiteitenwinkel.
Vervoer: er zijn regelmatige busverbindingen naar Senigallia.

IN EEN OOGOPSLAG

Castelli di Jesi en de Grotte di Frasassi

Hoogtepunt ✹

Jesi: niet alleen het plein waar Frederik II in het openbaar geboren zou zijn maakt een wandeling door deze levendige wijnhoofdstad de moeite waard. Ook de historische bouwwerken uit meerdere eeuwen zorgen voor een harmonieus stadsbeeld. Zie blz. 169.

Op ontdekkingsreis

Culinair genieten in Senigallia: de tweesterrenkoks Moreno Cedroni en Mauro Uliassi serveren hun culinaire kunstwerken in twee strandrestaurants en een chique cafetaria midden in het *centro storico* van de kleine stad aan de Adriatische Zee. Zie blz. 170.

Grotte di Frasassi: de grotten van Frasassi behoren tot de spectaculairste natuurmonumenten van Italië. De oeroude druipsteengrotten zijn onvoorstelbaar groot en verbazingwekkend. Zie blz. 186.

Bezienswaardigheden

Abbazia San Vittore alle Chiuse: dit kostbaar kleinood onder de romaanse kerkarchitectuur vormde eens het godshuis van de abdij San Vittore alle Chiuse, waarover al in het jaar 1007 voor de eerste keer in oorkonden werd gerept en die in de 13e eeuw haar bloeitijd beleefde. Zie blz. 182.

Het papiermuseum van Fabriano: het Museo della Carta e della Filligrana geeft veel informatie over de geschiedenis van de papierproductie in Europa en Italië. Zie blz. 188.

Wandelen

In het Parco della Gola della Rossa e di Frasassi: ervaren wandelaars en klimmers kunnen het natuurpark boven de beroemde grotten aan de hand van goed in kaart gebrachte routes verkennen – een goede conditie is vereist! Zie blz. 183.

Sfeervol genieten

Wonen in het paradijs: in Poggio Antico in Monte San Vito kunt u optimaal genieten van uw vakantie of vrije tijd. De villa ligt in een schitterend landschap en heeft voor de bezoeker alle denkbare comfort in petto. Zie blz. 177.

Uitgaan

Drinken en dansen in Jesi: na een theateravond in het Teatro Pergolesi kunt u van de gelegenheid gebruikmaken een ontpannen wandelingetje door het historisch centrum van de wijnhoofdstad Jesi te maken, temeer daar men hier werkelijk overal een goed glas verdicchio kan gaan drinken. En in de discotheek Noir is het goed dansen op latin, house, revival of happy music. Zie blz. 176.

Wijngeluk en natuurwonderen

Het landschappelijk lieflijke en in economisch opzicht belangrijkste wijnbouwgebied van Marche opent zich tussen de eens zo mondaine badplaats Senigallia en de luchthaven- en industriestad Falconara Marittima aan de Adriatische kust, wordt in het noorden en het zuiden door de rivieren Misa en Esino van water voorzien en stuit in het westen op de natuurlijke grens van de rotswanden van Gola della Rossa e di Frasassi. De geografische ligging en de lichtglooiende heuvels verschaffen precies de klimatologische voorwaarden waarvan het bouquet van de witte Verdicchio dei Castelli di Jesi en de rode Lacrima di Morro d'Alba profiteert. Het wijnmekka wordt naar de zestien over de streek verstrooid liggende wijnkastelen onder de historische bescherming van Jesi 'Castelli di Jesi' genoemd.

Het wijngebied komt zelden boven de hoogte van 200 m uit, zodat de mildfrisse zeebries in zekere zin ongehinderd over de ogenschijnlijk eindeloze aanplant van wijnstokken en graanvelden kan waaien. Dit landschap wordt hier en daar kleurrijk opgeluisterd door vrolijke zonnebloemvelden en de zilverglanzende blaadjes van de talloze olijfbomen, en wordt van contouren voorzien door groepen eikenbomen en populieren die de velden afbakenen. Groepjes huizen, land- of wijngoederen en boerenhoven maken het overwegend agrarisch landschappelijke beeld compleet; wijnmetropool Jesi legt feitelijk het enige urbane accent.

In het Parco Naturale Regionale della Gola della Rossa e di Frasassi, een middelgebergte, zijn het echter de wildromantische rotspartijen en de dichtbeboste hoogten die het beeld bepalen. Het park is met het fascinerende druipsteengrottenlabyrint Grotte di Frasassi gezegend, dat het hele jaar door bezoekers trekt. Het ligt op gemeentegrond van Genga, waar eens paus Leo XII (1823-1829) werd geboren, en herbergt de romaanse kerk San Vittore en het in bouwkundig opzicht bijzondere, ingeslapen berggehucht Serra San Quirico. Aan de rand hiervan opent het onbeschermd liggende Arcevia uitzicht over het wijndorado, toont Sassoferrato zijn Romeins verleden, en biedt papierstad Fabriano een mooi historisch centrum en een interessant museum.

INFO

Kaart: ▶ D-F 2-4

De heenreis en dan ...

Wanneer u van plan bent een wijnproeftocht door Castelli di Jesi te maken, hebt u vier of toch minimaal twee wielen nodig, omdat de wijnhuizen vaak midden tussen de druivenstokken staan en daardoor dus niet in de buurt van de bushaltes in de wijndorpen liggen. Dit geldt ook voor het zoeken naar agriturismi. Maar wie alleen het stadje Jesi, de grotten of Fabriano wil bezoeken, kan zich met bus en trein goed redden.

Internet

www.vinit.net: allerlei wetenswaardigheden over wijnen en wijnhuizen in de regio (in het Italiaans en Duits).

Senigallia ▶ F 2

Zoals de naam doet vermoeden, was deze badplaats op het grondgebied van de eerste Romeinse kolonie van Marche (285 v.Chr.) al eerder (4e eeuw v.Chr.)

Senigallia

De glooiende heuvels van de regio worden door wijngaarden gedomineerd

door Galliërs bewoond geweest. Eeuwen later ontwikkelde Senigallia zich tot een belangrijke internationale handelsplaats, tot residentiestad van het hertogdom Urbino en 'de wieg' van paus Pius IX (1846-1878), die in 1792 in het huidige Museo Pio IX het eerste levenslicht zag. Nadat de familie Malatesta de stad met een – thans nog rudimentair aanwezig stukje – stadsmuur en de later door de familie Della Rovere overgenomen machtige Rocca Roveresca (Piazza del Duca, 8.30-19.30 uur, € 2) hadden verrijkt, betrok de laatstgenoemde familie in de 16e eeuw het direct ertegenover liggende Palazzo del Duca (Piazza del Duca).

Ook de in de 14e eeuw ingevoerde en in de 17e en 18e eeuw uitbreidende vrijmarkt Fiera Maddalena had blijvende invloed op het architectonische profiel van deze havenstad aan de monding van de Misa, die in de 19e eeuw grootse pioniersprestaties op het gebied van het badtoerisme zou volbrengen.

Stadsontwikkeling

Om tijdens de in juli gehouden Fiera Maddalena de kooplieden en hun waren – die vaak van overzee kwamen – verkooplocaties aan te bieden die betere bescherming boden tegen het weer, bouwde men in de 18e eeuw de **Portici Ercolani**. Dit met 126 bogen getooide geheel van arcaden aan de rechteroever van het Misa-kanaal behoort – net als het in de jaren 30 van de 19e eeuw met hetzelfde doel gebouwde hallencomplex **Foro Annonario** – tot de opvallendste historische bouwwerken van de stad. Al snel nadat de tot op heden voor markten en feesten gebruikte neoclassicistische hallen in 1834 in bedrijf werden genomen, verkeerde de handelsbeurs in een crisis en werd hij in 1869 afgeschaft.

Toen gelijk met de val van de warenbeurs de commerciële kracht van de stad wegviel, ontdekte Senigallia de marktwaarde van haar 13 km lange fluweelzachte zandstrand, dat reikt tot aan het zuidelijkere badplaatsje Marzocca. Nadat in 1853 het eerste badstrand was geopend, verrezen tot aan circa 1900 de eerste mondaine zomerverblijven en ook een voorloper van de beroemde in zee stekende pier **La Rotonda**. Rond de jaren 30 werden aan zee chique jugendstilvilla's gebouwd, in één tot drie rijen dik. De Rotonda, in 1930 bij een aardbeving beschadigd, in 1933 groter en mooier opgebouwd en intussen voorzien van een friswitte kleur, wordt nu voor culturele evenementen gebruikt.

Bezienswaardigheden

Piazza Roma en Corso 2 Giugno

De 'Spiagge di Velluto' zijn door de spoorlijn van de iets vergrauwde, maar levendige oude binnenstad met de belangrijkste winkelstraat Corso 2 Giugno en Piazza Roma gescheiden. Op deze piazza verheft zich het **Palazzo Comunale** uit de 18e eeuw en klatert de **Fontana Nettuno**, die in de volksmond vanwege de zeegod zonder armen 'Monco in piazza' (de verminkte op het plein) wordt genoemd.

Musea in de oude binnenstad

Niet ver van het plein bevindt zich het al genoemde **pausmuseum** (Via Mastei 14, ma.-za. 9-12, 17-19 uur), toont het **Museo D'Arte Moderna Dell'Informazione e Della Fotografia** (Via Pisacane 84, www.musinf.it, do.-zo. 17.30-23 uur) hedendaagse artistieke stromingen en brengt het **Area Archeologica e Museo La Fenice** in de kelder van het gelijknamige Theatera u met zijn restanten van Romeinse huizen naar de antieke oudheid (Viale Leopardi, juli en aug. dag. 21-24, daarbuiten za. en zo. 16-20, zo. ook 10.30-12.30 uur).

Museo di Storia Della Mezzadria en Santa Maria delle Grazie

Piazza delle Grazie 2 (circa 3 km buiten de stad), tel. 071 792 31 27, di.-do. 16-22.30, vr.-zo. 9-12 uur

Het volkenkundig museum toont haar kennis over landbouwwerktuigen en de oliepers. Het laat foto's zien van het boerenleven onder het juk van het tot in de jaren 70 geldende halfpachtsysteem *mezzadria*. Het museum is gehuisvest in het 15e-eeuwse klooster Santa Maria delle Grazie, waarvan de in 1684 ingewijde kerk de beroemde *Madonna di Senigallia* van Piero della Francesca herbergde, tot deze in de oorlog naar Urbino werd geplaatst. Tot op heden is er nog een schilderij van Rafaëls leermeester Pietro Perugino te zien.

Overnachten

Goede locatie – **Terrazza Marconi:** Lungomare Marconi 37, tel. 071 792 79 88, www.terrazzamarconi.it, 2 pk en suite € 120-374. Luxehotel tegenover de Rotonda met wellnesscentrum, fietsverhuur en een stijlvol restaurant.

Heel aantrekkelijk – **Hotel de la Ville:** Lungomare Marconi 35, tel. 071 792 74 11, www.h-delaville.it, 2 pk vanaf € 80. Vriendelijk familiehotel, slechts een straat van het strand verwijderd.

Warm aanbevolen – **Bel Sit:** Scapezzano di Senigallia, Via Cappuccini 15, tel. 071 66 00 32, www.belsit.net, 2 pk € 80-110, juli en aug. alleen HP (€ 70-80). Dit hotel wordt liefdevol en kundig geleid door Marco en Massimo Manfredi en hun team. Het bevindt zich in een oud klooster op de heuvels boven Senigallia. Het hotel met zwembad en uitzicht op de 4 km verderop gelegen zandstranden van Senigallia heeft een redelijk restaurant en een shuttleservice naar het hotelstrand.

Eten en drinken

Moderne sterrenkeuken – **Madonnina del Pescatore en Uliassi:** zie 'Op ontdekkingsreis' blz. 170.

Chique cafetaria – **Anikò:** zie 'Op ontdekkingsreis' blz. 170.

Geweldig visrestaurant – **Da Carlo:** Lungomare Alighieri 17, tel. 071 652 57,

circa € 32 €. Vis, schaal- en schelpdieren van uitstekende kwaliteit, daarbij lekkere wijn, professionele bediening en een vriendelijk sfeer. Uitzicht op zee en gemiddeld prijsniveau.
Toppizza's – Mezzometro: Lungomare Leonardo da Vinci 33, tel. 071 605 78, 19-24 uur. Lekkere pizza's met de beste ingrediënten.
Leuke cafés – Onder de arcaden langs het Misa-kanaal vindt u **Caffè Portici** (Via Portici Ercolani 64), en aan de voetgangersstraat **Caffè Centrale** in boekwinkel Mondadori (Corso 2 Giugno 61) met ijs en koffiespecialiteiten. In **Caffè del Foro** (Foro Annonario 16-17) kunt u te midden van de bedrijvigheid van de markt heerlijk zitten.

Uitgaan

Disco – La Folie a Senigallia: naast de strandbarretjes van Senigallia vindt u tussen Senigallia en Fano-Marotta een discotheek die ondanks een wisseling van naam en eigenaar nog steeds immens populair is. 's Zomers dag. en daarbuiten in het weekend geopend. Ervan uitgaande dat de gevolgen van de brand van mei 2016 worden verholpen (www.discotecalafolie.it).

Info en festiviteiten

IAT: Via Manni 7, tel. 071 792 27 25, www.senigallia.it.
Summer Jamboree: eind juli/begin aug. Festival met Amerikaanse muziek uit de jaren 40 en 50. Met internationale artiesten van hoog niveau (www.summerjamboree.com).
Vervoer: het treinstation ligt tussen de oude binnenstad en het strand (Ponte Garibaldi). Regelmatige verbindingen met de kustplaatsen; er rijden ook bussen naar het binnenland.

Chiaravalle ▶ F 3

Het cisterciënzerklooster werd vernoemd naar de Franse stichter van deze orde: Bernardus van Clairvaux – in het Italiaans *Chiaravalle*. Het kloostercomplex stond bij zijn stichting in de 12e eeuw nog in het open veld. Tegenwoordig ligt het onder de rook van de industriestad Falconara Marittima en is het omringd door de moderne drukte van alledag, afkomstig van deze inmiddels 14.000 zielen tellende gemeente.

De beroemdste dochter van de stad is de pedagoog Maria Montessori (1870-1952). Haar geboortehuis en levenswerk vindt u aan de Piazza Mazzini 10 (di.-za. 9-12.30, do. ook 15-18 uur).

Jesi ✹ ▶ F 3

Het dagelijkse en culturele leven van Jesi speelt zich af binnen de middeleeuwse stadsmuren, die zich met pittoreske, met torens gekroonde poorten openen naar de nieuwere stadswijken. De robuuste muur meet rondom 1,5 km en omspant historische gebouwen uit meerdere eeuwen. De belangrijkste cultuurhistorische en stedenbouwkundige gebouwen vormen een aaneenschakeling van representatieve locaties, die gelijktijdig de belangrijkste plaatsen van de stadswandeling vormen.

Geschiedenis

Het dorp Jesi werd in 247 v.Chr. door de Romeinen onder de naam Aesis gesticht, maar zou al in de 10e eeuw v.Chr. bewoond zijn geweest door Griekse Pelasgen. In de 8e eeuw werd Jesi deel van de Kerkelijke Staat, om zich in de 12e eeuw weer aan deze invloed te onttrekken.

Tijdens de daaropvolgende bloeitijd van de stad zag hier ▷ blz. 173

Op ontdekkingsreis

Culinair genieten in Senigallia

Het ontvangen van één of zelfs meerdere Michelinsterren is wereldwijd de hoogste culinaire eer. Daarom is het een kleine sensatie dat in Senigallia twee tweesterrenkoks creatief opereren. Ze heten Moreno Cedroni en Mauro Uliassi en scheppen hun oog- en tongstrelende kunstwerken in de dure strandrestaurants Madonnina del Pescatore en Uliassi, naast de chique cafetaria Anikò midden in het *centro storico* van de Adriatische stad.

Kaart: F 2

Madonnina del Pescatore: Lungomare Italia 11, tel. 071 69 82 67, 's middags en 's avonds geopend, wo. en nov.-jan. gesl., menu vanaf € 100.

Anikò: Piazza Saffi 10, tel. 071 793 12 28, www.cedroni.it, do. gesl., hoofdgerecht € 15-20.

Uliassi: Bianchina di Levante 6, tel. 071 65 54 63, www.uliassi.it, ma. en di. (winter) en ma. (zomer) gesl., menu vanaf € 100, klein lunchmenu € 35.

Wie zich de tongstrelende, maar relatief dure bedevaart naar beide sterrenkoks niet kan permitteren, kan er ook slechts een bezoeken of zich tevredenstellen met het goedkopere Anikò, wat in het Nederlands 'een beetje van alles' betekent. Zo kunt u met kleine hapjes toch iets van Moreno Cedroni's sterrenglans ervaren.

Dat 'culinair kunstenaar' Moreno Cedroni (zie foto links) ook daar hoofdzakelijk maritieme ingrediënten gebruikt, die hij het liefst puur en soms gecombineerd met groenten en fruit, wild of gevogelte serveert, kan als reden hebben dat hij pal aan zee is opgegroeid. Zijn ouderlijk huis ligt op een steenworp afstand van Madonnina del Pescatore, dat zich met een ingetogen elegantie in de verder onaantrekkelijke omgeving van Senigallia's zuidelijke kustwijk Marzocca invoegt.

Klim tot sterrenkok

Cedroni's carrière begon met een vakantiebaan als hulpkelner, waarmee de nautische student zijn eerste auto financierde en met een passie voor gastronomie werd besmet. In plaats van de zee op te gaan, opende hij namelijk in 1984 samen met een collega-ober tegenover een gelijknamig Mariabeeld **Madonnina del Pescatore** (de Madonna van de Vissers), waar hij in het begin alleen in de bediening werkzaam was. Het bewind over de keuken droeg hij over aan zijn moeder, een expert op het gebied van traditionele plaatselijke gerechten met schaal- en schelpdieren, zodat in het restaurant eerst *brodetto*, spaghetti alle vongole, risotto alla marinara en frittura mista, maar ook pizza's op tafel kwamen.

Van mamma Santina erfde de zoon de sinds generaties overgeleverde recepten. Het wekte zijn interesse voor het koken, dat hij spoedig zelf overnam, en veranderde de menukaart van het oorspronkelijk traditionele *ristorante* aanzienlijk. Hij nam bovendien afscheid van zijn compagnon, verbande de pizza's en enkele klassieke gerechten van de kaart en verwierf tijdens professionele kookcursussen de ontbrekende culinaire knowhow.

Met het nieuwe culinaire concept veranderde niet alleen de inrichting van de keuken, maar ook de klantenkring en het interieur van de tegenwoordig grotendeels in glas uitgevoerde, minimalistisch gemeubileerde en perfect verlichte eetzaal. In deze eetzaal zwaait sinds 1994 zijn charmante echtgenoot Mariella even professioneel als sympathiek de scepter.

Wereldberoemde mentor

Nadat de inzet van de familie Cedroni in 1996 met de eerste Michelinster werd beloond, maakte de inmiddels vijftigjarige chef-kok met een workshop in Ferran Adrià's El Bulli de volgende creatieve stap. De ontmoeting met de Spaanse topkok, die als uitvinder van de moleculaire keuken en als godfather van de avant-gardistische kookkunst een internationale reputatie geniet, stimuleerde de fantasie en experimenteerdrift van de jonge wilde Italiaan.

Geïnspireerd door zijn wereldberoemde mentor ging Cedroni – en zijn al even ambitieuze team – over op een open keuken. Kleurrijke schorten werden vervangen door sneeuwwitte chefjassen – vis, vlees, groenten en fruit van topklasse veranderden schitterend opgemaakte gerechten met een smaakexplosieve combinatie en consistentie. Door middel van innovatieve vries-, geleer- en injectietechnieken wordt vast voedsel vloeibaar en vloeibaar voedsel vast, ontstaan schuimen, bollen, kleur- en vormspelletjes, die zowel ogen als smaakpapillen betoveren en sinds 2006 door twee Michelinsterren worden beschenen.

Chique cafetaria voor wie minder te besteden heeft

Nog voordat Madonnina del Pescatore, dat overigens door *Wall Street Journal* in 2011 tot een van de beste tien visrestaurants van Europa werd uitgeroepen, met een tweede ster werd bekroond, had Cedroni het luchtig-informele paviljoen-restaurant Clandestino (2000) in de baai van Portonovo bij Ancona en **Anikò** geopend (2003). In het moderne restaurant aan de Piazza Saffi in het historische hart van Senigallia vindt u kleine, smakelijke gerechten in een informele sfeer en verfijnde visconserven en pastasauzen uit Cedroni's werkplaats respectievelijk 'visslagerij' *(salumeria ittica)*.

Clandestino (zie blz. 203), dat onder dezelfde naam in Milaan (2010) en Londen (2012) populaire vestigingen heeft, verrast met mediterrane *susci*, die met de Japanse sushi eigenlijk alleen de veritaliaanse naam gemeen hebben. Verder zijn het ook onmiskenbare creaties uit het 'atelier' van Moreno Cedroni, die de culinaire roem van Senigallia met Mauro Uliassi deelt.

Zijn gelijknamige fijnproeverstempel ligt slechts op enkele kilometers afstand van Cedroni's Madonnina verwijderd, heeft eveneens uitzicht op de Adriatische Zee en bezit sinds 2006 een tweede ster.

Traditie en innovatie

De gastronomenzoon Mauro Uliassi schreef zich aanvankelijk in voor een studie elektrotechniek, om al snel daarna naar de gerenommeerde hotelvakschool van Senigallia over te stappen. Daar leerde hij het kookvak vanaf de basis, om het aansluitend onder leiding van bekende chef-koks te perfectioneren.

Hij hing de koksmuts tijdelijk aan de wilgen en studeerde sociologie, tot zijn culinaire passie weer werd aangewakkerd toen hij zijn toekomstige echtgenote met heerlijke, zelfbereide gerechten probeerde te veroveren. Hij opende in 1990 met zijn zuster Catia, die overigens ook een succesvol schilder is en tot op heden verantwoordelijk voor de vriendelijke service van het restaurant, **Uliassi**. Daar profileerde hij zich met verfijnde, traditionele gerechten met schaal- en schelpdieren in de sfeer van een eenvoudige vissershut, die in 1996 met een eerste Michelinster werd bekroond.

'Lifting' van de smaak

Uliassi rustte niet op zijn lauweren, maar zocht in binnen- en buitenland naar nieuwe inspiratie, waarbij ook hij zijn ontmoeting met Ferran Adrià als een openbaring beschrijft. De 58-jarige kok is een bemiddelaar tussen verschillende culinaire werelden en verenigt de beste ingrediënten van zijn Marchegeboortegrond met kwaliteitsproducten uit andere Europese regio's, naast exotische vruchten en aroma's. Hij geeft traditionele gerechten als brodetto (vissoep) een smakelijke en esthetische 'lifting', waarbij hij zich net als zijn buurman enkele strandkilometers verder naar het zuiden van de innovatiefste keukentechnieken bedient. Bovendien heeft hij het café op de pier Rotonda (zie blz. 167), die voor Senigallia's stranden sneeuwwit in de zee glinstert.

niemand minder dan Frederik II op 26 december 1194 het levenslicht. Of zijn toen al veertigjarige moeder de latere Hohenstaufse keizer daadwerkelijk in alle openbaarheid in een tent op de huidige Piazza Federico II het leven schonk teneinde twijfelaars over haar late vruchtbaarheid de wind uit de zeilen te nemen, vormt een onwaarschijnlijk, maar in Jesi graag verteld en bij deze geboorteplaats op de muur van een huis (nr. 8) vastgelegd verhaal. In elk geval geeft dit verhaal de plek van deze legendarische gebeurtenis, waar zich overigens tijdens de stichting van de stad een Romeins forum bevond, een wereldhistorisch aura, waarvan Jesi tot op de dag van vandaag cultuurtoeristisch van profiteert.

Maar terug naar het herfsttij der middeleeuwen: de tijd waarin Jesi boog onder het juk en de machtseisen van verschillende adellijke geslachten. Halverwege de 15e eeuw behield de stad – als onderdeel van de Kerkelijk Staat – desondanks een grote gemeentelijke autonomie. Daardoor kon zich bij de overgang naar de nieuwe tijd een levendige stedenbouwkundige en culturele activiteit ontwikkelen. De daaropvolgende bouwexplosie vond pas weer in de 18e eeuw plaats en leverde vooral sacrale architectuur op.

De stad werd in die 18e eeuw verrijkt met een paar barokke palazzi, vijf kerken én haar beroemde zoon Giovanni Battista Pergolesi, die er in 1710 werd geboren en in 1736 in de buurt van Napels overleed. Terwijl deze jonggestorven componist als wegbereider van de *opera buffa* de internationale muziekgeschiedenis is ingegaan, werd Gaspare Spontini (1774-1851) bekend vanwege zijn bewerkingen van dramatische libretto's van opera's van C.W. Gluck. Deze componist begon in Jesi zijn later over heel Europa uitwaaierende carrière. Al vóór de oprichting van de Italiaanse staat was Jesi op bescheiden schaal geindustrialiseerd (zijdeindustrie). Tegenwoordig leeft de stad hoofdzakelijk van (land-)machinebouw, handwerk (ook houtbewerking) en de landbouw.

Stadswandeling

De wandeling begint op de Piazza Federico II met het **kloostercomplex San Floriano**, dat tegenwoordig het Teatro Studio e Centro V. Moriconi huisvest, de oorspronkelijk romaanse, neoclassicistisch versierde **Dom**, het Museo Diocesano in het Palazzo Ripanti Nuovo uit de 19e eeuw (ma.-vr. 9.30-13, half juni-half sept. wo. ook 21-23, zo. 17-20 uur) en het barokke Palazzo Balleani.

Na een bezoek aan het nieuwe Museo Federico II in het Palazzo Ghislieri Nuovo (de opening stond gepland voor 2016), waar in zestien multimediale zalen de geschiedenis van de 'Stupor Mundi' wordt verteld, wandelt u verder naar de architectonisch niet minder imposante Piazza Colocci.

Palazzo Della Signoria en Biblioteca Planettiana

Piazza Colocci 1, tel. 0731 53 83 45, di.-vr. 9-13, 15-19, za. 9-13, juli/aug. ma.-za. 9-13 uur, de eerste drie weken van aug. gesl., € 3

Dit renaissancepaleis, tussen 1486 en 1498 gebouwd, is van de hand van Francesco di Giorgio Martini, die de lichte, eenvoudig en elegant gehouden bakstenen façade heeft verfraaid met chique, witte ombouwen rond de vensters en portalen. Boven het hoofdportaal brult, op één been, een leeuw: hier als het in reliëf weergegeven heraldisch symbool van de stad. Daarachter bereikt u via een binnenplein de **Biblioteca Planettina**. Die bezit sinds 1859 de kostbare uit boeken bestaande nalatenschap van Angelo Ghislieri uit Marche, plus een verzameling religieuze boeken.

Genoemd naar de grote componist van Jesi: het Teatro Pergolesi

Het volgende doel is de **Piazza della Repubblica**, waar alle culturele en commerciële lijntjes bij elkaar komen.

Teatro Pergolesi

Piazza della Repubblica 9, tel. 0731 20 29 44, www.fondazionepergolesispontini.com, bezichtiging op afspraak ma.-vr. (informatie verkijgbaar bij het naastgelegen toeristenbureau), € 1

Omdat het al sedert 1728 in bedrijf zijnde Teatro del Leone niet langer aan de hoge eisen van de *fine fleur* voldeed, formeerde zich een door een van de kerkelijke heren beschermd theatergezelschap, om zo de bouw van een nieuw theater te bespoedigen. Het gezelschap gaf de opdracht aan Francesco Maria Ciaroffini, architect uit Fano, wiens plannen later door de pauselijke bouwmeester Cosimo Morelli werden herzien. Pas in 1798 werd het Teatro della Concordia geopend, uiteraard zonder de aanwezigheid van de zojuist genoemde initiatiefnemers, maar wel in tegenwoordigheid van de generaals van Napoleon Bonaparte.

Dit theater heeft een puur neorenaissance exterieur en bezit een schitterend en weelderig interieur. Let vooral op het beschilderde doek, waarop wederom de bijzondere geboorte van Frederik II wordt verbeeld. In 1883 werd het theater gewijd aan de componist Giovanni Battista Pergolesi, met wiens roemrijke leven u kennismaakt in de Galleria del Teatro waar u schilderijen en documenten over hem ziet. In de foyer huldigt men met afbeeldingen, borstbeelden en biografieën Gaspare Spontini. Elke winter staat hier in het teken van de Stagione Lirica (operaseizoen), waarmee Jesi naast Pesaro en Macerata tot de operacentra van de regio behoort.

De centraal gelegen piazza vertakt zich in de hoofdwinkelstraat Corso G. Matteotti en de Via XV Settembre.

Pinacoteca Civica e Galleria D'Arte Contemporanea

Palazzo Pianetti, Via XV Settembre 10, tel. 0731 53 83 42, eind juni-half sept., di.-zo. 10-19, daarbuiten di.-zo. 10-13, 16-19 uur, € 6

De grote trots van dit schilderijenkabinet in het pompeuze, barokke Palazzo Pianetti (18e eeuw) is de collectie van Lorenzo Lotto, die tussen 1512 en 1535 in Jesi, onder andere in de kerken San Francesco al Monte en San Floriano, creatief was. Pronkstuk is *Pala Santa Lucia*, dat het martyrium van de heiligen uitbeeldt en dat men tot de belangrijkste werken van deze geboren Venetiaan rekent.

Onder de zon van Lotto koesteren zich nog schilderijen van Carlo Cignani en Cristoforo Unterberger. Een andere afdeling van de galerie is gewijd aan moderne en hedendaagse schilderkunst, tekeningen en litho's. En tot slot kunt u in het Palazzo Pianetti een kleine collectie keramiek en sculpturen bewonderen.

Overnachten

Luxe – **Federico II:** Via Ancona 100, tel. 0731 21 10 79, www.hotelfederico2.it, 2 pk € 130-260. Modern viersterrenhotel op 3 km van het stadscentrum met alle denkbare comfort: luxueuze kamers, tuin, zwembad en overdekt zwembad.

Netjes en centraal – **Mariani:** Via Orfanotrofio 10, tel. 0731 20 72 86, www.hotelmariani.com, 2 pk € 95. Hotel met een moderne, maar saaie inrichting, netjes verzorgde kamers met driesterrencomfort in het centrum van de historische binnenstad.

Gerieflijk – **B&B Le Conce:** Via delle Conce 9, tel. 328 639 31 05, www.bebleconce.it, 2 pk € 70. Liefdevol ingerichte kamers, goed (ook veganistisch) ontbijt in een palazzo met mooi terras in de oude binnenstad.

Eten en drinken

Chic visrestaurant – **Mare, Mare. Cucina di Pesce:** Corso G. Mattcotti 88, tel. 328 161 06 11, zo. alleen 's middags, ma. gesl., menu circa € 50. Eigenaar Maurizio Angelelli serveert seizoensafhankelijk menu's met vis, schaal- en schelpdieren in een piepklein restaurant met een moderne maritieme inrichting.

Populair en centraal – **Hostaria Dietro Le Quinte:** Piazza della Repubblica 5b, tel. 0731 20 08 07, menu vanaf € 30. Eenvoudig, stijlvol restaurant met kunstwerken van moderne kunstenaars uit de stad en de omgeving. Vanwege de heerlijke vlees- en visgerechten en de leuke (winter)tuin een van de beste culinaire adressen van de stad.

Goed, gezond en gezellig – **Osteria I Spiazzi:** Piazza Nova 8, tel. 0731 21 59 61, ma.-za. 19-24 uur, zo. ook 's middags, menu € 20-30. Hier komen voornamelijk biologische vlees- en groentegerechten op tafel en ervoor, erna of erbij huis-

gemaakte pasta. Rustieke en stijlvolle sfeer en een gemiddeld prijsniveau.
Stevige burgerkost met eerlijke prijzen – **Trattoria della Fortuna:** Arco del Soccorso 1, tel. 0731 599 03, zo. gesl., menu € 20. Eenvoudige ambiance waarin men ongekunstelde streekgerechten serveert. 's Avonds ook pizza's, voordelige prijzen, centraal gelegen.

Winkelen

De Enoteca della Marche zal worden omgetoverd tot een in Italië uniek centrum om producten uit Marche te proeven. Of de **Polo Enogastronomico Regionale Food Brand Marche** (Via Federico Conti 5) daadwerkelijk binnenkort wordt geopend en de deur van het Palazzo Balleani weer opengaat, is te vinden op www.imtdoc.it.

Actief

Fietsen – Verhuur van twintig (elektrische) bikes (€ 10), die bij vier stations, onder andere op het treinstation en de Piazza della Repubblica, kunnen worden afgehaald. Informatie: IAT, www.bicincitta.com.

Uitgaan

Latin, house, revival, happy music – **Noir:** Via del Molino, tel. 32 97 83 76 69, www.noirjesi.com, okt.-mei vr., za., zo. Deze postmoderne danstempel is vrij duur en het toelatingsbeleid bij de deur richt zich ook op de juiste outfit.

Info en festiviteiten

Ufficio Turismo: Piazza della Repubblica, tel. 0731 53 84 20, www.turismojesi.it, eind juni-eind sept. di.-zo. 10-13, 15-18 uur, daarbuiten wo.-za. 10-13 uur.
Stagione Lirica: sept.-dec., info bij Teatro Pergolesi, tel. 0731 20 29 44, www.fondazionepergolesispontini.com.
Vervoer: parkeren buiten de stadsmuur. Treinstation aan de Viale Trieste 1, oftewel de lijn Ancona-Fabriano-Rome; centraal busstation aan de Porta Valle, tickets in tabakwinkels of kiosken, verbindingen binnen de stad en naar Ancona.

Ostra (Antica) en Ostra Vetere ▶ E 3

Ostra komt zo uit een prentenboek. Het landelijke stadje is sinds de 15e eeuw ommuurd en wordt door meerdere hoekige verdedigingstorens bewaakt. Het heette tot 1881 Montalboddo. In dat jaar nam het vanwege zijn Romeinse oorsprong – in het circa 9 km verderop gelegen Ostra Antica direct aan de N 360 nog na te voelen – zijn huidige naam aan.

De stad laat zijn markante uiterlijk goed zien bij een wandelingetje door de nauwe straatjes en in het bijzonder op de Piazza dei Martiri op het hoogste punt van deze plaats. Deze piazza wordt aan vier zijden geflankeerd door de opvallende **Torre Civica** uit de 17e eeuw, het **Palazzo Comunale**, uit 1749, het **Palazzo Gherardi-Benigni-Censi**, het Teatro La Vittoria uit de 19e eeuw en de Chiesa di San Francesco. Deze laatste roept, intussen vaak aangepast, al vanaf 1283 op voor het gebed. Ontroerend is het kleine theater, dat u op aanvraag bij het toeristenbureau ook binnen mag bewonderen, waarna u in het gezellige theatercafé onder de arcaden kunt ontspannen. U kunt daarna nog de afslag nemen naar het een paar kilometer verderop gelegen **Ostra Vetere**, dat door een stadsmuur met daarin imposante poorten wordt omringd.

Winkelen

Uitstekende wijn – **Azienda Santa Barbara:** Borgo Mazzini 35, tel. 071 967 42 49, www.santabarbara.it. Wijngoed met heerlijke verdicchio in Barbara, het buurdorp van Ostra. De Azienda werd opgericht door Stefano Antonucci. De wijnstokken voor de veelvuldig bekroonde en internationaal beroemde wijnen, die vooral geperst worden van verdicchio- en montepulcianodruiven, groeien rond Barbara, Serra de Conti, Montecarotto en Arcevia. Met de uitstekende wijnen kunt u tijdens proeverijen in de keldergewelven van de Azienda kennismaken (ma.-za. 8-12.30, 14-18 uur).

Informatie

Ufficio Turistico: Corso G. Mazzini 4, tel. 071 798 90 80, www.comune.ostra.an.it, di.-zo. 10-12.30, 17-19.30 uur, aug. ook ma.
Vervoer: er is een busverbinding naar Senigallia.

Morro d'Alba ▶ F 3

De gemeente Morro d'Alba is door een stadsmuur (Strada della Scarpa) omgeven, waar men overheen kan lopen. Morro d'Alba is de vriendelijke naamgever van de exclusieve rode wijn Lacrima Morro d'Alba. De druiven ervoor worden alleen hier in een klein wijnbouwgebied verbouwd.

Deze gemeente richt zich honderd procent op de wijnbouw en landbouw. Het enige museum dat het plaatsje telt, is het **Utensilia**. Het verhaalt in de keldergewelven van de burcht, respectievelijk de 'Scarpa' aan de hand van werktuigen en wijnvaten over het leven en werk van de voorouders (Via Morganti 48, juli/aug. vr.-zo. 17-20, apr./juni, sept.-dec. zo. 10.30-12.30, 15.30-18.30 uur, € 2).

Een ideale tijd voor een bezoek aan het stadje is het derde weekend in mei, als op de straten en pleinen wordt gezongen en gemusiceerd (zie Festiviteiten).

Overnachten, eten

Wild en wijn – **Dal Mago:** Via Morganti 16, tel. 0731 630 39. Dit prijzige, gerenommeerde restaurant bevindt zich aan de straat op de stadsmuur. Op de kaart staan wildspecialiteiten, die door Lacrima Morro d'Alba worden begeleid. De sinds generaties culinair deskundige familie Romiti gebruikt verse seizoensgroenten en het allerbeste vlees en bezit bovendien een modern landelijk hotel met zwembad in de groene heuvels,

Tip

Een klein paradijs – Country House Poggio Antico ▶ F 3

Op maar een paar kilometer van de kust wordt u verrast door een op een heuvel gelegen representatief historisch pand – in de buurt van het dorpje **Monte San Vito** – met een prachtig aangelegde tuin, infinity-zwembad en bar. Vanaf die plek geniet u van een panorama over de wijndomeinen van Castelli di Jesi, die tot aan de zee reiken. De villa herbergt stijlvolle gastenkamers en dito appartementen met net zo mooie badkamers. Eigenaar is de Tiroler hoteliersfamilie Ganthaler. Het hotel wordt meestal door de charmante seniorchef Franziska Ganthaler bestierd (Via Malviano, Monte San Vito, tel. 335 839 99 61, www.poggio-antico.com, tweepersoonsappartement € 100-200, ontbijt € 14 per persoon, kosten eindschoonmaak € 59).

De druivenoogst is ook in deze moderne tijd nog grotendeels handwerk

waar u kunt overnachten in een kamer (met ontbijt) of een compleet appartement (Shanti House, Via Fosso Roberti 1, www.shantihousedalmago.com, bijvoorbeeld 2 pk € 70-100).

Winkelen

Als u een souvenir uit Morro d'Albo wilt meenemen, is wijn natuurlijk de eerste keuze:
Lacrima (tranen) en Verdicchio – **Antica Cantina Sant'Amico:** Via Sant Amico 4, tel. 0731 639 28, www.antica cantinasantamico.it; **Mancinelli:** Via Roma 62, tel. 0731 630 21, http://mancinellivini.it; **Cantina Sarò:** Via Sant'Amico, tel. 071 740 048, www.lacrimasaro.it; **Lucchetti:** Via S. Maria del Fiore 17, tel. 0731 633 14, www.mariolucchetti.it; **Marotti Campi:** Via S. Amico 14, tel. 0731 61 80 27, www.marotticampi.it.

Festiviteiten

Cantamaggio: dit traditionele volksfeest wordt op de derde zondag in mei gehouden. Er wordt een meiboom neergezet en de bewoners en de eigen muziekgezelschappen, met begeleiding van oude instrumenten, bezingen de maand mei.

Belvedere Ostrense ▶ F 3

Het dorp zelf is, afgezien van zijn prachtige landschappelijke ligging en de lokale wijn, niet bijzonder interessant te noemen voor cultuurminnende toeristen. Alleen filatelisten komen in het **Museo Internazionale dell' Immagine Postale** (Via Vannini 7, tel. 0731 61 70 05, uitsluitend op afspraak geopend) aan hun trekken.

Overnachten, winkelen

Drinken en dromen – **Azienda Agricola Luciano Landi:** Via Gavigliano, tel. 0731 623 53, www.aziendalandi.it, 2 pk € 60-75, appartement € 80-110. In Belvedere Ostrense heeft de Azienda Agricola van Luciano Landi met de productie van Verdicchio dei Castelli di Jesi en Lacrima Morro d'Alba een goede naam opgebouwd. De Azienda biedt – praktisch direct naast de *cantina* gelegen – in het woonhuis van de familie twee verzorgde 2 pk aan: een B&B en een appartementje. Ter verfrissing is er een zwembad.

Serra de' Conti ▶ E 3

Serra de' Conti werd in de 13e eeuw gesticht en streelt het oog dankzij de pittoresk ommuurde middeleeuwse stadskern, die voornamelijk in de 15e eeuw is gebouwd en uitgebreid. De kern bevat een handvol kerken en een (voormalig) klooster. De plaats scoort niet alleen met een mooi uitzicht over het omringende, agrarische land, maar ook met zijn tot een lokale specialiteit uitgegroeide platte soort erwten *(cicerchia)* – dezelfde die eens op de borden van de armen lagen en die thans dusdanig worden gewaardeerd dat ze zelfs het middelpunt vormen van een volksfeest, jaarlijks in het derde weekend van november.

Museo Arti Monastiche

Via Armellina 25, tel. (gemeente) 0731 87 17 39, www.museoartimonastiche.it, di.-zo. 10.30-12.30, 16.30-19.30 uur, € 3,50
De tentoonstelling in het oude klooster, waarvan de vleugels na 1450 werden gebouwd, informeert u met (film)beelden en werktuigen over het dagelijkse leven van de nonnen, die hier tussen 1586 en eind 19e eeuw woonden.

Winkelen

Pronkerwten voor thuis – **Cooperativa La Bona Usanza:** Via Saragat 21, tel. 0731 87 85 68, www.labonausanza.it. Naast *cicerchia* kunt u hier nog meer lokale producten kopen, zoals kaas, olijfolie, honing en druivensap.

Montecarotto ▶ E 3

Montecarotto hoort eveneens bij het historische Castelli di Jesi, waardoor het zoals bijna alle buurgemeenten hier door een middeleeuwse, in de 16e eeuw gebouwde muur is omgeven.

De plaats profileert zich met wijnbouw, waarvan men tijdens het eerste weekend van juli met een wijnfeest van uitrust. Er is bovendien een in Italië uniek museum: het **Museo della Mail Art**. Het presenteert in de zalen van het in 1877 geopende gemeentelijke theater grafisch werk en sculpturen van Italiaanse hedendaagse kunstenaars (Piazza del Teatro, tijdens sporadische speciale tentoonstellingen en op afspraak, tel. 800 43 93 92, € 2).

Eten en drinken

Verfijnde viskeuken – **Erard:** Via Busche 2, tel. 0731 70 50 42, zo.-avond en ma. gesl. Nieuw chic visrestaurant vlak bij de Cantina Moncaro en in het voormalige onderkomen van sterrenrestaurant Le Busche.

Winkelen

Verdicchio – **Terre Cortesi Moncaro:** Via Piandole 7a, tel. 0731 892 45, www.moncaro.com; **Sabbionare:** Via Sabbionare 10, tel. 0731 88 90 04, www.sabbionare.it.

Maiolato Spontini ▶ F 4

Deze wijnboerengemeente, die ten zuiden van de rivier de Esino ligt, heette vroeger uitsluitend 'Maiolato' en nam pas in 1939 de naam van haar grote zoon aan. Dat is de naam Gaspare Spontini, de man die hier in 1774 werd geboren en in 1851 stierf, en die in de kerk San Giovanni Battista (uit de 18e eeuw) zijn laatste rustplaats vond. Tussen deze twee jaartallen in lag een internationale carrière als componist van dramatische opera's, muziek die hem eerst bekendheid bracht in de omgeving van Jesi en later in plaatsen als Parijs en Berlijn. Tot zijn belangrijkste werken behoren *La Vestale* (1807), *Fernand Cortez* (1809) en *Olympie* (1819).

Museo Gaspare Spontini

Via Gaspare Spontini 15, tel. 333 668 89 98, weekend op afspraak, € 2,50
Het museum, dat in 2016 (sporadisch) heropende, toont in het huis waarin Spontini zijn laatste levensmaanden doorbracht, biografische getuigenissen, originele meubelen, schilderijen en twee mahoniehouten piano's waarop de meester heeft gespeeld.

Winkelen

Wijn – **Monte Schiavo:** Via Vivaio, tel. 0731 70 03 85, www.monteschiavo.com; **Mancini:** Via Santa Lucia 7, Via Pianello 5 (verkoop), tel. 0731 70 29 75, www.manciniwines.it.

Cupramontana en Staffolo ▶ F 4

De beide gemeenten, ten zuiden van de Esino gelegen en op respectievelijk 506 en 441 m hoogte, vormen feitelijk de historische kiemcellen van de verdicchiowijnproductie. In **Cupramontana**, dat van Romeinse oorsprong is en dat op het grondgebied van een voormalige tempel ter ere van de godin Cupra (vandaar de plaatsnaam) is gebouwd, kunt u een blik werpen op het landschap en een idee krijgen waar de historische voorkeur bij de etikettering van de wijnflessen vandaan komt (Corso Giacomo Leopardi 58, tel. 0731 78 01 99, www.museo-etichetta.it, vr.-zo. 17-19, sept.-dec. 15.30-18.30 uur, € 2).

Staffolo, ook op indrukwekkende wijze geheel met een middeleeuwse muur omgeven, heeft een wijnmuseum dat u inwijdt in de geheimen van deze beroepstak. Het museum hoort bij de gemeentelijke enoteca. In het sfeervolle interieur van een historisch 15e-eeuws ziekenhuis kunt u de producten van de zestien lokale wijngoederen proeven en het waardevolste museumstuk, een druivenpers uit 1695, bewonderen (Via Marconi 31, tel. 333 907 86 22, www.enotecastaffolo.it, juli/aug. di.-za. 18-2, zo. 11-13, 18-2 uur, sept.-juni vr. en za.18-2, zon- en feestdagen 11-13, 18-2 uur).

Overnachten

Heropend – **Relais del Borgo:** Staffolo, Via Solferino 4, tel. 0731 77 92 23, www.relaisdelborgo.com, 2 pk € 100-150. Hedendaagse viersterrenluxe inclusief wellness-oase in een fraai gerenoveerd palazzo uit 1930 in het middeleeuwse centrum van Staffolo. De gasten van eigenaar Silvia Biondini ontspannen hier in bijvoorbeeld zout- en verdicchiobaden.

Eten en drinken

Smakelijke antipasti – **La Grotta del Frate:** Via Roma 10, tel. 0731 77 94 72, juni-sept. 's middags en 's avonds, daar-

buiten alleen 's avonds, ma. gesl. Gezellig, overwelfd restaurant; typische gerechten uit Marche; grote porties, gunstige prijzen, ook pizza's.
Nomen est omen – Vino e Cucina: Via XX Settembre 54, tel. 0731 77 97 83, alleen 's avonds, ma. gesl. Gezellig restaurant midden in het *centro storico* met lekkere lokale gerechten en goede wijn.

Winkelen

Wijn uit Cupramontana – Colonnara: Via Mandriole 6, tel. 0731 78 02 73, www.colonnara.it; **Vallerosa Bonci:** Via Torre 13, tel. 0731 78 91 29, www.vallerosabonci.com.
Wijn en olie uit Staffolo – Op een kaart bij het begin van de plaats zijn alle wijngoederen van Colle del Verdicchio aangegeven. Ook vindt u er informatie over de verkoop van biologische olijfolie.

Festiviteiten

Festa del Verdicchio: eind augustus in Staffolo.
Festa dell'Uva: wijnfeest in Cupramontana in het eerste weekend in oktober.

Cingoli ▶ F 4

Cingoli, waar u voor de poorten overigens een gelijknamig stuwmeer ziet, wordt in het algemeen gezien en gewaardeerd als 'het balkon van Marche'. Dat het uitzicht vanaf de rand van het historisch centrum op een hoogte van 631 m reikt tot aan Monte Conero en de Monte Sibillini, gaat eigenlijk alleen op als het helder weer is, omdat het gebergte bij regenachtig weer alleen maar vaag te zien is. Bij donker weer werpen de helaas nogal verwaarloosde, historische panden een donkere schaduw op de tijdens de middeleeuwen op de oude gronden van het Romeinse Cingulum gevestigde plaats, waarin de latere paus Pius VIII ter wereld kwam, die overigens maar kortstondig van zijn ambt mocht genieten (1829-1830), en waar Lorenzo Lotto in de Chiesa San Domenico de *Madonna del Rosario e Santi* achterliet.

Het indrukwekkendste van deze tussen de 16e en 18e eeuw gegroeide stad is de op het antieke forum gebouwde **Piazza Vittorio Emanuele II**, geflankeerd door het in de 12e eeuw op Romeinse ruïnes neergezette **Palazzo Comunale** en de **Dom** uit de 17e eeuw. Direct ernaast lonkt de Caffeteria del Duomo met lekkere dolci en stuzzichini als aperitief. Hoewel het **stadhuis** zelf in de 16e eeuw al werd gerenoveerd, is zijn **klokkentoren** nog in de originele staat te bewonderen.

Parco della Gola della Rossa e di Frasassi (Genga) ▶ E 4

Het regionale natuurpark werd in 1997 op een voornamelijk dichtbebost stuk grond van ruim 10.000 ha van het territorium van de gemeente Genga afgescheiden en wordt graag bestempeld als 'het groene hart van Marche'. In het park bevinden zich de rotskloven **Gola della Rossa e di Frasassi** met de fascinerende **druipsteengrotten** (zie blz. 186). Daarom gaan de meeste bezoekers eerst naar het binnenste van de kalkrotsen, voordat ze de weelderige eiken- en beukenbossen met hun soortenrijke flora en fauna onder de rook van de zwavelbronnen van **Vittore Terme** zien. Deze minikuurplaats, bestaand uit een hotel en een handvol restaurants, ligt naast het romaanse Abbazia San Vittore (zie blz. 182) en het **Museo Speleo-Paleontologico.**

Velden vol zonnebloemen kleuren de omgeving van Cingoli geel

Wanneer u eenmaal in deze omgeving bent, gaat de tocht verder richting Gola della Rossa, waarbij u onderweg boven de druipsteengrotten te voet een pelgrimsweg omhoog naar het **Santuario Madonna di Frasassi** – naar zijn architect ook wel Tempietto del Valadier genoemd – kunt nemen. Of u gaat naar de tweede kloof **Serra San Quirico** aansturen, om daar een wandelingetje te maken door de Copertelle. De voor deze plaats karakteristieke overkapte straten tegen de stadsmuur vormen de grootste bezienswaardigheid van dit bergplaatsje, waar u ook het centrale kantoor van het regionale park aantreft.

In de piepkleine middeleeuwse historische kern van **Genga** verdient het Museo di Genga met sacrale kunst uit de niet voor het publiek toegankelijke kerk San Clemente en herinneringen aan Genga's grote zoon Annibale della Genga alias paus Leo XII (1823-1829) bijzondere vermelding (Piazza San Clemente 2, tel. 0732 900 90, dag. 10.30-13.30 uur, € 4).

Abbazia San Vittore alle Chiuse ▶ E 4

Dit kleinood van de romaanse kerkarchitectuur was vroeger het godshuis van de abdij San Vittore alle Chiuse, waarover al in 1007 werd gerept in oorkonden en die in de 13e eeuw haar bloeitijd beleefde. Uit het vierkante corpus van deze Byzantijns beïnvloede kerkbouw vormen vijf apsiden hun uitbouwen, die door een achthoekige toren in het midden van het gebouw iets in hoogte worden overtroffen. Deze toren kwam er waarschijnlijk pas in de 15e eeuw bij.

Museo Speleo-Paleontologico

Abdij San Vittore, tel. 0732 902 41, ma.-za. 10-13, 14.30-18.30, zon- en feestdagen en aug. dag. 8.30-19.30 uur, € 4 of uw toegangskaartje voor de grot

Het museum geeft informatie over de prehistorische flora en fauna van het natuurpark aan de hand van in de omgeving gevonden fossielen. Het topstuk is de circa 3 m lange dinosauriër 'Marta'. Dit is de koosnaam voor de vermoedelijk 150 miljoen jaar oude afdruk in steen van een dolfijnachtig zeereptiel, die men hier in 1976 in de buurt van de abdij San Vittore vond.

Overnachten

Nieuw en comfortabel – **Le Grotte:** Pontebovesecco 14, tel. 0732 97 30 35, www.hotellegrotte.it, 2 pk € 110. Modern viersterrenhotel met restaurant, tuin, zwembad en spa in de natuur op slechts een paar kilometer afstand van de beroemde druipsteengrotten (zie blz. 186). Veel comfort voor de prijs.

Eten en drinken

In de kelder van het kasteel – **Locanda del Papa:** Via Corridoni, Genga, tel. 0732 97 33 24, 's middags en 's avonds, ma. gesl., gemiddelde prijsklasse. U vindt hier het gehele culinaire palet van Marche in een elegante, rustieke ambiance.
Stevig biologisch – **Le Copertelle:** Via Leopardi 3a, Serra San Quirico, tel. 0731 866 91, menu € 30-40. Woonkamerachtig restaurant met voedzame biologische streekgerechten.

Actief

Wandelen – Ervaren wandelaars en klimmers kunnen het Parco della Gola della Rossa e di Frasassi langs goed in kaart gebrachte en wit-rood gemarkeerde wandelroutes verkennen. Een daarvan (nr. 146) voert naar het wonderbaarlijke grottenlabyrint. Het pad begint en eindigt bij de begraafplaats van San Vittore, overwint 700 hoogtemeters, kent lange, zware en gladde afdalingen en kost goed getrainden volgens de Italiaanse Alpenvereniging bijna zes uur (Carta escursionistica Parco naturale della Gola della Rossa e di Frasassi, 1:25.000).

Informatie

Parco Gola della Rossa e di Frasassi: Complesso S. Lucia, Via Marcellini 5, Serra San Quirico, tel. 0731 861 22, www.parcogolarossa.it.
Vervoer: station Genga-San Vittore Terme, op circa 2 km afstand van de grotten (shuttlebus), treinen naar Ancona en Fabriano.

Arcevia ▶ E 4

De 'parel der bergen' plakt stevig ommuurd op ruim 500 m hoogte tegen de weelderig groene, steile berghelling van de Monte Cischiano en treurt nog steeds om 77 lokale partizanen, die op 5 mei 1944 door nazi's werden vermoord. Arcevia biedt u vanaf **stadspark** Giacomo

Leopardi een weids uitzicht over het Misadal. Deze plaats, omringd door maar liefst negen middeleeuwse vestingwerken uit de 12e tot de 15e eeuw, heeft een zeer goed onderhouden historische stadskern rond het **Palazzo del Podestà** en een toren uit de 13e eeuw. Arcevia profileert zich in cultureel opzicht met de **Chiesa Collegiata di San Medardo**, waarin u originele werken kunt bewonderen van Luca Signorelli, Claudio Ridolfi, Giovanni en Mattia della Robbia. Bovendien kan de in de prehistorie geïnteresseerde bezoeker naar het **Museo Archeologico Statale** (Corso Mazzini 64, tel. 0731 96 22, di., vr., za., zon- en feestdagen 8.30-13.30, ma., wo., do. 13.30-19.30 uur, € 1). In het 'cultuurklooster' **Complesso San Francesco** is moderne kunst te zien en bevindt zich het toeristenbureau IAT (www.arceviaweb.it, ma.-vr. 9-13, di., do., vr. 15-18, za. en zo. 10.30-12.30, 15.30-18.30 uur).

Overnachten, eten

Verbleekte charme – **Park Hotel Ristorante**: Via Roma 5, tel. 0731 970 85, www.parkhotelarcevia.it, 2 pk € 72. Dit hotel-restaurant voor de poorten van het stadspark biedt redelijk comfortabele accommodatie, naast lekkere Marchegerechten tegen lage prijzen.

In het groen – **Country House Il Castello**: Fraz. Piticchio 124, tel. 0732 97 33 45, 328 701 63 12, www.ilcastellocountryhouse.it, appartement € 350-400 per week. Dit landhuis aan de voet van het Castello Piticchio ligt in de groene heuvels halverwege Arcevia en Serra de Conti; met zwembad.

Klein, maar fijn – **Pinocchio**: Via Ramazzani Vici 8, tel. 0731 97 288, wo. gesl. gemiddelde prijsklasse. Redelijke pasta en pizza, lokale vlees-, worst- en kaasspecialiteiten in het vriendelijke grotrestaurant.

Sassoferrato ▶ D 4

Bij Sassoferrato overwonnen de Romeinen in 295 v.Chr. de Galliërs, waarmee hun zegetocht door het huidige Marche begon. Die zegetocht culmineerde in het toneel van de beslissende slag in de 1e eeuw v.Chr., toen hier Sentinum werd gesticht, de plaats waar inmiddels in onze huidige tijd veel overblijfselen van muren en straten zijn uitgegraven (archeologisch park Loc. Santa Lucia, meestal ma.-vr. 9-12 uur). Dankzij de aanwezigheid van zwavel in de stadswijk Cabernadi maakte Sassoferrato een zeer snelle industriële ontwikkeling door. Met de sluiting van de mijnen in 1959 verviel de stad in een diepe economische depressie. Van deze heeft zij zich weer gedeeltelijk hersteld dankzij de vestiging van een schoenen- en een papierfabriek. De oude stadskern bestaat feitelijk slechts uit een straat met daaraan de gotische kerk **San Francesco** en het met arcaden ondersteunde **Palazzo Comunale** uit de 15e eeuw, evenals de iets hoger gelegen restanten van een **vesting** (Rocca) van de pauselijke legaat Albornoz (1368).

Museo Archeologico

Palazzo dei Priori, Piazza Matteotti, tel. 0732 95 62 31, di.-zo. 10.30-12.30, di., do., za. en zo. ook 16-19 uur, € 3
Het museum biedt informatie over het leven in het destijds Romeinse Sentinum, dat pas in de 1e tot de 3e eeuw n.Chr. haar bloeitijd beleefde. U ziet er mozaïekvloeren en sculpturen. Het museum documenteert de heldhaftige slag van de Romeinen tegen de Galliërs.

Civica Raccolta D'Arte

Piazza Matteotti, dezelfde openingstijden als het Museo Archeologico
Schilderijen en tekeningen van regionale en lokale kunstenaars van de late middeleeuwen tot de barok. Onderge-

bracht in het Palazzo Oliva aan de mooie piazza in de oude stad.

Abbazia di Santa Croce

Loc. Croce, juli-sept. za. en zo. 16-19 uur, daarbuiten op afspraak, tel. 333 421 18 99

Hoewel het altaarbeeld van Antonio da Pesaro een kopie is en het origineel in het nationale museum in Urbino te zien is, loont een bezoek aan de mooie romaanse kerk (12e eeuw). De kerk is versierd met fresco's uit de 15e eeuw en wordt tot op heden regelmatig bezocht door leden van de tempelorde.

Museo Comunale della Miniera di Zolfo Cabernardi

Via Contrada Nuova 1, www.miniera cabernardi.it, juli/aug. dag. 17-20, daarbuiten zo. 10.30-12.30, 15-18 uur, jan.-mrt. gesl.

Het zwavelmuseum documenteert de geschiedenis en economische betekenis van de grootste zwavelmijn van Europa, waar kort voor de sluiting 1600 arbeiders werkzaam waren. U ziet hier zwavelkristallen, werktuigen en foto's, naast de documentaire *Pane e Zolfo* over de strijd om de mijn te behouden.

Overnachten

Sympathiek – **Country House Federico I**: Largo S. Cristofero 2, tel. 0732 95 80 56, www.countryhousefederico.it, 2 pk € 75. Gezellige B&B in een historisch palazzo aan de rand van de oude binnenstad.
Boezem van de natuur – **Agriturismo Valdifiori**: Loc. Torre di Murazzano, tel. 348 371 27 24, 0732 966 99, www.valdi fiori.it, 2 pk € 70-80, HP € 63-68. De gecertificeerde biologische boerderij met Italiaans-Hollandse eigenaren, nette kamers en lekker en gezond eten ligt op 650 m hoogte in een fraai landschap. De rit ernaartoe kan daardoor lastig zijn.

Eten en drinken

Lekker en voordelig – **Hostaria della Rocca**: Via Cardinale Albornoz 3, tel. 0732 954 44, 19-23, za. ook 12-15 uur, ma. gesl., menu € 25. Dit rustieke eethuis onder aan de Rocca serveert heerlijke en goedkope lokale specialiteiten en pizza's, bij mooi weer op het terras in de tuin. Van dezelfde eigenaar is **Taverna di Bartolo** aan de centrale Piazza Matteotti 7/9, waar het interieur en de gerechten verfijnder zijn (tel. 0732 95 80 67, di.-vr. 12-15, za. en zo. ook 19-23 uur, ma. gesl.).

Informatie

IAT/Pro Loco: Piazza Matteotti 5, tel. 0732 956 23 10, www.sassoferrato turismo.it.
Vervoer: (weinig) treinverbindingen naar Pergola en Fabriano, busverbindingen tussen de oude en de nieuwe stad, naar Ancona, Pergola en Genga.

Fabriano ▶ E 4

Fabriano ligt in een vlakte aan de zuidelijke rand van het regionale park Gola di Rossa e Frasassi. Haar grondgebied was al bewoond in de prehistorische tijd, werd daarna Romeins bezit (Tuficum en Attidium) en werd bij de middeleeuwse stichting van de stad rond het jaar 1000 Fabriano genoemd, naar de Romeinse landheer Faberius.

Ruim 250 jaar later nam Fabriano dankzij haar pioniersactiviteiten in de papierfabricage een plaats in binnen de Europese cultuur- en industriële geschiedenis (zie blz. 55). De opkomst en de neergang van deze industrietak bestempelen sindsdien het economisch lot van deze stad, waarin Gentile di Niccolò Massi zijn artistieke gaven aanscherpte. Hij verliet de ▷ blz. 188

Op ontdekkingsreis

De wonderbaarlijke wegen van de natuur – de Grotte di Frasassi

De grotten van Frasassi behoren tot de spectaculairste natuurverschijnselen van Italië. Wanneer u de grotten binnentreedt, wordt u een moment de adem ontnomen. Een mens voelt zich er plotseling heel klein en wordt deemoedig, omdat deze druipsteenruimtes gigantische afmetingen hebben, oeroud zijn en eenvoudigweg fantastisch om te zien.

Kaart: ▶ E 4

Planning: beginpunt van de tocht is Parcheggio La Cuna (met borden aangegeven); duur circa 1,5 uur (€ 15,50, 6-12 jaar € 12, onder 6 jaar gratis), www.frasassi.com.

Rondleidingen: mrt.-okt. 10-17 uur elk uur; nov.-feb. ma.-vr. 11.30, 15.30, za. 11.30, 14.30-16.30, zo. 10-17 uur elk uur (rondleidingen in Duits en Engels: juli-sept. 10-18 uur, circa elk uur, informeer ter plaatse), aug. elke tien minuten. Ook langere routes en rondleidingen.

Rolando Silvestro kon het nauwelijks geloven toen hij op 25 september 1971 een steen in een openingetje gooide in de Frasassi-rotsspleet. Dat de echo zo lang op zich liet wachten, beloofde welhaast een sensatie!

Al eerder was het deze speleoloog uit Ancona opgevallen, dat de opening in de rots een bijzondere luchtstroom liet ontsnappen, de reden dat het gehele grottensysteem Grotta del Vento wordt genoemd. In elk geval liet hij zich afzakken in deze later tot **'afgrond Ancona'** gedoopte holte, die toeristen sinds 1974 wat makkelijker kunnen bereiken via een uitgehakte tunnel.

Gigantisch

Binnen in de Abisso Ancona zult u zich overweldigd voelen door de onderaardse ruimte – waar het 14 °C is en de luchtvochtigheid bijna 100% bedraagt – die zelfs de Dom van Milaan zou kunnen herbergen. Als u hiervan bent bekomen, gaat het verder naar 20 m hoge stalagmieten, die van de bodem naar boven groeiende druipsteenformaties.

Wanneer u weet dat stalagmieten – evenals stalactieten, die vanaf het plafond van de onderaardse ruimtes juist naar beneden toe groeien – in honderd jaar maar 8 tot 15 mm groter worden, voelt u zich in het aangezicht van de *giganti* plotseling heel jong, en gaat u lichtvoetig verder naar de volgende attractie: de **Niagarawaterval**. Deze naam openbaart zich als vanzelf aan de toeschouwers, net als die van het zogenoemde **Lago Cristallizzato** (gekristalliseerd meer), dat u een paar meter verderop in vervoering zal brengen. U kijkt dwars door een blauwe waterspiegel naar de bodem die is bezaaid met kleine kristallen. Hierna loopt u omhoog naar een punt waar het beroemde toegangsgat is te zien en waar de enige natuurlijke lichtstralen in de onderwereld kunnen doordringen.

Betoverend

Zodra u in de **Sala 200** bent binnengekomen, wachten u in het **Castello delle Streghe** (het heksenslot) twee stalagmieten met de contouren van een kameel en een dromedaris. Iets verderop zweeft over een van hen het **Zwaard van Damocles**, een stalactiet van 8 m lang, die zich in zijn punt op circa 150 cm breedte versmalt. Op uw weg naar de **Gran Canyon**, waar u in een 25 m diepe afgrond kunt kijken, passeert u een imposante stalagmiet van 15 m hoog, die als een **obelisk** in de lucht reikt, waarna u kort daarop door een filigraan druipsteenfenomeen met de naam **Canne d'Organo** (orgelpijpen) zult worden betoverd.

En dit alles vormt nog maar de ouverture voor een ontroerend mooie, visuele symfonie, die uit een blauw meer met talrijke sneeuwwitte druipsteenkaarsen is gecomponeerd, en waarvan de denkbeeldige lichtschijn zich lijkt te weerspiegelen in de roze-gouden kalksteenwanden. De **Sala delle Candeline** (zaal van de kleine kaarsen) vormt zonder enige twijfel het topjuweel van de **Sala dell'Infinito** (zaal van de oneindigheid), waar u nogmaals door een sneeuwwitte zaal loopt (**Sala Bianca**) en waar u in de **Sala dell'Orsa** (zaal van de Kleine Beer) de naamgever herkent. Tot slot zweeft er zelfs engelenhaar (**Capelli d'Angelo**), dat u uiteraard niet mag aanraken, omdat het anders niet meer zal aangroeien. Het vet dat bij aanraking van mensenhanden vrijkomt en zich hecht op het steen, zal verdere kalkafzetting verhinderen – en het ontstaan van alle soorten druipsteen is er juist op gebaseerd dat die uit in waterdruppels opgeloste kalk bestaan. Als bezoekers dat respecteren, zullen de kameel, de dromedaris en de Kleine Beer verder kunnen leven.

stad richting Noord-Italië en werd met groeiende roem in den vreemde Gentile da Fabriano (1370-1420) genoemd. Deze schilder is een van de exponenten van de School van Fabriano, waartoe ook Allegretto Nuzi (1320-1373) en Antonio da Fabriano (medio 15e eeuw) behoren. Zijn werken zijn van Florence tot Malibu te zien, alleen niet in Fabriano.

Tegenwoordig is Fabriano een van de belangrijkste industriële centra van de regio, waar naast papier – onlangs getroffen door Aziatische concurrentie – voornamelijk elektronische huishoudelijke apparaten worden geproduceerd. De culinaire verkoopsuccessen zijn uitstekend lamsvlees en zeer gewaardeerde salami (www.salamedifabriano.it), een culturele trekpleister is het Teatro Comunale Gentile, met toneel en klassieke concerten op het programma.

Piazza del Comune

Het oudste gebouw aan de Piazza del Comune is het **Palazzo del Podestà** uit 1255, dat sindsdien echter de ene na de andere verandering heeft doorstaan. U kunt dwars door het grote witte pand lopen via een ovale poort, waarin twee fresco's uit de 14e en 15e eeuw opvallen. Het **Palazzo del Podestà**, met daarvoor de fontein **Fontana di Sturinalto** (1285), wordt door het **Palazzo Vescovile** (Palazzo del Priore) en het **Palazzo del Comune** geflankeerd. In het Palazzo Vescovile toont het **Museo Diocesano** een expositie met sacrale kunst (vr. 16-18, za. en zo. 10-12, 16-18 uur).

Het Palazzo del Comune werd in 1350 door Chiavelli gebouwd als gemeentelijke residentie en vervolgens in 1690 volgens de opvattingen uit die tijd veranderd. Met zijn binnenplaats met zuilen en steenwerk uit Attidium, Tuficum en Sentinum herinnert het aan de Romeinse stadsgeschiedenis. Het verlengt zich tot de **Loggiato San Francesco**, die de in 1292 gebouwde en in 1864 afgebroken **Chiesa San Francesco** vanaf de 15e eeuw met het plein voor het raadhuis verbond. De door de renaissancearchitect Bernardo Rosselini geplande bogengang werd in 1790 met zeven arcaden verlengd, om de aansluiting met het raadhuis te voltooien.

Cattedrale di San Venzano

Piazza Giovanni Paolo II, ma.-za. 9-12.30, 14.30-18.30, zo. 10.30-11.15, 16-17.30 uur

De kathedraal rijst direct achter het Palazzo Vescovile boven de centrale piazza op. Hij werd in de 14e eeuw gebouwd en tussen 1607 en 1617 gerenoveerd. Bij die gelegenheid werd het interieur gedecoreerd met stucwerk en werd het met belangrijke schilderijen in maniëristische en barokke stijl verrijkt. Tot de scheppers behoren Gregorio Preti, Francesco Guerrieri en Orazio Gentileschi. Gelukkig bleven de fresco's uit de 14e tot de 16e eeuw onaangetast.

Pinacoteca Civica Bruno Malajoli

Piazza Giovanni Paolo II, tel. 0732 25 06 58, www.pinacotecafabriano.it, juli/aug. di.-zo. 15-19, daarbuiten za., zon- en feestdagen 10-13, 16-19 uur, € 5

Nadat het schilderijenkabinet na de aardbeving van 1997 in veiligheid was gebracht, keerde het in 2006 terug in het herstelde oude ziekenhuis Spedale di Santa Maria del Buon Gesù (15e eeuw). Het geeft een indruk van de penseelstreek van de schildersschool van Fabriano: u ziet er schilderijen van Allegretto Nuzi (1320-1373) en Antonio da Fabriano. Ook ziet u werken van andere regionale talenten uit de 13e tot de 16e eeuw.

Museo della Carta e della Filligrana

Largo Fratelli Spacca, openingstijden zie blz. 57

Het in een oud klooster ondergebrachte **papiermuseum** geeft informatie over de geschiedenis van de Europese papierindustrie, die in de 13e eeuw in Fabriano begon. Bezoekers kunnen leren papier te scheppen en maken kennis met dit interessante ambacht.

Meer musea...

Ook interessant zijn het **Museo della Farmacia** (Corso della Repubblica 33 a), het **Museo del Pianoforte Storico** (San Benedettoklooster) en het **Museo Mestieri in Bicicletta**, met oude transportfietsen (Via Gioberti). Info bij het IAT.

Overnachten

Op bezoek bij de landheer – **Il Marchese Del Grillo**: Loc. Rocchetta Bassa 73, circa 5 km buiten de groene stadsrand, tel. 0732 62 56 90, www.marchese delgrillo.com, 2 pk vanaf € 100. Een prachtig 18e-eeuws landhuis met luxueuze kamers en suites. Gastvrije leiding.
Aangenaam en dicht bij de stad – **Hotel 2000**: Viale Zonghi 29, tel. 0732 25 11 60, www.2000hotel.it, 2 pk € 80. Verzorgd, modern gemeubileerd driesterrenhotel in een gerestaureerd palazzo op loopafstand van het stadscentrum.
Kloostersfeer – **Hotel Le Muse**: Via Cavour 106, tel. 0732 41 79, www.hotelle musefabriano.it, 2 pk vanaf € 80. Eenvoudige kamers in een gerestaureerd klooster dat een binnenplaats en een kleine kerk in het historische centrum.

Eten en drinken

Raffinement en traditie – **Il Marchese Del Grillo**: zie boven, alleen 's avonds, zo.-middag, ma. gesl., menu vanaf € 45. Ook het restaurant is een eersteklas en veelgeprezen adres. De eigenaarsfamilie D'Alesio-Della Mora organiseert kookcursussen en bustochten door het wijngebied.
Van oudsher bekend – **Trattoria Marchegiana**: Piazza Cairoli 1, tel. 0732 25 00 88, ma. gesl., menu € 30. Plaatselijke keuken in de authentieke sfeer van de oude binnenstad, 's avonds ook pizza's.
Nomen est omen – **Il Piacere della Carne**: Via G. B. Miliani 20, tel. 0732 219 55. 'Vleselijke verleidingen' in een vriendelijk en licht interieur.
Populair – **La Locanda del Collegio**: Via Cavour 100, tel. 320 383 73 98, ma. gesl., menu circa € 40. Moderne interpretatie van de regionale seizoenskeuken.
Zoet en gezond – **By Nice**: Via Cialdini 1. Lekker ijs op basis van natuurlijke ingrediënten.

Winkelen

Papier – **Antica Cartoleria Lotti**: Corso della Repubblica 58. Goed gesorteerde winkel, waar u leuke souvenirs van Milianipapier kunt aanschaffen.
Salami en meer – **Mercato Coperto**: Piazza Garibaldi 37, ma. 8-13, di.-do. 8-13, 17-21, vr. en za. 8-13, 17-22 uur. In de markthal kraampjes met worst, wijn en andere lokale producten.

Info en festiviteiten

IAT: Piazza del Comune 2, tel. 0732 62 50 67, www.fabrianoturismo.it, di.-zo. 10-13, 15-18 uur.
Palio di San Giovanni Battista: meerdaags stadsfeest met een kleurrijk middeleeuws spektakel op 24 juni.
Teatro Gentile: Via Gentile da Fabriano 1, tel. 0732 36 44, www.amatmar che.net.
Vervoer: station aan de lijn Ancona-Rome (via Genga/Grotte di Frasassi), ook verbindingen via Macerata naar Civitanova Marche. Stads- en streekbussen.

IN EEN OOGOPSLAG

Ancona en de Riviera del Conero

Hoogtepunten *

Sirolo: Sirolo is buiten kijf de mooiste strandplaats van het Parco del Conero, wat het niet in de laatste plaats te danken heeft aan de door bomen beschaduwde Belvedere aan de rand van de zee bij de Piazza V. Veneto. Zie blz. 206.

Loreto: ook voor niet-gelovigen is een bezoek aan het bedevaartsoord Loreto een must, omdat daar niet alleen de op engelenvleugelen aangedragen heilige steen uit Nazareth, maar ook vele architectonische en artistieke details in de basiliek en in het schilderijenkabinet te bewonderen zijn. Zie blz. 213.

Op ontdekkingreis

Beniamino Gigli in Recanati: Beniamino Gigli werd als navolger van Enrico Caruso gevierd, maar als gunsteling van Mussolini, Hitler, Goebbels en Göring versmaad. Het Museo Gigli in zijn thuisstad Recanati laat de carrière van deze beroemde tenor uit de jaren 20 tot 50 de revue passeren en biedt u een blik in zijn privéleven. Beniamino Gigli vond in 1957 in een mausoleum op het plaatselijke kerkhof zijn laatste rustplaats. Zie blz. 218.

Bezienswaardigheden

Casa Leopardi in Recanati: Giacomo Leopardi behoort naast Dante en Petrarca tot de nationale Italiaanse dichters. Daarom is een bezoek aan zijn geboortehuis een must tijdens een reis door Marche. Zie blz. 216.

Actief

Wandeling naar de Passo del Lupo: vanaf de Passo del Lupo, die vanuit Sirolo eenvoudig te beklimmen is, kijkt u uit op de 'Due Sorelle', twee sneeuwwitte 'rotszusters' in de blauwe zee. Zie blz. 202.

Surfen bij Portonovo: de kust rondom de Monte Conero staat niet alleen bekend als zwem-, maar ook als surfparadijs. Tussen Portonovo en Sirolo is het windsurfen fantastisch. Zie blz. 203.

Sfeervol genieten

Santa Maria di Portonovo: de romaanse kerk aan het strand van Portonovo bezit een heel bijzondere ruimtelijke sfeer, die ontspant en 'verlicht'. Zie blz. 203.

Wilde mosselen: het culinaire uithangbord van Portonovo wordt gevormd door de wilde mosselen, *mosciuli selvatici* genaamd, die in de mooie strandrestaurants bijzonder goed smaken. Zie blz. 203.

Uitgaan

Op de Piazza del Papa' in Ancona: op deze piazza in de oude binnenstad ontmoet de halve stad elkaar op lome zomeravonden, om er te drinken, te eten, te praten en te flaneren. Zie blz. 201.

Teatro alle Cave in Sirolo: in de zomermaanden staan op het openluchtpodium van deze gezellige badplaats vaak grote sterren. Zie blz. 206.

Droomstranden en pelgrimsdromen

Ten zuiden van zijn hoofdstad en grootste havenstad Ancona stort Marche zich met zijn steil aflopende sneeuwwitte krijtrotsen in de blauwe zee. De scherpe kustranden van de Monte Conero verkavelen deze gelijknamige rivièra in fraaie stranden en dito baaien, zo mooi alsof het illustraties lijken uit een fotoboek, en waarboven de bevallige oude binnenstadjes van Sirolo en Numana hangen. Die plaatsjes profiteren van hun onbetaalbare uitzicht over de Adriatische Zee en van hun weelderig groene achterland, waarin zich romantische boerenhoven en nobele herbergen verstopt houden. Landinwaarts is de Monte Conero namelijk dichtbebost en loopt deze uit in zachtglooiende heuvels, beplant met oogstrelende wijnstokken en zilverglanzende olijfbomen. Krijtrotsen en stranden, bossen en wijnbergen, boerderijen en chique badplaatsen verenigen zich tot het Parco Regionale del Conero. Het park biedt uitgelezen vreugde voor strandaanbidders, wandelliefhebbers en culinaire fijnproevers. Bovendien heeft het een in verkeerstechnisch opzicht goed te bereiken achterland, waarin meerdere stadjes bol staan van de historie, zodat ze elke culturele honger kunnen stillen. Nog in het regionale park zelf ligt het wijnstadje Camerano, waar u net als in het landschappelijk panoramarijke en architectonisch aantrekkelijke Osimo in een kleinstedelijke onderwereld kunt afdalen. Recanati beroemt zich met de Italiaanse nationale dichter Giacomo Leopardi en de befaamde tenor Beniamino Gigli op het bezit van twee grote zonen. Het plaatsje Castelfidardo vormt een toneel van de Italiaanse geschiedenis én de muziekgeschiedenis. En tot slot zoeken al sedert eeuwen in Loreto pelgrims in het huis van de Heilige Maria hun zielenheil.

Ancona ▶ G 3

De historische kiemcel van deze regionale metropool is de haven, waar tot op heden het economische hart slaat van de met ruim 100.000 inwoners grootste stad van Marche. De stad werd in de loop van haar lange bestaan meerdere keren door aardbevingen beschadigd, zodat het middeleeuwse stadscentrum zich beperkt tot een relatief klein stukje grond rond de kathedraal.

Geschiedenis van de stad

De naam Ancona is afgeleid van het Griekse 'ankon' – 'elleboog' – dat verwijst naar de vorm van de destijds nog natuurlijk gevormde haven. 'Destijds' is

INFO

Kaart: ▶ G/H 3/4

De heenreis en dan ...
Ancona, de dicht bij een luchthaven liggende regionale metropool, evenals het toeristenmekka van het kustpark aan de voet van de Monte Conero, zijn beter toebedeeld met openbaar vervoer dan andere gebieden in deze regio, zodat een verblijf hier zonder autorijden kan bijdragen aan optimale stressloosheid. Tussen de kustplaatsen rijden treinen, en dagelijks gaan er geregeld bussen het interessante binnenland in.

Internet
www.rivieradelconero.info: informatie over de Monte Conero en omgeving.

hier 387 v.Chr., toen de vanuit de Groot-Griekse kolonie Syracusa varende Grieken deze gunstig liggende haven ontdekten, waarna zij zich op de Colle Guasco vestigden, die al was bewoond door Piceniërs. De Grieken voerden de heerschappij tot de Romeinen die overnamen vanaf de 1e eeuw v.Chr.; zij ontwikkelden Ancona in de 2e eeuw n.Chr. tot hun belangrijkste oostelijke haven.

Nadat de stad een Gotische invasie in de 5e eeuw overwon, werd zij compagnon van de *pentapoli marittima,* totdat ze weer werd belaagd, nu door de Longobarden. Die werden op hun beurt door de Franken bedwongen, zodat ook Ancona in de 8e eeuw tot de 'Pippijnse donatie', dat wil zeggen tot de Kerkelijke Staat, zou behoren. Kort daarop (848) werd de stad door de Saracenen verwoest. In de 11e eeuw slaagde Ancona erin als vrije stadsrepubliek voort te leven, wat de toen leidende zeemacht Venetië een doorn in het oog was. Tot de schermutselingen met Venetië behoorde die met Frederik I Barbarossa (medio 12e eeuw), en in 1348 moest de stad het onderspit delven voor de heersende familie Malatesta, totdat zij in 1532 weer verviel aan de Kerkelijke Staat.

De paus verbande de Joden (tot dan toe in Ancona een grote gemeenschap) naar het getto, en ook op die manier beleefde Ancona onder het juk van de kerk een zware tijd – niet alleen door economische teruggang gekenmerkt, maar ook door een zware aardbeving (1690). Het was paus Clemens XII die de stad in 1732 weer op de been hielp door haar tot vrijhaven te verklaren. De Franse tijd, in dit geval de napoleontische tijd, legde de komende accenten voor de toekomst van deze havenstad.

Toen de Kerkelijke Staat kort daarna weer was gerestaureerd, verenigden de bewoners van Ancona zich gepassioneerd voor de Italiaanse vrijheidsbeweging, waarop zij in 1849 door Oostenrijkse troepen in het nauw werden gedreven. Na de stichting van Italië werd de stad door middel van een treinverbinding met de hoofdstad verbonden. Omdat de Anconezen de Italiaanse opmars in Libië in de Eerste Wereldoorlog afkeurden, organiseerden zij in 1914 demonstraties in de stad. De acties groeiden uit tot grote sociale onrust, door de staat neergeslagen, die als *Settimana Rossa* geschiedenis maakte.

In 1930 liep de stad wederom schade op door een zware aardbeving, en de Tweede Wereldoorlog trof haar met heftige bombardementen. In 1970 werd Ancona hoofdstad van de nieuw geformeerde regio Marche. Twee jaar later sloeg het natuurgeweld weer toe, zodat men hier lang druk bleef met het letterlijk opruimen van de puinhopen. Maar met de groeiende handel van de haven na de beëindiging van de Balkancrisis verscheen er weer een gouden randje aan de horizon van Ancona, die overigens het filmdecor voor Luchino Visconti's meesterwerk *Ossessione* (1942) en Nanni Moretti's *La stanza del figlio* (2001) vormde.

Stadswandeling

Cattedrale S. Ciriaco [1]

Piazza del Duomo, 8-12, 15-19, 's winters tot 18 uur

Net zo bepalend voor het stadsbeeld als de haven is de kathedraal. De bouwgeschiedenis begon in de 7e eeuw, als drieschepige basiliek op de ruïnes van een Griekse tempel. In de basiliek werd in de 11e eeuw met het dwarsschip begonnen, waardoor het intussen tot kathedraal opgeklommen godshuis een grondplan in de vorm van een Grieks kruis kreeg. In de 12e eeuw kwamen er gevels uit witte Conero-kalksteen bij en in de 13e eeuw de beide zijkapellen, de koepel en het voorportaal, waarvoor sindsdien twee leeuwen de wacht houden, gebeeldhouwd uit marmer uit Verona. De klokkentoren naast de Dom dateert uit de 14e eeuw en werd op het fundament van een wereldlijke vestingtoren gebouwd.

Pas in de 14e eeuw werd de kathedraal aan de heilige Ciriaco gewijd – de heiligen Marcellino en Liberio waren de andere twee stadspatronen. Alle drie hebben in de crypte hun laatste rustplaats gevonden. De Dom is indrukwekkend door zijn interieur, dat een strakke, romaans-Byzantijnse schoonheid uitstraalt. Ook later toegevoegde details leggen hun accent, zoals het grafmonument voor Francesco Nobile uit de renaissance (1530) en een altaaromkadering naar een ontwerp van Luigi Vanvitelli (medio 18e eeuw) en ten slotte een paar sacrale schilderijen uit de 17e en de 18e eeuw, waaronder een afbeelding van Maria.

Museo Diocesano 2

Piazza del Duomo 9, tel. 320 877 36 10, mei-sept. za. en zo. 10-12.30, 15-19, okt.-apr. tot 18 uur

De uit de kathedraal verwijderde kunstschatten bevinden zich in het naastgelegen Dommuseum, waar u trouwens nog meer sacrale kunst uit andere kerken van Ancona kunt bekijken.

Anfiteatro Romano 3

Via Pio II

In de omgeving van de Dom zijn de resten opgegraven van een Romeins amfitheater.

Museo Archeologico Nazionale Delle Marche 4

Palazzo Ferretti, Via G. Ferretti 6, tel. 071 20 26 02, www.archeomarche.it, di.-zo. 8.30-19.30 uur, € 4

Het museum is gevestigd in een qua interieur rijk gedecoreerd en beschilderd pand, dat in de 16e eeuw de woning vormde van de in heel Ancona invloedrijke familie Ferretti. Het museum geeft de beschavingsgeschiedenis weer van Marche: van de oudere steentijd tot aan de Romeinse tijd. Goed tentoongesteld is de kopie van de Romeinse bronsgroep van Cartoceto di Pergola (zie blz. 160), waarvan een tweede duplicaat op het museumdak glanst. Uw bezoek is ook de moeite waard vanwege de nalatenschap van de 'oerbewoners' van deze streek – Galliërs en Piceniërs – die u een figuurlijke blik gunnen in hun dagelijks leven en in het culturele leven van hun beschavingen. Het pronkstuk uit de erfenis van de Piceniërs is de gebeeldhouwde kop met helm van 'de krijger van Numana' (7e-6e eeuw v.Chr.).

Piazza Stracca

De Via Ferretti komt uit op de Piazza Stracca, waaraan twee opvallende gebouwen tegenover elkaar staan, namelijk de **Chiesa del Gesù** 5 en het **Palazzo degli Anziani** 6. De kerk werd in de 17e eeuw door jezuïeten betrokken en in hun opdracht in 1743 gemoderniseerd door de pauselijke architect Luigi Vanvitelli. Het Palazzo (1270), eens de zetel van de parlementscommissie/raad van oudsten van de middeleeuwse stad, is gebouwd in romaans-gotische stijl. Tegenwoordig is hij weer in gebruik voor gemeentelijke en culturele doeleinden.

San Francesco delle Scale 7

Piazza S. Francesco

De in de eerste drie decennia van de 13e eeuw gebouwde franciscanenkerk valt op vanwege het in 1454 toegevoegde gotische portaal en wat er direct omheen te zien is. Bij de vormgeving destijds liet de beeldhouwer Giorgio Orsini zich inspireren door de entree van het Venetiaanse Dogenpaleis. De kerk herbergt een schilderij van Lorenzo Lotto uit 1550.

Hoog boven de haven gelegen: de romaanse kathedraal S. Ciriaco

Pinacoteca Civica 'Francesco Podesti' 8

Palazzo Bosdari, Via Pizzecolli 17, tel. 071 222 50 47, half juni-sept. do. 11-18, vr. en za. 11-20, zo. 10-13, 17-20, daarbuiten do. en vr. 11-19, za. 16-20, zo. 10-13, 16-19 uur (voorlopig), € 6

In de galerie hangen werken van bekende schilders uit Ancona, waaronder die van de naamgever en schenker van de 'basiscollectie' Francesco Podesti (19e eeuw). De pronkstukken zijn *Madonna met Kind* van Carlo Crivelli (15e eeuw), Lorenzo Lotto's *Sacra Conversazione* (16e eeuw) en *Pala Gozzi* van Titiaan (1520). Bovendien is in het onlangs gerenoveerde en uitgebreide museum ook moderne en hedendaagse kunst te zien.

Chiesa di Santa Maria della Piazza 9

Piazza Santa Maria

Dit kleinood van de romaanse kerkbouw staat op vroegchristelijke fundamenten, die u binnen kunt zien wanneer u over de glazen vloerplaten loopt. De kerk werd in de 13e eeuw gebouwd, waarbij marmer uit Dalmatië werd gebruikt, en imponeert met zijn eigenzinnige façade.

Piazza Plebiscito (Piazza del Papa)

De Piazza del Plebiscito, in de volksmond 'Piazza del Papa', is de altijd en tot diep in de nacht goed bezochte en levendige place to be. De inwoners maken er plezier onder de ogen van hun historische mecenas paus Clemens XII. Die zit al sinds 1738 op een hoge sokkel, met zijn rug gekeerd naar de statige trappen van de een paar decennia later opgerichte **Chiesa San Domenico** 10, die een kruisigingsscène (1558) van Titiaan herbergt. Door de stedenbouwkundige dominantie van paus en kerk vallen het politieke verleden en de huidige tijd van Ancona pas in tweede instantie op. Die worden duidelijk in de vorm van het **Palazzo Governo** 11 uit de 15e eeuw en de stadstoren ▷ blz. 198

Ancona

Bezienswaardigheden
1. Cattedrale S. Ciriaco
2. Museo Diocesano
3. Anfiteatro Romano
4. Museo Archeologico Nazionale Delle Marche
5. Chiesa del Gesù
6. Palazzo degli Anziani
7. San Francesco delle Scale
8. Pinacoteca Civica
9. Chiesa di Santa Maria
10. Chiesa San Domenico
11. Palazzo Governo
12. Museo della Città
13. Teatro delle Muse
14. Loggia dei Mercanti
15. Fontana del Calamo
16. Synagoge
17. Museo Omero
18. Parco del Cardeto
19. Arco Traiano
20. Porta Pia
21. Mole Vanvitelliana
22. Passetto

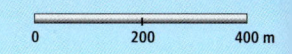

Overnachten
1. Grand Hotel Passetto
2. Seeport Hotel

Eten en drinken
1. Trattoria 13 Cannelle
2. Trattoria La Moretta
3. Osteria Teatro Strabacco
4. La Cantineta
5. Caffè Giuliani
6. Osteria del Baffo
7. Da Irma

Winkelen
1. Libreria Canonici
2. Moroder
3. Mercato delle Erbe

Actief
1. Marina Dorica

(Torre Civica), die rond 1580 werd gerenoveerd en een uurwerk kreeg. In het renaissancepalazzo werd over het lot van de stad vergaderd en beslist.

Museo della Città di Ancona 12

Piazza Plebiscito, tel. 071 222 50 37, www.anconacultura.it, 15 juni-15 sept. di.-vr. 17-20, za. en zo. 10-13, 17-20, daarbuiten di.-do. 10-13, zo. ook 16-19 uur

Het stadsmuseum is gevestigd in een ziekenhuis uit de 14e eeuw en toont een grote hoeveelheid archeologische vondsten, stadsgezichten, schilderijen en foto's.

Teatro delle Muse 13

Piazza della Repubblica, tel. 071 525 25, www.teatrodellemuse.org

Het Teatro delle Muse, dat in 1827 zijn eerste uitvoering beleefde, vormde in de 19e eeuw en nu ook weer de grote culturele trots van de stad. Helaas resteert van het historische theater alleen nog de neoclassicistische buitenkant. De elegante façade is versierd met zuilen in ionische stijl en met een schitterend fries met Apollo en de negen muzen. Het dak en het interieur vielen in 1943 ten prooi aan een Engels bombardement; het gebouw werd zo goed en zo kwaad als het ging hersteld en diende tijdelijk als bioscoop.

De recentste renovatie leidde in het najaar van 2002 tot een moderne wederopstanding van het grootste en meest gerenommeerde theater van Marche. Vanbinnen is het theater in de stijl van een Italiaanse piazza gehouden; podiumtechnisch is het bijzonder goed toegerust. Sinds de renovatie wordt het brandscherm weer veelvuldig gezien en omhooggehaald. Op het Sipario Tagliafuoco verheffen zich de op antieke motieven geöriënteerde bronzen sculpturen van de beeldhouwer Valeriano Trubbiani.

Loggia dei Mercanti 14

Via della Loggia

De door talrijke historische gebouwen geflankeerde Via della Loggia vormt de scheiding tussen de haven en de oude stad en werd daarmee permanent een van de belangrijkste commerciële straten van Ancona. Om die reden besloot de senaat halverwege de 15e eeuw deze straat aan te vullen met een representatieve handelsbeurs. Giorgio Orsini kreeg de opdracht en hij kon ook hier zijn voorkeur voor de Venetiaanse stijl uitleven. Allegorische uitbeeldingen van hoop, kracht, gerechtigheid en liefdadigheid moesten de handelaren herinneren aan de christelijke waarden die passen bij de koopmansidealen.

Rond de Corso Garibaldi

Bij de Piazza della Repubblica begint de winkel- en voetgangersstraat Corso Garibaldi, die net als de Corso Mazzini en Corso Stamira uitnodigt om te winkelen en te flaneren. De Corso Garibaldi wordt geflankeerd door de Piazza Roma met de Fontana dei Quattro Cavalli uit de 19e eeuw, terwijl op de Corso Mazzini al sinds halverwege de 16e eeuw water uit dertien pijpen (*cannelle*) – vanuit de monden van maskerachtige gezichten – van de **Fontana del Calamo** 15 klatert.

Wanneer u aan de zeezijde van de Corso Stamira naar rechts loopt, de Via Astagno op, vindt u daar (op nr. 10) de **synagoge** 16, waarin nog steeds wordt gebeden volgens het Italiaanse én het Levantijnse ritueel. De nieuwe synagoge, die in 1876 een aantal oudere joodse gebedshuizen verving en die op afspraak (tel. 071 20 26 38) ook vanbinnen te bezichtigen is, ligt midden in het oude getto. Als u terugloopt door de winkelstraten richting haven en zee, ziet u doorgaans grote zeeschepen liggen, een fascinerend gezicht in deze door en door maritieme stad.

Museo Omero 17

Mole Vanvitellana, Banchina G. da Chio 28, tel. 071 281 19 35, www.museoomero.it, sept.-juni di.-za. 16-19, zo. 10-13, 16-19 uur, juli en aug. di.-do., za. 17-20, vr. 10-20, zo. 10-13, 17-20 uur, rondleiding € 3

In het Museo Omero komt u om de kunst- en architectuurgeschiedenis te begrijpen, wat hier beslist letterlijk wordt bedoeld, omdat het museum hoofdzakelijk blinden en slechtzienden uitnodigt. Zij kunnen zich hier met het betasten van kopieën van sculpturen, beeldhouwwerken en architectuurmodellen een beeld vormen van de Europese cultuurgeschiedenis, van de prehistorie tot heden.

Parco del Cardeto 18

Via del Cardeto, apr.-sept. 8.30-20.30, daarbuiten 8-17.30 uur

Het stedelijke kustpark Cardeto biedt u niet alleen veel groen en een vrij uitzicht over zee, maar ook een paar interessante bezienswaardigheden van civiele en militaire aard. Naast de oude vuurtoren van Ancona ziet u er onder andere de restanten van een in opdracht van kardinaal Albornoz gebouwde pauselijke burcht uit het midden van de 14e eeuw, een in 1860 tot kazerne omgebouwd capucijnenklooster uit het begin van de 17e eeuw en de oude Joodse begraafplaats. Wat betreft de laatste: het al in 1428 aangelegde Campo degli Ebrei van Ancona behoort tot de grootste en oudste Joodse begraafplaatsen van Europa.

Haven

Architectonische blikvangers zijn de **Arco Traiano** 19 (uit de 2e eeuw), de barokke **Porta Pia** 20 en de muzentempel **Mole Vanvittelliana** 21 (zie blz. 79).

Passetto 22

Wie de Corso Garibaldi tot aan het eind afloopt, de Piazza Cavour en Largo 24 Maggio oversteekt, komt via de aansluitende Viale della Vittoria direct bij de Passetto. Deze met jugendstilvilla's geflankeerde laan komt uit op de Piazza IV Novembre, waar zich een monument (uit de jaren 30) verheft ter nagedachtenis aan oorlogsslachtoffers.

Onder aan de piazza ligt het door een rotswand beschermde en door een rij betonnen zonneterrassen omzoomde strand dat u met de trap of lift bereikt.

Overnachten

Traditioneel en comfortabel – **Grand Hotel Passetto** 1: Via Thaon de Revel 1, tel. 071 313 07, www.hotelpassetto.it, 2 pk vanaf € 110. Viersterrencomfort, uitzicht op zee, zwembad, wellnesscenter en restaurant, waarvan de culinaire kwaliteit naar horen zeggen niet meer overeenkomt met het hotelcomfort.

Goede keuze – **Seeport Hotel** 2: Via Rupi di Via XX Settembre 121, tel. 0971 971 51 01, www.seeporthotel.com, 2 pk € 80-270. Het professionele geleide, pas eind 2014 geopende viersterrenhotel heeft een maritiem-hedendaagse inrichting, een eigen restaurant, met topkeuken en een mooi uitzicht op haven en de domheuvel, een centrale ligging bij het centrum en, niet onbelangrijk, een eigen parkeerplaats.

Eten en drinken

Sinds decennnia populair – **Trattoria 13 Cannelle** 1: Corso Mazzini 108, tel. 071 20 60 12, zo. gesl. Deze trattoria bij de 'maskermondfontein' begon in 1929 als fruitwinkel, werd vervolgens een wijnhandel en daarna een gewaardeerd restaurant, waar gasten bijvoorbeeld de beroemde *stoccafisso all'anconetana* kunnen eten, maar ook van verse zeevis en vleesgerechten kunnen genieten.

Direct achter de stad Ancona begint het Parco Regionale del Conero

Gezellig, goed en voordelig – **Trattoria La Moretta** 2 : Piazza Plebiscito 52, tel. 071 20 23 17, zo. gesl., menu € 30. Een van de vele populaire restaurants die 's avonds met recht 'woonkamers van de stad' worden genoemd. Op de kaart staan zowel traditionele gerechten als verfijndere schotels.

Authentiek – **Osteria Teatro Strabacco** 3 : Via Oberdan 2, tel. 071 567 48, ma. gesl., menu € 25. In deze osteria worden eerlijke lokale gerechten geserveerd. Er wordt tot laat in de avond gedronken en vaak ook muziek gemaakt.

Stokvis – **La Cantineta** 4 : Via Gramsci 1c, tel. 071 20 11 07, ma. gesl. Bekend om de *stoccafisso all'anconetana*. Deze trattoria met een lange traditie serveert ook andere gerechten uit de karakteristieke lokale keuken.

Met een geschiedenis – **Caffè Giuliani** 5 : Corso Garibaldi 3. Dit café midden in de drukte nodigt al sinds 1808 uit tot een babbeltje met *caffè* en *dolci*.

De verre reis waard – **Osteria del Baffo** 6 : Monte S. Venanzio 2, tel. 071 349 43, zo.-avond en ma. gesl. Uitstekende visspecialiteiten, vriendelijke service, eerlijke prijzen en een mooi uitzicht op zee. Aan de zuidoostkant van de stad gelegen.

Topadres in de haven – **Da Irma** 7 : Molo San Primanio, tel. 346 963 53 36, dag. 12-14.30 uur, vr. en za. ook 's avonds open, menu vanaf € 20, zie blz. 79.

Winkelen

Boeken en advies – **Libreria Canonici** 1 : Corso Garibaldi 130-132, tel. 071 20 23 00. In de commerciële winkelstraat Corso Garibaldi vindt u dé boekhandel van de stad. U kunt er terecht voor goed gesorteerde literatuur over en uit Marche.

Wijn – **Moroder** 2 : Via Montacuto 121, tel. 071 89 82 32, www.moroder-vini.it. Een van de gerenommeerdste en mooiste wijngoederen met een lange traditie in de omgeving. Hier kunt u niet alleen wijn proeven, maar (op afspraak wo.-zo., tel. 331 634 22 56) ook eten en zelfs slapen. Aan de weg richting Portonovo gelegen.

Winkelplezier in jugendstilsfeer – **Mercato delle Erbe** 3 : ingang Corso Mazzini, ma.-za. 7.30-13, 16-19.30, 's zomers 17-20 uur, do.-middag gesl. Levensmiddelen en masse vindt u onder een constructie van glas en staal uit de jaren 20.

Actief

Zwemmen – Naast het betonnen stadsstrand Passetto 22 zijn er nog de **zandstranden** Torrette en Palombina ten noorden van de haven.
Zeilen/motorboten – **Toeristenhaven Marina Dorica** 1 : Via Mancini 5/c, tel. 071 548 00, www.marinadorica.it.

Uitgaan

Cultuur – **Teatro delle Muse** 13 : tel. 071 525 25, www.teatrodellemuse.org.
Bars en disco's – Het nachtleven van Ancona speelt zich met name af op en rondom de **'Piazza del Papa'** (Piazza Plebiscito), waar veel bars, restaurants en disco-pubs zijn gevestigd.

Info en festiviteiten

Centro IAT Ancona: Banchina N. Sauro 50, tel. 335 147 54 54.
Festa di San Ciriaco: patroonsfeest op 3 en 4 mei.
Vervoer: de **luchthaven** ligt in Falconara Marittima, Piazzale Sordoni 1 (tel. 071 282 71, www.anconaairport.com) en is vanuit Ancona met de trein (via station Castelferretto) of met de taxi te bereiken. Het **station** bevindt zich aan de Piazza Rosselli. Van daaruit zijn er verbindingen met de kustlijn naar Rimini en Pescara en door het binnenland naar Rome. Stads- en streekbussen van de maatschappijen Conerobus (tel. 800 218 820, www.conerobus.it) en Reni (tel. 071 804 65 04, www.anconarenibus.it) rijden naar onder andere Sirolo, Numana, Marcelli, Castelfidardo en Loreto. Het busstation ligt aan de Piazza Cavour. U kunt daar kaartjes kopen in de tabakswinkel. Er zijn verschillende **parkeergarages**, bijvoorbeeld aan de Piazza Stamira. U kunt gratis parkeren bij de Dom.

Parco Regionale del Conero ▶ G 3- H 4

Het mooiste kustlandschap van Marche werd in 1987 uitgeroepen tot het beschermde natuur- en cultuurgebied Parco Regionale del Conero. Het woord Conero gaat terug op het Griekse *komaros*, dat 'berg van de aardbeibomen' betekent, zoals de voorvaderen van de inwoners van Ancona en omgeving de zich 572 m boven het natuur- en badparadijs verheffende berg vanwege die botanische bijzonderheid toen noemden. Het park omvat ruim 6000 ha tussen de direct ten noorden van Ancona liggende stranden en de monding van de rivier de Musone zuidelijk van deze stad.

Het gebied is goed toegankelijk voor strandliefhebbers en wandelaars. Hier vindt u ook het wijngebied van de Rosso Conero. Bovendien ligt hier de enige respectabele golfbaan van de regio (www.conerogolfclub.it). De dichte bossen en schilderachtige hellingen langs de kust zijn gezegend met een rijke, gevarieerde flora en fauna, die de harten van botanici en vogelaars sneller doen slaan.

Ancona en Riviera del Conero

Wandeling naar de Passo del Lupo ▶ H 3

Begin/einde: Sirolo (zie blz. 206); **route:** verschillende mogelijkheden om te wandelen afhankelijk van uw conditie en zin

De ongeveer een uur lange, niet al te zware klim naar de Passo del Lupo begint in Noord-Sirolo: achter de plaats neemt u op de weg naar Ancona rechts de Via Vallone. Volg voorbij een begraafplaats de Sentiero nr. 302 (voorheen 2) naar de steile kust. Onderweg op het smalle wandelpad hebt u af en toe een mooi uitzicht op de zee, wat met een 'superpanorama' bij de Passo del Lupo wordt bekroond. Vandaar kijkt u vanboven op de bizarre rots genaamd 'Due Sorelle' (Twee zusters).

Wanneer u op de terugweg aan uw rechterhand de Sentiero nr. 301c (later nr. 301 respectievelijk 301b; voorheen nr. 1c, 1 en 1a) inslaat, bereikt u in ongeveer anderhalf uur de top van de Monte Conero.

Wandeling naar de Passo del Lupo

Vandaar kunt u via dezelfde weg of langs diverse alternatieve (gedeeltelijk langere) routes terug naat Sirolo lopen.

Informatie

Centro Visite del Parco del Conero: Via Peschiera 30, 60020 Sirolo, tel. 071 933 22 70, 071 93 30 06 (Forestalp), www.parcodelconero.org, www.rivieradelconero.info, www.forestalp.com, 15 juni-15 sept. dag. 9-13, 16-19, mrt.-14 juni dag. 9-13 uur. Hier bevindt zich het beheer van het park, vertegenwoordigd door de voorzitter Carlo Neumann (die een zoon van een Duitse immigrant is), Massimo Paolucci en de coöperatie Forestalp. U kunt hier terecht voor kaarten en advies om te fietsen en wandelen, evenals tochten met gidsen.

Portonovo ▶ G 3

Portonovo behoort tot Ancona en bestaat uit een verzameling hotels en restaurants, die aan de schitterende zeebaai of in het daarachter liggende pijnbomenwoud staan. Tot aan de hoge middeleeuwen bevond zich hier nog een benedictijnenabdij, die vanwege het latente gevaar op aardverschuivingen al in 1320 werd verlaten en in 1558 door Saracenen werd platgebrand. De natuur zegende Portonovo met veel groen, een schitterend strand en twee kleine zoetwatermeren, Lago Calacagno en Lago Grande, die aan hun oevers een aantal zeldzame plantensoorten laten gedijen. De architectonische schat wordt gevormd door de van brand verschoond gebleven abdijkerk Santa Maria di Portonovo, die later onder bescherming van de kustwachttoren Torre Clementina kwam te staan. Paus Clemens XI liet de toren in 1717 bouwen, om zo de van overzee binnenvallende piraten tijdig te signaleren. Eenzelfde doel had de hier in 1810 gebouwde napoleontische burcht, vroeger een bolwerk tegen de Engelsen en tegenwoordig het luxehotel Fortino Napoleonico.

Santa Maria di Portonovo

Wisselende openingstijden, half juni-half sept. meestal di.-zo. 17.30-20 uur, zie voor actuele informatie www.baiadiportonovo.it

De Santa Maria di Portonovo werd tussen 1034 en 1050 gebouwd van witte Conero-kalksteen. De kerk toont Grieks-Byzantijnse en romaanse stijlelementen. De drie kerkschepen vormen samen een Grieks kruis en zijn door een koepel overdekt. Ondanks de bouwtechnische complexiteit biedt de kerk zowel binnen als buiten een rustgevende en sobere indruk (zie blz. 204).

Overnachten

Noblesse op een toplocatie – **Fortino Napoleonico**: Via Poggio, tel. 071 80 14 50, www.hotelfortino.it, 2 pk € 180-250, een suite € 280-500. Zowel de kamers als het restaurant met bar zijn uiterst chic gemeubileerd.

Comfortabel en met uitzicht – **Emilia**: Collina di Portonovo 149a, tel. 071 80 11 45, www.hotelemilia.com, 2 pk en suites € 170-250. Het hotel met zijn mooie tuin ligt 3 km van zee en biedt u vanaf zijn hoge ligging een betoverend uitzicht over het water. Met restaurant, zwembad, tennisbaan en strandshuttle.

Relatief goedkoop – **Hotel Internazionale**: Via Portonovo 148, tel. 071 801 10 01, www.hotel-internazionale.com, 2 pk € 95-195. Klein driesterrenhotel, vlak bij het strand gelegen, met gezellige, romantische in roze-rode tinten ingerichte kamers.

Spartaans – **Camping La Torre**: tel. 0721 80 12 57, campeggiolatorre@baiadiportonovo.it, apr.-sept. Voor tenten en campers.

Eten en drinken

Sushi all'italiana – **Clandestino**: Baia di Portonovo, tel. 071 80 14 22, apr.-sept., apr. en mei alleen 's avonds, di. gesl., menu circa € 85. Aan de noordzijde van het strand serveert men een creatieve fusie van de Japanse en de mediterrane viskeuken. De culinaire regie is in handen van de gastheer en sterrenkok Moreno Cedroni.

De fijnste vis – **Da Giacchetti**: Via Portonovo 171, tel. 071 80 13 84, apr.-okt., menu vanaf € 50. Stijlvol restaurant aan het zuidelijke strand, ook hier visgerechten van een hoog (prijs)niveau.

Wilde mosselen met traditie – **Da Emilia**: Baia di Portonovo, tel. 071 80 11 09, apr.-okt., ma. gesl. (behalve aug.). De voorloper van dit luchtige, blauw-witte strandrestaurant bestaat al sinds 1929, toen Emilia Fiorini hier als eerste een strandrestaurant opende en de grondslag legde voor de culinaire reputatie van haar opvolgers. Hoog prijsniveau.

Gastvrij, goed en voordelig – **Il Molo**: Baia di Portonovo, tel. 071 80 10 40, apr.-okt. behalve juni-aug., di. gesl., menu € 50. Fabrizio Giacchetti, zijn wijnkenner en zoon Giacomo, chef-kok Simone Baleni en de vriendelijke bediening serveren vis, schaal- en schelpdieren, waaronder fijne vissoep (*brodetto*) en 'wilde mosselen' (*moscioli selvatici*).

Actief

Watersport – Zowel voor als de afslag naar Portonovo leidt een smal voetpad in circa dertig minuten naar het 'ongemeubileerde', maar 's zomers gastronomisch verzorgde zandstrand **Mezzavalle**. De kust tussen ▷ blz. 206

Favoriet

**Gewoon adembenemend –
Santa Maria di Portonovo** ▶ G 3

Deze kerk is mijn favoriet tussen al die andere ontroerend eenvoudige romaanse kerken van Marche. De Santa Maria di Portonova staat pal aan zee, licht al vanuit de verte sneeuwwit op vanuit een olijfboomgaard en is ook vanbinnen licht en mooi (zie blz. 203).

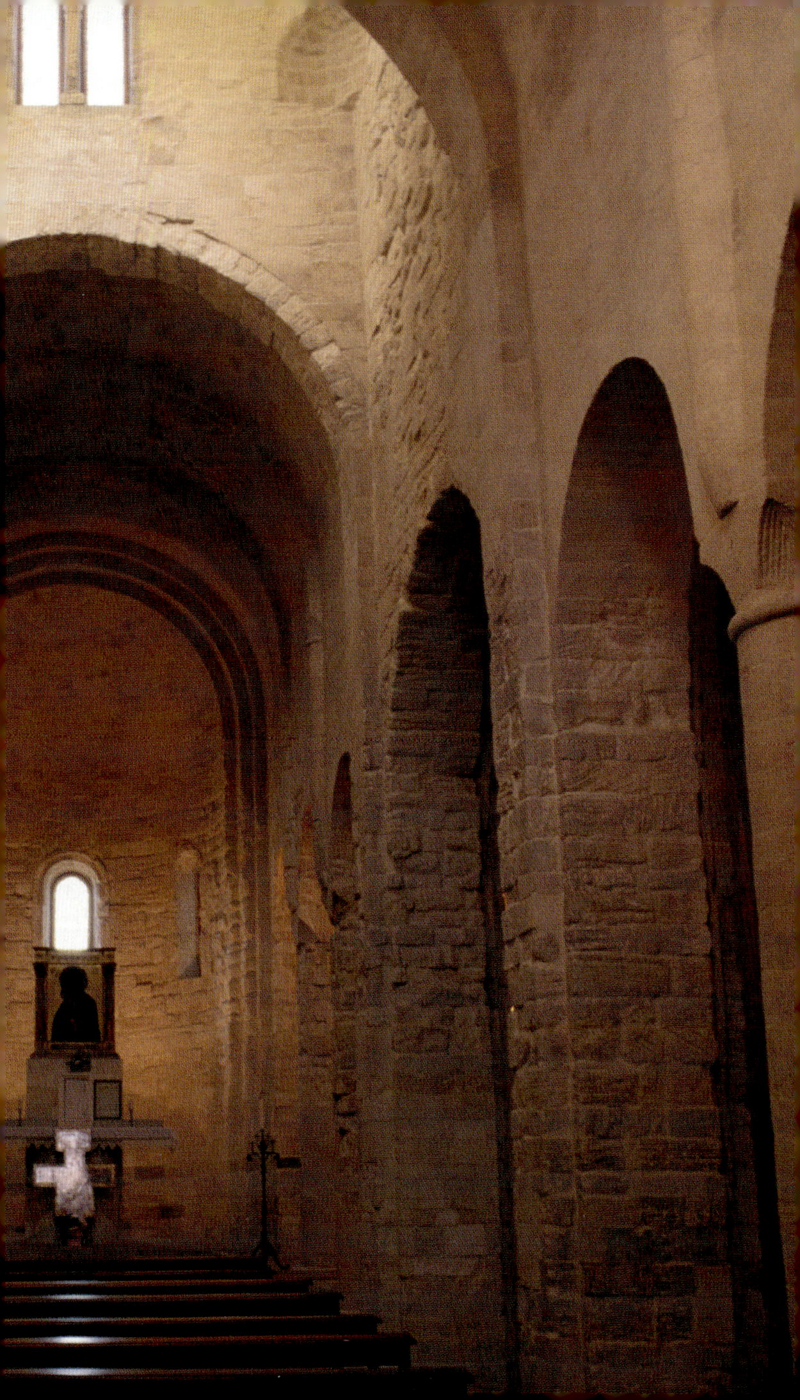

de kerk en de kusttoren geldt als een windsurfparadijs. Hier kunt u van 20 mei-20 sept. ook **boten** huren.

Informatie

Toeristeninformatie: in de plaats zelf alleen geopend in de zomermaanden, op het hoger gelegen parkeerterrein, www.baiadiportonovo.it.
Vervoer: Portonovo is te bereiken via een afslag van de Strada Panoramica del Conero. Als het hoogzomer is, is het raadzaam de bus te nemen.

Badia di San Pietro ▶ H 3

Badia di San Pietro ligt midden in het bos verscholen, circa 100 m onder de top van de Monte Conero. Het is alleen al een bezoekje waard vanwege het uitzicht en de bochtige en door bomen overschaduwde weg, die u vanaf de afslag van de Strada Panoramica (tussen Portonovo en Sirolo) neemt. De kerk wordt al genoemd in oorkonden uit 1038. Kort daarna bouwde men er het klooster, dat werd betrokken door benedictijnen. In 1558 brandde het tot op de grond af.

Vanaf 1561 namen camaldulenzermonniken de restauratie van de abdij ter hand. Zij bleven er wonen tot 1864; in dat jaar kwam het klooster in het bezit van de gemeente Sirolo, die het al snel verkocht. Vanaf 1932 was er een restaurant gevestigd; tegenwoordig zit er binnen de oude muren een hotel, dat ook niet-gasten op het terras verwelkomt om te eten en te drinken.

Overnachten, eten

Uitrusten in een kloosterhotel – **Hotel Monteconero Badia S. Pietro:** Via Monteconero 26, tel. 071 933 05 92, www.hotelmonteconero.it, apr.-okt., juli en aug. minimumverblijf zes dagen en verplicht pension, 2 pk € 122-168, HP plus € 28. Qua sfeer kunt u rekenen op een bijzonder (vakantie)verblijf. Zwembad, tennisbaan en shuttlebus naar het strand.

Sirolo ✹ ▶ H 3

Het plaatsje Sirolo verheft zich vanaf de met pijnboombossen begroeide krijtrotsen op 125 m hoogte boven de Adriatische kust en wordt omarmd door de zuidelijke hellingen van de Monte Conero en de wijngaarden van de Rosso Conero. De grootste bezienswaardigheid is de door de sneeuwwitte toren van de **Chiesa San Nicolò di Bari** (18e eeuw) bekroonde en tot aan zee reikende, weelderig groen begroeide **balkonpiazza Vittorio Veneto**, waaronder de mooiste stranden van de regio op een rij liggen: San Michele, Sassi Neri, Grotta Urbani en Due Sorelle, waarbij het laatste – door twee witte 'rotszusters' bewaakt (zie blz. 202) – alleen vanaf het water bereikbaar is.

Het bekoorlijke oude centrum bezit een middeleeuwse **stadstoren**, een **burchttoren**, de **Chiesa San Rosario** (16e eeuw) en het **Teatro Cortesi** (eind 19e eeuw). Dit theater organiseert in de zomer ook voorstellingen in het **openluchttheater Le Cave** aan de rand van de stad.

Overnachten

Gastvrijheid met smaak – **Locanda Rocco:** Via Torrione 1, tel. 071 933 05 58, www.locandarocco.it, 2 pk € 125-210, restaurant di. gesl. Aangenaam hotelletje in een gerestaureerd palazzo uit de 14e eeuw met minimalistisch ingerichte, maar elegante kamers. Chic restaurant met een beschut terras, waar – ook voor externe gasten – (relatief dure) moderne interpretaties van lokale gerechten op tafel komen.

Gastvrijheid in het groen – **L'Antico Mulino**: Via Mulino II 7, wijk Coppo, tel. 071 933 02 65, www.lanticomulino.it, 2 pk € 85-160. Met romantische touch of stijlvol modern gemeubileerde kamers in gerenoveerde witte huisjes uit Conero-kalksteen, gelegen in een uitgestrekte tuin.

Netjes en centraal – **Hotel Il Parco**: Via Guilietti 58, tel. 071 933 07 33, www.hotelilparco.it, 2 pk € 60-180. Net driesterrenhotel met tuin, in een historisch huis aan de rand van de oude binnenstad.

Droomcamping – **Camping Internazionale**: Via S. Michele 10, tel. 071 933 08 84, www.campinginternazionale.com, apr.-sept., prijzen: bijvoorbeeld chalet voor vier personen € 80-160, tent € 10-28, elk persoon € 5-13. Plaatsen voor tenten en campers, houten chalets en huurcaravans in een naaldbos met terrassen boven de zee. Met supermarkt, restaurant, bar en zwembad.

Eenvoudig en leuk – **Camping Reno**: Via Moricone 7, tel. 071 736 03 15, www.campingreno.eu. Kleine, gezellige camping onder de oude stad. Slechts weinig bungalows.

Eten en drinken

Eigentijdse keuken met traditie – Locanda **Rocco**: zie blz. 206.
Leuke sfeer – **Osteria Sara**: Corso Italia 9, tel. 071 933 07 16, wo. gesl., gemiddeld prijsniveau. Een levendige, drukke eetgelegenheid onder een keldergewelf. Op de kaart staan vooral vis en lokale specialiteiten.
Goede producten van eigen boerderij – **Agriturismo Il Ritorno**: Via Piani d'Aspio 12, tel. 071 933 15 44, www.ilritorno.com, menu € 35. Bij het proeven van de vleesgerechten merkt u dat de familie Clementi weet hoe je runderen moet houden. De pasta- en groentegerechten zijn al even lekker. Verleidelijke desserts en een gezellige sfeer ronden het culinaire genot af. Van juni-sept. kunt u hier ook overnachten (2 pk met HP vanaf een week € 55-65).

Levendig en familiair – **Ristorante Della Rosa**: Corso Italia 39, tel. 071 933 06 89, buiten het seizoen ma. gesl., menu € 35. Gezellig visrestaurant dat al generaties lang in handen van dezelfde familie is.

Aperitivi en menu's – **La Taverna**: Piazza Vittorio Veneto 10, tel. 071 933 13 82, ma. gesl. Restaurant en *enoteca* aan de Belvedere, aanrader voor een aperitief met lekkere *stuzzicchini*.

Droomligging, geweldige keuken – **Da Silvio**: Spiaggia Sassi Neri, afrit achter Hotel Beatrice en begraafplaats, tel. 071 933 19 69, half mrt.-half okt. Dit uitstekende visrestaurant met uitzicht op zee ligt halverwege de wandelroute (Sentiero 303) naar het mooie strand Sassi Neri. Het werd ruim veertig jaar geleden door een zekere Silvio geopend en sinds bijna twintig jaar door de oorspronkelijk uit Iran komende Mansoor

Tip

Nove Camere

Sneeuwwitte historische landhuizen uit Conero-kalksteen, met daarin negen kamers in stijlvol modern design. Eromheen bevindt zich een heerlijke tuin met zwembad en uitzicht op zee. Dit alles wordt bekroond door een fantastisch ontbijt en de charmante gastvrouw Isabella – kortom, een echt schitterende vakantiebestemming! (Sirolo, Via Cave 5, tel. 071 93 32 127, 339 520 55 19, www.novecamere.it, 2 pk € 130-190.)

Aan de Riviera del Conero bevinden zich zelfs nog eenzame stranden

geleid. Het personeel in de keuken en de bediening is vriendelijk. Het restaurant is ook met de auto bereikbaar. Zowel het eten als de sfeer zijn er uitstekend.

Uitgaan

Van theater tot opera – **Teatro Cortesi:** Piazza Franco Henriquez, tel. 071 933 09 52, www.amatmarche.net.
Openluchttheater – **Teatro alle Cave:** Via Cave 1, goed gemarkeerd.

Informatie

IAT: Piazza Veneto, tel. 071 933 06 11, juli en aug. 9-13 en 16-22, daarbuiten ma.-za. 9-12 en 16-19 uur, www.turismosirolo.it.
Vervoer: 15 juni-15 sept.: bussen rijden naar de stranden dicht bij de stad (Via Giulietti, kerk S. Nicolò), die echter ook te voet (vanaf het Parco Pubblico circa twintig minuten) bereikbaar zijn. Verder (bus)verbindingen met Numana, Ancona, Castelfidardo en Loreto; 15 juni-15 sept. boottochten vanaf de haven in Numana naar het strand 'Due Sorelle' (zie blz. 211).

Camerano ▶ G 3

Camerano is een productief stadje in het hart van het Coneropark. Hier werd de schilder Carlo Maratti geboren, groeien druiven voor de bekende rode wijn Rosso Conero en worden onder meer muziekinstrumenten gemaakt. Ook worden er cursussen Italiaans gegeven (www.linguaitaliana.com). Het historische centrum bestaat uit mooie steegjes met trappen. Onder de langgerekte Piazza Roma bevindt zich een mysterieus grottenstelsel. Een collectie schilderijen van de grote schilder, plaatselijk gemaakte accordeons en enkele archeologische vondsten ziet u in het raadhuis (ma 11-13, wo. 9-12, 15.30-18.30 uur).

Grotte di Camerano

Startpunt van de een halfuur durende grottenrondleidingen (reserveren vereist): IAT, Via Maratti 37, tel. 071 730 40 18, www.turismo.camerano.it, www.grottedicamerano.it, vanaf half juni minimaal drie keer per dag, juli en aug. meestal 10.30-18 uur elk halfuur, daarbuiten alleen in het weekend, € 8, combiticket met de grotten van Osimo (zie blz. 212), € 10

Tot op heden heeft men nog niet duidelijk kunnen verklaren waar het grottenlabyrint onder Camerano vandaan komt. Het bestaat uit talrijke onderaardse ruimtes, waarvan sommige met kunstzinnige ornamenten en tekens zijn versierd, mogelijk bedoeld voor religieus, ritueel gebruik.

Winkelen

Wijn – De fantastische Rosso Conero is onder meer verkrijgbaar bij de sympathieke familie **Strologo** (Via Osimana 89, tel. 071 73 11 04, www.vinorossoconero.com).

Numana ▶ H 3

Terwijl de wijk rond de oude binnenstad van Numana Alta op een steile rots boven zee is gebouwd, vlijt Numana Bassa zich uit over een zachtglooiende heuvel bij en boven een kiezelstrand, dat doorloopt tot aan de voorstad van de badplaats Marcelli. Daar rijgen zich de hotels aaneen aan het schier eindeloze promenadegebied.

Numana was nog tot ver na de Tweede Wereldoorlog in eerste instantie een vissersplaats, waar degenen die niet van de visvangst leefden, werkzaam waren in de nabije heuvels: óf zij deden aan landbouw óf zij bouwden accordeons in de daar gelegen fabriekjes. Tijdens een reis door de tijd in de periode dat Numana werd gesticht, treffen we eerst Piceniërs aan, die hier al in de 8e eeuw v.Chr. een haven hadden en een levendige handel voerden met de Grieken, voordat die laatsten het gebied vier eeuwen later koloniseerden. Dit kon worden aangetoond met archeologische opgravingen, wat op een indrukwekkende manier is gedocumenteerd in het **Antiquarium Statale** van Numana (Via La Fenice 4, 8.30-19.30 uur, € 2). Daar treft u ook resten aan van het Romeinse Umana. Twee aardbevingen, uit de jaren 558 en 1292, maakten de bloeiende havenstad met de aardbodem gelijk, zodat alleen de antiek aandoende triomfboog **Arco della Torre**, een restant van de oude vestingmuur, nog getuigt van het bestaan van de middeleeuwse stad. Die ging in de 14e eeuw op in Ancona en werd pas weer na de Italiaanse eenwording een zelfstandige gemeente.

Ook toen speelden de haven en de visserij weer een centrale rol, waaraan de zogenoemde **Costarella** (Via IV Novembre) herinnert, de trappen waarvan de vissers afdaalden richting zee. Sinds 2010 staat hier het **Monumento ai Pescatori**, niet ver van de Arco della Torre. Het meer dan levensgrote bronzen beeld van de Nederlandse beeldhouwer en Numanees Johann Genemans heeft een verbluffende gelijkenis met Altibano, een plaatselijk visser die vijf jaar geleden op 88-jarige leeftijd overleed en destijds een levende bezienswaardigheid was in de haven van Numana.

Overnachten

Goed gelegen en goed verzorgd – **Eden Gigli**: Via Morelli 11, tel. 071 933 06 52, www.giglihotels.com, apr.-okt., 2 pk € 130-200, juli-aug. verplicht pension. Wat betreft ligging en comfort verdient dit driesterrenhotel in Numana Alta een vermelding op de eerste plaats. Het heeft verzorgde, moderne kamers, met balkon, een tuin met zwembad, sportterreinen, wellnessfaciliteiten en gratis fietsverhuur.

Gastvrijheid met aandacht – **Scogliera**: Via del Golfo 21, tel. 071 933 06 22, www.hotelscogliera.it, apr.-okt., pension verplicht, HP of VP bij 2 pk € 80-135 of € 90-145. Gerenommeerd driesterrenhotel.

Met patina – **Teresa a Mare**: Via del Golfo 26, tel. 071 933 06 23, www.hotelteresamare.com, juni-sept., 2 pk € 70-145. Dit eenvoudige kleine hotel in de buurt van de haven is al sinds 1930 in bedrijf. Het hotel biedt nette kamers met balkon, sommige met direct uitzicht op de zee.

Vlak bij stad en strand – **Camping Riviera Village**: Via Montalbano 20, tel. 071 933 05 21, www.campingriviera.it, apr.-sept., prijsvoorbeeld: bungalow voor drie personen € 90-110 per dag. Op 300 m van het strand en op 300 m van de stad. Overnachten kan in uw tent of camper of in een houten bungalow. Schaduw en alle campingcomfort (zwembad, restaurant, sportveld).

Eten en drinken

Op alle vlakken aangenaam – **La Torre**: Via La Torre 1, tel. 071 933 07 47, menu € 22 ('s middags) of € 30-60 ('s avonds). Zowel culinair als wat locatie en sfeer betreft het beste restaurant in de omgeving. U geniet hier van (ook rauwe) visspecialiteiten, vlees- en vegetarische gerechten. Bovendien zijn er goede regionale wijnen en een prachtig uitzicht op de zee.

Pizza's, pasta, pesce – **La Nuova Fenice**: Via Fenice 8, tel. 333 104 51 39. Vriendelijk restaurant in de oude binnenstad van Numana en het beste pizza-adres van de stad.

Hippe havenbar – **Il Gabbiano**: Via Pescheria del Porto, tel. 334 586 72 59. Havenbar met een hedendaagse maritieme inrichting, een onstpannen sfeer en lange openingstijden.

Actief

Zwemmen en boottochten – Naast de fijnkiezelige **stranden** van **Numana Bassa** en **Marcelli** nodigen ook de **stranden Numana Alta** en **La Spiaggiola**, onder de rotsen van de stad gelegen, uit om te te zonnen en te zwemmen. Het

Tip

Villa Sirena

Villa Sirena is een mooi hotel met kamers met balkon die uitkijken over zee, in de buurt van de kleine haven van Numana. Het hotel heeft luxueuze badkamers en een kleine chique bar. De sympathieke en hartelijke uitbaters, de voormalige visser Romano Cremonesi en zijn zuster Samanta, zorgen voor een prettige sfeer. Bovendien een goede prijs-kwaliteitverhouding (Via del Golfo 24, tel. 071 933 08 50, www.villasirena.it, 2 pk € 80-190, HP plus € 18-20).

laatste heeft in de zomer een busshuttle. Naar **Spiaggia Due Sorelle** varen van half juni-half sept. boten van de **Traghettatori Riviera del Conero** (kantoor in de jachthaven, tel. 071 933 17 95, www.traghettatoridelconero.it), die ook andere boottochten aanbiedt.
Duiken – Sea Wolf Diving Center: Via del Porto 22, tel. 071 933 03 92, www.seawolfdiving.it.
Fietsverhuur – Noleggio Bici by Max: Via Litoranea 186, Marcelli di Numana, tel. 338 141 55 66.

Info en festiviteiten

IAT Numana: hoek Via Flaminia/Via Avellaneda, tel. 071 933 06 12, www.turismonumana.it.
IAT Marcelli: Via Venezia 59, tel. 071 739 01 79.
Sagra del Pesce: wisselende data in mei.
Vervoer: bussen naar Sirolo, Ancona, Marcelli, Castelfidardo en Loreto.

Osimo ▶ G 4

Osimo verheft zich op een op 260 m hoogte gelegen heuvelplateau boven de zee en het land. Dit grondgebied was vanaf de 9e eeuw v.Chr. door Piceniërs bewoond, die zo'n zevenhonderd jaar later voor de Romeinen moesten plaatsmaken, die hier de kolonie Auximum stichtten.

Osimo imponeert dankzij de resten van de oude **Mure Romane** en **Fonte Magna** en een aantal (weliswaar hoofdloze) Romeinse beeldhouwwerken, die op de binnenplaats van het **Palazzo Comunale** (uit de vroege 17e eeuw) bij elkaar zijn gezet. Ook bezit Osimo een flink aantal **palazzi**. Vanaf het 'stadsparkbalkon' aan de Piazza Nuova, boven de **kathedraal**, hebt u een uitzicht tot over zee en de Monti Sibillini.

Museo Civico en Museo Archeologico

Via Campana 19/Piazza Dante, tel. 071 71 46 94, okt.-mei vr. en za. 17.30-19.30, zon- en feestdagen 10-12.30, 17.30-19.30, juni-sept. 18-20 uur; Museo Archeologico mei-sept. vr. 18-19, daarbuiten 17.30-19 uur; elk € 2

Werken uit de 13e-15e eeuw, waaronder een gebeeldhouwde Madonna (13e eeuw), een fresco van Andrea da Bologna (14e eeuw) en een altaarbeeld van de gebroeders Vivarini (1464). De archeologische afdeling van het museum herbergt stukken uit de tijd van de Piceniërs en Romeinen.

Cattedrale di San Leopardo

Piazza del Duomo, 8-12, 15.30-19 uur

De kathedraal ligt op het hoogste (bebouwde) punt van de stad en is in de 12e eeuw opgericht op de resten van een gebouw uit de 8e eeuw. De stijl is romaans-gotisch. In zijn door zestien Romeinse en vroegchristelijke zuilen gedragen crypte rust het gebeente van de bisschoppen van de stad, onder wie de heilige Leopardo. In het *battisterio* vlak naast de Dom ziet u een bronzen doopvont, waarmee de Dom in de loop

Tip

Azzurra – luilekkerland

Deze goed gesorteerde wijn- en delicatessenwinkel biedt (vrijwel) alle heerlijkheden die Marche te bieden heeft, en cultiveert bovendien de mediterrane levensstijl. De charmante uitbater Azzurra Sampaolesi, die haar naam aan de winkel heeft gegeven, en haar net zo sympathieke vader Oliviero laten u voor € 5 wijn proeven en serveren er lekkere hapjes bij (Via Flaminia 90, www.azzurravini.it, ma.-zo. 9-13, 16-20 uur).

van zijn restauratie in het begin van de 17e eeuw werd verrijkt.

Grotten

Via Fonte Magna 12 (vlak bij het toeristenbureau), tel. 071 723 60 88, 's zomers: rondleidingen Grotta Cantinone: di.-zo. 10.30, 11.30, 12.30, 16.15, 17.15, 18.15 uur, € 5, inclusief Grotte di Camerano (zie blz. 209), € 10

Net als in Camerano bevindt zich onder Osimo ook een breedvertakt grottenstelsel, genaamd Grotte Cantinone, Palazzo Campana en Simonetti. Pas nadat het in de Tweede Wereldoorlog werd gebruikt als bunker, bekeek men deze (14 °C koude) stedelijke onderwereld eens goed, waarbij er onderaardse regenputten, waterbronnen, reliëfs en ornamenten werden ontdekt.

Eten en drinken

Modern en centraal – **Gustibus:** Piazza del Comune 1, tel. 071 71 44 50. Redelijk restaurant en goede wijnbar.
Hartig en zoet – **Caffè del Corso:** Corso Mazzini/Piazza Gallo 2. Snacks, zoetigheden, *aperitivi*, cocktails, wijn en kaas – en dit alles midden in het stadsgewoel.

Winkelen

Culinair – **Tavernetta del Corso:** Corso Mazzini 74. Delicatessenzaak en cafetaria met diverse *prodotti tipici*.
Wijn – **Umani Ronchi** (Via Adriatica 12, tel. 071 710 80 19, www.umanironchi.com) overtuigt met Rosso Conero en Verdicchio dei Castelli di Jesi.

Informatie

Osimo Turismo: Via Fonte Magna 12, tel. 071 723 60 88, www.osimoturismo.

it, ma. gesl. Op de website vindt u informatie over de rondleidingen die per grot, seizoen en jaar wisselen.
Vervoer: treinstation Ancona-Osimo, van daaruit verbindingen naar de noorden zuidkust; bussen vanaf de Via Colombo naar het station, naar Ancona, Numana, Castelfidardo, Loreto.

Castelfidardo ▶ G 4

De monumenten en musea van Castelfidardo roemen zowel de accordeonbouw als de Slag van Castelfidardo, waarbij het Piemontese leger op 18 september 1860 de Kerkelijke Staat overwon en vanaf dat moment het Italiaanse lot van Marche bezegelde. In architectonisch opzicht valt Castelfidardo op door de drie – deels van middeleeuwse oorsprong – stadspoorten Porta Cassero, Porta del Sasso en Porta del Sole.

Museo Internazionale della Fisarmonica

Via Mordini 1, tel. 071 780 82 88, www.museodellafisarmonica.it, di.-zo. 10.30-12.30, 15.30-18.30 uur, € 3

Het unieke museum exposeert naast 350 accordeons andere objecten met betrekking tot dit instrument. Ook bezit het een waarheidsgetrouwe weergave van de werkplaats van een accordeonbouwer (zie blz. 64).

Palazzo Soprani en Monumento della Fisarmonica

Het uit 1909 stammende bedrijfsgebouw van de plaatselijke accordeonbouwersdynastie Soprani in de Via G. Matteotti bij de Porta del Cassero (ook Porta Marina genoemd) is het opvallendste gebouw van de stad. Ertegenover staat een bronzen accordeonmonument, dat de productie van een accordeon verbeeldt. Erboven verheft zich de god Hermes, niet met een lier, maar met een accordeon.

Monumento Nazionale delle Marche

Een monumentale trap leidt u de Monte Cucco op in een bosrijk gebied aan de noordoostelijke stadsrand, waar de beeldhouwer Vito Pardo een 12 m hoog gedenkteken uit brons heeft geschapen. Het werd in 1912 ingewijd en toont het Piemontese leger, met voorop generaal Cialdino met vastberaden blik en opgeheven hand.

Museo del Risorgimento

Via Mazzini, di.-za. 16.30-19.30 uur
Het museum vertelt de in het Monumento verbeelde episode uit de geschiedenis van de Italiaanse eenwording.

Eten en drinken

Tussen de olijfbomen – **Osteria della Fisarmonica**: Contrada Fossaccio 2, tel. 071 736 60 32, di. gesl., gerechten € 10-40. Een landelijk restaurant met heerlijke gerechten en een goede sfeer in een mooie olijfbomentuin vlak bij het industriegebied Cerretano aan de zuidelijk rand van de stad.

Voedzaam en rustiek – **Osteria Il Mattarello**: Via IV Novembre 4, tel. 071 782 28 61. Voedzame, vaak met vlees bereide lokale gerechten in een rustieke, gemoedelijke ambiance.

Topijs – **Gelateria La Castellana**: Via IV Novembre 78, ma. gesl. Geweldige ijssalon aan de westkant van Castelfidardo (in de richting van Osimo).

Info en festiviteiten

IAT: Piazza della Repubblica 6, tel. 071 782 29 87, www.turismocastelfidardo.it.
Accordeonfestival: zie blz. 66.
Vervoer: busverbindingen van de Porta Marina naar de badplaatsen Conero, Ancona, Loreto en Recanati.

Loreto ✸ ▶ H 4

Dat het huis van de Moeder Gods om het tegen de muzelmannen te beschermen in 1291 door vier engelen vanuit Nazareth naar Dalmatië en drie jaar later door hetzelfde 'vluchtgezelschap' naar Marche werd getranporteerd, is een mooie, maar verzonnen geschiedenis. Wel zouden de stenen van dit Santa Casa daadwerkelijk uit de rots(holte) stammen waartegenaan het ouderlijk huis van Maria leunde. De stenen zouden door kruisvaarders naar Italië zijn gebracht.

In elk geval legden deze stenen letterlijk de basis voor de welvaart die Loreto ten deel viel. De plaats wordt al sinds eeuwen door pelgrims vanuit de hele wereld bezocht en telt circa 11.000 inwoners, die grotendeels leven van de gestage stroom gelovigen en cultuurtoeristen.

De winkelstraat Corso Boccalini wordt geflankeerd door restaurants en

Tip

Palazzo delle Esposizioni

Wie de grootste accordeon ter wereld wil zien en bespelen, krijgt instructies van de bouwer van het instrument, Gian Carlo Francenella. Als u moeite hebt met de taal kan Elke Ahrenholz-Breccia u helpen. Deze Duitstalige accordeonist en accordeonbouwer heeft meteen naast het Palazzo de showroom van haar bedrijf Victoria, en legt u graag in detail uit hoe een accordeon er vanbinnen uitziet en hoe hij werkt. Een bezoek aan beide accordeonenthousiastelingen is een mooie afronding van de bezichtiging van deze muzikale stad, vooral omdat de heer Francenella mooie accordeonsouvenirs te koop heeft (Via Mazzini 11, dag. 10-12, 16-18.30 uur).

winkels met religieuze snuisterijen. De straat voert naar de Piazza della Madonna, waar het heilige huis (Santa Casa) in de nacht van 9 op 10 december 1294 heen werd vervoerd.

Santuario della Santa Casa

Piazza della Madonna, www. santuarioloreto.it, dag. 6.45-12.30, 14.30-19.45 uur, okt.-mrt. tot 19 uur

De oorspronkelijk in gotische stijl opgetrokken basiliek dateert uit het jaar 1468 en werd later volgens de ontwerpen van Giuliano da Maiano, Donato Bramante en Francesco di Giorgio Martini aangepast in de stijl van de renaissance. Medio 18e eeuw kwam de uitbreiding met de klokkentoren van Luigi Vanvitelli.

Drie kruisgewelven overspannen de basiliek, die in de vorm van een halve cirkel door zijkapellen is ingekaderd. Onder de door Giuliano da Sangallo ontworpen, in 1500 voltooide koepel, staat het Santa Casa, met een oppervlak van 9,50 m x 4 m. Omdat dit heilige huis in Nazareth tegen de rotsen stond, bestaat het eigenlijk uit maar drie wanden. Evenals van de met fresco's uit de 14e eeuw beschilderde opbouwen, is de vierde er hier bijgemaakt. Het altaar is een reconstructie van na 1921; het oudere was in dat jaar verbrand.

Het Santa Casa werd begin 16e eeuw in opdracht van paus Julius II met een compacte **marmeren ombouw** omhuld. Het ontwerp daarvoor is toegeschreven aan Donato Bramante, die echter slechts een van de scheppers was; de anderen zijn Nicolò Tribolo, Baccio Bandinelli, Antonio da Sangallo de jongere, Aurelio Girolamo en Ludovico Lombardo.

Op de reliekschrijn van marmer hebben profeten en sybillen een rendez-vous en wordt met schitterend vormgegeven plastische beelden de levensgeschiedenis van de heilige Maria verteld. De geboorte van Jezus, door Andrea Sansovino aan de westkant van de schrijn uitgebeeld, wordt beschouwd als een bijzonder waardevol detail.

Palazzo Apostolico en Museo Antico Tesoro Santa Casa

Piazza della Madonna, tel. 071 974 71 98, sept.-juni. di.-zo. 10-13, 15-18, daarbuiten dag. 10-13, 16-19 uur, € 4

Het Palazzo Apostolico, waarvan de sfeervolle arcaden aan de Piazza della Madonna liggen, werd door Donato

Bramante ontworpen en staat daar vanaf 1507 in de meest pure renaissance-stijl te pronken.

In de westvleugel staat alles uitgestald wat ooit aan het Santa Casa werd geschonken, zoals schilderijen van Antonio da Faenza, Filippo Bellini en Sebastiano Conca, en als de grootste attractie werken van Lorenzo Lotto, die in 1480 in Venetië werd geboren en in 1556 in Loreto stierf.

Overnachten, eten

Pelgrimsluxe – **Villa Tetlameya:** Via Villa Constantina 187, tel. 071 97 74 76, www.tetlameyahotelloreto.it, 2 pk € 80-130. Klein viersterrenhotel met restaurant Zi Nene tussen Loreto (2,5 km) en de zee (2,9 km).

Sterrenkeuken – **Andreina:** Via Buffolareccia 14, tel. 071 97 01 24, di. en wo. gesl. Het restaurant van Errico Recananti

Achter een rijkversierde renaissancefaçade ligt het Santa Casa verborgen

heeft met zijn wild- en gevogeltegerechten – behalve kip ook duif – een Michelinster verdiend. De ambiance is er rustiek-elegant en de prijzen zijn aan de hoge kant.
Naast het huis van Maria – **Hotel Pellegrino e Pace:** Piazza della Madonna 51, tel. 071 97 71 06, www.pellegrinoepace.com, 2 pk € 70-90. Redelijk driesterrenhotel in de directe nabijheid van het heilige gebeuren. Het redelijk geprijsde restaurant is ook geopend voor externe gasten.

Winkelen

Wijn – **Casa Vinicola Garofoli:** Via Arno 9, tel. 071 782 01 62, www.garofolivini.it. Een wijngoed met een van de langste en beste tradities van de regio, met witte wijnen als Castelli di Jesi, maar vooral Rosso Conero.

Info en festiviteiten

IAT: Via G. Solari 3, tel. 071 97 02 76, 9-13, 16-19 uur, www.comune.loreto.an.it.
Vuurwerk: op 10 december, ter gelegenheid van de aankomst van het Santa Casa.
Vervoer: station buiten het stadscentrum met busverbindingen naar het centrum, bussen naar Ancona, het station van Osimo, Recanati en Macerata.

Recanati ▶ G 4

Middelpunt van het stedelijk leven is de weidse Piazza Leopardi, die wordt ingekaderd door het van arcaden voorziene Palazzo Comunale naast de Torre del Borgo uit het midden van de 12e eeuw. Voor het stadhuis, dat in 1898 deze bestemming kreeg, staat een monument voor de Italiaanse nationale dichter Giacomo Leopardi, die in 1798 als zoon van een voorname adellijke familie in Recanati werd geboren. Nauwelijks een eeuw na Leopardi zag Beniamino Gigli in dezelfde stad het levenslicht. Gigli was de tenor die in de jaren 30 en 40 grote furore maakte als opvolger van Enrico Caruso. De nagedachtenis aan deze operazanger wordt in het **Beniamino Gigli Museum** (zie blz. 218) levend gehouden in het – ook in historisch opzicht – al bezienswaardige **Teatro Persiani** uit 1840 (tel. 071 757 94 45, di.-za. 11-13, 16-20 uur).

Bezienswaardige religieuze gebouwen zijn de **Chiesa di San Agostino** (13e eeuw) met een schitterend renaissanceportaal en klooster, de in de 18e eeuw gerenoveerde **Cattedrale San Flaviano** (14e eeuw) en de **Chiesa di San Domenico** (13e eeuw) aan de centrale piazza.

Een paar decennia na de oprichting van de Italiaanse staat werd de haven van de stad een zelfstandige gemeente. **Porto Recanati** (▶ H 4) is nu een niet al te interessante badplaats.

Casa Leopardi

Via Leopardi 14, tel. 071 757 33 80, www.glacomoleopardi.it, apr.-sept. dag. 9-18, okt.-mrt. 9.30-12.30, 14.30-17.30 uur, museum € 5, bibliotheek € 7, beide € 10

Het uitnodigende en elegante domicilie van de familie Leopardi groeide tot zijn huidige vorm uit in de periode 1714-1799. Op de eerste verdieping bevindt zich de bibliotheek van de familie – met vier zalen en bijna 25.000 boeken – waar de kleine Giacomo zich al op zeer jonge leeftijd literair vormde en Latijn en Grieks studeerde en vertaalde.

Leopardi is in de eerste plaats als lyricus de literatuurgeschiedenis in gegaan. Hij verliet Recanati in 1822 en woonde onder andere in Rome en Napels, waar hij in 1837 stierf. Zijn in Recanati meest geciteerde werk is een gedicht met de titel *L'Infinito* (Het oneindige), waartoe hij werd geïnspireerd tijdens een verblijf in Recanati op de gelijknamige heuvel, dicht bij het Casa Leopardi. Zijn belangrijkste nalatenschap is de gedichtenverzameling *Pensieri di varia filosofia e di bella letteratura* (1817-1831), die in de vorm van een kortere verzameling van gedachten en essays onder de titel *Zibaldone* is vertaald (ook in het Nederlands). Het museum vertelt op de begane grond over het leven van de dichter.

Villa Colloredo Mels

Via Gregorio XII, tel. 071 757 04 10, www.villacolloredomels.it, apr.-sept. di.-zo. 10-13, 16-19, daarbuiten 10-12, 15-18 uur, Pinacoteca € 4, Museo Emigrazione € 2

In de schitterende Villa Colloredo Mels worden archeologische kostbaarheden en geschilderde kunst uit meedere eeuwen getoond. Ook is de regionale geschiedenis van emigranten er uitvoerig gedocumenteerd. De Pinacoteca Comunale beslaat de kunstgeschiedenis tot de moderne tijd, maar imponeert vooral met werken van Lorenzo Lotto, waarvan de *Annunciazione* uit circa 1520 het indrukwekkendst is.

Het **Museo Emigrazine** in de kelder doet met foto's, brieven, documenten en interactieve multimediale middelen de herinnering herleven aan de circa 700.000 *marchigiani*, die vanwege materiële armoede in de 19e en 20e eeuw naar het buitenland emigreerden.

Castello Màlleus

Via Nina 100, tel. 071 757 43 93, www.malleus.it, rondleidingen in het Engels ma.-vr. 8.30-17.30 uur, van tevoren telefonisch of per mail (morgan@malleus.it) aanmelden

De in de moderne westerse wereld bijna uitgestorven kunst van de kalligrafie, waarbij historische schrijftechnieken worden ingezet om promotiebullen, officiële documenten, briefpapier, visitekaartjes, uitnodigingen enzovoort een exclusief karakter te geven, wordt in Marche en met name in Recanati tot op heden gecultiveerd. In het architectonisch eigentijds uitgebouwde Castello Màlleus aan de groene rand van de stad kunt u de jonge ambachtslieden bij hun minutieuze werk op handgeschept papier gadeslaan en een bijzonder souvenir laten maken.

Overnachten, eten

Beste adres in de omgeving – **Gallery**: Via Falleroni 85, tel. 071 98 19 14, www.ghr.it, 2 pk en suites vanaf € 90. Palazzo in de oude stad met luxe interieurs, de pompeuze cocktailbar **Opera Café** en het chique restaurant (op verzoek worden er veganistische maaltijden bereid). Mooi uitzicht op de stad en de heuvels.
Vriendelijk en centraal – **La Ginestra**: Via Calcagni 2, tel. 071 98 03 55, www.hotelginestra.it, 2 pk € 80. Keurig en door een familie geleid driesterrenhotel met restaurant (ma. en di. gesl., menu € 20).
Italiaans en internationaal – **Borgo Antico**: Vicolo dell'Achilla 2, tel. 071 757 42 86, alleen 's avonds open, di. gesl., menu € 40. De onvervalste keuken van Marche maar met internationale touch; onder een romantisch-elegant keldergewelf.
Retrocharme – **Trattoria Emilio**: Via Belvedere 6, tel. 071 98 12 91, menu € 25. Sinds ruim vijftig jaar wordt hier stevige huismanskost tegen redelijke prijzen geserveerd.

Informatie

IAT: Piazza Leopardi 1, tel. 071 98 14 71, www.recanatiturismo.it.
Vervoer: bussen naar Loreto, Castelfidardo, Macerata en Porto Recanati.

Op ontdekkingsreis

Beniamino Gigli in Recanati

Beniamino Gigli werd alom gevierd als opvolger van Enrico Caruso – en ook alom verguisd als gunsteling van Mussolini, Hitler, Goebbels en Göring. Het Museo Gigli in Recanati laat de carrière van deze stertenor uit de jaren 20 tot 50 de revue passeren en gunt u een blik in het privéleven van Beniamino Gigli, die in 1957 in een mausoleum op het plaatselijke kerkhof zijn laatste rustplaats vond.

Kaart: ▶ G 4

Beginpunt: Piazza G. Leopardi Recanati.

Planning: Museo Gigli in het Teatro Persiani, Via Cavour, di.-zo. 10-13, 15-18 uur, € 3. Museumbezoek en wandeling naar de Tomba Gigli circa twee uur. Geboortehuis van Gigli: Via Piaggia Castelnuovo 22.

Internet: www.beniaminogigli.it.

Inderdaad leken de stemmen van de beide vertegenwoordigers van het belcanto op elkaar, en het is ook waar dat Gigli door een aantal roemruchte fascisten aan de ene én aan de andere kant van de Alpen werd aanbeden. Deze twee feiten hoort zijn neef Luigi Vincenzoni in Recanati echter niet graag noemen: de stem van zijn oom was volgens hem absoluut uniek en de verdachtmaking dat Gigli sympathie voor het fascisme zou hebben gekoesterd, wijst hij resoluut van de hand. Zijn oom wilde immers alleen maar zingen en was niet in politieke zaken geïnteresseerd.

En dat hij zingen kon en met zijn warme, zachte stemgeluid de mensen wereldwijd rechtstreeks in het hart trof, bewijst zijn lange, internationale carrière. Die begon, overigens net als die van Enrico Caruso en Luciano Pavarotti – de laatste als de derde van de drie grootste Italiaanse tenoren van de 20e eeuw – onder armoedige familieomstandigheden.

Familiegeschiedenis

Het **Gigli-Museum** is de belangrijkste stopplaats van de stadswandeling die de biografische voetstappen van de stertenor volgt, een wandeling die ook had kunnen beginnen bij zijn **geboortehuis** in de Via Castelnuovo 22 in de buurt van de kathedraal, dat echter alleen van buitenaf te bezichtigen is.

De tentoonstelling werd naar aanleiding van de vijftigste sterfdag (in 2007) van de grote zanger nieuw ingericht en verhuisde van het raadhuis naar de eerste verdieping van het Teatro Persiani. U ziet er foto's, schilderijen en marmeren bustes van Beniamino Gigli, die op 20 maart 1890 in Recanati werd geboren, als zesde kind van schoenmaker Domenico Gigli.

Het museum toont familiefoto's, belicht door middel van brieven de levenslange innige verstandhouding die de zanger had met zijn moeder, en vertelt over zijn relatie met zijn wettelijke kinderen (Gigli had ook buitenechtelijke kinderen), zoals met zijn dochter Rina, die operazangeres werd en die de stad een piano van haar vader schonk. Deze kunt u zien in het Palazzo Comunale aan de Piazza Leopardi.

Stadia van een wereldcarrière

Aanplakbiljetten, krantenartikelen en illustere fanmail documenteren Gigli's wereldwijde carrière, die hem van Rome en Napels tot de Metropolitan Opera in New York voerde.

De tentoonstelling besteedt ook aandacht aan zijn relatie met de leidende fascistische machthebbers uit die tijd; u ziet er onder andere een brief van Goebbels, waarin de Duitse minister van Propaganda de grootse prestaties van de Italiaanse zanger bejubelt. Gigli was in 1932 vanuit Amerika naar Rome teruggekeerd en maakte daarna vele concertreizen naar Duitsland, waar hij ook als hoofdrolspeler in talloze UFA-films fungeerde – bijvoorbeeld in de film *Forget Me Not*, waarin hij aan de zijde van Magda Schneider, de moeder van Romy, in de rol van heldentenor aanschuift. In het museum is een collectie te zien van kostuums die Gigli droeg als hij optrad. U hoort er ook door hem gezongen aria's, die weer doen herinneren aan zijn prachtige stem, of waarbij u zich daar een eerste voorstelling van kunt maken.

Met de ontroerende klanken nog in het oor, loopt u vervolgens in circa twintig minuten naar het **kerkhof van Recanati**, waar Gigli, nadat hij op 30 november 1957 in Rome was gestorven, zijn laatste rustplaats vond. In Rome en in Recanati deden duizenden mensen hem uitgeleide. Zijn schitterende marmeren sarcofaag staat in een monumentaal, piramidevormig mausoleum, waarin u de daar achtergelaten eerbetuigingen – van toen tot heden – aan Beniamino Gigli kunt bekijken.

IN EEN OOGOPSLAG

Het Chientidal en Marca Fermana

Hoogtepunt ✸

Fermo: de provinciehoofdstad imponeert met een overzichtelijke oude binnenstad, waarvan de Piazza del Popolo tot de mooiste stadspleinen van Marche behoort. De Dom, die zich vanuit een klein park hoog boven de stad verheft, vormt er een bijzondere bezienswaardigheid. Zie blz. 242.

Op ontdekkingsreis

Een spirituele reis door het Chientidal: de cisterciënzerabdij van Fiastra biedt u een blik in het geestelijk leven achter de kloostermuren. Verder zijn de zeer oude romaanse kerk Santa Maria a Pie di Chienti en de San Claudio al Chienti, een aantal kilometers oostelijker, van een aangrijpende, sobere schoonheid. Zie blz. 236.

Een uitstapje in schoenenland Marche: schoenen van Italiaanse makelij zijn internationaal befaamd, want zij staan voor prima kwaliteit. De meeste worden in Marche geproduceerd. Schoenmakers en fabrikanten werken in en om Sant'Elpidio a Mare, waar de talloze outletstores uitnodigen tot kopen. Zie blz. 250.

Bezienswaardigheden

Basilica di San Nicola in Tolentino: de Basilica San Nicola in Tolentino vormt na Loreto het belangrijkste bedevaartsoord van de regio. De basiliek is voorzien van interessante fresco's uit de 14e eeuw. Zie blz. 241.

Hoedenmuseum van Montappone: het dorpje Montappone leeft sinds het midden van de 19e eeuw nagenoeg uitsluitend van de fabricage van strohoeden, waarover niet alleen wordt verteld in het plaatselijke hoedenmuseum. Zie blz. 248.

Actief

In het natuurreservaat Abbadia di Fiastra: in het groene bos- en weidelandschap rond de cisterciënzerabdij aan de rivier de Fiastra vindt u fiets- en wandelpaden, natuurleerroutes en picknickplaatsen. Zie blz. 242.

Sfeervol genieten

Treia: op de Piazza della Repubblica kunt u in alle rust genieten van het landschappelijk panorama dat zich voor u ontvouwt, en genieten van de vriendelijke sfeer van het kleine stadje. Zie blz. 227.

Uitgaan

Een avond naar de opera in Macerata: in openluchtarena Sferisterio vindt sinds jaar en dag in juli en augustus een internationaal gerenommeerd operafestival plaats. Zie blz. 224.

Barhopping in Porto San Giorgio: in de bars van Porto San Giorgio wordt al vanaf de vroege zomer van de nacht een dag gemaakt. Zie blz. 247.

Bidden en werken

De kuststrook tussen Civitanova Marche en Pedaso vormt een van de centra van de Italiaanse schoenenindustrie, waardoor u daar een blik op zee wordt ontnomen door een bontgekleurd woud aan reclameborden van schoenenfabrikanten langs de weg. Direct achter de kustwegen strekken zich kilometerslange stranden uit, met een dichtbebouwde, 's nachts actieve strandtoeristische infrastructuur en een paar grote en minder grote visserijhavens. De meest verzorgde en qua sfeer aantrekkelijkste badplaats is Porto San Giorgio.

Landinwaarts leggen de op de heuvels gelegen provinciemetropolen Macerata en Fermo niet alleen commerciële, maar ook culturele accenten. Zij wachten u op met imponerende binnensteden, theaters en musea, en Macerata heeft zelfs een operafestival te bieden. Wanneer u vanuit Macerata in westelijke richting reist, gaat het weer door een groen, met wijnstokken beplant heuvellandschap, waarin zich de plaatsen Treia, San Severino Marche, Matelica, Esanatoglia en Camerino niet alleen in topografisch, maar ook in stedenbouwkundig, cultureel en culinair opzicht profileren. De weg door het dal van de Chienti lijkt ook wel een pelgrimstocht, omdat u daar de ene na de andere abdij of kerk tegenkomt.

Macerata ▶ G 5

De meeste bezoekers arriveren in de architectonisch mooie en levendige universiteits- en provinciehoofdstad Macerata bij het stadspark Giardini Diaz. Daar is de lift naar de historische binnenstad.

Geschiedenis

De vroege geschiedenis van Macerata is nog tastbaar in de vorm van **ruïnes van het Romeinse Helvia Ricina** in de stadswijk Villa Potenza (tel. 0733 49 29 37, apr.-okt. za., zo. 17-20 uur), waar ook de indrukwekkende resten van een Romeins theater liggen, die sporadisch weer het decor voor voorstellingen vormen. Daar woonden de voorvaderen van de huidige inwoners, die in de 5e of 6e eeuw de heuvels in vluchten voor de Goten. De eigenlijke ontwikkeling van de stad begon daarom pas in 1129, toen de kleine boerennederzetting ruim 200 hoogtemeters erboven tot vrije gemeente werd benoemd. Die wisselde in haar liefde tussen de keizer en de paus. De laatste verleende de stad in 1290 het privilege om een universiteit te vestigen. In de 14e eeuw hadden adellijke families de macht. De Sforza's gaven de gemeente een belangrijke stedenbouwkundige duw in de goede richting, waarop in de 16e eeuw een ware bouwexplosie volgde.

Na weer een eeuw van economische en stedenbouwkundige stagnatie

---

INFO

Kaart: ▶ E 5-H 6

De heenreis en dan...

De kust(plaatsen) kunt u goed bereiken met het openbaar vervoer, zowel met de trein als met de bus. In het binnenland is het wat dat betreft moeilijker en wordt het snel duidelijk dat een auto of fiets erg handig is – wanneer u zich niet wil beperken tot bezoeken aan de grotere provinciesteden waar het openbaar vervoer wel weer beter is geregeld.

gunde de elite zich in de 18e eeuw vele nieuwe palazzo's en een respectabel stadstheater. Weer later hielden zij zich openhartig en gepassioneerd bezig met de Italiaanse eenheidsbeweging. Dat zich in Macerata al eind 19e eeuw een sterke socialistische beweging had gevormd, was de korte tijd later aan de macht komende fascisten een doorn in het oog, zodat zij het rode Marcerata met 'krachtige argumenten' tot rede brachten. Na de oorlog leefde Macerata vooral van de landbouw, dit voordat het universitaire leven weer op gang kwam en er zich uitgeverijen en middelgrote bedrijven vestigden, zoals de confectie-industrie.

Bezienswaardigheden

Piazza della Libertà

Het in 1290 door de gemeenteraad betrokken en later als zetel van de provinciale staten gebruikte **Palazzo dei Priori** 1 was het eerste gebouw uit de stadsgeschiedenis aan de destijds nog onopvallende Piazza Libertà. Pas in de 16e eeuw bouwde deze in economisch en cultureel opzicht florerende stad dit plein uit tot haar representatieve centrum en werd er een verbinding gemaakt met de Corso Matteotti. Het trapezevormige plein werd met de **Loggia dei Mercanti** 2 en het destijds als universiteit benutte, in de 19e eeuw grondig verbouwde **Palazzo del Comune** 3 aangevuld.

Aan de Piazza della Libertà zetelt verder de juridische faculteit van deze eerbiedwaardig oude universiteit, waarvóór de **Chiesa San Paolo** 4 uit de 17e eeuw de aandacht trekt. Een andere blikvanger van de piazza is het ook binnenin prachtige, laatbarokke **Teatro Lauro Rossi** 5, dat in 1774 door een adellijk theatergezelschap werd opgericht en dat later aan Lauro Rossi werd gewijd, de in de 19e eeuw succesvolle componist en dirigent (9-12, 15-19 uur).

Corso Matteotti

Aan de Corso Matteotti staat de architectonische parel **Palazzo dei Diamanti** 6. Het vormde destijds het prestigestuk van de rijke kooplieden Mozzi en Morchetti, die in 1535 de hulp inriepen van architect Giuliano Torelli. Die onderscheidde zich vervolgens met zijn eigenzinnige vormgeving van de façade, in de stijl van het beroemde Palazzo dell'Este in Ferrara. Net als dit is ook Macerata's 'Diamantenpaleis' door piramidevormige marmeren blokken omgeven. Het uitnodigende **Palazzo degli Studi** 7, dat momenteel wordt gerestaureerd, flankeert deze hoofdstraat pas sinds 1931.

Palazzo Buonaccorsi (Pinacoteca en Museo delle Carozze) 8

Via Don Minzoni 24, tel. 0733 25 63 61, di.-zo. 10-18 uur, € 3

Het respectabele palazzo imponeert met een grote binnenplaats met klassieke sculpturen en de Sala dell'Eneide met een weelderig frescodecor. Het werd vanaf 1720 gebouwd en onlangs ingrijpend gerenoveerd, om zo de stedelijke schilderijengalerie en het koetsmuseum een plek te kunnen geven. In de schilderijengalerie ziet u werken uit de 14e tot 19e eeuw, zoals van Carlo Crivelli, en een grote collectie moderne en hedendaagse kunst. Het koetsmuseum geeft u met prachtige exemplaren een beeld van vervoer uit vervlogen tijden.

Piazza Strambi

De Piazza Strambi, het historische centrum van de middeleeuwse plaats, werd in de 15e eeuw verrijkt met de **Cattedrale San Giuliano** 9 en de **Chiesa Madonna della Misericordia** 10. De kerken zijn meerdere keren verbouwd, naar de wensen en smaak van de tijd, zodat van de Dom alleen de klokkentoren in originele staat behouden is gebleven.

Piazza Vittorio Veneto

Qua architectuur is het **Palazzo Ricci** 11 dé blikvanger van de Piazza Vittorio Veneto: in de 17e eeuw gebouwd, in de 18e eeuw door de beroemde architect Luigi Vanvitelli aangepast en onlangs gerenoveerd. In het palazzo kunt u niet alleen het indrukwekkende interieur, maar ook geschilderde moderne kunst uit de 20e eeuw bewonderen (voorlopig za. en zo., juli en aug. dag. 10-13, 16-20 uur, in de toekomst dag. 11-19 uur, www.palazzoricci.it). Aan hetzelfde plein bekoort de **Chiesa San Giovanni** 12 uit de 17e eeuw, die destijds onder de geestelijke regie van de jezuïeten viel, met barokke pracht.

Sferisterio 13

Piazza Mazzini, apr.-okt. ma. 9-16, di.-zo. 9-13, 15-19, daarbuiten ma. 10-17, di.-zo. 10-18 uur, € 3, kaartjes: Infopoint, Piazza Nazario Sauro

De arena van Macerata aan de architectonisch mooie Piazza Mazzini werd in de jaren 1820-1829 gebouwd als speelveld voor het 'Pallone al Bracciale', een destijds populair en tot op heden in Trei gecultiveerd balspel (zie blz. 230). Nadat de beroemde tenor Beniamino Gigli hier in 1921 voor de eerste keer opera-aria's had gezongen, werd het idee om er een opera-arena van te maken geboren. Het Sferisterio Opera Festival wordt sinds 1967 gehouden en geniet internationale erkenning, hoewel hier niet twaalfduizend zitplaatsen zijn zoals in Verona, maar toch nog altijd drieduizend.

Overnachten

Met traditie – **Claudiani** 1: Via A. Ulissi 8, tel. 0733 26 14 00, www.hotelclaudiani.it, 2 pk vanaf € 85. Een nog steeds stijlvol, maar inmiddels wat verbleekt en soms lawaaierig viersterrenhotel in de oude binnenstad, met onder andere een suite met panoramaterras met uitzicht over het heuvelachtige landschap.

Verzorgd – **Arcadia Hotel** 2: Via Pt. Matteo Ricci 134, tel. 0733 23 59 61, www.arcadiahotelmacerata.it, 2pk € 70-110. Dit driesterrenhotel tussen de opera-arena en de Dom is als eerste volgeboekt tijdens festivals.

Dicht bij de opera – **Albergo Arena** 3: Vicolo Sferisterio 16, tel. 0733 23 09 31, www.albergoarena.com, 2 pk € 60-95. Vriendelijk, klein driesterrenhotel met verzorgde, moderne kamers, waar een prettige sfeer heerst.

Sferisterio – het publiek wacht vol spanning op het begin van de operauitvoering

Chic en leuk – Hotel Lauri 4: Via Tommaso Lauri 6, tel. 0733 23 23 76, www.hotellauri.it, 2 pk vanaf € 70. Dit vriendelijke driesterrenhotel in een historisch palazzo nobile uit de 18e eeuw heeft 33 kamers en een sfeervolle binnenplaats.

Eten en drinken

Door iedereen aanbevolen – Da Secondo 1: Via Peschiera Vecchia 26, tel. 0733 26 09 12, ma. gesl., menu € 40. Het restaurant biedt een hoog (prijs)niveau, stijlvol gedekte tafels en tijdens het operafestival het gezelschap van kunstenaars. Het accent ligt er op visgerechten.

Goed, voordelig en gezellig – Osteria dei Fiori 2: Via Lauro Rossi 61, tel. 0733 26 01 42, zo. gesl., menu € 30. Deze trattoria in de oude stad heeft het predikaat 'Locale Storico Marche' en een lekkere seizoenskeuken. Naar wens kunnen er ook vegetarische en glutenvrije gerechten worden bereid.

Culinaire tradities – Trattoria da Rosa 3: Via Amarola 17, tel. 0733 26 01 24, zo. gesl., menu vanaf € 30. Hét adres om *vincisgrassi* en andere regionale klassiekers te proberen.

Voor pizzafans – Il Sorriso 4: Vicolo Sferisterio 2, tel. 0733 23 25 67, wo. gesl. Eenvoudig restaurant in een keldergewelf, waar pizza's als specialiteit van het huis worden beschouwd.

Macerata

Bezienswaardigheden
1. Palazzo dei Priori
2. Loggia dei Mercanti
3. Palazzo del Comune
4. Chiesa San Paolo
5. Teatro Lauro Rossi
6. Palazzo dei Diamanti
7. Palazzo degli Studi
8. Palazzo Buonaccorsi (Pinacoteca en Museo delle Carozze)
9. Cattedrale San Giuliano
10. Chiesa Madonna della Misericordia
11. Palazzo Ricci
12. Chiesa San Giovanni
13. Sferisterio

Overnachten
1. Claudiani
2. Arcadia Hotel
3. Albergo Arena
4. Hotel Lauri

Eten en drinken
1. Da Secondo
2. Osteria dei Fiori
3. Trattoria da Rosa
4. Il Sorriso
5. Centrale. Eat
6. Enoteca Le Case

Stedelijke flair – **Centrale. Eat** 5: Piazza della Libertà 1-2, tel. 339 274 94 71, 12-2 uur. Deze combinatie van café, restaurant en wijnbar heeft een gastvrije sfeer en is hedendaags gestyled. Het bevindt zich onder de historische arcaden van het raadhuis, en is culinair veelzijdig en ingesteld op vegetariërs en veganisten.

Chic in het groen – **Enoteca Le Case** 6: Loc. Mozzavinci 16-17, tel. 0733 23 18 97, www.ristorantelecase.it, di.-vr. alleen 's avonds, za. en zo. ook 's middags, hoog prijsniveau. Ten westen van Macerata ligt aan de weg naar Treia een heerlijk restaurant waar u van hedendaagse interpretaties van traditionele gerechten met vlees en groenten van de gecertificeerd biologische boerderij kunt genieten. Ook staat hier een bijzondere zuurdesempizza op de kaart en kunt u hier stijlvol overnachten (2 pk vanaf € 100).

Uitgaan

Barokke pracht en praal – **Teatro Lauro Rossi** 5: Piazza della Libertà 21, tel. 0733 223 35 08, www.tuttiteatri-mc.net.
Genieten van de opera – **Sferisterio** 13: Piazza N. Sauro, entreebewijzen en informatie: Piazza Mazzini 10, tel. 0733 23 07 35, www.sferisterio.it, toegangsprijs voor operavoorstellingen € 10-180.

Info en festiviteiten

IAT: zie blz. 19, www.comune.macerata.it.
Infopoint Musei: Piazza Nazario Sauro, tel. 0733 27 17 09, www.maceratamusei.it.
Sferisterio Opera Festival: half juli-half aug.
Vervoer: treinstation Piazza XXV Aprile (circa 500 m ten zuiden van Sferisterio).

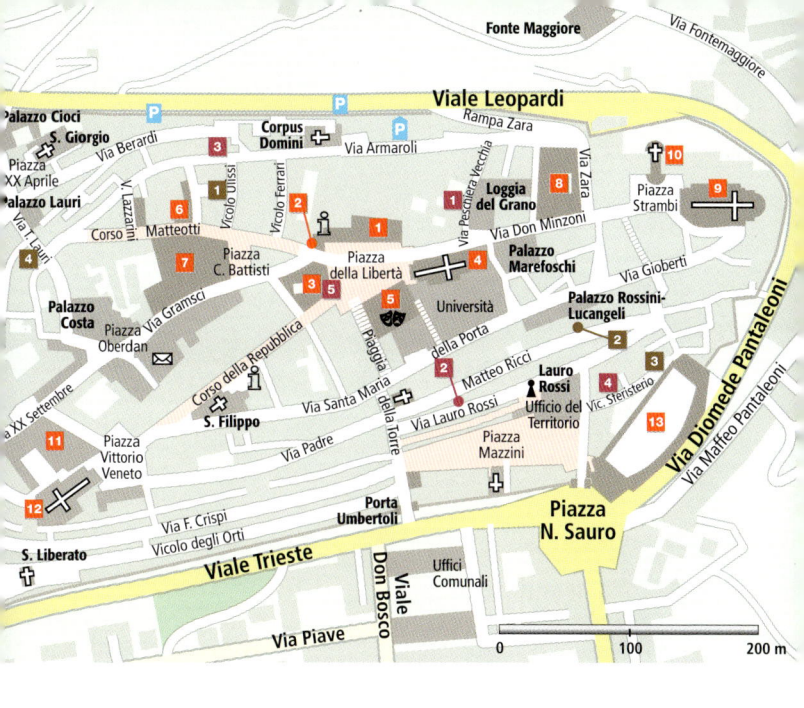

Treinen naar Fabriano en Civitanova Marche aan de kust. Bussen naar Civitanova Marche, Sant'Elpidio Marche en het binnenland (Treia, Cingoli, Matelica enzovoort).

Treia ▶ F 5

Stadsmuren uit de bloeitijd van de middeleeuwen met pittoreske poorten vormen het beschermend raamwerk rondom een met smalle steegjes en straatjes – vaak bestaand uit alleen maar traptreden – dooraderd geheel, dat hier tussen de 15e en 18e eeuw is gegroeid en dat wordt geaccentueerd door neoclassicistische gebouwen. Bouwwerken in die stijl omgeven ook de hoefijzervormige, door arcaden omzoomde Piazza della Repubblica. Vanaf deze piazza kijkt u uit over een zee van groene heuvels en wordt uw blik in drie richtingen getrokken: tot aan de Adriatische Zee, tot aan de Apennijnen en tot aan de met sneeuw bedekte toppen van de Monti Sibillini. Een populair evenement is het **Disfida del Bracciale**, dat jaarlijks veel bezoekers trekt (zie blz. 230).

Chiesa San Filippo
Piazza della Repubblica

De kerk werd tussen 1636 en 1641 gebouwd, samen met het gelijknamige klooster, en werd verbouwd na 1750. De kerk herbergt het gebeente van een aantal martelaren en ook een paar religieuze kunstwerken, zoals sculpturen uit steen en hout. Het ernaast gelegen klooster is nu een hotel geworden.

Accademia Georgica
Piazza della Repubblica

De voorloopster van het in de jaren 70 van de 18e eeuw officieel opgerichte onderzoeksinstituut voor land- en

Favoriet

Piazza della Repubblica ▶ F 5

Ik heb de piazza van Treia tot favoriet uitverkoren toen ik ooit in de schemering met een glas koele witte wijn in de hand de vrolijke gang van zaken in de 'woonkamer' van de stad aanschouwde. Het fraaie panorama verhoogde mijn plezier, zodat ik er de volgende ochtend – in ander licht en met een broodje en een cappuccino – een tweede keer van genoot.

akkerbouw bestond al sinds de 15e eeuw en was destijds veeleer sociologisch en filosofisch geöriënteerd. De Accademia beijverde zich, in de geest van de verlichting, oplossingen te vinden voor de sociale problemen van die tijd – oplossingen die zich later vooral richtten op de invoering van nieuwe gecultiveerde planten en met de verbetering van landbouwmethoden, en waaraan bijvoorbeeld de invoering van de aardappel in Marche wordt toegeschreven. Eind 18e eeuw schonk de Kerkelijke Staat haar het elegante, neoclassicistische domicilie, van de tekentafel van de hedendaagse architect Giuseppe Valadier.

Cattedrale Santa Annunziata
Piazza della Repubblica
De kathedraal werd medio 18e eeuw gebouwd en is het werk van een leerling van Vanvitelli. De kathedraal wordt vanwege zijn weidse en heldere ruimtelijke sfeer en het ontwerp – vrij van tierelantijnen – vaak genoemd als voorbeeld en oogst alom bewondering.

Teatro Comunale
Piazza Arcangeli, informeer bij de Pro Loco naar bezichtigingen
Hoewel er al in 1792 een aristocratisch theatergezelschap was opgericht dat tot de bouw van het theater had besloten, zou het nog tot 1821 duren eer in Treia voor de eerste keer het doek zou opgaan. Direct na de voorstellingen werd er verder gewerkt aan artistieke, bouwkundige details en na de Italiaanse eenwording werd de zaal vergroot, zodat de thans ontroerend nostalgische tempel der muzen pas in 1862 klaar was.

Chiesa San Francesco
Piazza della Repubblica
Hoewel de kerk al rond het jaar 1300 was ingewijd, werd hij in de 17e en 18e eeuw volledig verbouwd, zodat van de oude kerk alleen wat resten van fresco's zijn overgebleven. Desondanks geldt dit godshuis, met de goudglanzende wanden en zijn voornamelijk in hemelsblauwe tinten geverfde koepel, als de mooiste bezienswaardigheid van Treia.

Overnachten

Kloosterlijke ambiance – **Hotel Grimaldi:** Corso Italia Libera 9, tel. 0733 21 00 09, www.grimaldihotel.com, 2 pk vanaf € 60. Het hotel bevindt zich in bovengenoemd klooster: de cellen zijn nu comfortabele kamers.

Eten en drinken

Lekker eten op het platteland – **Villa Cortese:** Chiesanuova, tel. 0733 21 68 91, zo.-avond en ma. gesl. Al sinds tijden zeer gewaardeerd restaurant, met traditionele seizoensgerechten, in de groene omgeving van Treia. Menu € 40.
Rond de balkonpiazza – **La Taverna degli Amici:** ingang Piazzetta del Cassero, tel. 338 560 53 59; **La Cantinetta:** Corso Italia Libera 2, tel. 339 628 57 38, beide ma. gesl.; **Il Grottino:** Via Lanzi 2, tel. 0733 21 63 44. Het eerste restaurant ligt 'in de rug' van bovengenoemd hotel en staat bekend om de pizza's. Het tweede bevindt zich er schuin tegenover in een keldergewelf en serveert klassieke streekgerechten. Het derde bevindt zich eveneens in een kelder en serveert bij mooi weer onder de arcaden van de balkonpiazza. Met koffie, bier en wijn.

Info en festiviteiten

Pro Loco: Piazza della Repubblica 3, tel. 0733 21 59 19, www.prolocotreia.it, dag. 9-13, 15.30-19.30, apr.-sept. dag. 15.30-19.30 uur.

Tip

Abbazia di Rambona

Enkele kilometers ten zuiden van Treia ontroert de romaanse kerk van de abdij van Rambona. Het oorspronkelijk één en intussen drie schepen tellende godshuis werd aan het eind van de 9e eeuw over een antiek heiligdom ter ere van een Romeinse vruchtbaarheidsgodin gebouwd. Dit laatste is weliswaar niet toegankelijk, maar wel behouden gebleven en onderkelderd de crypte uit de 12e eeuw. Deze is door machtige zuilen met kunstig gemodelleerde kapitelen van zandsteen en marmer versierd.

U ziet er fresco's uit de 15e en 16e eeuw. Een van de muurschilderingen toont hoe S. Amico, die hier begraven is en rond het jaar 1000 abt van het medio 15e eeuw verwoeste benedictijnenklooster was, zich met een wolf verzoent. De vrome man verschijnt – rechts naast de *Madonna op de Troon* in de centrale apsis – ook op de fresco's in het bovenste deel van de kerk. Deze werden tussen de 13e en 16e eeuw geschilderd (meestal za. en zo. 15-18.30 uur, met wat geluk ook doordeweeks, op afspraak bij: Don Giuseppe Verdonelli, 368 716 23 37, actuele informatie op www.vivipollenza.it en www.pro-rambona.it).

Disfida del Bracciale: laatste week van juli tot begin aug. Dit in de arena onder de balkonpiazza gehouden toernooi van het sinds de renaissance populaire en in de 19e eeuw tot volkssport uitgegroeide balspel is in Treia dé toeristische attractie. Bij dit spel slaan de spelers houten ballen weg met behulp van een eigenaardig slaghout. Tijdens de toernooien wordt uitgebreid gegeten en gedronken. Bij de finale op de eerste zondag van augustus is er een grote optocht in historische kostuums.
Vervoer: bussen naar Macerata.

San Severino Marche ▶ F 5

Bij het zien van de Piazza del Popolo is het moeilijk te geloven dat deze gemeente maar 13.000 inwoners telt, een aantal dat bovendien verdeeld is over Borgo en Castello en een aantal landelijker gelegen delen van de gemeente. Tot die laatste behoort ook het fascinerende bergdorp **Elcito**, dat geïsoleerd ligt en maar een handvol oude bewoners telt. Het ligt op een 821 m hoge rots aan de voet van de Monte San Vicino en bevindt zich 20 km van het centrum van San Severino (richting Apiro, in Castel S. Pietro afslaan).

Het brede, ellipsvormige plein in San Severino Marche doet grootstedelijk aan en wordt geflankeerd door hoge, elegante herenhuizen. In deze voormalige *palazzi nobili* – de meeste door arcaden ondersteund– zitten tegenwoordig kantoren, winkels en restaurants, het stadhuis en het stadstheater (Teatro Feronia, 1823). De historische bouwheer van dit 'plein van het volk' is de feodale adel, die de eerdere marktplaats vanaf de 15e eeuw ontdekte als uitgelezen plek voor een tweede huis. Daarmee keerde de adel in zekere zin terug naar de plaats van zijn voorvaderen, dat wil zeggen vlak bij het Romeinse Septempeda. Daar leefden de vroegere burgers van San Severino, die zich in de 6e eeuw samen met hun bisschop Severino hadden teruggetrokken op de bescherming biedende Monte Nero en ook op andere veiligere hoogtes. De muurresten van hun kastelen en burchten en hun karakteristieke rechthoekige gevechtstorens behoren tot de architectonische kenmerken van San Severino Marche,

San Severino Marche

dat overigens bij de stichting de naam 'Montenero' kreeg en pas later haar bisschoppelijke naam aannam.

Pinacoteca Civica

Via Salimbeni 39, tel. 0733 63 80 95, juli-sept. di.-zo. 10-13, 15-19, daarbuiten 9-13, 15-18 uur, € 3

Lorenzo en Jacopo Salimbeni, waarvan de geboortedata niet precies bekend zijn, waren tijdgenoten van de beroemde Gentile da Fabriano (1370-1420), zodat hun in het Palazzo Manuzzini aan de openbaarheid prijsgegeven werken uit de eerste decennia van de 15e eeuw zullen dateren. U zult diep onder de indruk zijn van hun kunstwerken – in de derde zaal van in totaal zes zalen, waarin een altaarbeeld van Vittore Crivelli uit 1481 (vijfde zaal) en een schilde-

Achter de arcaden van de palazzi nobili verbergen zich nu openbare gebouwen

Tip

'Wijntheater'

In Matelica bevindt zich de Enoteca Comunale, waar alle lokale wijnen kunnen worden geproefd en gekocht. De Enoteca is deel van de foyer van het statige Teatro Piermarini, dat veelvuldig wordt gebruikt voor amateur- en professionele voorstellingen. Onder het theater zijn stedebouwkundige resten uit de Romeinse tijd te vinden. Daarom kunt u voor, na of zelfs tijdens de proeverij van de goede wijnen, onder leiding van de vriendelijke gemeentesommeliers Andrea Ferretti of Laura Migliorelli, het theater en de oude kelder bekijken (Via Umberto I 22, 9.30-12.30, 16-19.30 uur).

rij van Alegretto Nuzi uit 1366 voor nog meer spectaculaire accenten zorgen. De artistieke productie van de gebroeders Salimbeni ging de Europese cultuurgeschiedenis in als het prototype van laatgotische schilderkunst. Voorbeelden zijn een frescocyclus met de levensgeschiedenis van Johannes de Doper, die geldt als typerend voor de penseelstreek en kleurentaal van de broers, en de *Bruiloft van de heilige Catharina*, een rond 1400 ontstaan 'solowerk' van Lorenzo.

Castello

San Severino's stadswijk Castello op de Monte Nero wordt door de sobere Torre Comunale uit eind 13e eeuw gedomineerd. Indrukwekkend zijn de Dom San Severino Vescovo, eveneens uit de 13e eeuw, en het naastgelegen klooster uit de 15e eeuw. In het klooster bevindt zich het modern ontworpen Museo Archeologico (juli-sept. di.-zo. 9-13, 16-19, daarbuiten di.-vr. 10-13, za. en zo. ook 15-18 uur, € 3) met de erfenis van het antieke Septempeda. De middeleeuwse gebouwen in Castello zijn mooi gerestaureerd.

Overnachten

In de oude binnenstad – Due Torri: Via San Francesco 21, tel. 0733 64 54 19, www.duetorri.it, 2 pk € 70. Familiebedrijf met moderne driesterrenkamers in een oud pand, opgetrokken uit natuursteen, in de wijk Castello. Er zijn een restaurant met typische lokale gerechten en een kleine delicatessenwinkel.

Gezellig-antiek – Locanda Salimbeni: Loc. Valle dei Grilli 8, aan de weg tussen San Severino en Castelraimondo, tel. 0733 63 40 47, www.locandasalimbeni.it, 2 pk € 65. Dit hotel met zwembad ligt weliswaar dicht bij de weg, maar het verkeer is nauwelijks te horen. De sympathieke eigenaresse Ivana tovert voor haar gasten aromatische gerechten met ingrediënten uit de eigen tuin en de omringende bossen en weiden op tafel. Haar echtgenoot en hobby-imker Mario verzamelt regelmatig kruiden en paddenstoelen.

Chic – La Villa Teloni: in de wijk Cesolo op circa 6 km afstand van het centrum, Via della Villa 20, tel. 0733 64 51 78, www.lavillateloni.it, 2 pk € 120-300, appartementen voor 25 personen € 674-1500 per week. Het historisch landgoed van de familie Coletti is veranderd in een adres voor familiefeesten en vakanties. De kamers en vakantiewoningen zijn stijlvol en comfortabel en er zijn een ontbijtzaal en restaurant. Met zwembad en fitnessfaciliteiten.

Eten en drinken

Smakelijke vis – Cavallini: Viale Bigioli 47, tel. 0733 63 46 08, di.-avond en wo. gesl., hoog prijsniveau. Het beste adres van San Severino als het om goed be-

reide visgerechten gaat. Er zijn ook land- en vegetarische menu's
Hedendaags – **Osteria Ninetta:** Piazzetta del Teatro 1, tel. 0733 63 49 62, di. gesl., hoog prijsniveau. Exotisch genuanceerde nieuwe interpretaties van het regionale repertoire. Moderne, stijlvolle ambiance.
Stijlvol en rustiek– **Da Piero:** Viale Bigioli 28, tel. 0733 63 84 95, zo.-avond en ma. gesl. Restaurant onder gewelven, waar gasten uitstekend (en op verzoek vegetarisch en glutenvrij) kunnen eten en voorkomend worden bediend.

Info en festiviteiten

IAT/Pro Loco: Piazza del Popolo 43, tel. 0733 63 84 14, www.prolocossm.sinp.net, dag. 9-12.30, 15.30-19 uur.
Palio dei Castelli: eind mei/juni. Groots middeleeuws spektakel met optocht in historische kostuums en wedstrijden, zoals kasteeltorendragen (van papiermaché), boogschieten en schermen, www.paliodeicastelli.org.
Vervoer: treinstation aan de rand van het centrum, treinen naar Civitanova, Matelica, Tolentino en Fabriano; bussen naar Camerino en Macerata.

Matelica en omgeving ▶ E 5

Matelica heeft al drieduizend jaar achter de rug en bezit daardoor veel cultuur. De stad is zich bewust van haar tradities, vooral wat landbouw betreft. De centrale Piazza Enrico Mattei, met een fontein waaruit sinds de 16e eeuw water sproeit, is omringd door een harmonisch stadsbeeld met gebouwen uit diverse eeuwen. Daartoe behoren de **Torre Civica** en het **Palazzo del Governo** uit de 13e eeuw, de Loggia dei Mercanti uit de 16e, de **Chiesa del Suffraggio** uit de 17e, en het **Palazzo Comunale** en het **Palazzo de Sanctis** uit de 19e eeuw. Het **Palazzo Ottoni** uit de 15e eeuw herbergt de bibliotheek, de pinacotheek en het mineralenmuseum (voorlopig gesloten vanwege renovatiewerkaamheden).

Op loopafstand van de piazza liggen het indrukwekkende **Teatro Piermarini** (1812; zie Tip), de **kathedraal** uit de 15e eeuw, het **Museo Civico Archeologico (momenteel niet toegankelijk)** met vondsten uit de prehistorische en Romeinse tijd, de nagenoeg geheel beschilderde **Chiesa di San Francesco** met zijn talloze fresco's en – het absolute hoogtepunt – het **Museo Piersanti** (Via Umberto I 11, apr.-sept. di.-zo. 10-12, 15.30-18, daarbuiten za. en zo. 10-12, 15.30-18 uur, € 4), een kunstzinnig gedecoreerde, schitterende renaissancewoning, compleet met salons, keuken en slaapkamers.

Matelica ligt in een prachtig, groengeel heuvellandschap, dat bedekt is met wijnheuvels en graanvelden. De plaats wordt omzoomd door beboste stukken middelgebergte en wordt bewaakt door de 1476 m hoge Monte Vicino.

Daartussen liggen half verlaten middeleeuwse gehuchten, zoals **Castel Sant'Angelo** en **Castel Santa Maria**, en ook levendige dorpjes als **Esanatoglia**, met zijn goed onderhouden middeleeuwse huizen en zeer smalle stegen, die door kleurrijk beschilderde woonhuizen worden geflankeerd.

U ontdekt er volledig van de bewoonde wereld afgesneden oude boerenhoeves en kloosters, moderne en ecologisch gedreven boerderijen, en zowel traditionele als innovatieve wijnkelders. Hier en daar ziet u kleurrijke bijenkorven, want honing is naast de heerlijke Verdicchio di Matelica een van de specialiteiten van de stad en omgeving. Last but not least vindt u hier middelgrote bedrijven in de metaal- en confectie-industrie, zoals van het beroemde merk Giorgio Armani.

Overnachten

Centraal – **Hotel Fioriti:** Piazza Garibaldi 12, tel. 0737 853 50, www.hotel fioriti.it, 2 pk € 70. Dit is het enige hotel in het stadscentrum met redelijke kamers en hartelijke eigenaren. Voor de deur valt een antiek mozaïek in het oog, waardoor het verpachte, vrij redelijke restaurant ernaast Mosaico heet (tel. 0737 68 51 33). De eigenaar spreekt overigens ook Duits.

Degelijk in het groen – **Villa Collepere:** Matelica, Via Collepere, tel. 0737 78 35 92, www.countryvillamarche.com, 2 pk € 100, suite € 130. Het kleine jachtslot uit de 18e eeuw heeft elf luxueuze kamers en suites. Prachtige tuin met zwembad en uitzicht op de wijngaarden en bergen.

Agriturismo uit een prentenboek – **Il Giardino degli Ulivi:** Loc. Castel Sant'Angelo (gemeente Castelraimondo), tel. 338 305 60 98, www.ilgiar dinodegliulivi.com, 2 pk 55-90, HP plus € 25. Het kleine gezellige gastenverblijf ligt midden tussen de velden en wijngaarden in het middeleeuwse gehucht Castel Sant'Angelo. De oprichter – of liever: de ziel – van dit lieflijke agriturismo, Pia Ciocccholani, heeft zich teruggetrokken en het agriturismo overgedragen aan haar schoondochter, die net zulke lekkere lokale gerechten bereid.

Niet alleen voor vleeseters – **Il Colle del Sole:** Loc. Colle Tenuto, tel. 0737 78 79 89, www.ilcolledelsole.it, 2 pk € 60-70. Op de 430 m hoge 'Zonneheuvel' aan de voet van de Monte Vicino liggen enkele keurig ingerichte landhuisjes met kamers en appartementen rond een historische boerderij met een groot restaurant. Hier kunt u terecht voor grote porties vlees van zelfgefokte varkens, runderen, schapen, kippen en eenden. Het vlees wordt in een winkel ook voor eigen bereiding verkocht. De vriendelijk geleide boerderij op de Zonneheuvel serveert ook vegetarische gerechten met producten van eigen akker.

Voor hobby-imkers – **Salomone:** Loc. Salomone, tel. 339 235 78 88, 0737 78 79 35, www.salomone-matelica.it, 2 pk € 60. Coöperatief geleide 'bijenhof' met een goed restaurant met lokale gerechten, nette gastenkamers, faciliteiten voor hobby-imkers en een winkel.

Eten en drinken

Bekend en geliefd – **Al Teatro:** Via Umberto I 7, Matelica, tel. 0737 78 60 99, 12.30-2 uur, menu vanaf € 30. Elegant, rustiek ingericht restaurant in een palazzo van eind 16e eeuw. U eet er regionale specialiteiten als *vincisgrassi* of pasta met kikkererwten (*ceci*). De pizza's behoren tot de beste in de omgeving.

Jong publiek – **La Notte degli Oscar:** Matelica, Via Beata Mattia 33, tel. 0737 78 78 82, gemiddeld prijsniveau. Smakelijke lokale gerechten in een grote eetzaal achter oude kloostermuren. Aan de wanden herinneren beelden en teksten aan de internationale filmgeschiedenis. De uitbaters van het restaurant hebben onlangs een brief uit Los Angeles gekregen, waarin de advocaten van de Academy Award eisen dat de naam wordt gewijzigd of dat er een vergoeding voor het gebruik van de naam wordt betaald. Het kan dus zijn dat het restaurant een nieuwe naam krijgt.

Traditioneel – **La Cantinella:** Corso Italia 9, tel. 0737 88 95 85, Esanatoglia, do. gesl., gemiddeld prijsniveau. De keuken van deze vriendelijke osteria is traditioneel, maar er worden wel ingrediënten gebruikt die uit de natuurlijke omgeving komen, onder andere vis uit de rivier de Esino.

Winkelen

Wijn – Wie niet in de Enoteca (zie blz. 232) wijn wil kopen, kan natuurlijk ook terecht bij de wijnboeren, bijvoorbeeld **Cantina Belisario:** Via Merloni 12, Matelica (aan de weg richting Fabriano), tel. 0737 78 72 47, www.belisario.it; **Gino & C. Gagliardi:** Via Merloni 5, tel. 0737 856 11, www.vinigagliardi.it.
Mode – **Armani Outlet Factory Store:** Via Merloni 10, Matelica, tel. 0733 78 61 48. Hier krijgt u 40% korting!

Actief

Wandelen en fietsen – De **omgeving van Matelica** heeft aantrekkelijke wandelmogelijkheden, maar is in de eerste plaats interessant om zijn relatief ontspannen fietstochten door het wijngroene heuvelland. U rijdt over rustige landwegen en door schaduwrijke lanen, bijvoorbeeld van Matelica naar Castel Sant'Angelo, Castel Santa Maria en Vasconi op het grondgebied van de nabijgelegen stad Castelraimondo.

Informatie

Pro Loco: Piazza Mattei 3 (stadhuis), tel. 0737 856 71, www.comune.matelica.mc.it, juni-sept. ma.-za. 10-12.30, 17-19 uur. Hier wordt u geholpen door de vriendelijke en gedegen Gian Carlo Galiassi
Vervoer: vanaf het treinstation van Matelica aan de rand van het centrum, met treinen naar Civitanova Marche en Fabriano, bussen naar Camerino en Fabriano.

Camerino ▶ E 6

De oude universiteitsstad met faculteiten in Ascoli Piceno, Recanati, Matelica en San Benedetto del Tronto kijkt vanaf een hoogte van 660 m uit over de Monti Sibillini, en bezit een even glansrijke als door leed geplaagde geschiedenis.

De glorietijd van de stad begon in 1262 met de heerschappij van de adellijke familie Varano, een macht die afgezien van een kortdurende verovering door Cesare Borgia (in 1503) nagenoeg drie eeuwen aanhield. De Varano's, van wie u het landgoed Rocca Varano circa 6 km buiten de stad aan de weg naar Tolentino kunt zien liggen, stichtten in 1336 de universiteit, ontketenden een grote bouwactiviteit en brachten Camerino aanzien en welvaart. Toen de stad in 1545 weer onder de hoede van de Kerkelijke Staat was gekomen, volgde langzaam het verval, tot Camerino bovendien eind 18e eeuw niet alleen door Franse troepen, maar ook door een heftige aardbeving (in 1799) werd bezocht en beschadigd. Na door een hongersnood te zijn getroffen (1816-1817) – dit na het herstel van de Kerkelijke Staat – en na van haar status als provinciehoofdstad van Marca Camerino te zijn beroofd – dit na de oprichting van de Italiaanse Staat – bleef de economisch-politieke toestand precair.

In 1919 profileerde Camerino zich als centrum van de groeiende fascistische beweging, maar onder de Duitse bezetting won het verzet hier aan kracht. De eerbiedwaardig oude universiteit kwam in 1959 opnieuw tot leven en telt tegenwoordig zo'n tienduizend studenten. De laatste zware slag van het noodlot bereikte de gemeente in 1997, toen wederom een aardbeving aanzienlijk schade aanrichtte aan historische gebouwen.

Piazza Cavour

De stedelijke 'woonkamer' van Camerino heet Piazza Cavour: aan deze piazza staan de belangrijkste bouwwerken van de stad. ▷ blz. 239

Op ontdekkingsreis

Een spirituele reis door het Chientidal

De cisterciënzerabdij van Fiastra biedt de reiziger een blik in het leven achter de kloostermuren – en eventueel stille deelname aan het gebed van de monniken. Ook de romaanse kerken Santa Maria a Pie di Chienti en San Claudio al Chienti, een paar kilometer oostwaarts, inspireren gelovigen en ongelovigen tot een dialoog met het goddelijke of met zichzelf.

Kaart: ▶ G 5

Beginpunt: Abbadia di Fiastra of S. Maria a Pie di Chienti.

Bezichtiging van het klooster: anderhalf uur, juni-sept. dag. 10-13, 15-19 uur, daarbuiten za. en zo. 10-13, 15-18 uur, € 5, www.abbadiafiastra.net.

Toen ik in Fiastra aankwam, sloeg net het uur van de *noon*, wereldlijker uitgedrukt: het was 14.30 uur. Toen wist ik nog niet dat de *noon* een van de zeven rituele, dagelijkse gebeden is, die de dertien cisterciënzer monniken in Fiastra overeenkomstig Psalm 118 ('Zevenmaal per dag zal ik u loven') moeten voltooien. In elk geval deden zij de *noon* vijftien minuten lang en zij begeleidden dit gebed met diep ontroerend gregoriaans gezang, dat een mens merkwaardig rustig en harmonisch stemt en dat nog lang in het hoofd blijft hangen.

Na de zeven gebeden metten, lauden, terts, sext, noon, vespers en completen volgt een avondgebed dat vigil heet, en waartoe eveneens door de Bijbel wordt opgeroepen ('Midden in de nacht ben ik opgestaan, om U te loven'). Dit gebed spreken de monniken zonder publiek, dat wil zeggen terwijl ze alleen met elkaar in de kerk verschijnen; bij de gebeden noon, sext en vespers echter mag u daar als u dat wilt met hen meebidden.

De regels van Benedictus

Dat in Fiastra precies dertien monniken leven, is overigens geen toeval, maar heeft te maken met het fenomeen van de twaalf apostelen, vergezeld door Jezus – die na zijn dood, opstanding en hemelvaart wordt vertegenwoordigd door een abt. De monniken zijn absolute gehoorzaamheid aan de abt verschuldigd; gehoorzaamheid is naast armoede, arbeid, gebed, eenzaamheid en gastvrijheid een van de kloosterregels van de cisterciënzer orde; ze zijn afgeleid van de gouden benedictijnenregel 'ora et labora' (bid en werk).

De benedictijnen gelden als grondleggers van het westerse monnikenwezen; zij schaarden zich aanvankelijk om Benedictus van Nursia, die rond het jaar 480 niet ver van Fiastra werd geboren. Deze vrome man uit Umbrië opende in 529 in Montecassino, bij Napels, het eerste westerse klooster, waarna vele kloosterorden in heel Europa hem volgden in zijn religieuze gedachtegoed. Toen in later tijden nogal wat orden steeds meer afweken van de kloosterregels – gecorrumpeerd door geschenken van de feodale heren – kwam het in Cluny in 909 tot reformatie van de benedictijnenorde.

Cisterciënzer monniken in de Abbadia di Fiastra

In navolging van de aldus gelouterde geest van Cluny ontstonden weer andere orden, waaronder ook die van de cisterciënzers; hun geschiedenis begint in 1098 in het Franse Citeaux. De geestelijk vader van de orde was een zekere Robert van Molesme, aan wie de grote verbreiding van het gedachtegoed van de cisterciënzer monnik Bernardus van

Clairvaux is te danken. Bernardus trad in 1112 in in het klooster van Citeaux en had een dermate grote invloed op zijn tijdgenoten, dat al snel monniken in heel Europa zijn voorbeeld volgden. Zo ook in Chiaravalle, bij Milaan, waar zich in 1140 twaalf monniken plus abt afscheidden en de weg naar het Chientidal zochten, om er met stenen van de Romeinse plaats Salvia een klooster neer te zetten. Daarbij lieten zij zich leiden door de ook voor de architectuur van het exterieur geldende strenge regels van de cisterciënzer orde; zo mochten er aan de kerk geen torens worden toegevoegd en ook elke versiering was overbodig, op een roosvenster na. Ook het interieur moest het stellen zonder decoratie, met uitzondering van de plastische weergave van de gekruisigde Christus. De in de abdijkerk van Fiastra aangebrachte fresco's van eind 15e eeuw wijzen erop dat de abdij destijds niet meer onder de hoede van de cisterciënzers leefde.

In 1773 raakte het gehele kloostercomplex in het bezit van de familie Bandini, die in 1985 een cisterciënzer gemeenschap stichtte om daarmee weer bewoning van het klooster in te luiden. Het groene rivierlandschap rondom werd als beschermd natuurgebied aangewezen (zie blz. 242), zodat soms vrolijke, wat luidruchtige wandelaars of zomergasten de abdijpoort passeren. Achter de poort daarentegen heerst *silenzio*, waaraan ook de bezoekers worden gehouden die bij de rondleidingen mogen doordringen tot **kapittelzaal**, **refectorium**, **oliemagazijn** en **koelgrotten**. Indrukwekkend zijn de sobere **kapittelzaal**, waar elke dag een hoofdstuk (kapittel) uit de Bijbel wordt voorgelezen, en het **refectorium**, waar de monniken bijeenkomen voor de maaltijden, waartoe ook geestelijk voedsel behoort in de vorm van Bijbellezingen. Bezoekers vinden in het hotel-restaurant La Forestiera, direct ertegenover, kost en inwoning (www.laforestiera.it).

Meer heilige orden in het Chientidal

Een paar minuten met de auto westwaarts trekt de kerk van de heilige Nicolaas van Tolentino, de Basilica di San Nicola (zie blz. 241), vele pelgrims, en op de weg naar de kust liggen de kerken San Claudio al Chienti en **Santa** Maria a Piè di Chienti.

De **San Claudio al Chienti**, die u bereikt na de afslag van de hoofdweg via een cipressenlaan, werd gebouwd in de 11e eeuw, op het fundament van een vroegmiddeleeuws godshuis. De kerk heeft een imposante architectuur, met Byzantijnse en Noord-Europese stijlelementen. Het **portaal** wordt geflankeerd door twee hoog oprijzende cilindrische **torens**. In het ascetische interieur, waarvan de hogergelegen verdieping wordt bereikt via een buitentrap, brengen twee **fresco's** van de heiligen Rocco en Claudius (uit 1486) de enige accenten in kleur, zodat men ook hier niet raakt afgeleid – en is het niet op zichzelf, dan wel op het goddelijke blijft geconcentreerd. Een bar ertegenover, restaurant San Claudio en een gelijknamig hotel in het kloostergebouw nodigen u uit voor een verkwikkend oponthoud. In San Claudio wordt onder leiding van Andrea Angeletti heerlijk gekookt (tel. 0733 28 34 28, alleen 's avonds, di. gesl.). In het laatste biedt Luca Morre mooie kamers en een lekker ontbijt (tel. 0733 28 81 44, www.hotelsanclaudio.it, 2 pk € 60-90).

Het start- en eindpunt van de spirituele reis is de abdijkerk **Santa Maria a Pie di Chienti**, die in 1125 voor een benedictijnenklooster is gebouwd. De dikke muren zijn niet voorzien van lichtsleuven of vensters, maar van melkachtige marmeren platen, de nauwelijks licht doorlaten. Om de stemming op te vrolijken is het archaïsch aandoende interieur van de kerk in het bovenste deel van kleurrijke **fresco's** voorzien.

Allereerst is daar de **Dom**, die begin 19e eeuw het bij de aardbeving van 1799 verwoeste eerdere godshuis verving, en die in zijn interieur een paar sacrale kunstwerken van oude datum koestert, zoals een houten crucifix uit de 13e eeuw en en houten Madonna uit de 15e eeuw.

Naast de Dom treft u het in de tweede helft van de 16e eeuw gebouwde **bisschoppelijk paleis** aan; het is opgetrokken in renaissancestijl en ligt tegenover het **Palazzo Ducale**, waar Giulio Cesare Varano een eeuw eerder de bouwopdracht voor had verstrekt. Het uitnodigende paleis met zijn imposante zuilengangen en panoramabalkon wordt tegenwoordig gebruikt door de universiteit. Voor het bisschoppelijk paleis zit de stenen weergave van paus Sixtus V, die kort na de benoeming van deze paus in 1585 daar zijn plaats vond. Het **Museo Arcidiocesano** toont fraaie schilderijen, sculpturen en liturgische attributen (do.-zo. 10-13, 16-19, okt.-mrt. 15-18 uur, € 3).

Convento di San Domenico met schilderijengalerij

Piazza dei Costanti, tel. 0737 402 09, di. en zo. 10-13, 16-19, okt.-mrt. 15-18 uur, € 4

Kerk en klooster van de heilige Domenico ontstonden tussen 1200 en 1500 en bieden tegenwoordig ruimte aan zowel universitaire instituten als aan het Museo Civico. Het museum toont lokale archeologische vondsten en bezit een schilderijengalerij, waar de werken van de schildersschool van Camerino worden getoond. Vertegenwoordigers zijn onder anderen Cola di Pietro (eind 14e eeuw), Arcangelo di Cola (vroege 15e eeuw) en de in artistiek opzicht vooraanstaande Girolamo di Giovanni en Giovanni Angelo d'Antonio (beiden medio 15e eeuw), die zich met hun penseeltechnieken oriënteerden op Piero della Francesca.

Basilica di San Venanzio

Piazza S. Venanzio

Ook de basiliek van de stadspatroon aan de voet van het oude stadscentrum laat verschillende bouwstijlen zien als gevolg van restauraties na aardbevingen. U ziet een tempelachtige zuilenhal van begin 19e eeuw die een laatgotisch portaal overdekt, en waarboven zich sinds de 14e eeuw een voor die tijd kenmerkend roosvenster bevindt.

Rocca Borgesca

Piazza della Vittoria

In 1503 werd door Cesare Borgia opdracht gegeven tot de bouw van de imposante burcht, die door latere eigenaren vaak is verbouwd en aangepast. Tot de laatste kasteelheren behoorden ook Duitse troepen die tijdens de bezetting van Camerino hier hun hoofdkwartier inrichtten. Tegenwoordig is de burcht door een park omgeven en kunt u er eten.

Overnachten, eten

Voortreffelijke gastvrijheid – **Villa Fornari**: Loc. Le Calvie 2, tel. 0737 63 76 46, www.villafornari.it, 2 pk € 85-120 inclusief huurfietsen. Het door hoge naaldbomen omgeven historische landhuis onder aan de stad biedt comfortabele kamers met een vrolijke inrichting en relatief voordelige, verse seizoensgerechten van een hoog culinair niveau. Duurzaamheid staat hier hoog in het vaandel. Het restaurant is ook toegankelijk voor niet-gasten van het hotel. Het beste adres van Camerino.

Alles onder één dak – **I Duchi**: Via V. Favorino 72, tel. 0737 63 04 40, www.hoteliduchi.it, 2 pk € 75. Dit redelijke hotel-restaurant, midden in de oude binnenstad gelegen, heeft karakteristieke lokale gerechten op de kaart staan.

Winkelen

Schnaps en likeur – **Distilleria Varnelli:** Muccia, Via G. Varnelli 10, tel. 0737 64 70 00, www.varnelli.com. Zo'n 8 km ten zuiden van Camerino ligt de destilleerderij van de in de gehele regio geschonken Varnelli-likeur, waarvan de anijslikeuren het populairst zijn. Men maakt er ook *Amari*, een kruidenlikeur. Het kleine 'moederhuis' van het succesvolle bedrijf staat in het enkele kilometers verderop gelegen Pievebovigliana aan de Piazza V. Veneto. Hier kunt u in de vriendelijke bar Varnelli uit het hele assortiment kiezen.

Info en festiviteiten

IAT: Corso Vittorio Emanuele II 21, tel. 0737 63 25 34, www.comune.camerino.mc.it, di., wo., za. en zo. 10-13, 16.30-19.30, do. en vr. alleen 16.30-19.30 uur, okt.-apr. zo. gesl.

Corso alla Spada: half mei, zie blz. 38.
Vervoer: busverbindingen naar Macerata, Matelica, Ancona en Castelraimondo (het volgende station).

Tolentino ▶ F 5

Castello della Rancia, Palazzo Parisani Bezzi en Museo dell'Umorismo: www.tolentinomusei.it, mei-sept. di.-zo. 10.30-18.30, daarbuiten wo. en do. 14-18, vr.-zo. 10-18 uur, € 3, € 4 resp. € 3 en € 5 gecombineerd

Tolentino, waar in de 13e eeuw de heilige Nicolaas van Tolentino leefde en wonderen verrichtte, is naast Loreto de tweede belangrijke bedevaartsplaats van de regio: de stad schreef tweemaal geschiedenis. Op 19 februari 1797 werd in het Palazzo Parisani aan de Via del Pace een vredesverdrag afgesloten tussen Napoleon en paus Pius VI, waarbij de Kerkelijke Staat aan macht inboette. Daarentegen was het na de Slag van To-

De Duivelsbrug uit de 13e eeuw leidt u in Tolentino over de rivier de Chienti

lentino in mei 1815 andersom: bij de gevechten, die woedden voor het **Castello della Rancia**, behaalden Oostenrijkse troepen de overwinning op Napoleons zwager Gioachino Murat en zij leidden daarmee het al snel daarna bezegelde herstel in van de Kerkelijke Staat (Contrada Rancia, SS 77).

Basilica di San Nicola en Museo del Santuario

Piazza S. Nicola, 7-12, 15-20 uur; museum: dag. 9.30-12, 16-19 uur

In de aan de buitenkant met een portaal uit de 15e eeuw en binnenin met barokke elementen verrijkte kloosterkerk uit oorspronkelijk de 13e eeuw rust het gebeente van de heilige Nicolaas. Deze heilige, die in 1245 in de buurt van Ancona werd geboren, behoorde tot de augustijnenorde en werkte in de jaren 70 van de 13e eeuw als prediker en zielzorger in het klooster van Tolentino. Omdat hij driehonderd grotere en kleine wonderen zou hebben verricht, viel hem postuum een grote verering ten deel, die bijvoorbeeld tot uitdrukking komt in de schitterende frescocyclus in de Cappella San Nicola. De fresco's zijn gemaakt na 1350, door de van naam onbekend gebleven 'Meester van Tolentino'. De cyclus toont scènes uit het leven van de heilige, die door zijn ouders werd gedoopt met de naam van de bekendere heilige Nicolaas van Bari, 'onze' Sint-Nicolaas.

Het stoffelijk overschot van de in 1305 overledene, in 1446 heilig verklaarde en in 1476 tot schutspatoorn van de kerk verheven heilige man is verdeeld over de crypte en de Cappella delle Sante Bracce. Terwijl in de crypte het in 1926 ontdekte armloze skelet met hoofd is bijgezet, worden in de kapel de sinds 1488 vereerde 'heilige armen' bewaard.

Bezienswaardig zijn ook de fresco's in de kruisgang van het klooster en het ernaast geopende **Museo del Santuario**, waar votiefgeschenken uit de 14e tot 20e eeuw te zien zijn, zoals schilderijen, sculpturen, gouden sieraden en keramiek. U komt er met de audioguide meer over te weten.

Museo Internazionale dell'Umorismo (Miumor)

Piazza della Libertà 18, tel. 0733 96 97 97, www.biennaleumorismo.it, zie blz. 240

Het in 1970 door de plaatselijke schilder en karikaturist Luigi Mari (1907-1974) geopende museum toont karikaturen uit de 19e en 20e eeuw van over de hele wereld. Mari had eerder, in 1961, de Biennale Internazionale dell' Umorismo nell'Arte in het leven geroepen, waarbij elke twee jaar (2017, 2019 enzovoort) internationale vertegenwoordigers van deze vorm van kunst in Tolentino bij elkaar komen. Onder de drieduizend voorwerpen van het museum ziet u ook

Mooie wijnreizen!

Aan de rand van Tolentino betovert te midden van duizenden rij aan rij aangeplante wijnstokken de **Cantina di Pollenza**. Het edele landgoed van Conte Brachetti-Perretti stamt uit de 16e eeuw en is ontworpen door de beroemde Florentijnse bouwmeester Sangallo (Via Casone 4, tel. 0733 96 19 89, www.ilpollenza.it). Ongeveer 10 km ten zuidwesten van de stad liggen de vanwege hun mousserende rode D.O.C.G.-wijnen gerenommeerde en landschappelijk fraai gesitueerde wijngaarden van Serrapetrona, waar men in de Osteria dei Borgia (Via Cameraldo 3, tel. 0733 90 51 31) uitstekend kan eten. Hier kan de wijn natuurlijk ook worden geproefd en gekocht, bijvoorbeeld in de harmonieus in het landschap opgenomen nieuwbouw van het wijngoed **Colli di Serrapetrona** (Via Colli 7-8, tel. 0733 90 83 29, www.tenutacollidiserrapetrona.it, 2 pk € 80).

onder meer schrijfgerei van Mordillo en Fellini.

Overnachten

Luxe B&B – **La Corte:** Via Laura Zampeschi 22, tel. 0733 96 97 88, www.residencelacorte.eu, 2 pk € 100. B&B met tuin vlak bij de centrale Piazza della Libertà.

Eten en drinken

Voor zoetekauwen – **Nuova Pasticceria Zazzaretta:** Piazza della Libertà 9. In bar Centrale kunt u terecht voor hartige snacks, maar vooral voor ijs, taart en gebak.
Plaatselijk populair – **Casa Mia:** Via Flaminia 1, tel. 0733 96 96 48. Voor de inwoners de eerste keuze om van lokale specialiteiten te genieten.

Informatie

IAT: Piazza della Libertà 18, tel. 0733 97 29 37.
Vervoer: treinstation circa 1 km buiten het stadscentrum, van daaruit rijden er treinen naar Civitanova Marche en Fabriano. Bussen vanaf de Piazza della Libertà, onder andere naar Macerata, de kust en Visso.

Urbisaglia en omgeving ▶ G 5

Terwijl de massieve burcht in het rustige, ingeslapen dorpje **Urbisaglia** direct in het oog valt, moet u goed zoeken naar stedelijke overblijfselen van de Romeinse nederzetting Salvia. U vindt ze in het 40 ha grote **archeologisch park** (Via Sacrario 9, tel. 0733 50 65 66, www.urbisaglia.com, 15 juni-15 sept. 10-13, 15-19, daarbuiten za. en zo. 10-13, 15-18 uur, € 7) aan de rand van de stad. U ziet hier de resten van twee Romeinse theaters, een tempel, een porticus van een crypte (met muurschilderingen) en een aquaduct.

De antieke uitgravingen strekken zich uit tot de **cisterciënzerabdij van Fiastra** (zie blz. 236). De abdij is omgeven door uitgestrekte velden en bossen aan de gelijknamige rivier in het Riserva **Naturale Abbadia di Fiastra**, een populair recreatiegebied.

Actief

Wandelen en fietsen – Het **natuurreservaat Abbadia di Fiastra** kan worden verkend via verscheidene, maximaal 5 km lange wandelroutes en een nauwelijks langere fietsroute. Deze routes leiden door de agrarisch gebruikte uiterwaarden van de Fiastra en/of een klein bosgebied, evenals naar een klein kunstmatig meer (Lago Le Vene) met een interessante flora en fauna. Wie het 'Percorso Fluviale' volgt, wandelt grotendeels langs de rivieroever naar het archeologische park van Urbisaglia. Voor kaarten en informatie kunt u terecht bij het bureau tegenover de abdij of online via www.abbadiafiastra.net.

Fermo ✹ ▶ H 5

Fermo is sinds 2009 weer provinciehoofdstad, nadat de stad deze status na de oprichting van de Italiaanse staat had verloren en samen met de omliggende gemeenten was toegewezen aan de provincie Ascoli-Piceno. Dat was een vergelding voor de eeuwenlange trouw van de stad aan de paus, die tot aan deze smadelijke gebeurtenis steeds een invloedrijke politieke rol had gespeeld.

Dat openbaart zich op de centraal gelegen Piazza del Popolo, dat met zijn grote afmetingen en de ruimtelijke, grootstedelijke sfeer indruk maakt, en ook met de schitterende kathedraal die zich op de weelderig groene Colle Girfalco trots boven de jonge en tegelijk zeer oude provinciemetropool van Marche verheft.

Stadsgeschiedenis

Nadat het gebied eerst werd bewoond door Piceniërs, ontstond op de huidige stadsgronden in 264 v.Chr. het Romeinse Firmum Picenum. Fermo werd later door de Longobarden bezet, door de Franken bevrijd en aan de Kerkelijke Staat onderworpen. In 1199 werd Fermo een autonome gemeente en hoofdstad van de in de 10e eeuw door de Frankische keizers afgescheiden 'Marca Fermana'. Nadat Fermo in de 14e eeuw door de adel werd geregeerd, werd de plaats in 1429 weer deel van de Kerkelijke Staat. De stad werd bisschopszetel, waarop in de jaren 70 van de 16e eeuw Felice Peretti uit Grottammare plaatsnam, die in 1585 als paus Sixtus V de nog grotere Heilige Stoel in Rome besteeg.

Fermo kon zich een eigen haven, Porto San Giorgio, permitteren en was in de napoleontische tijd hoofdstad van het Franse 'Dipartimento del Tronto', voordat zij na de staatkundige hereniging van Italië tot een doorsneegemeente van de provincie Ascoli Piceno werd gedegradeerd. Desalniettemin realiseerden Fermo en haar buurgemeenten met het aloude daar gevestigde schoenmakersambacht – dat sinds eind 19e eeuw enorm in betekenis was teruggelopen – vanaf circa 1960 een explosieve economische groei, zodat de plaats volgens de bewoners zich al veel eerder had moeten losmaken van de provincie Ascoli Piceno.

Bezienswaardigheden

Piazza del Popolo

Aan de rand van de langgerekte piazza legt een rij leuke cafés onder de arcaden het gastronomische accent. Het opvallendste gebouw is het **Palazzo dei Priori** 1 uit de 13e eeuw, dat in de 16e eeuw een renaissancefaçade kreeg. Op het balkon zit paus Sixtus V, die bewoners en bezoekers begroet die via de buitentrap het interieur van dit oudste wereldlijke bouwwerk van de stad betreden. Daarin toont het Museo Archeologico vondsten uit de tijden van de Piceniërs en Romeinen. In de Pinacoteca Civica (di.-vr. 10.30-13, 15.30-18, za. en zo. tot 18.30 uur) hangen schilderijen uit de laatgotiek en de renaissance én zelfs een echte Rubens met de naam *Aanbidding der herders*, uit 1608.

Schuin ertegenover lokt het **Palazzo degli Studi** 2, waarin zich een in 1590 door paus Bonifatius IX opgerichte en uiteindelijk in 1866 weer opgeheven universiteit bevond.

Cisterne Romane 3

Via degli Aceti, rondleidingen di.-vr. 11, 12, 16, 17, za. en zo. ook 18 uur

Wie graag meer wil weten over de watervoorziening van de oude Romeinen, kan niet ver van de centrale Piazza del Popolo afdalen in de onderwereld van Fermo, waar zich dertig vochtige ruimtes bevinden, die in de 1e eeuw v.Chr. dienstdeden als bekkens voor de watervoorraad. U kunt ze uitsluitend met een gids bezichtigen.

Teatro dell'Aquila 4

Via Mazzini 8, di.-zo. 12.30 en 17.30 uur alleen met rondleiding te bezichtigen

Op de route van de Piazza del Popolo naar de kathedraal ligt het Teatro dell' Aquila (eind 18e eeuw) dat sinds 1790 een gevarieerde culturele functie heeft.

Fermo

Bezienswaardigheden
1. Palazzo dei Priori
2. Palazzo degli Studi
3. Cisterne Romane
4. Teatro dell'Aquila
5. Villa Vitali – Musei Scientifici
6. Cattedrale

Eten en drinken
1. Ristorante Emilio
2. La Locanda del Palio
3. Emilio
4. Orsolina
5. Antica Pizzeria
6. L'Enoteca-Bar a Vino

Overnachten
1. Astoria

Het interieur, vol pracht en praal en met een door een glinsterende kroonluchter verlicht beschilderd plafond met motieven uit de Griekse mythologie, bezit vijf rijen loges en kan duizend mensen herbergen.

Villa Vitali – Musei Scientifici 5

Viale Trento 29, ma., wo., vr. 9-12.30, 15.30-18.30, di. en do. 9-12.30, za. en zo. 15.30-19 uur

Villa Vitali, uit de 19e eeuw, wordt multifunctioneel gebruikt. Het pand bevat de zogenoemde wetenschapsmusea, waaronder een poolmuseum met souvenirs en voorwerpen van de Italiaanse poolonderzoeker Silvio Zanetti, een ornithologisch museum en een collectie oude fototoestellen.

Cattedrale 6

Piazzale Girfalco, 9-13, 15-18 uur

De oorspronkelijke kathedraal werd opgericht op de overblijfselen van een heidense tempel. In het jaar 1176 werd de kathedraal verwoest door de getrouwen van Frederik Barbarossa en in 1227 weer opgebouwd in opdracht van Frederik II. Uit deze tijd stamt de romaans-gotische façade. Het fraaie interieur is echter in de 18e eeuw in neoclassicistische stijl uitgevoerd, en werd verrijkt met religieuze kostbaarheden van oudere datum.

Overnachten

Centraal gelegen – **Astoria** 1: Viale V. Veneto 8, tel. 0734 22 86 01, www.hotelastoriafermo.it, 2 pk € 95-130 suites € 110-200, appartementen, bijvoorbeeld voor twee personen € 580-750 per week. Redelijk driesterrenhotel in het stadscentrum met een dakterras met prachtig uitzicht. Onder de naam Residenze Rosa del Vento worden sinds kort ook chique suites en appartementen verhuurd.

Eten en drinken

Kookkunst aan het strand – **Ristorante Emilio** 1: Lido di Fermo, Loc. Casabianca, Via A. Girardi 1, tel. 0734 64 03 65, alleen 's avonds, ma. gesl. Danilo Bei heeft het restaurant aan het Lido di Fermo en zijn passie voor koken van zijn ouders geërfd en werd voor zijn creaties met versgevangen vis met een Michelinster beloond. Zijn restaurant is gelijktijdig een klein museum met hedendaagse kunst.

Een van de beste – **La Locanda del Palio** 2: Piazzale Azzolini 6, tel. 0734 22 92 21, zo. gesl. Stijlvol en rustiek restaurant met een natuurstenen gewelf, dat geraffineerde lokale gerechten serveert. Bij mooi weer kunt u buiten op het terras eten.

Leuke trattoria in de oude stad – **Emilio** 3: Via Bianca Visconti 36, tel. 0734 62 06 67, za. en zo.-middag gesl. Onder gerestaureerde keldergewelven verdedigt de trattoria Emilio (niet te verwisselen met het sterrenrestaurant aan het strand!) haar reputatie als authentieke en voordelige trattoria in de oude stad (menu € 25). Hier komen smakelijke voorgerechten, heerlijke pasta en stevige vleesgerechten op tafel.

Eenvoudig – **Orsolina** 4: Piazza Dante 5, tel. 0734 22 34 20. Eenvoudige trattoria, waar u bonensoep, pasta met paddenstoelen en andere (h)eerlijkheden van de landkeuken kunt proeven.

'Pizza to go' – **Antica Pizzeria** 5: Piazza Matteotti 1, ma. gesl. In deze kleine pizzeria bakt de sympathieke Simona Balestrini verse en bijzonder lekkere

Fermo: een mooie oude stad gedomineerd door de kathedraal

pizza's, die u kunt meenemen of aan een statafel direct kunt verorberen. Het is een familiebedrijf, dat in de jaren 50 de eerste 'Pizza a taglio' (bij ons 'Pizza to go' genoemd) van Fermo was.

Espresso of aperitief – **L'Enoteca-Bar a Vino** 6 : zowel vanbinnen als vanbuiten een leuke plek aan de Piazza del Popolo 39. Een aanrader voor een uitgebreide maaltijd, maar vooral een goede en tegen de weergoden beschermde plek onder de arcaden om mensen te kijken onder het genot van een caffè of aperitivo.

Informatie

IAT: Piazza del Popolo 6, tel. 0734 22 79 40, juni-sept. ma.-vr. 10.30-13, 15-19, za. 9-13, daarbuiten ma.-vr. 10.30-13, di. en do. ook 15.30-18.30 uur.

Punto Informativo dei Musei di Fermo: in dezelfde ruimte, www.fermocultura.it, 9-13, 16-19 uur. Hier kunt u terecht voor het obligate combikaartje voor € 6,50, dat toegang biedt tot de eerder genoemde musea, cisterne en theater.

Cavalcata dell'Assunta: begin tot half aug. Een reeks feesten, met als hoogtepunt een historisch spektakel à la renaissance.

Vervoer: station Fermo-San Giorgio met busverbindingen naar Fermo-stad, bussen naar Sant'Elpidio a Mare en Amandola. Parkeren kan goed op de Piazza Dante onder de oude stad of op de Piazza Girifalco boven de oude stad.

Porto San Giorgio ▶ H 5

Porto San Giorgio, ooit ontstaan als de haven van Fermo, ontwikkelde zich onder het napoleontische bewind tot een zelfstandige gemeente. De plaats ontpopte zich tot een van de eerste badplaatsen tijdens de Italiaanse eenwording, mede dankzij de aanleg van een spoorlijn langs de kust. De eerste bloeitijd viel in de jaren 20, wat ook nu nog zichtbaar is aan de mondaine villa's uit die tijd die direct aan het strand of er vlak achter liggen. Dat de mooie zandstranden en de door palmbomen overschaduwde promenaden een eeuw geleden uitsluitend aan de beter gesitueerden waren voorbehouden, verleent Porto San Giorgio tegenwoordig een zekere exclusiviteit – zeker in vergelijking met de noordelijker gelegen badplaatsen die het massatoerisme bedienen. De tweede succesvolle economische poot was de vissershaven die de laatste jaren is uitgegroeid tot een respectabele toeristenhaven die van aanlegsteigers voor jachten en zeilboten werd voorzien.

Overnachten

Prettig oponthoud – **Hotel Rosa Meuble**: Lungomare Gramsci 177, tel. 0734 67 84 85, www.rosameuble.it, 2 pk € 70-110. Vanbuiten het leukste hotel van de plaats, vanbinnen een wat saaier, maar vriendelijk geleid driesterrenhotel. Het ligt pal aan de palmenpromenade en biedt vanaf de balkonkamers aan de voorkant uitzicht op zee.

Eten en drinken

Topkwaliteit – **Damiani & Rossi**: Lungomare Gramsci (Stabilimento 64), tel. 0734 67 44 01, 335 522 44 54, ma. gesl., menu € 60. Reserveren is handig. Dit hedendaags-minimalistisch ingerichte toprestaurant van Porto San Giorgio ligt pal aan zee. Ornella Rossi serveert hier de door haar broer Aurelio Damiani creatief bereide gerechten met vis, schaal- en schelpdieren uit de Adriatische Zee.

Vrolijke sfeer – **Altamarea**: Via Oberdan 15, tel. 0734 67 55 28, di. gesl., menu € 25. Levendig restaurant in een zijstraat van Lungomare, met vis, vlees, pasta en pizza's. Van juni tot augustus romig ijs in de gelijknamige ijssalon ernaast.

Uitgaan

Barhopping – Op de Lungomare A. Gramsci nodigen op zomerse avonden diverse strandtenten uit om tot diep in de nacht te eten, te drinken, te dansen en kleine rockconcerten te bezoeken. Tot de hotspots behoren **Chalet Calypso** halverwege de strandpromenade, **Chalet Bounty** en de zomerdiscotheek **Le Gall** (Lungomare Gramsci 3 respectievelijk 5).

Info en festiviteiten

IAT: Via Oberdan 6, tel. 0734 67 84 61, ma.-za. 9-13, di. en do. ook 16-18 uur.
Toeristenhaven: Marina di Porto S. Giorgio: Via Gramsci Sud 485, tel. 0734 67 52 63, www.portosangiorgio.it.
Festa del Mare: juli (geen vaste datum), plaatselijk feest met gezamenlijke vismaaltijden.
Vervoer: het treinstation Porto San Giorgio-Fermo ligt midden in het centrum en zorgt voor verbinding met de kustplaatsen in de buurt. Bussen naar Fermo, ook vanaf het treinstation.

Torre di Palme ▶ H 6

Bij een wandeling door de nog intacte historische stadskern van Torre di

Palme hebt u vanaf veel plekken een adembenemend uitzicht op de kust. Wanneer u over de hoofdstraat Via Piave door het kleine dorp loopt, stuit u overal wel op een religieus kostbaar kleinood.

Voorbeelden daarvan zijn de kerk San Giovanni uit de 15e eeuw met interessante fresco's, de augustijnenkerk met het klooster, waar u schilderijen van Vittore Crivelli en Vincenzo Pagani kunt bewonderen, en het Oratorium San Rocco uit de 12e eeuw.

Overnachten, eten

Pure luxe – **Villa Lattanzi:** Contrada Cugnolo 19, tel. 0734 537 11, www.villa lattanzi.it, 2 pk afhankelijk van het seizoen en de inrichting € 145-380, ontbijt € 15. Wie zichzelf eens goed wil verwennen, moet zeker in dit bijzonder chique, maar absoluut niet intimiderende vijfsterrenhotel overnachten. De historische villa, die is voorzien van alle comfort en die een schitterend uitzicht op zee biedt, bevindt zich in een prachtige tuin en heeft uiteraard ook een culinair ambitieus restaurant, waar naast de eigen chef-kok Sergio Zarroli regelmatig sterrenkoks uit de regio de scepter zwaaien.

Betoverend – **B&B Torre di Palme:** Via Nazario Sauro 2, tel. 0734 538 83, 329 058 95 28, 2 pk € 90, 1 pk € 60. Deze met bloemen versierde kleine B&B aan het mooie kleine dorpsplein heeft een paar liefdevol ingerichte kamers en serveert een goed ontbijt. Al even smakelijke menu's uit de traditionele seizoenskeuken krijgt u geserveerd in het aan de B&B verbonden restaurant **Jemo a lu Fucarò**, dat op een steenworp afstand ligt (Via Piave 4, tel. 0734 538 83). Ook hier heerst een gezellige sfeer en hebt u een schitterend uitzicht op zee vanaf het romantische terras.

Montappone ▶ G 6

In Montappone draait alles om (stro)hoeden. Ook het enige museum van het dorp is geheel gewijd aan het handwerk van de hoedenmaker, een ambacht dat hier al vanaf de 18e eeuw wordt uitgeoefend en dat sinds medio 19e eeuw bij nagenoeg de gehele dorpsbevolking zorgt voor brood op de plank. Het museum laat met foto's, machines en gereedschappen zien hoe de hoeden worden gemaakt en bezit natuurlijk ook (bijzondere) exemplaren, zoals de laatste strohoed van Federico Fellini, die door zijn familie aan het museum werd geschonken. Ook toont de vaste tentoonstelling **Cappellaio Pazzo** ('zo gek als een hoedenmaker') een aanzienlijke collectie opvallende modellen.

Vermeldenswaardig is ook dat zelfs koningin Elizabeth II in Montappone, waar het hoedenmakersvak tot op heden wordt uitgeoefend, haar hoeden bestelt. Daarom kunt u op afspraak een van de plaatselijke ateliers bezichtigen en uiteraard het dorp met een hoofddeksel op weer verlaten (Museo del Cappello, tel. 0734 76 01 34, www.museodel cappellomontappone.it, op afspraak, € 2,50, en Mostra del Cappellaio Pazzo, Via Roma 19, tel. 0734 76 04 26, op afspraak in het raadhuis of bij Pro Loco, zie verderop).

Winkelen

Hoeden – In Montappone kunt u op diverse plekken een hoed kopen. **Twee** adressen zijn bijvoorbeeld: **Complit**, Via San Giorgio 2, tel. 0734 76 07 12, www.complit.it; **Sorbatti**, Via Leopardi 18, tel. 0734 76 09 82, www.sorbatti.it. Dit traditionele bedrijf kan, mits men tijd heeft (van tevoren bellen of ter plaatse informeren), ook worden bezichtigd. De bijbehorende outletstore

(Via Roma 13) bevindt zich buiten het centrum aan de Strada Provinciale Montapponese.

Info en festiviteiten

Comune di Montappone: Via Leopardi 12, tel. 0734 76 04 26, 333 825 84 62, www.ilcappellodipaglia.it. Hier zitten ook de verantwoordelijke personen van **Pro Loco**, die u vriendelijk door het museum en de tentoonstelling rondleiden.
Rievocazione Storica 'Il Capello di Paglia': volksfeest dat de oude hoedenmakerstraditie eert (eind juli).
Vervoer: Montappone ligt circa 30 km ten westen van Fermo (de weg richting Amondola).

> ### *Tip*
> **Gewoon (en) lekker:**
> **La Carovana in Montappone**
>
> Het sobere restaurant overtuigt met een vriendelijke service, lekkere en stevige burgerkost en knapperige pizza's tegen zeer redelijke prijzen. Specialiteit van het huis zijn een pastagerecht genaamd *moccolotti de lo vatte* met worst en spek, *pappardelle co' la papara* met eend en een aromatische pasta met eekhoorntjesbrood (Borgo XX Settembre 64, tel. 0734 76 03 57, di. gesl., van de hoofdstraat steil bergafwaarts afslaan, met borden aangegeven).

Falerone ▶ G 6

Falerone is vanwege het goed onderhouden **Romeinse amfitheater**, waar in de zomermaanden zelfs weer voorstellingen worden gegeven, een uitstapje waard. Het theater dateert uit de 1e eeuw n.Chr. en ligt pal aan de SS 210 richting Amandola. De historische vondsten die in het 30 ha grote omringende park werden opgegraven, liggen verdeeld over musea in de hele wereld. Desondanks is er nog genoeg overgebleven om er het **archeologische museum** (Piazza della Libertà 1, tel. 333 581 63 89, 0734 75 96 70, juli en aug. dag., daarbuiten za. en zo. 16-19 uur, € 35 inclusief Teatro Romano) in het centrum van Falerone mee te vullen.

Informatie

Falerone Teatro Romano: okt.-mei zo. op afspraak, juli zo. 16-19 uur; informatie over voorstellingen in de zomermaanden vindt u op www.amatmarche.net.

Campofilone ▶ H 6

Het kleine dorp op de grens van de provincie Ascoli Piceno is een omweg vanaf de kustweg waard vanwege zijn over de grenzen van de regio heen bekende pastasoort. Deze *maccheroncini di Campofilone* worden gemaakt van een goudgeel mengsel van eieren en meel, dat vervolgens vliesdun wordt uitgerold en in zeer smalle repen wordt gesneden. De smalste soort van deze pasta valt zelfs in de categorie 'engelenhaar'. Meerdere vermicellifabrieken in en om Campofilone hebben deze smakelijke filigraanpasta te koop. Wie bij het bekwame handwerk wil toekijken, kan bijvoorbeeld terecht bij Sabina Salvatori en Pina Marilungo. Hun heerlijk smakende creaties zijn natuurlijk ook te koop (Contrada Santa Maria 14, tel. 0734 93 28 50, 13-15 uur middagpauze). Omdat de fijne pasta een aantal maanden houdbaar is, vormt het 'engelenhaar' voor fijnproevers een 'hemels' souvenir.

Op ontdekkingsreis

Een uitstapje in schoenenland Marche

Italiaanse schoenen kennen internationale faam, hebben stijl en staan borg voor kwaliteit. De meeste daarvan worden in Marche geproduceerd. De schoenmakers werken in en om Civitanova Marche, Porto Sant'Elpidio en Sant'Elpidio a Mare, waar een schoenenmuseum u schoenen toont en waar de outletstores van Cesare Paciotti, Loriblu en Tod's Hogan u enthousiasmeren om schoenen te kopen.

Kaart: ▶ H 5

Beginpunt: bijvoorbeeld Civitanova Marche.

Planning: met de auto circa drie uur, zonder shoppen.

Outlet Tod's Hogan: Sant'Elipidio a Mare (Casette d'Ete, Contrada Brancadoro), Via Filippo della Valle 1, tel. 0734 87 16 71, ma. 15-19, di.-za. 10-19 uur.

Museo della Calzatura: Corso Baccio 31, tel. 0734 85 92 79, okt.-jan. en apr.-mei vr. 10-12, 16-19, za., zo. 16-19, juni-sept. wo., do., za., zo. 16-19.30, vr. 10-12, 16-19.30 uur, € 4,50.

Wie over de SS 16 door **Civitanova Marche** en **Porto Sant'Elipidio** rijdt, ergert zich met gemak aan het straatbeeld, dat ondanks de aanwezigheid van strand en zee helemaal niets meer heeft te maken met het idee van het *bel paese* (mooi land). Reclameborden van honderden schoenenfabrieken staan er langs de weg. In het centrum waant men zich bijna in China, want de **strada del mercato**, zoals het stuk tussen Civitanova Marche en Porto Sant'Elipidio heet, wordt aan beide zijden geflankeerd door Chinese winkels. Dat er in deze omgeving zoveel migranten leven, heeft te maken met de tot wel 20 km landinwaarts met schoenenfabrieken volgestouwde kuststreek.

Historie van het schoeisel

Het epicentrum van de **zona calzaturiera** is **Sant'Elpidio a Mare**, zo'n 10 km van zee. Het heeft een nog imponerende oude binnenstad. Middenin vindt u er een **schoenenmuseum**, dat gewijd is aan kunst en handel, mensen en machines, traditie en moderne tijden, handwerk en industrie. Het museum vertelt over de internationale en lokale geschiedenis van de schoen. Het toont schoeisel van allerlei herkomst, uit verschillende tijden en van over de hele wereld, evenals de meest actuele werkstukken van de regionale schoenmakersopleidingen.

Succesverhalen

Rond 1950 kon het schoenmakersambacht in deze streek al bogen op een lange traditie, maar kende die nog geen industriële kant. Weliswaar transformeerden al vanaf circa 1850 de eerste individuele schoenmakers zich tot eigenaars van gerespecteerde schoenateliers, maar de productie was nog laag en vast personeel was er nauwelijks. Echter op deze gouden handwerksbodem kwam wel het verlate economisch wonder van Marche tot bloei, gebaseerd op hoge kwaliteit en de gemiddelde productie van tal van familiebedrijven. Rond 1970 stonden hier bijna drieduizend hooggespecialiseerde fabriekjes uit het midden- en kleinbedrijf. Sommige vielen ten prooi aan de globalisering, sommige werden een beursgenoteerd internationaal bedrijf.

De rond 1900 gevestigde schoenenfabriek van **Filippo della Valle** werd bijvoorbeeld door diens kleinzoon Diego tot het mammoetconcern Tod's ontwikkeld. Tod's voert niet alleen de cultachtige door Hollywoodsterren gepromote mocassins, maar ook de merken Hogan en Roger Vivier en het modelabel Fay. Het hoofdkantoor van de firma bevindt zich in het industriegebied **Brancadoro**, waar Diego della Valle, die overigens rechten heeft gestudeerd en onlangs met 25 miljoen euro de restauratie van het Colosseum in Rome financierde, in een postmodern palazzo de touwtjes van zijn wereldfirma in handen heeft. Vlak ernaast bevindt zich de outletstore, waar men de trendy mocassins, maar ook chique damesschoenen voor een 'spotprijsje' kan bemachtigen. Het is een van de ontelbare fabriekshops met lederen souvenirs.

IN EEN OOGOPSLAG

De Palmenrivièra en de Monti Sibillini

Hoogtepunt ✺

Ascoli Piceno: Marche bezit veel mooie pleinen in de steden, maar de spiegelblanke en springlevende Piazza del Popolo in Ascoli Piceno staat zonder enige twijfel op nummer 1! Zie blz. 254.

Grottammare: een goed onderhouden en verzorgd historisch stadsbeeld met romantische steegjes, intieme pleintjes en sfeervolle restaurantjes, en bovendien uitzicht over de mooie blauwe zee. Zie blz. 264.

Op ontdekkingsreis

Badplaatsarchitectuur vol nostalgie in Grottammare: wanneer u oog in oog staat met de oude villa's aan de palmenpromenade, zal het u geen moeite kosten u een beeld te vormen van het badtoerisme van ruwweg een eeuw geleden, toen hier nog uitsluitend de verfijnde elite het privilege had haar neus in de frisse zeewind te steken. Zie blz. 266.

Linzenveldwerk op de Piano Grande: hoewel ik graag linzen eet, wist ik tot aan mijn aankomst op de Piano Grande niet hoe linzenplanten er eigenlijk uitzien. Deze hoogvlakte, aan de voet van de tot de Monti Sibillini behorende Monte Vettore, heeft echter niet alleen linzen te bieden. Zie blz. 282.

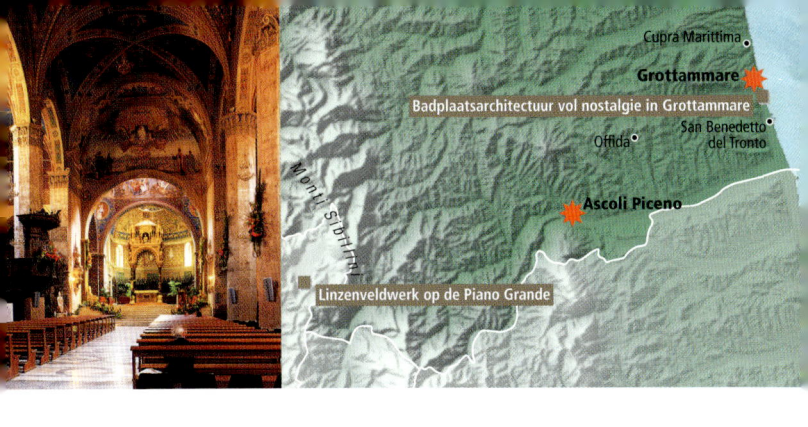

Badplaatsarchitectuur vol nostalgie in Grottammare

Linzenveldwerk op de Piano Grande

Bezienswaardigheden

Maritiem museum in San Benedetto del Tronto: het dagelijks leven van San Benedetto wordt van oudsher bepaald door de zee en de haven. Wat ligt er dan meer voor de hand dan een bezoek aan dit museum over de zee? Zie blz. 269.

Chiesa Santa Maria della Rocca in Offida: in de romaanse kerk boven de wijngaarden musiceren de engelen – in elk geval op de fresco's. Zie blz. 273.

Actief

Fietsen langs de Palmenrivièra: Cupra Marittima, Grottammare en San Benedetto del Tronto zijn met elkaar verbonden door een fietspad, dat dankzij de palmbomen ook schaduw kent. Tussendoor kunt u een duik in zee maken. Zie blz. 268.

Wandelen in de Monti Sibillini: in het nationale park kunt u tweeduizenders beklimmen, of de 'hellekloof' bekijken. Zie blz. 285.

Sfeervol genieten

Een diner in Grottammare: de romantische oude binnenstad van Grottammare biedt u een prachtig uitzicht over zee en maar liefst drie aantrekkelijke restaurants met een goede sfeer en een hoog culinair niveau. Zie blz. 268.

Wijnproeverij in Offida: in en rond Offida bevinden zich meerdere wijnhuizen die Rosso Piceno, maar ook mousserende witte wijnen van passerina- en pecorinodruiven produceren. Zie blz. 274.

Uitgaan

Nightlife in San Benedetto del Tronto: in de strandbars van San Benedetto del Tronto kunt u in juli en augustus tot in de kleine uurtjes uitgaan. Zie blz. 271.

Mare e monti – zee en bergen

Het zuiden van Marche, dat vanwege zijn geografische, taalkundige en mentale ligging ten opzichte van de mezzogiorno (Zuid-Italië) in de noordelijker streken soms laatdunkend 'le Marche sporche' (het smerige Marche) wordt genoemd, is net zo weinig als Zuid-Italië zelf smerig of onaantrekkelijk. Het heeft zelfs in dat relatief kleine gebied nagenoeg alles in petto voor de vakantieganger. De Palmenriviëra tussen Cupra Marittima en San Benedetto del Tronto is rijk aan door toeristen graag bezochte kustplaatsen, met groene promenades en zwemvriendelijke zandstranden. Die stranden zijn in het hoogseizoen uiteraard nogal vol, zodat degenen die niet veel geven om het strandleven beter meteen het binnenland in kunnen gaan en de zee vanuit het perspectief van de met wijnstokken beplante heuvels of vanuit de olijfboomgaarden rondom Offida kunnen bekijken – of ze storten zich in het qua architectuur boeiende en sfeervolle Ascoli Piceno.

Boven deze zuidelijkste provincieplaats verheffen zich de sneeuwtoppen van de Monti Sibillini, die samen met prachtige, fascinerende hoogvlakten en pittoresk gelegen bergdorpjes een als nationaal park beschermd natuurparadijs vormen. De door de meest recente aardbeving veroorzaakte wonden zullen hopelijk snel weer genezen zijn.

Ascoli Piceno ✺ ▶ G 7

In Ascoli Piceno heerst een levendige en aangenaam ongedwongen sfeer. Het stedelijke hart van Ascoli Piceno is zowel voor bewoners als toeristen de populaire Piazza del Popolo, zonder twijfel een van de mooiste pleinen van Italië. Het plein betovert met zijn weidsheid, het in de loop der tijden blankgelopen plaveisel en de gebouwen die uit verschillende eeuwen stammen. Het plaveisel is van travertijn, een tegenwoordig nogal exclusieve en daardoor relatief dure natuursteensoort, die in Ascoli Piceno, en ook elders in die omgeving, overvloedig werd verwerkt. De edele steensoort heeft deze stad tussen de oevers van de Tronto en de Castellano haar markante gezicht verleend, dat bij zonsondergang een uitzonderlijk mooi aangelicht geheel wordt.

De meer uit zichzelf charmante dan voor de toeristen opgedofte provinciehoofdstad nodigt u graag uit in uitstekende restaurants en gemoedelijke taveernes. U kunt er uitgebreid in goed gesorteerde wijnzaken en delicatessenzaken rondsnuffelen, waar u bijvoorbeeld de gevulde en gefrituurde *olive all'Ascolane* op uw bord vindt – of mee-

INFO

Kaart: ▶ F 6-J 7

De heenreis en dan ...

Om in het zuiden van Marche te kunnen verblijven, kunt u naar keus Ancona of Pescara (in de Abruzzen) aanvliegen. Badgasten die af en toe een uitstapje naar andere plaatsen aan de kust of naar de provinciehoofdstad Ascoli Piceno willen maken, hebben niet per se eigen vervoer nodig. Wie echter de Monti Sibillini en daar ter plekke meer dan één bergdorp wil verkennen, kan niet zonder auto, omdat veel plaatsen maar één keer per dag en andere zelfs helemaal niet door de bus worden aangedaan.

Ascoli Piceno

De met weelderige fresco's gedecoreerde kathedraal San Emidio

neemt om later op te eten – of u bent toeschouwer bij het eenmaal per jaar georganiseerde middeleeuwse ridderspel *Quintana,* waarbij de stad haar rijke geschiedenis door middel van kleurrijke optochten laat herleven.

Stadsgeschiedenis

Het grondgebied van de stad was in verre voorchristelijke dagen bewoond door Piceniërs. Zij legden al in 299 v.Chr. de eerste handelscontacten met de Romeinen, die op de Via Salaria – de door hen aangelegde weg dwars door Italië, van de Adriatische naar de Tyrreense Zee – zogezegd langs hun voordeur wandelden. Niet veel later, in 268 v.Chr., maakten de Romeinen Ascoli Piceno (toen Asculum) tot een van hun kolonies, na bitter verzet van de inwoners. De Piceniërs in Asculum hielden vast aan hun aanspraak op gelijke burgerrechten en daagden de Romeinen circa 90 v.Chr. voor een laatste maal uit, maar tevergeefs. Het Romeinse Asculum groeide in de 1e eeuw n.Chr. uit tot een strategisch en economisch belangrijke stad, tot zij in de 6e eeuw door Longobarden werd bezet en onder hun bevel kwam.

De Franken verdreven in de 8e eeuw de Longobarden; Ascoli Piceno viel weer toe aan de Kerkelijke Staat, waarvan zij zich medio 12e eeuw bevrijdde als vrije gemeente. In ▷ blz. 258

Ascoli Piceno

Bezienswaardigheden

1. Chiesa San Francesco
2. Palazzo dei Capitani
3. Loggia dei Mercanti
4. Cattedrale San Emidio
5. Bisschoppelijk paleis met Museo Diocesano
6. Palazzo Comunale
7. Chiesa San Tommaso
8. Museo dell'Arte Ceramica
9. Torre S. Venanzio
10. Torri Gemelli
11. Chiesa San Vincenzio e Anastasio
12. Ponte Romano
13. Palazzo Longobardo
14. Torre Ercolani
15. Porta Gemina
16. Teatro Romano
17. Santa Maria Intervineas
18. Galleria D'Arte Contemporanea O. Licini
19. Teatro Ventidio Basso
20. Cartiera Papale
21. Forte Malatesta

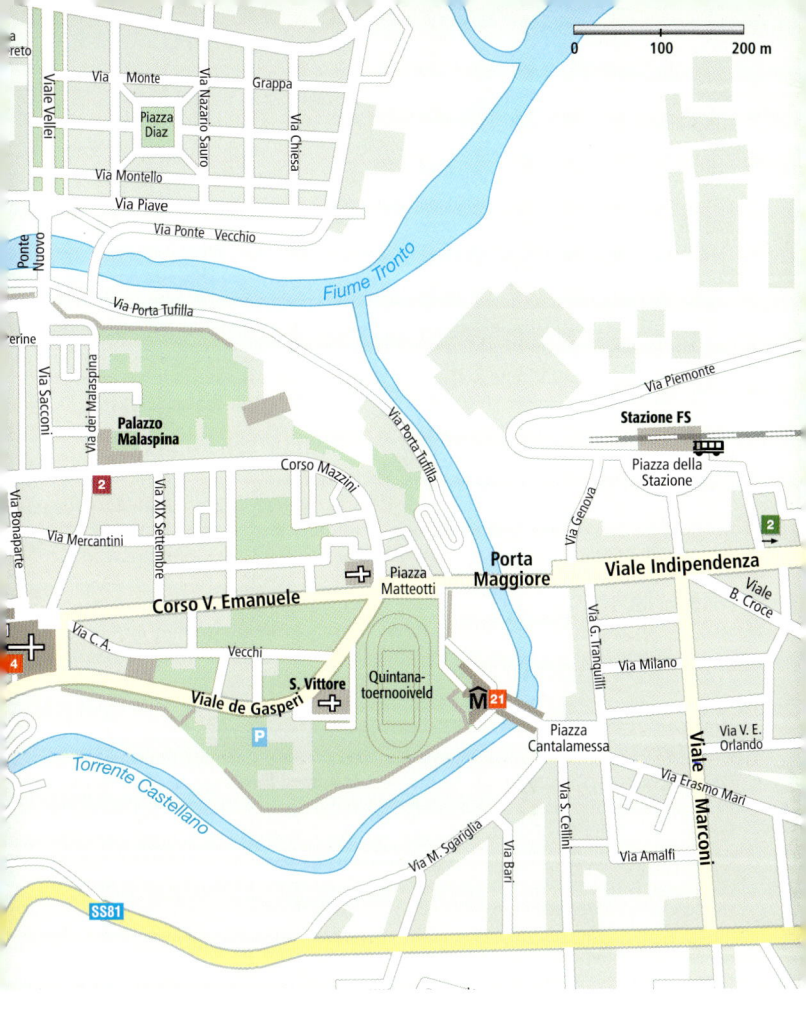

Overnachten
1. Palazzo Guiderocchi
2. Residenza 100 Torri
3. Albergo Sant'Emidio
4. Cantina dell'Arte
5. Villa Cicchi

Eten en drinken
1. Il Desco
2. Ristorante del Corso
3. Caffè Meletti
4. Al Teatro
5. La Locandiera
6. Cantina dell'Arte
7. Bocca Scena
8. Migliori
9. Piccolo Teatro

Winkelen
1. Mercato delle Erbe
2. Stadsmarkt

die tijd werd het nog uit de Romeinse tijd stammende stelsel van stadsmuren en -poorten verder uitgebouwd. Daarachter reikten al snel meer dan honderd geslachtstorens van de invloedrijkste aristocratische families naar de hemel. Daarvan werden er 91 door Frederik II in 1242 tot de grond toe afgebroken; als compensatie verleende de machthebber de stad de licentie tot de bouw van een eigen haven aan de Adriatische kust, Porto d'Ascoli. Ascoli Piceno kwam onder controle van Fermo en van adellijke families te staan en keerde in 1502 terug in de schoot van de Kerkelijke Staat. In de napoleontische tijd was de stad deel van het Dipartimento del Tronto. Na de staatkundige eenwording van Italië speelde zij als een van de vier provinciehoofdsteden van Marche een leidende politieke rol.

Bezienswaardigheden

Piazza del Popolo ✸ en Piazza Arringo

De **Chiesa San Francesco** [1] en het **Palazzo dei Capitani** [2], beide uit de 13e eeuw, stonden er al toen de Piazza del Popolo in de 16e eeuw haar tegenwoordige vorm aannam, waarvoor toen wel een aantal middeleeuwse gebouwen moest wijken voor de uitbreiding en nieuwbouw. Nieuw was bijvoorbeeld de **Loggia dei Mercanti** [3], waar het plaatselijke wolweversgilde zijn waren aanbood. De Loggia staat naast de historische zetel van de gemeenteraad, die uit meerdere oudere gebouwen is samengesteld, en het gotische godshuis dat zijn koepel pas in het midden van de 16e eeuw verkreeg.

Het nieuwste 'meubelstuk' op de *salotto,* zoals het plein door de inwoners wordt genoemd, is het domicilie van de likeurfabrikant Silvio **Meletti** [3]; buiten beantwoordt het pand aan de vormentaal van de renaissance en binnen is het allemaal puur jugendstil wat de klok slaat. De destilleerderij brouwt al sedert het jaar 1907 naast andere krachtige en zoete specialiteiten de anijslikeur *anisetta*.

Aan de eveneens ruimtelijke, voor de stad representatieve en qua gastronomie goed verzorgde Piazza Arringo liggen de kathedraal, het bisschoppelijk paleis met het Diocesaan Museum en het raadhuis. Elk derde weekend van de maand is daar een antiekmarkt.

Cattedrale San Emidio [4]

Piazza Arringo

De kathedraal is gewijd aan de heilige Emidio, die eind 3e eeuw vanuit Trier naar Ascoli Piceno kwam en daar de eerste bisschop van de stad werd. Omdat hij in 303 de dochter van een Romeinse prefect had gedoopt, werd hij onthoofd en daarna des te meer vereerd. Postuum schreef men hem wonderen toe toen Ascoli Piceno in 1703 in de gevolgen van een aardbeving verschoond bleef – anders dan omliggende gemeenten. In elk geval werd de oorspronkelijke kerk gebouwd op de ruïnes van een Romeinse tempel en in de loop van zijn geschiedenis meerdere keren verbouwd.

Het eerste schip van de kerk stamt aantoonbaar uit begin 12e eeuw, het tweede en derde kwamen er tussen 1450 en 1500 bij. Het renaissanceportaal dateert uit 1530. In de 18e eeuw werd de grote crypte omgebouwd, waar het gebeente van de heilige Emidio rust. Aan het begin van de 19e eeuw kwam de kapel erbij en in de jaren 1890 werden koepel en middenschip van fraaie fresco's voorzien. In de neoclassicistische kapel treft u de belangrijkste attractie van de Dom aan, namelijk het vleugelaltaar van Carlo Crivelli uit 1473. Het wordt aan een zijde geflankeerd door een baptisterium uit de 11-12e eeuw en aan de andere zijde door de bisschopszetel.

Bisschoppelijk paleis met Museo Diocesano 5

Piazza Arringo 10b, za. en zo. 10-13 uur, € 3,50

Het bisschoppelijk paleis bestaat feitelijk uit een verzameling bouwwerken van tussen de 15e en 18e eeuw. Het herbergt het Diocesaan Museum met objecten uit de 13e tot en met de 16e eeuw, waaronder zeer waardevolle van Carlo Crivelli, Pietro Alemanno en Cola dell'Amatrice.

Palazzo Comunale met Pinacoteca Civica 6

Piazza Arringo, www.ascolimusei.it, di.-zo. 10-19 uur, € 4, combikaart voor alle stedelijke musea € 8

Het Palazzo Comunale werd rond 1800 samengevoegd met het oudere Palazzo dell'Arengo uit de 12e eeuw. De Pinacoteca Civica toont profane en sacrale schilderijen van de 13e tot de 19e eeuw, waarbij die van Carlo Crivelli eruitspringen.

Tegenover het raadhuis bevindt zich het **Museo Archeologico** (di.-zo. 8.30-19.30, € 2), dat de vroegste geschiedenis van de stad, van de oude steentijd tot aan de Longobardische verovering, documenteert.

Piazza Tommaso

Naast de romaanse **Chiesa San Tommaso** 7 uit 1069 ziet u het **Museo dell'Arte Ceramica** 8, dat keramiek uit gerenommeerde Italiaanse ateliers en lokaal keramistenhandwerk van de 16e tot de 20e eeuw tentoonstelt (openingstijden en entree zoals de Pinacoteca).

Piazza V. Basso

Als u belangstelling hebt voor de nog behouden gebleven geslachtstorens van de middeleeuwse adel, is een wandeling van de Piazza S. Agostino, door de Via delle Torri en dan naar de Piazza Ventidio (of kortweg V.) Basso leuk om te doen. Zuidelijk van het eerste plein vindt u de tot klokkentoren omgebouwde **Torre S. Venanzio** 9 en bij de Chiesa S. Agostino de volledig behouden gebleven tweelingtorens **Torri Gemelli** 10, die daar al vanaf de 12e eeuw trots in de lucht steken. De wanden zijn onderbroken door schietgaten en venstersleuven.

Door de Via dei Torri loopt u verder naar de Piazza V. Basso, waar meteen de romaanse **Chiesa San Vincenzio e Anastasio** 11 met de uitzonderlijke façade van cassetten in het oog valt. Het bouwjaar van de kerk is niet precies bekend; het gedeelte met het voorportaal kreeg echter in 1306 gestalte. In een zijstraat van de piazza, de Via delle Donne, staat de volgende geslachtstoren, en weer een volgende aan het eind van de Via Solestà, waar een stukje verderop de **Ponte Romano** 12 over de Tronto ligt.

Via Soderini

Vanaf de Ponte Romano is het de moeite waard een wandeling door de Via Soderini te maken, waar u meteen aan het begin op het **Palazzo Longobardo** 13 stuit. Het werd in werkelijkheid pas lang na het vertrek van de Longobarden in de 11e of 12e eeuw gebouwd en met een geslachtstoren uit dezelfde tijd gecombineerd. De toren is 40 m hoog en heet **Torre Ercolani** 14. In dezelfde straat valt u misschien pas in tweede instantie iets op aan **huisnr. 38**, namelijk een Latijns huisopschrift, waarvan er overigens vele, sommige heel humoristisch, te vinden zijn (meer op onder andere Via Orsini 9, Corso Mazzini 313 en Via Annibal Caro 54).

Piazza Cecco d'Ascoli

Vlak bij de Piazza Cecco d'Ascoli voert de stadspoort **Porta Gemina** 15 met resten van de Romeinse stadsmuur u de stad uit. Weer stadinwaarts (Via Ricci) hebben de ruïnes van het ▷ blz. 262

CAFFE

ANISETTA

Favoriet

Proosten met een *anisetta* in Caffè Meletti 3

Caffè Meletti is al een eeuw het ontmoetingspunt van de locals, en intussen zitten daar ook de toeristen tussen. Het is dé plek om te genieten van zoete lekkernijen of van een aperitief, waar lekkere hartige hapjes bij worden geserveerd. Het bedienend personeel is er beleefd en charmant en er valt altijd wat te zien – zowel binnen als buiten op het terras aan de schitterende piazza.

Teatro Romano 16 de tand des tijds doorstaan. Beide dateren uit de 1e eeuw.

Santa Maria Intervineas 17

Via Tamburini

De 'Santa Maria in de wijnranken' gedoopte romaanse kerk is een van de oudste van de stad en werd in de 5e eeuw gebouwd. In later tijden heeft de kerk bouwkundige aanpassingen ondergaan.

Galleria D'Arte Contemporanea O. Licini 18

Corso Mazzini 90, openingstijden en entree: zie de Pinacoteca blz. 259

De galerie werd gewijd aan de in de buurt van Ascoli Piceno geboren kunstenaar Osvaldo Licini (1894-1958), die samen met Modigliani in Bologna studeerde en later in Parijs carrière maakte. Veel van zijn werken zijn intussen naar de oever van de Tronto teruggekeerd en zij verrijken dit in 1964 geopende museum voor contemporaine kunst.

Teatro Ventidio Basso 19

Via del Trivio 4/Via fel Trivio 33, tel. 0736 24 49 70, www.ilteatroventidiobasso.it

Het stadstheater was, zoals zovele theaters in de regio, bij de oprichting in handen van een particulier theatergezelschap. Het kwam pas in 1932 in bezit van de gemeente. De stijl is zowel vanbinnen als vanbuiten neoclassicistisch, het werd gebouwd in de jaren 30 van de 19e eeuw, in 1846 provisorisch geopend en in 1851 eindelijk voltooid. Het toneeldoek toont vanzelfsprekend een schildering van de Piazza del Popolo.

Cartiera Papale 20

Via della Cartiera, tel. 0736 29 83 34, za., zon- en feestdagen 10.30-12.30, 16-18 uur, € 4

Dit professioneel gerestaureerde gebouwencomplex van de pauselijke papierfabriek bij Castellano (1512) is een goed voorbeeld van de 'industriële architectuur' van de renaissance. Binnen informeren de interactieve wetenschapstentoonstelling 'Tutta l'Acqua del Mondo' over de betekenis van water voor de stad, regio en wereld, een papiermuseum over de oorspronkelijke bestemming van de plaats, en de mineralen- en fossielencollectie van de lokale natuurwetenschapper Antonio Orsini (1788-1870) over eerdere stadia in de geschiedenis van de aarde.

Forte Malatesta 21

Via delle Terme, di.-vr. 11-18, za., zon- en feestdagen 10-19 uur, € 4, gratis met de combikaart (zie blz. 259)

Onder leiding van Antonio da San Gallo de Jongere werd de laatste hand gelegd aan deze in de 14e eeuw voor Galeotto Malatesta verbouwde vesting. Het indrukwekkende bouwwerk aan de oever van de Castellano was van 1828 tot 1978 in gebruik als gevangenis en werd rond de laatste eeuwwisseling gerestaureerd. Het huisvest sinds 2014 het **Museo dell' Alto Medioevo**. Hoofdattractie zijn de prachtige gouden kostbaarheden uit twee van in totaal 260 Langobardische graven, die eind 19e eeuw in de buurt van de stad werden ontdekt (de rest is te zien in musea in Rome en Ancona).

Overnachten

Statig en centraal gelegen – **Palazzo Guiderocchi** 1 : Via Cesare Battisti 3, tel. 0736 25 97 10, www.palazzoguiderocchi.com, 2 pk vanaf € 100. Chique viersterrenaccommodatie met elegante huisgastronomie in een historisch palazzo.

Vriendelijk en elegant – **Residenza 100 Torri** 2 : Via Costanzo Mazzoni 4/6, tel. 0736 25 51 23, www.centotorri.com, 2 pk vanaf € 130. Elegant onderkomen in een smaakvol gerestaureerd oud stadspalazzo uit de 18e eeuw. Het interieur bevat veel travertijn en hout.

Mooi klein stadshotel – **Albergo Sant'Emidio** 3: Via Minucia 10, tel. 0736 25 86 26, http://albergosantemidio.it, 2 pk € 80-130. Verzorgd en vriendelijk geleid klein stadshotel tussen de beide 'openluchtsalons' Piazza del Popolo en Piazza Arringo.

Vrij spartaans – **Cantina dell'Arte** 4: Rua della Lupa 8, tel. 0736 25 56 20, www.cantinadellarte.it, 2 pk (met ontbijt in de bar) € 50. Eerder een kamerverhuur dan een hotel, direct tegenover de gelijknamige trattoria. De kamers zijn eenvoudig maar schoon.

De sfeer van een historisch landhuis aan de rand van de stad – **Villa Cicchi** 5: Abbazia di Rosaria, Via Salaria Superiore 137 (A 14 afslag Rosaria, daarna links de Via Salaria Bivio Rosaria op), tel. 0736 25 22 72, www.villacicchi.it, 2 pk € 110-200. Charmant agriturismo uit de luxeklasse in een met aandacht gerenoveerde villa van een landheer, met grote tuin en zwembad.

Eten en drinken

Sfeervol – **Il Desco** 1: Via Vidacilio 10, tel. 0736 25 07 57, zo.-avond en ma. gesl., menu vanaf € 30. Het elegante restaurant, waarvan het interieur door een liefdevol samengestelde stijlmix uit nostalgische en hedendaagse elementen bestaat, bevindt zich in een sfeervol en uitnodigend palazzo in de oude stad. Het profileert zich culinair met verse seizoensgerechten en visspecialiteiten.

Viskeuken – **Ristorante del Corso** 2: Corso Mazzini 277, tel. 0736 25 67 60, zo.-avond en ma. gesl. Chic en relatief duur visrestaurant aan de belangrijkste winkelstraat Corso Mazzini.

Lievelingsplek – **Caffè Meletti** 3: zie ook blz. 261, Piazza del Popolo, tel. 0736 25 55 59, www.caffemeletti.it, 7.30-22, vr. en za. tot 24 uur, restaurant zo.-avond en ma. gesl. Het café-restaurant in jugendstil doet qua interieur denken aan een klassiek Weens koffiehuis. Leuker is het wanneer u van de zoete en hartige specialiteiten van het huis buiten op het terras kunt genieten.

Klassieker – **Al Teatro** 4: Via Teatro 1, tel. 0736 25 35 49. Deze gezellige trattoria, waar lokale klassiekers, voornamelijk hoofdgerechten met vlees en pizza's, op tafel komen, behoort inmiddels tot de gastronomische inventaris van de stad.

Familiair – **La Locandiera** 5: Corso Trento e Trieste 33, tel. 0736 26 25 09, zo.-avond en ma. gesl., menu € 35. Vriendelijk familierestaurant onder gewelven waar typische streekgerechten worden geserveerd.

Voordelig – **Cantina dell'Arte** 6: Rua della Lupa 5, tel. 0736 25 11 35, zo.-avond gesl. Groot restaurant in een smalle steeg in het oude stadscentrum, dat goedkope menu's met een lokaal tintje serveert.

De hele dag – **Bocca Scena** 7: Via del Trivio 26, tel. 0736 25 71 98. In deze moderne combinatie van een ontbijtcafé (zelfgebakken croissants!), restaurant, banketbakkerij en wijnbar kunt u van 's ochtends tot 's avonds heerlijk eten en drinken.

'De besten' – **Migliori** 8: Piazza Arringo, tel. 0736 25 00 42. *Migliori* ('De besten') is een combinatie van een delicatessenwinkel, wijnzaak en restaurant, en is in elk geval zeer verleidelijk. De specialiteiten zijn onder andere *porchetta* en *olive all'Ascolane*.

Klein maar fijn – **Piccolo Teatro** 8: Via Goldoni 2, tel. 0736 26 15 74, ma. en di.-middag gesl. Dit gezellige restaurant vlak bij de 'wijnrankenkerk' (zie blz. 262) heeft verrukkelijke gerechten met wild zwijn, varkensvlees, rundvlees en lamsvlees en maakt vegetariërs gelukkig met heerlijke groentegerechten.

De Palmenrivièra en de Monti Sibillini

Winkelen

Groente en fruit – **Mercato delle Erbe** 1 : elke ochtend markt in de kruisgang van de Chiesa San Francesco, Piazza del Popolo.
Markt die van alle markten thuis is – **Stadsmarkt** 2 : rondom de Piazza dell'Immacolata, wo.- en za.-ochtend.

Info en festiviteiten

IAT/Centro Visitatori: Piazza Arringo 7, tel. 0736 253 04, www.comuneap.gov.it, ma.-za. 9-18.30, zo. 10-19 uur.
Vervoer: vanaf parkeerplaats Torricella (gemarkeerd) met de lift naar het centrum; treinstation (circa 1 km van het centrum) met treinverbindingen naar S. Benedetto del Tronto; bussen vanaf Piazzale Stazione; stadsbussen naar het centrum, naar Fermo, Porto San Giorgio en de Monti Sibillini; huurfietsen vanaf € 10 per dag bij de IAT (zie boven).
Stadsrondrit met een toeristentreintje: mrt.-okt. vanaf Piazza Arringo (€ 8).

Cupra Marittima ▶ J 6

Deze nieuwe stad aan zee groeide pas vanaf de jaren 60 van de 19e eeuw en is gezegend met een prachtig zandstrand, omzoomd met palmbomen en oleanders. Aan de rand van de stad toont het **Museo Malacologico** (Via Adriatica Nord 240, tel. 0735 77 75 50, www.malacologia.org, juni 16-20, juli en aug. 16-22, apr., mei en sept. di., do., za. en zo. 16-20.30, daarbuiten di., do., za. en zo. 15.30-19 uur, € 7,50) een collectie mosselen uit de hele wereld.

Het oorspronkelijk Picenisch-Romeinse Cupra ligt te midden van pijnen palmbomen 112 m boven zee en biedt een wijds uitzicht. Het plaatsje bekoort met de stadspoorten en stadstorens uit de 15e eeuw, twee kerken uit de vroege 14e eeuw, de romantische steegjes en de half vervallen gebouwen. Op een heuvel daarboven rusten de ruïnes van een burcht uit de 13e eeuw.

Overnachten

Pal aan zee – **Capital:** Lungomare Sauro 18, tel. 0735 77 94 20, www.capitalhotel.net, 2 pk vanaf € 70, apr.-sept. Vriendelijk geleid viersterrenhotel pal aan het strand.
Alles aanwezig – **Camping Calypso:** Via Boccabianca 7, tel. 0735 77 86 86, www.campingcalypso.it, apr.-sept. 'Campingdorp' aan zee waar u op verschillende manieren kunt overnachten en alle faciliteiten: restaurant, bar, sportfaciliteiten enzovoort. Prijs: bijvoorbeeld een bungalow met vier bedden: € 55-140.

Eten en drinken

Symphatiek – **Pepe Nero:** Via Castello, tel. 335 611 55 34. Liefdevol ingericht restaurant in de oude binnenstad. Er wordt een wekelijks seizoensmenu geserveerd (€ 27,50). Gasten mogen hun lievelingswijn zelf meenemen.

Grottammare ✸ ▶ J 6

Grottammares zeewijk met de goed onderhouden **oude villa's** van de voorlaatste eeuwwisseling (zie blz. 266) en de met rijen palmen bezette strandpromenade ademt nog duidelijk de mondaine sfeer van het vroegste strandtoerisme. Tijdens een wandeling door de steegjes van het oude centrum op de heuvel komen romantische gevoelens naar boven.

Grottammare Alta biedt vanaf veel plekken een mooi uitzicht over zee, heeft drie musea en sfeervolle restau-

Grottammare

Oude huizen, een kerk en een overvloedige natuur aan de blauwe zee in Cupra Marittima

rants. Dat een daarvan Papa Sisto heet, verwijst naar het feit dat paus Sixtus V (1585-1590) – alias Felice Peretti – hier in 1521 werd geboren. Hieraan herinnert het **Museo Sistino** (juli en aug. dag. 21.30-23.30 uur, daarbuiten op afspraak, tel. 347 380 44 44) in de Chiesa San Giovanni Battista aan de idyllische centrale **Piazza Peretti**. Hier vindt u ook een **beeld** van deze vrome man in een nis aan de façade van het charmante **Teatro dell'Arancio**. Blikvanger van de piazza is de nostalgisch aandoende Osteria dell'Arancio (zie blz. 268), cultureel interessant een naïef geschilderd werk van Giacomo Pomili (1925-1997), genaamd 'Il Tarpato'.

Op het aan hem gewijde **Largo Tarpato** aan de rand van de plaats met uitzicht op zee kunt u een oude **verdedigingstoren** bezichtigen, met daarin de werken van een andere bekende kunstenaar uit Grottammare: Pericle Fazzini (1913-1987) maakte eeuwen na Felice Peretti eveneens in Rome carrière en liet het nieuwe stadsgedeelte van Grottammare een paar eigenzinnige sculpturen na in de openbare ruimte. Tot slot is er het **Museo Illustrazione Comica** (Piazza Kursaal), met karikaturen uit heel Italië (alle musea: za. en zo. 16-19, ma.-vr. op afspraak, tel. 0735 73 92 40, juli en aug. di.-zo. 21.30-23.30 uur).

Overnachten

Fris en vriendelijk – **Ambassador**: Lungomare della Repubblica 33, tel. 0735 63 10 10, www.ambassadorgrottammare.it, apr.-sept., 2 pk € 85-160. Driesterrenhotel met zwembad, overzichtelijke grootte en een leuke sfeer aan de rand van het nieuwe stadsgedeelte.

Villa in het historische centrum – **Casa Pazzi**: Via sotto le Mura 5, tel. 0735 73 66 17, 333 424 02 40, www.casapazzi.com, 2 pk vanaf € 120, ▷ blz. 268

Op ontdekkingsreis

Grottammare: badplaatsarchitectuur vol nostalgie

Bij de aanblik van de oude villa's aan de palmenpromenade kan men zich een beeld vormen van het strandtoerisme van eind 19e, begin 20e eeuw, toen hier nog uitsluitend de aristocratie de frisse zeewind kwam opsnuiven.

Kaart: ▶ J 6

Planning: een wandeling langs de villa's aan de Viale Colombo en Lungomare della Repubblica neemt zonder nauwkeurige studie van de architecturale details ruim een uur in beslag.

De rijke zomergasten ging het niet alleen om de genezende werking van de zeelucht en het zeewater, en in het geheel niet om de warme zon – die men zelfs liever meed, dit in verband met een als voornaam beschouwde blanke huid. Men hield zich hier meer bezig met de behoefte zich te laten zien en men zocht daartoe gelijkgestemden – zien en gezien worden. De rijkste bourgeoisie schuwde kosten noch moeite en gaf opdracht aan beroemde architecten tot de bouw van tamelijk onbescheiden vakantieverblijven. De architecten stoorden zich niet echt aan de traditionele conventies en experimenteerden met kleur, vorm en materiaal. Terwijl de door dezelfde clientèle bestelde badarchitectuur aan de kust van de Oostzee zich in die jaren graag op de Italiaanse renaissance oriënteerde, ontdekte men in het moederland van die stroming een voorliefde voor chalets uit het Alpengebied en de Midden-Europese stedelijke jugendstil. De periode dat liberty – zoals jugendstil met zijn Engelse pendant in Italië werd genoemd – in de mode was, viel samen met de periode van de talloze tweedehuisbezitters en met de destijds nog relatief nieuwe trein, zoals in Grottammare, San Benedetto del Tronto en San Giorgio.

Huizen kijken

De **historische villa's** van Grottammare liggen verspreid langs de hele strandpromenade en zijn te vinden tot in de derde parallelstraat landinwaarts. Aan de **Viale Colombo** en **Lungomare della Repubblica** liggen bijzonder veel villa's die bovendien goed onderhouden zijn. De Viale Colombo heette tot 1890 nog Viale Marino, werd in dat jaar met 27 palmen van de soort *Phoenix canariensis* beplant en recentelijk in de stijl van de jaren 20 met wit Carrara-marmer gerestaureerd. De toen nog kleine palmboompjes waren begin 20e eeuw getuige van de bouw van de eerste villa's, waarbij een van de eerste architecten uit de geschiedenis van de nieuwe boulevard een zekere graaf Langosco uit Milaan was. Die had al eerder, nog voor 1900, een – inmiddels verdwenen – *seconda casa* (tweede huis) neergezet in Zwitserse Alpenstijl, wat in het maritieme Grottammare een volstrekt nieuw maar later graag gekopieerd architectonisch accent zette.

Het nog bestaande bouwwerk van de graaf aan de Viale Colombo 61 ontstond aan het begin van de 20e eeuw en wordt tot op heden **Villino Alessandrini** genoemd, naar de opdrachtgever.

Voorbeeld van florale jugendstil

Daar vlakbij staat op huisnummer 51-53 de statige **villa Matricardi-Cola**, het ter plekke meest bewonderde voorbeeld van de mediterrane versie van jugendstil. De vroegere eigenaar was de gelijknamige keramiekfabrikant, uit Ascoli Piceno, en de architect was een zekere Cesare Bazzani. De architect richtte zich naar de wens van de bouwheer en integreerde met bloemmotieven beschilderde tegels (in majolica-techniek) – uiteraard uit de keramiekfabriek van Matricardi – in zijn ontwerp. Opdat de voorbijgangers ook zouden weten waar die kunstzinnige wandtegels vandaan kwamen, liet Matricardi één tegel van zijn naam voorzien. Hij huurde ook de schilder Coppola in, die verdere bladeren, bloemen en vruchten op buiten- en binnenmuren aanbracht.

De in 1913 voltooide villa bezit balkons waarvan de borstweringen decoraties vormen: gebogen gietijzeren stangen die op ranken lijken. De schitterende tuin is met een ijzeren hek afgescheiden van straat en strand. Hier gedijen laurier, oleander, populieren, pijnbomen en een waardevolle exotische palm – destijds een symbool van welstand.

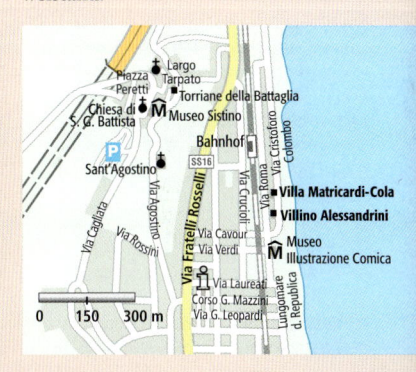

appartement vanaf € 150. De designer Roberto Pazzi deelt zijn historische adellijke domicilie met tuin met betalende gasten, die op verzoek hun ontbijt geserveerd krijgen in vier ruime, smaakvol ingerichte appartementen en een kleine tweepersoonskamer.
Leuke B&B – **La Torretta sul Borgo:** Via Camilla Peretti 2, tel. 0735 73 68 64, www.latorrettasulborgo.it, 2 pk € 55-85. Vriendelijke accommodatie in een steeg in het historische centrum.

Eten en drinken

Nostalgische sfeer – **Osteria dell' Arancio:** Piazza Peretti, tel. 0735 63 22 14, vr.- en za.-avond, zo. ook 's middags, circa € 30. De osteria serveert in een voormalige levensmiddelenzaak die zo in een prentenboek zou kunnen staan, of op de piazza voor de deur lokale specialiteiten.
Crossover – **Attico sul Mare:** Viale Colombo 3, tel. 0735 73 63 94, alleen 's avonds, zo. ook 's middags. Chic restaurant in een mondaine ruimte aan de Lungomare. Op tafel komen veelgeprezen traditionele visgerechten en sushi.
Goede keuken, mooie ligging – **Borgo Antico:** Largo Il Tarpato 1, tel. 0735 63 43 57, di. gesl., vanaf € 32. Bij mooi weer eet u hier vlees-, vis- en groentegerechten op een plein met uitzicht op zee.
Met uitzicht op zee – **Papa Sisto:** oude stad, Via Palmaroli 15, tel. 0735 63 33 62, op weekdagen alleen 's avonds geopend, di. gesl., gerecht vanaf € 15. Het restaurant biedt acceptabele lokale gerechten en pizza's.

Actief

Fietsen onder de palmbomen – Vanuit Grottammare leiden **door palmen beschaduwde fietspaden** naar Cupra Marittima en San Benedetto del Tronto. Fietsverhuur: **Ciclo Time,** Via Alighieri 39, tel. 0735 58 22 32.

Uitgaan

Bars & disco's – Aan de stranden liggen de **lido's** naast elkaar, dus rijgen zich 's avonds en op zomernachten de **bars** aaneen. Landinwaarts aan de weg naar Ripatransone warmt discotheek **B. B. Disco Dinner,** Via Sant'Andrea 101, u ook op in de winter (www.bbdiscodinner.it).

Informatie

IAT: Piazza P. Fazzini 6, tel. 0735 63 10 87, www.visitgrottammare.it, 9-13, juli en aug. ook 16-21 uur. In de zomer ook informatiestands aan de Lungomare.
Vervoer: centraal gelegen treinstation met treinverbindingen naar San Benedetto del Tronto/Pescara en Ancona; bussen naar de kustplaatsen in de buurt. 's Zomers een toeristentreintje tussen de oude en nieuwe stad.

San Benedetto del Tronto ▶ J 7

De algehele trots van San Benedetto del Tronto bestaat uit haar in 1937 aangeplante, kilometerslange palmenpromenade, die in al die jaren daarna is uitgegroeid tot een imponerende, statige groene laan. Met de uitbundig bloeiende oleanderbosjes en bloembedden is de promenade letterlijk een mediterrane lust voor het oog. Onder het bladerdak liggen voet- en fietspaden, waar in de zomermaanden duizenden mensen zich vermaken met slenteren, flaneren, fietsen, joggen en skaten. Vaak zijn zij op weg naar hun lievelingsplek aan het strand: een bar, restaurant of sportterrein, of naar een van de talloze hotels, die de promenade en de erachterliggende straten flankeren. Terwijl de stad in het hoofdseizoen tot 's avonds laat overvol is met flanerend publiek, kan San Benedetto in het voorjaar en de herfst rustig en verfrissend zijn, zeker omdat men hier ook kan genieten van uitstekende lokale visgerechten.

Toerisme en visvangst vormen het levenselixer van San Benedetto del Tronto, een van de grootste en ook jongste steden van de regio. Pas in de 18e eeuw durfden de nazaten van het eerdere Romeinse Truentum zich weer aan de kust te vestigen, nadat zij in de middeleeuwen voor de Saracenen en voor de malaria brengende moerassen waren gevlucht naar de heuvels achter de kust. Na het overwinnen van hun watervrees vestigden zij zich in de huidige stadswijken rond het station en de Piazza Garibaldi.

De **oude visserswijk**, waar nu nog maar twee van de één verdieping tellende **oude vissershuisjes** *(case basse)* staan (Via Palestro 65 en Via Volturno 42), ligt direct tegenover de grote en drukke vissershaven, die er destijds nog niet was. Tot ver in de 19e eeuw trokken de vissers hun boten gewoon op het strand, waar ze hun vangst verkochten en hun netten boetten.

Nog voordat de haven en de visgroothandel in de jaren 80 van de 19e eeuw vorm kregen, was de plaats bereikbaar met de trein, waar zich al sinds circa 1860 voorname zomergasten vermaakten. In de jaren 20 en 30 breidde de stad zich naar het zuiden toe uit met de bouw van de eerste villawijken, en in 1923 opende Progresso, het eerste hotel, zijn deuren. Na de Tweede Wereldoorlog floreerden de haven en de vishandel, en vanaf de jaren 60 nam het toerisme massale vormen aan.

Zeemusea

Tel. 0735 59 21 77, www.museodel maresbt.it, half sept.-half juni vr.-zo. 10-13, 15.30-18.30, daarbuiten di.-zo. 18-24 uur, combikaartje € 5, één museum € 2

'Museo del Mare' of 'Polo Museale del Mare' is de verzamelnaam voor een aantal musea die het leven in, aan en van de Adriatische Zee belichten. Alle musea bevinden zich in de vissershaven (Banchina di Riva Malfizia 16 en Viale Colombo 94), behalve de **Pinacoteca del Mare**. Dit laatste museum is gehuisvest in het historische woonhuis van de dichteres Bice Piacentini (1856-1942) op de heuvel in de historische stad (Via del Consolato 12), en toont schilderijen, tekeningen en foto's van de Zwitser Alfred Chatelain (1863-1943), Adolfo de Carolis (1874-1929) en de lokale kunstenaar Armando Marchegiani (1902-1987).

Het indrukwekkendst is het even leerzame als vermakelijke **Museo della Civiltà Marinara delle Marche**, dat met kaarten, foto's op groot formaat, films en museumproducties over het heden en verleden van de regionale Adriatische kust en de mensen die er wonen vertelt, waarbij het wel en wee van San

Tip

Zin in (nog) meer – Gelateria Voglia di …

Voglia di … wil zoveel zeggen als 'ik heb zin in …' en is een passende naam voor de kleine ijssalon in het centrum van San Benedetto del Tronto, dat inderdaad zulk ongelooflijk lekker ijs maakt dat u er misschien wel twee wilt. Het ijs smaakt het best op een van de twee kleine bankjes voor de deur, uit een *cornetto*, een 'horentje', of uit een kartonnen bakje (Via G. Galilei 24, tel. 0735 58 43 84).

Benedetto del Tronto natuurlijk bijzondere aandacht krijgt. Het museum vormt een aanvulling op het ernaastgelegen **Museo delle Anfore**, dat aan de hand van amfora's uit diverse perioden en van verschillende grootte informatie biedt over het historische maritieme transportwezen, en het **Museo Ittico Capriotti** (http://museoitticocapriotti.it), dat actuele en lang uitgestorven zeebewoners in versteende, gedroogde, opgezette en geconserveerde vorm presenteert. Ten slotte toont het **Antiquarium Truentium** relieken uit de Romeinse stadsgeschiedenis.

Aan zee, om precies te zijn langs de Molo Sud, zijn sinds juni 2012 de kunstwerken van het **Museo d'Arte sul Mare** (www.mamsbt.it) te bewonderen Het gaat hier om hedendaagse sculpturen en muurschilderingen, waarvan het in San Benedetto als het ware wemelt, omdat ook in het voetgangersgebied overal hedendaagse kunstwerken zijn geplaatst.

Overnachten

Met historische charme – **Progresso:** Lungomare Trieste 40, tel. 0735 838 15, www. hotelprogresso.it, 2 pk € 85-180. Het intussen op een natuurlijke en frisse manier opgeknapte hotel, uitgerust met alle moderne comfort, is qua historie de oudste, maar tot op heden ook de beste en mooiste plek van de plaats. De kamers en badkamers zijn klassiek en stijlvol, ruim en gezellig. De meeste kamers hebben een geweldig terras. Het ontbijt is goed en royaal en het personeel behulpzaam.

Licht en vriendelijk – **Cristall:** Via Orazio 3, tel. 0735 820 25, www.hotelcristall.it, 2 pk € 60-100, apr.-sept. geopend, juli-aug. verplicht pension, VP 49 (vanaf 14 juni) tot € 85. Een klein familiehotel in een zijstraat van de promenade, met lichte en gezellige kamers, waarvan de meeste uitzicht op zee hebben. Het hotel wordt liefdevol gedreven door Milena en Giancarlo.

Eten en drinken

Traditionele gerechten van de zee – **Messer Chichibio:** Viale Rinascimento 143, tel. 0735 58 40 01, ma. gesl., menu circa € 60. Hier zouden zelfs de vissers aanleggen als ze zin hebben in een topmaaltijd, omdat het stijlvolle restaurant aan het zuidelijke Lungomare fantasievolle nieuwe interpretaties van traditionele visgerechten serveert.

Hip – **La Croisette:** Viale Trieste 37, tel. 328 661 11 54, dec. gesl., menu circa € 40. Restaurant met een redelijke viskeuken en een ontspannen sfeer in een decor van schilderijen en installaties van de plaatselijke kunstenaar en mede-eigenaar Giurò.

Met visserservaring – **Il Gambero da Tato:** Via Balilla 44, tel. 0735 58 73 49, zo.-avond gesl., menu € 30-50. Een sinds de jaren 70 groeiend familiebedrijf, dat zich handhaaft met een uitstekende maritieme keuken en een vriendelijke service en dat bijzonder bedreven is in de bereiding van schaal- en schelpdieren.

Oude havensfeer – **Ragno:** Via M. Polo 8, Molo Nord, vlak bij de vismarkt, tel. 0735 58 73 21, ma. gesl., menu € 30. In deze piepkleine trattoria komen – als u zich niet door de zeer sobere sfeer laat afschrikken – romantische gevoelens naar boven. Ook zult u zonder twijfel enthousiast zijn over de altijd verse visgerechten, die de eigenaar in zijn al even kleine keuken bereidt.

Vleselijke verleidingen – **Osteria Pane e Vino:** Via Labirinto 28, tel. 0735 59 10 50, di. gesl., menu € 25. Deze gemoedelijke osteria serveert vooral stevige schotels met vlees, ham en worst.

Nomen est omen – **Porcovacca:** Viale Trieste 9. Varkens-, rund- of lamsvlees, gegrild of gebakken, in een hedendaagse omgeving pal aan zee.
Fast Fish – **Nudo & Crudo:** Banchina Riva Nord, tel. 393 602 01 40, 9-15, 17.30- 24 uur. Een soort viscafetaria met prima selfservicegerechten in de haven.

Actief

Zwemmen – Bijna **8 km zandstrand**, bezaaid met ontelbare ligstoelen en -bedden, biedt veel strandplezier. De waterkwaliteit is goed, gegarandeerd door de *bandiera blu*.
Wandelen en fietsen – Wie van natuur houdt, moet zeker een bezoek brengen aan het 178 ha grote **Riserva Naturale Sentina**, een door talrijke planten- en diersoorten bevolkt vochtig biotoop aan de monding van de Tronto ten zuiden van de stad. Dat kan te voet, met de fiets of met een kajak, en met of zonder deskundige begeleiding (Piazza Cesare Battisti 1, tel. 0735 79 42 78, www.riser vasentina.it). Bovendien is er een fietstocht onder palmen langs de zee via Grottammare naar Cupra Marittima.
Duiken – **Mamasa Club:** Via Toscanini 3, Club: Via Toscanini.

Uitgaan

In de zomermaanden gaat het er vrolijk aan toe in San Benedetto, wanneer de stranden met hun bijna 120 locaties van vertier – bars, restaurants en disco's – de strandgasten verwennen. Aan de promenade is ook genoeg horeca te vinden, net als in het centrum. U kunt bijvoorbeeld naar het traditionele **Gran Caffè Sciarra** (Via Gino Moretti 32) en het hedendaags ingerichte **Café Max** (Via XX Settembre 63). In beide worden bij het aperitief lekkere hapjes geserveerd, en nog tot laat op de avond bier, wijn en cocktails.

Info en festiviteiten

IAT: Viale Bruno Buozzi 14 (in het cultureel centrum Palazzino Azzurra), tel. 0735 78 11 79, www.comunesbt.it, ma.- za. 9-13, juli en aug. ook 16-19 uur.
Festa Madonna della Marina: Madonnaprocessie op zee op de eerste zondag van juli.
Vervoer: treinstation in het oostelijke stadscentrum (bij de haven), verbindingen naar Ancona en Pescara; bussen naar Ascoli Piceno, de nabijgelegen kustplaatsen, Offida en Ripatransone.

Offida en omgeving ▶ H 7

Offida vormt met **Ripatransone** en **Acquaviva Picena** de drie wijnbouwgemeenten die de Rosso Piceno van de druivensoort montepulciano en goede witte wijnen van passerina- en pecorinodruiven produceren, en die bovendien olijven cultiveren. De olijven worden tot olie verwerkt en in flessen gebotteld, of ze belanden op borden, gevuld en gefrituurd als de *olive all'ascolane*. Hiermee is meteen de omgeving van de bouwkundig interessante plaatsen beschreven, die hoog in het bekoorlijke mediterrane heuvellandschap met eindeloze wijngebieden en olijfboomgaarden liggen en daarom een vrij uitzicht op zee hebben.

Het kleine historische centrum van Offica oogt charmant met de goed onderhouden middeleeuwse gebouwen, de gezellige steegjes en de centrale **Piazza del Popolo**, waaraan een van de mooiste raadhuizen van Marche ligt. Het **Palazzo Comunale** is mooi om te zien door de gebruikelijke arca-

Favoriet

Tussen wijngaarden gelegen – Ripatransone ▶ H 7

Offida en Ripatransone worden omringd door wijngaarden en olijfboombossen. Ze voldoen aan mijn (ideaal)beeld van het zuiden, daarom ga ik er steeds weer graag naartoe – vooral omdat de zee niet ver verwijderd is en hij bovendien te zien is vanaf de hoogste wijnbergen.

dengang, maar waar hier echter nog een half zo hoge loggia bovenop is gebouwd, met daar weer bovenop een rechthoekige toren met uurwerk – als in een prentenboek. Binnen imponeert het kleine 19e-eeuwse **Teatro Serpente Aureo** (half juni-half sept. 10-12.30, 15.30-19.30 uur). Ernaast staat de **Chiesa dell'Addolorata** (17e-eeuws) met een arcadengang waarvan de stijl is ontleend aan die van het in renaissancestijl opgetrokken stadhuis. Het hoogtepunt van Offida bevindt zich echter op een heuveltje boven de stad.

Chiesa Santa Maria della Rocca

Via Roma, half juni-half sept. 10-12.30, 15.30-19.30, daarbuiten za. en zo. 10-12.30, 15-19 uur, € 2,50

De Chiesa Santa Maria della Rocca werd in 1330 op de ruïnes van een oudere abdijkerk van de benedictijnenorde van Farfa gebouwd. Niet alleen een parel in het landschap – ook het interieur is betoverend mooi met zijn overvloed aan fresco's. Op de fascinerende schilderingen uit de 14e en 15e eeuw, die aan (onder anderen) een onbekende 'meester uit Offida' en aan Vincenzo Pagani zijn toegeschreven, hebben musicerende engelen een rendez-vous. Op de heen- of terugreis van dit romaanse kleinood kunt u een stop maken in het Museo di Offida.

Museo di Offida

Via Roma 17, openingstijden als de Santa Maria della Rocca, € 3,50

Het stadsmuseum heeft een archeologische afdeling, die de geschiedenis van Offida toont. Andere afdelingen gaan over het boerenleven en over verschillende handwerktradities en het plaatselijke ambacht van het kantklossen. De pinacotheek van het huis toont portretten van beroemde stadsbewoners en twee schilderijen met religieuze motieven, gemaakt door Crivelli-leerling Pietro Alemanno (gest. 1498) en Simone de Magistris da Caldarola (1538-1611).

Merletto a tombolo

De vrouwen van Offida laten al sinds eeuwen van zich horen als bijzonder vaardige kantklossers. Terug in het stadscentrum kunt u hen soms bij de voordeur van hun huis bezig zien met hun ambacht, aan het zogenoemde *merletto a tombolo*, een 'kantkloskussen', of u kunt zich gericht bij de plaatselijke vereniging van kantklossters over dit oude handwerk laten informeren. De stad heeft aan hen een monument en een straat genaamd Via del Merletto gewijd. De huismuren zijn hier met historische foto's van *merlettaie* versierd.

Overnachten

Tevreden in het centrum – Casa Carducci: Piazza Forlini 4, tel. 0736 88 71 32, 334 292 47 14, www.casacarducci offida.it, 2 pk met en zonder badkamer, € 49-63. Liefdevol ingerichte kamers met antieke meubels in het centrum van Offida. Met een charmante eigenaresse en een geweldig ontbijt.

Goed verzorgd op de heuvel – Agriturismo Rosa dei Venti: Via Tesino 261a, tel. 0736 88 92 01, www.agriturismoro sadeiventi.it, 2 pk € 60, HP € 50. Deze boerderij heeft een restaurant, waar de sympathieke eigenaresse zelf pasta maakt, de groente uit eigen tuin komt en heerlijk vlees op de barbecue ligt. Hij ligt op de hoogste heuvel in de omgeving van Offida. Voor 's nachts zijn er eenvoudige, maar nette kamers, voor warme dagen een zwembad.

Prachtig landhuis – B&B Nascondiglio di Bacco: Contrada Ciafone 97, tel. 0736 88 95 37, www.nascondigliodibacco.it, 2 pk € 75-85. Deze B&B zetelt in een oud landhuis met een heerlijk zwembad in de omgeving van Offida. De eigenaren

Een rond kussen, merletto a tombolo genoemd, vergemakkelijkt het kantklossen

zijn een Amerikaanse chirurg en een journalist uit de omgeving. Ze richten zich culinair op slowfood en produceren ook biologische wijn. De wijn van Paolini & Stanford is verkrijgbaar in de ernaastgelegen stijlvolle cantina.

Sfeervol – **Borgo da Mare:** Montepandrone, Via Allegretti 13/15, tel. 0735 627 17, www.borgodamare.it, appartementen € 550-1500 per week. Vakantiewoningen in een gerenoveerd oud gebouw uit de 16e eeuw rond een zwembad in het *centro storico* van het wijn- en oliedorp Montepandrone. Het dorp troont op een heuveltop halverwege Acquaviva Picena en Offida en heeft een aantal leuke restaurants. Daaronder bevindt zich de veelgeprezen Enoteca Uè (Via Borgo da Mare 83, 18 uur tot op zijn minst middernacht), met een uitstekende keuken en een hoog prijsniveau.

Eten en drinken

Degelijke kost en lichtere gerechten – **Osteria Ophis:** Corso Serpente Aureo 54 B, tel. 0736 88 99 20, ma.-avond en di. gesl. Lam, konijn en kip, worst en kaas uit Piceno, pasta met groente van het seizoen.

Warm aanbevolen – **Agriturismo Rosa dei Venti:** zie blz. 273.

Zoet adres – **Amor di Gelato:** Corso Serpente Aureo 93. Emiliano D'Angelo maakt goed ijs en verzamelt historische ijsmachines.

Kletsen en snacken – **Caffè del Corso:** Corso Serpente Aureo 77, di. gesl. Leuke Bar Centrale, waar u van juni-sept. ook pasta kunt eten.

Winkelen

Kant – Om het kantwerk te leren kennen en tevens de beste plek om het te kopen: de winkel van de kantklosserscoöperatie, Via Forlini 18, www.ilmerlettodioffida.it.

Wijn en olie – Verkopers in het historische centrum zijn onder andere: **Enoteca Regionale delle Marche:** Via Garibaldi 75 (ex-Convento S. Francesco), tel. 0736 61 80 23, 10-13, 15-18 uur, di.-zo. vanaf 18 uur wijnbar; **Ciù Ciù:** Contrada Ciafone, tel. 0736 81 00 01, www.ciuciuvini.it, deze wijngaard heeft intussen ook een 'showroom' in het centrum van de stad, waar u zowel de wijn als olie kunt proeven (Piazza del Popolo 20, ma.-zo. 9/10-19 uur, € 5); **Cantina San Filippo:** Borgo Miriam, Contrada Ciafone 17 a, www.vinisanfilippo.it, hier worden biologische wijn en olie verkocht; **Paolini & Stanford:** naast de B&B Nascondiglio, www.pswinery.it, biologische wijn en olie; **Tenuta Cocci Grifoni:** Contrada Messieri 12, San Savino di Ripatransone, tel. 0735 90 143, www.tenutacoccigrifoni.it.

Info en festiviteiten

Ufficio Informazioni Turistiche: Corso Serpente Aureo 66, tel. 0736 888 71, www.turismoffida.it.
Lu bov' fint' e la sfilata dei Vlurd: carnavalsvrijdag tot carnavalsdinsdag.

Monti Sibillini ▶ E/F 6-8

De Monti Sibillini, door Giacomo Leopardi in een van hem vaak geciteerd gedicht 'het blauwe gebergte' genoemd, werden vanwege hun unieke en tegelijk zeer gevarieerde natuur- en cultuurlandschap in 1989 tot beschermd natuurgebied verklaard. Het kreeg de naam **Parco Nazionale dei Monti Sibillini.** Het nationale park beslaat een oppervlakte van 70.000 ha en loopt in het zuidwesten door tot in Umbrië. Het herbergt vier klimaatzones, bezit weelderig groene bossen en velden, schilderachtige rivierdalen en hoog oprijzende puntige rotsformaties, waartussen zich diepe rotskloven manifesteren, zoals de **Gola dell'Infernaccio** ('Kloof van de hel') waarin zich de duivel zou ophouden. De Monti Sibillini verrassen met de op elkaar lijkende hoogvlaktes **Piano Grande** (zie blz. 286) en **Piano Perduto,** waarop de bijzonder gewaardeerde linzen van Castelluccio groeien (zie blz. 282). In het gletsjermeer **Lago di Pilato** uit de ijstijd – waarin volgens de legende Pontius Pilatus zijn plotseling dood vond – zwemt een alleen hier voorkomend kreeftachtig beestje, met de naam *Chirocephalus marchesonii*.

De grootste hoogte van het park wordt bereikt door de **Monte Vettore:** deze overtreft met zijn 2476 m zo'n twintig andere tweeduizenders, zoals de **Monte Sibilla** (2173 m), de berg die de legendarische verblijfplaats van de profetes Sibylle van Cuma zou herbergen. Ze heeft zich volgens de sage onder druk van de kerstening in 'de blauwe bergen' teruggetrokken. In de middeleeuwse literatuur worden haar zowel profetische als verleidende krachten toegedicht; met de laatste kreeg zij menige ridder in haar erotische macht en zou hen hebben meegetrokken de diepte in, naar haar grot in de berg, die zo'n 400 m onder de top verscholen ligt.

Botanici hebben in dit gebergte 1800 plantensoorten geteld; zoölogen hebben er 220 diersoorten geregistreerd, waaronder 150 vogelsoorten. Daardoor weten we dat in dit park bijvoorbeeld zeldzame orchideeën en viooltjes groeien en dat ook de wolf, wilde kat, slechtvalk, steenarend en de zeldzame abruzzengems *(camoscio appeninico)* er thuis zijn. Tot slot wonen er krap 16.000 mensen. Zij leven er van de landbouw, de bosbouwen het toerisme, vooral omdat het nationale park niet alleen is gezegend met prachtige natuur, maar ook met kerken, kloosters en kastelen van groot kunsthistorisch belang.

Uitgestrekte delen van het schitterende nationale park zijn toegankelijk voor fietsers en wandelaars. Deze paden zijn gemarkeerd met rood-witte symbolen en op kaarten ingetekend. Het park heeft wandelkaarten in meerdere talen gepubliceerd. Een aanrader voor wandelaars met een goede conditie is de negendaagse wandeltocht Grande Anello Sibillini. Goed getrainde fietsers kunnen de inspannende tocht ook rijden. Een vrij goede landweg nodigt minder getrainde toeristen uit voor een tocht op vier wielen door de bergwereld.

Acquasanta Terme en Arquata del Tronto ▶ F/G 8

Wie vanuit Ascoli Piceno over de oude Via Salaria (N 4) de Monti Sibillini in rijdt, passeert eerst **Acquasanta Terme**; de naam en geur duiden er al op dat zich hier gezondheidsbevorderende (zwavel) bronnen bevinden.

De volgende stop is **Arquata del Tronto**. Net als Acquasanta Terme is de plaats verdeeld over meerdere kleine gehuchten die in het bosrijke groen liggen. De plaats werd echter zwaar beschadigd door de aardbeving in 2016 en betreurde zelfs 53 doden. Daarom is op het moment van redactiesluiting van deze gids nog niet duidelijk of en wanneer de overigens vrijwel ongeschonden burcht uit de 13 eeuw, de parochiekerk uit dezelfde

Informatie (over de aardbevingen)

De aardbevingen van augustus en oktober 2016 hebben de zuidelijke Marche diep en hevig getroffen. Desondanks heeft het beeld dat ik – voor de catastrofe – van het natuur- en cultuurlandschap van de Monti Sibillini heb geschetst hopelijk alleen tijdelijke aanpassingen nodig. Op het moment van redactiesluiting van deze gids verstoorden puinhopen, rood-witte afzetlinten, geïmproviseerde tentenkampen en uit angst voor nieuwe aardbevingen ontruimde historische centra het nog steeds fascinerende landschapsschoon. Sommige wegen konden of kunnen voorlopig niet worden gebruikt, en zelfs de majesteuze Monte Vettore lijkt 'gewond' en heeft gedeeltelijk scheuren. Dat stelden alpinisten vast bij het startpunt van de door mij aanbevolen wandeling (Forca di Presta), zodat u er rekening mee moet houden dat de hier beschreven wandelroutes (zie blz. 277 en blz. 285) bij uw aankomst eventueel afgesloten of gewijzigd kunnen zijn. De Italiaanse krant *La Repubblica* heeft begin november een reeks artikelen over de cultureelhistorische betekenis van de door de aardbeving getroffen plaatsen gepubliceerd, om druk te zetten op de redding en snelle wederopbouw van deze gemeentes. Daarnaast nodigde de coöperatie Quattropassi (zie blz. 284) onder het motto 'Wij laten ons niet klein krijgen' nog tijdens de natrillingen van de aardbeving mensen uit om te wandelen in de Monte Sibillini. Uit solidariteit met de bewoners die hopen dat hun woonplaatsen snel worden gerestaureerd en dat de toeristen weer terugkomen, geef ik toch een beschrijving van de gedeeltelijk zwaar getroffen gemeentes. Voor actuele informatie kunt u terecht bij het **hoofdkantoor van het nationaal park**, dat noodgedwongen een nieuw onderkomen heeft moeten zoeken en bouwen. Men heeft besloten dat het hoofdkantoor ook in de toekomst in Visso zal blijven (www.sibillini.net).

Met betrekking tot de toeristische infrastructuur weet ik momenteel alleen dat het culinair ambitieuze restaurant Il Tiglio in Montemonaco (zie blz. 284) en hotel Elena in Visso (zie blz. 278) definitief hun deuren hebben gesloten. Daarom laat ik verder alle tips voor accommodatie, restaurants en winkels onder voorbehoud en met de beste wensen voor hun eigenaren staan …

eeuw waarvan het houten kruis voorlopig in Ascoli Piceno in veiligheid is gebracht, en het moderne kunstmuseum in het stadhuis weer te bezichtigen zullen zijn.

De helaas zwaar beschadigde plaats ligt op het snijpunt van twee nationale parken, zodat de aan zijn voeten idyllisch klaterende Tronto door de Monti Sibillini én het bergmassief van het Parco Nazionale Gran Sasso e Monti della Laga wordt bewaakt. Het laatste behoort feitelijk tot de Abruzzen.

Wandeling op de Monte Vettore ▶ F 7

Arquata del Tronto was tot nu toe een goed uitgangspunt voor een wandeling naar de Monte Vettore. Beginpunt voor deze alpine excursie, waarbij 940 hoogtemeters moeten worden overwonnen, is de een paar kilometer noordwestelijk gelegen **Forca di Presta** op een 1500 m hoge pas op de grens van Marche en Umbrië. Van daaruit wandelt u over een pad (dat niet overal is gemarkeerd) over een hoogvlakte aan de voet van de ruim 2000 m hoge **Monte Vettoretto,** met de **Rifugio Tito Zilioli** op de hoogste top van de Monti Sibillini.

Eenmaal boven aangekomen kijkt u uit over het dal van het Lago di Pilato tot aan de Pizzo del Diavolo, die 2410 m de lucht in steekt. Voor de klim en afdaling moet u op minimaal vijf uur rekenen (alleen voor ervaren wandelaars en niet met slecht weer en nooit alleen).

Informatie

Casa del Parco: Fraz. Borgo, tel. 0736 80 39 15, www.centrodueparchi.it. Van de coöperatie Forestalp, die hier ook B&B (2 pk € 60-70) aanbiedt, juni-sept. 9.30-12.30, 16-19 uur.

Castelluccio ▶ F 7

Castelluccio troonde pittoresk – helaas op het moment van redactiesluiting van deze gids (eind 2016) als 'puinhoop' – boven de adembenemend mooie Piano Grande. Het kleine bergdorp in de grote hoogvlakte horen bij Umbrië. De plaats ligt op 1500 m hoogte en staat voor smakelijke en voedzame linzen, die ter plaatse, maar ook internationaal worden verkocht (zie blz. 282). De nagenoeg platte hoogvlakte is geheel overdekt met linzenvelden, die elk jaar eind juni veelkleurig bloeien. Dit schouwspel, dat elke zomer plaatsvindt, heet *fioritura* en trekt bezoekers naar dit platte stukje aarde, dat overigens ook in andere jaargetijden fascinerend is. Het ligt tegen het decor van de met sneeuw bedekte 2000 m hoge bergen, waar in de zomer parapenters uit heel Europa met hun bontgekleurde schermen de blauwe lucht kiezen (www.prodelta.it).

Castelsantangelo sul Nera ▶ F 7

De hoogvlakte Piano Perduto behoort tot Castelsantgelo sul Nera. Deze hoogvlaktie kan dan wel niet concurreren met de nabijgelegen grotere Piano Grande, maar is zeker net zo mooi om te zien en eveneens ingezaaid met linzen; er groeien ook andere peulvruchten en er grazen schapen en paarden. De overnachtingsmogelijkheden van deze plaats liggen aan de bosgroene voet van de 1800 m hoge **Monte Prata** en in het kleine, door de aardbeving zwaar getroffen centrum aan de oever van de rivier de Nera, dat wordt omsloten door een indrukwekkende middeleeuwse muur en een hoog oprijzende wachttoren. Binnen de muren imponeren romantische steegjes en twee romaanse kerkjes. Ik vrees echter dat de laatste twee – als ze er überhaupt

Overnachten

Op wintersporters ingesteld – La Baita: Monte Prata, tel. 333 694 53 92, www.monteprata.it, 2 pk € 80, HP € 60, VP € 90. Een rustiek ingericht, landelijk hotel. Kost en inwoning in keurige driesterrenkamers midden in de natuur, tegenover de nieuwe skilift.

Stille kamers en lekker eten – Hotel dal Navigante: Fraz. Nocelleto, tel. 0737 981 06, www.dalnavigante.it, 2 pk € 60, HP € 50. Een landelijk gelegen hotel in het groen, met sobere maar schone kamers, waar de sympathieke familie Valentini lekkere en voordelige gerechten bereid. In augustus 2016 moest het hotel voor de evacués van een bejaardentehuis en na de aardbeving in oktober uit voorzorg helemaal worden ontruimd.

Groene rust – Camping Monte Prata: Loc. Schianceto, tel. 0737 97 00 62, www.campingmonteprata.it, half juni-half sept. De camping ligt afgezonderd tussen bos en weiden.

Tip

Vleselijke verleidingen: Calabrò en Pettacci

Voor wie ervan houdt, vormen de smakelijke vlees- en worstspecialiteiten van de plaats Visso de attractie bij uitstek. Een goede reputatie hebben slagerij Calabrò die de typische *ciauscolo* (zie blz. 29), naar keus van varkensvlees of wild zwijn, verkoopt en de winkel van de familie Pettacci. Bij deze laatste zijn naast ham- en worstspecialiteiten ook de beroemde linzen te koop (Piazza Capuzi 19 en Via XXIV Maggio 5).

Eten en drinken

Authentiek – Dell'Erborista: Fraz. Gualdo, Via San Martino 55/77, tel. 0737 981 34, do. gesl., menu € 30. Restaurant en bar in 'de pampa', stevige burgerkost met linzen.

Visso ▶ E 7

Centrum

Het door groene bossen omgeven Visso, aan de oever van de Nera, is een van de toeristische centra in dit gebied. Ook is hier het hoofdkantoor van het nationale park gevestigd. Het tot de aardbeving nogal ingetogen leven speelde zich af op de met winkels en horeca omzoomde **Piazza Capuzi** met de imposante **Collegiata Santa Maria** (13e eeuw). Visso imponeert cultuurminnende reizigers met het **Museo Diocesano** met **Museo dei Manoscritti Leopardiani**, dat in een voormalig augustijnenklooster sacrale kostbaarheden en originele manuscripten van de nationale dichter bezit, die voorlopig in Bologna in veiligheid zijn gebracht. Visso biedt verder worst- en hamspecialiteiten, zoals de culinair beroemde *ciauscolo* (Piazza Martiri Vissani 12).

Santuario di Santa Maria di Macereto

www.santuariomacereto.it, mei-sept. ma. en wo. 15-19, do. en vr. 10-12, 16-18, za. en zo. 10-13, 15-18, okt. za. en zo. 10-13, 15-18 uur

De indrukwekkendste bezienswaardigheid van Visso bevindt zich circa 5 km buiten het stadje op 1000 hoogtemeters in het stadsdeel Cupi. Daar staat op een hoogvlakte de imposante **bedevaartskerk**. De kerk werd tussen 1529 en 1556 op de ruïnes van een romaans kerkje uit de 14e eeuw gebouwd, waarschijnlijk naar het ontwerp van de beroemde renaissancearchitect Bramante en onder

De Monti Sibillini betoveren met hun buitengewone natuur

leiding van Filippo Salvi da Bissone. Op wonderbaarlijke wijze –zoals men ter plekke zegt – is de kerk nauwelijks door de aardbeving beschadigd. Het indrukwekkende godshuis heeft een achthoekige plattegrond en is vanbinnen gedecoreerd met kostbare schilderijen van de hand van Simone de Magistris. Het herdersdorpje Cupi bekoort met de enigszins archaïsche sfeer en de schapenkaasspecialiteiten (te koop bij onder andere Azienda Pastorello di Cupi, Via Piana 103, tel. 335 758 92 54, www.pastorellodicupi.it, juli en aug. 10-12, 16-19 uur, € 5).

Overnachten, eten

Rustiek in het herdersdorp – **El Rifugio Cupi**: Via Piana 1, Cupi, tel. 0737 97 10 41, 329 236 06 83, www.rifugiocupi.it, 2 pk € 70, HP € 53. Eenvoudige kamers, stevige maaltijden en door de rifugio georganiseerde excursies.

Informatie

Casa del Parco (Zentrale): Piazza del Forno 1, tel. 0737 97 27 11, www.sibillini.net.

Vervoer: busverbindingen naar Camerino, Tolentino en Castelsantangelo sul Nera.

Lago di Fiastra ▶ F 6

Het water dat nodig was voor het stuwmeer werd in 1952 afgeleid van de rivier de Fiastrone; het doel was het genereren van elektriciteit voor de regio. Het meer is geschikt om in te zwemmen en vormt vooral vanwege de aanwezigheid van forellen een waar visparadijs.

Rondom het meer liggen hoge bergen, mooie bossen, afgelegen agriturismi, twee campings langs de oever en het kleine dorpje San Lorenzo. Erboven bevindt zich het bergdorpje Fiastra, waar het **Museo del Camoscio** over de eerder genoemde abbruzengems informeert.

Overnachten, eten

Mooi uitzicht – **Casa Mameli**: Fiastra, Via Paladue 38, tel. 0737 524 57, 333 637 62 10, www.agriturismomameli.it, 2 pk € 60, HP € 50. De sobere kamers die met antiek zijn ingericht kijken uit op het

meer of de bergen. De 18e-eeuwse muren van het gebouw zijn gerestaureerd. Binnen komen eenvoudige lokale gerechten op tafel.
Slapen en eten – Verdefiastra: San Lorenzo, Via Circovallazione del Lago 19, tel. 0737 52 70 25, www.verdefiastra.it. Op het terrein zijn plaatsen voor tenten en campers. Er zijn bungalows te huur, en aan de oever van het meer is een restaurant.

Informatie

Centro Visita en Museo del Camoscio: Via del Lago 5, tel. 0737 521 85, juli en aug. 10-13, 16-19 uur.

Sarnano en San Ginesio ▶ F 6

Het kuuroord Sarnano ligt aan de rand van het nationale park. Het vormt een van de centra van het skitoerisme van Marche met **alpiene pistes** en **langlaufloipes** in de naburige plaats Acquanina. Op de hoogstgelegen plek van het stadje imponeert **Piazza Alta** – momenteel niet toegankelijk vanwege schade die door de aardbeving is veroorzaakt – met de Torre Civica en de Chiesa Santa Maria van eind 13e eeuw. De plaatselijke **Musei Civici** combineren een schilderijenkabinet, een wapenmuseum en een faunamuseum; ze zijn ondergebracht in het voormalige klooster **S. Chiara** (www.museosarnano.it, juli en aug. ma.-za. 16.30-19.30, zo. ook 10-12.30, daarbuiten za., zon- en feestdagen 10-12, 16-18.30 uur, € 5).

Het naburige San Ginesio was en is vanwege de vele, helaas door de aardbeving van oktober beschadigde middeleeuwse gebouwen en het grandioze uitzicht op de Monti Sibillini abuluut een uitstapje waard.

Overnachten

Aan de rand van Sarnano staan moderne hotels, zoals het viersterrentoeristendorp **Centro Turistico Montanaria**, tel. 0733 65 84 22, www.montanaria.it, 2 pk € 90-110.

Info en festiviteiten

IAT: Largo Ricciardi 1, tel. 0733 65 71 44, www.commune.sarnano.mc.it.
Castrum Sarnani: half aug. Historisch spektakel in prachtige middeleeuwse kostuums.

Amandola ▶ G 6

De vriendelijke provinciestad, waar men van 500 m hoogte naar beneden in het dal van de Tenna kijkt en naar boven naar de Monti Sibillini, is een populair startpunt voor bergwandelaars. Door de barokke **Porta San Giacomo** komt u bij de **Piazza Risorgimento**, die wordt geflankeerd door het Palazzo Comunale, de Chiesa S. Agostino uit de 14e eeuw en de cafés onder de arcaden, zoals het stads aandoende Gran Caffè Belli.

Een paar flink stijgende steegjes hoger ligt de **Piazza Umberto I**, waar u de Torre del Podestà uit de 14e eeuw en het (door de aardbeving beschadigde) Teatro Fenice ziet liggen en u een mooi uitzicht hebt op de oostflank van 'de blauwe bergen'. Het enige museum van Amandola, dat overigens in 1248 is ontstaan door het verenigen van drie landgoederen, bevindt zich in de Chiostro di San Francesco en fungeert tegelijk als bezoekerscentrum van het nationale park.

Museo Antropogeografico
Largo Leopardi 4, tel. 0736 84 85 98, juli en aug. dag. 9.30-12.30, 16-19 uur

Het museum documenteert op conventionele museale wijze én met behulp van multimedia het natuur- en cultuurlandschap van de Monti Sibillini. Het geeft uitleg over het landschap, de flora en fauna, en het leven en lijden van de mensen in deze weliswaar mooie, maar ook wel ruige en onherbergzame regio.

Overnachten, eten

Stijlvol landgoed – **Antica Tenuta Le Piane:** Via Piane 21, tel. 0736 84 76 41, 338 730 79 18, www.anticatenutalepiane.it, accommodatie voor 2 pers. max. € 560 per week. De charmante Alessandra Pasqualetti Ricci is niet alleen erfgenaam, maar ook inspirator van het chique landgoed halverwege Sarnano en Amandola. Stijlvol gerestaureerd en gemeubileerd. Met geschiedenis (en twee zwembaden).
Aanbevolen – **Hotel Paradiso:** Piazza Umberto I, tel. 0736 84 74 68, www.sibillinihotels.it, 2 pk vanaf € 70, HP € 60. Het door twee generaties beheerde hotel biedt comfortabele kamers met balkon en bergpanorama. Het fietsvriendelijke hotel ligt in een klein park boven de stad. Bij de opening in de jaren 60 heette het Grand Hotel. In de ruime eetzaal en op het terras worden regionale specialiteiten à la Campofilone geserveerd.

Informatie

Casa del Parco: zie Museo Antropogeografico.
Ufficio Turistico: Piazza Risorgimento.
Vervoer: er gaan bussen naar Ascoli Piceno, Montefortino, Montemonaco.

Montefortino ▶ F/G 6

Montefortino kronkelt onder de natuurlijke hoede van Monte Sibilla en Monte Priora de berghelling op, wordt naar boven toe steeds smaller en eindigt tot slot op het hoogste punt in de bevallige **Chiesa S. Francesco,** die sinds 1550 over de plaats waakt.

Het kleine middeleeuwse dorp bekoort met zijn pittoreske uitstraling, en de Pinacoteca Civica Fortunato Duranti, die men hier trots het 'Piccolo Louvre dei Monti Sibillini' noemt: het kleine Louvre van de Monti Sibillini.

Daarnaast staan in Montefortino het oeroude romaanse godshuis S. Angelo in Montespino en de barokke bedevaartskerk **Santuario Madonna dell'Ambro.** De eerste kerk, waar in de crypte zelfs antieke resten te vinden zijn, dateert vermoedelijk al uit de 7e en 8e eeuw en ligt op 864 hoogtemeters boven de weg naar Montemonaco (aug. za. en zo. 17-19 uur, daarbuiten op afspraak in het museum, zie verderop). De tweede kerk staat ook buiten de dorpskern in het dal van het riviertje de Ambro en was op het moment van redactiesluiting vanwege zijn 'aardbevingswonden' voor onbepaalde tijd gesloten. Op die plek is in de 11e eeuw volgens het volksgeloof de Madonna verschenen. Daar moet u ook zijn als u de wandeling naar de **Gola dell'Infernaccio** wilt maken, want het startpunt ligt achter het gehucht Rubbiano (zie blz. 285).

Pinacoteca Civica Fortunato Duranti

Palazzo Leopardi, Largo Duranti 5, www.pinacotecafortunatoduranti.it, tel. 347 225 98 26, juli en aug. dag. 10-13, 16-19, sept. en okt. zo. 10.30-12.30, 16-18 uur, € 5

Het bergdorp Montefortino heeft zijn spectaculaire schilderijengalerie aan de royale gift van zijn grote schilderszoon Fortunato Duranti (1787-1863) te danken. Die maakte in den verre carrière en verzamelde in de loop van zijn leven een kostbare ▷ blz. 284

Op ontdekkingsreis

Linzenveldwerk op de Piano Grande bij Castelluccio

Hoewel ik de linzen uit Castelluccio al van naam kende, wist ik tot aan mijn aankomst op de hoogvlakte Piano Grande niet hoe linzenplanten eruitzien en waar of hoe ze groeien. Als dat bij u ook het geval is, kunt u in Castelluccio per seizoen de verschillende stadia van het verbouwen van linzen bekijken.

Kaart: ▶ F 7

Planning: u hebt een auto nodig; vanaf Ascoli Piceno via Acquasanta Terme en Arquata del Tronto circa drie uur, vanaf Camerino circa anderhalf uur, vanaf Visso/Castelsantangelo sul Nera circa dertig minuten. De linzen zijn in Castelsantangelo en Visso te koop.

Als u arriveert na het smelten van de sneeuw, aan het eind van de winter, dan kunt u de linzenboeren van **Castelluccio**, en ook hun collega's een hoogvlakte verder, uit **Castelsantangelo sul Nera**, de grond zien ploegen. Zij verrichten met deze arbeid de eerste belangrijke stap in de verbouw van de *lenticchie di Castelluccio,* de linzensoort die sinds 1997 met het kwaliteitsmerk Indicazione Geografica Protetta, IGP, is beschermd. De linzen van Castelluccio zijn een interregionaal product, omdat ook de op de **Piano Perduto** (Marche) geoogste kleine peulvruchten onder de merknaam 'linzen van Castelluccio' vallen.

Zaad en bloesem

Voordat men kan oogsten moet men eerst zaaien, wat in het geval van deze fijne linzensoort uit de Monti Sibillini – die men vanwege de tere velletjes niet moet weken voorafgaand aan het koken – zo ongeveer vanaf eind maart geschiedt. Voor een goede oogst heeft het zaad nogal wat regen nodig – dat is de reden dat de linzenboeren elk jaar, eind juni, op bedevaart gaan naar de **kerk van de heilige Scholastica** in **Norcia**, om voor de in het ideale geval gul gevallen voorjaarsregen te danken en om alvast nieuw hemelwater af te smeken voor het volgende linzenjaar. Maar weer even terug van deze bedevaartskerk naar de hoogvlakte Piano Grande, die intussen in het voorjaar in een bontgekleurde bloesemzee is omgetoverd: dit schouwspel der natuur, meestal eind juni, heet *fioritura* en wordt soms vertaald met 'linzenbloei'.

Dit is echter de halve waarheid, omdat de slechts 30 cm hoge filigranen linzenplant uitsluitend wit-blauwachtige pasteltinten toont in zijn bloesem. Wanneer dus de linzenvelden hier en daar diepgeel oplichten, of rode of blauwe bloemen lijken te dragen, is dat de schuld van het viooltje, de boterbloem, papaver en korenbloem – die bloemen houden de linzen namelijk graag gezelschap, en steken, naarmate de zon in het jaargetijde hoger klimt, met hun hogere stelen boven de linzenplanten uit. Hoe dan ook: de eind mei inzettende *fioritura* in de ware zin des woords vormt een lust voor het oog en een toeristische attractie, en de inwoners van Castelluccio en Castelsantangelo is het een feest waard.

Oogst en verkoop

Vanaf midden juli staat de oogst van de peulvruchten op de boerenkalender. Het oogsten was tot in de jaren 60 nog geheel handwerk. Het werd vooral gedaan door gastarbeidsters (*carpirine*), afkomstig uit de provincie Ascoli Piceno, die elk jaar weer te voet of anderszins naar de hoogvlakte trokken, bepakt en bezakt, en die hun provisorische bivak opsloegen in boerenstallen. In later jaren gebruikte men vaak een sikkel bij het oogsten en intussen komen bij de meeste linzenboeren maaimachines op het veld. Na de oogst moet het linzenstro worden gefilterd (van steentjes ontdaan) en gedroogd. Dit is een zeer nauwkeurig en arbeidsintensief werkje, maar het is een te uitgebreid proces om dat hier in kort bestek te kunnen beschrijven. Interessant te vermelden is dat elke afzonderlijke linze een eigen peul ofwel schil heeft.

De linzenboeren van Castelluccio en Castelsantangelo halen in ieder geval aan het eind van een doorsnee linzenjaar zo'n zuinige 400 kilo per hectare van de velden, en alles bij elkaar een paar duizend kilo. De linzen die ze niet zelf eten – wat ze wel doen, in de vele smakelijke lokale gerechten – worden verpakt en verzegeld en als delicatesse *all'italiana* de halve wereld over verstuurd, bijvoorbeeld ook naar Nederland en België, waar ze te koop zijn in biologische winkels en delicatessenzaken.

schilderijencollectie, die hij – nadat hij aan het eind van zijn leven naar zijn geboortedorp terugkeerde – aan zijn medeburgers naliet. De collectie omvat 150 schilderijen uit de 15e tot 19e eeuw, waaronder werken van Perugino (1448-1523), Pietro Alemanno (1475), Pier Francesco Fiorentino (1497) en Francesco Botticini (1444-1497).

Overnachten

Langs de ruisende beek – **Antico Mulino**: Loc. Tenna, tel. 0736 85 95 30, www.anticomulino.it, Pasen-nov., 2 pk € 60-90, HP € 50-60. Tot agriturismo omgebouwde molen uit de 15e eeuw onder leiding van de sympathieke familie Ciaffoni. De kamers en het restaurant zijn goed verzorgd en het landschap bij de beek de Tenna is idyllisch. Het hoogtepunt is een klein binnenzwembad onder oude gewelven.

Splinternieuw – **Camping Sibilla**: Loc. Tenna, tel. 333 745 92 62, 348 533 95 63, www.campingsibilla.it. Deze camping voor tenten en campers werd pas in 2016 geopend en is voorzien van splinternieuw sanitair. De camping ligt vlak bij de bovengenoemde agriturismo en is in handen van dezelfde eigenaren.

Informatie

Casa del Parco: Largo Duranti (Palazzo Leopardi), in het museum, www.montefortino.com.
Vervoer: eenmaal per dag bussen via Montemonaco naar Ascoli Piceno en naar Amandola, alleen op weekdagen.

Montemonaco ▶ F 6

De plaats werd gesticht door monniken, zoals de naam al doet vermoeden, en biedt een mooi zicht op de Monte Vettore en de Monte Sibilla. In het plaatselijke **Museo della Grotta della Sibilla** (Via Trieste, juli en aug. 10.30-12, 16.30-19 uur) worden kunstzinnige en literaire beelden van de legendarische profetes en tovenares getoond. Op het hoogste punt van Montemonaco ligt een klein dorpspark met een pittoreske vervallen ruïne van een slot. Er zijn een aantal stijlvolle accommodatiemogelijkheden en restaurants.

Overnachten, eten

Beleef pure ontspanning – **Cittadella**: Montemonaco (met borden aangegeven), tel. 0736 85 63 61, www.cittadelladeisibillini.it, 2 pk € 60-80, HP € 55-65. Een comfortabele agriturismo met een uitstekende keuken en een schitterend panorama. Het biedt stijlvolle kamers en bijzonder lekker eten, die met eigen producten worden bereid. Daarnaast zijn er een fraai uitzicht op de bergen, een mooie tuin en een heerlijk zwembad. De eigenaars geven u graag reistips.

Vriendelijk en authentiek – **Monte Azzurri**: Via Roma 18, tel. 0736 85 61 27, www.hotelmontiazzurri.com, 2 pk € 60-90. Dit kleine hotel met restaurant (Borgo Antico) in hetzelfde gebouw bevindt zich aan de hoofdstraat. Er zijn keurig verzorgde kamers en eerlijke lokale gerechten die zijn bereid met verse producten uit de omgeving. Deze producten zijn overigens ook te koop in de authentieke levensmiddelenwinkel ertegenover.

Actief

Wandelen – De vriendelijke, Italiaans en Engels sprekende wandelgidsen van de coöperatie **Quattropassi** geven suggesties voor tochten, maar houden ook rekening met individuele wensen. Ze kunnen u ook helpen bij het beklimmen van een bergtop. U kunt ze via alle genoemde hotels, telefonisch en via hun website bereiken: www.quattropassi.org, Fabio: 335 684 41 28, Maurizio: 328 166 24 27.

Ervaren wandelaars kunnen in Montemonaco's deelgemeente **Foce** de klim naar het **Lago di Pilato** op 1940 m ondernemen. Hiervoor moet u 1000 hoogtemeters overwinnen. Voor de heen- en terugweg moet u bij een gemiddelde conditie op zo'n vijf tot zes uur rekenen. Daarbij loopt u steeds onder de duivelse hoede van de Pizzo Diavolo (2410 m) en gaat het pad zo nu en dan nogal steil omhoog. Voor meer routevoorstellen zie hiernaast.

Informatie

Casa del Parco: Via Roma, tel. 0736 85 64 62, juli en aug. 10-12.30, 16.30-19 uur.
Vervoer: zie Montefortino.

Wandelingen naar de Gola dell'Infernaccio en de Monte Sibila ▶ F 7

Montefortino en Montemonaco zijn uitstekend geschikt als uitvalsbasis voor een **wandeling door de Gola dell'Infernaccio**. Startpunt is het gehucht Rubbiano dat niet ver van Montefortino's bedevaartskerk Madonna dell'Ambro ligt (retour circa vier uur). Over de 'Hellekloof' waakt het kerkje San Leonardo, dat door de moderne kluizenaar padre Pietro Lavini niet geheel naar het origineel is gerestaureerd.

Vanuit **Montemonaco** of de **Rifugio Sibilla**, een paar bochtige kilometers over de landweg in westelijke richting, kunt u ook de **Monte Sibilla** beklimmen, wat bij een hoogteverschil van 630 m in vijf uur zou moeten lukken. De route is echter niet gemarkeerd, zodat u hier op kaart en kompas bent aangewezen.

Wandelingen naar de Gola dell'Infernaccio en de Monte Sibilla

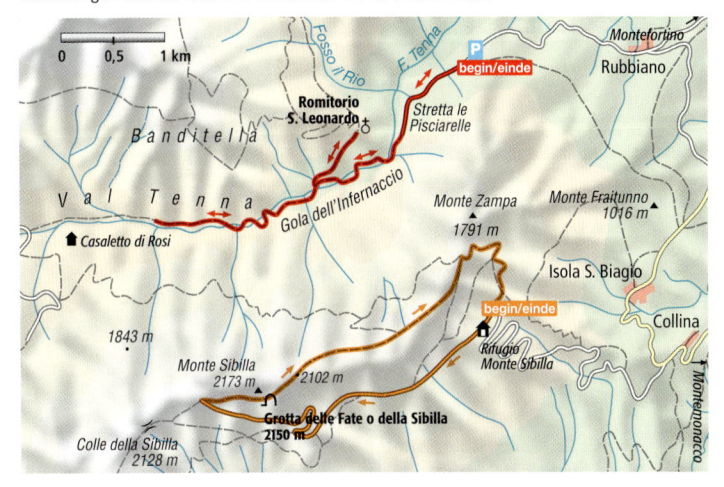

Favoriet

Piano Grande ▶ F 7/8

De hoogvlakte bij Castelluccio hoort feitelijk bij Umbrië, maar tijdens een rondrit door de Monte Sibillini komt u erlangs. Zou dat niet zo zijn, dan had u er zeker speciaal naartoe moeten rijden, omdat deze vlakte, zoals de Italianen zeggen, *da non perdere*, letterlijk 'niet gemist' mag worden – met name eind juni, wanneer de linzenvelden voor het decor van 'de blauwe bergen' in volle bloei staan. Maar ook in de andere jaargetijden biedt de Piano Grande een indrukwekkende aanblik.

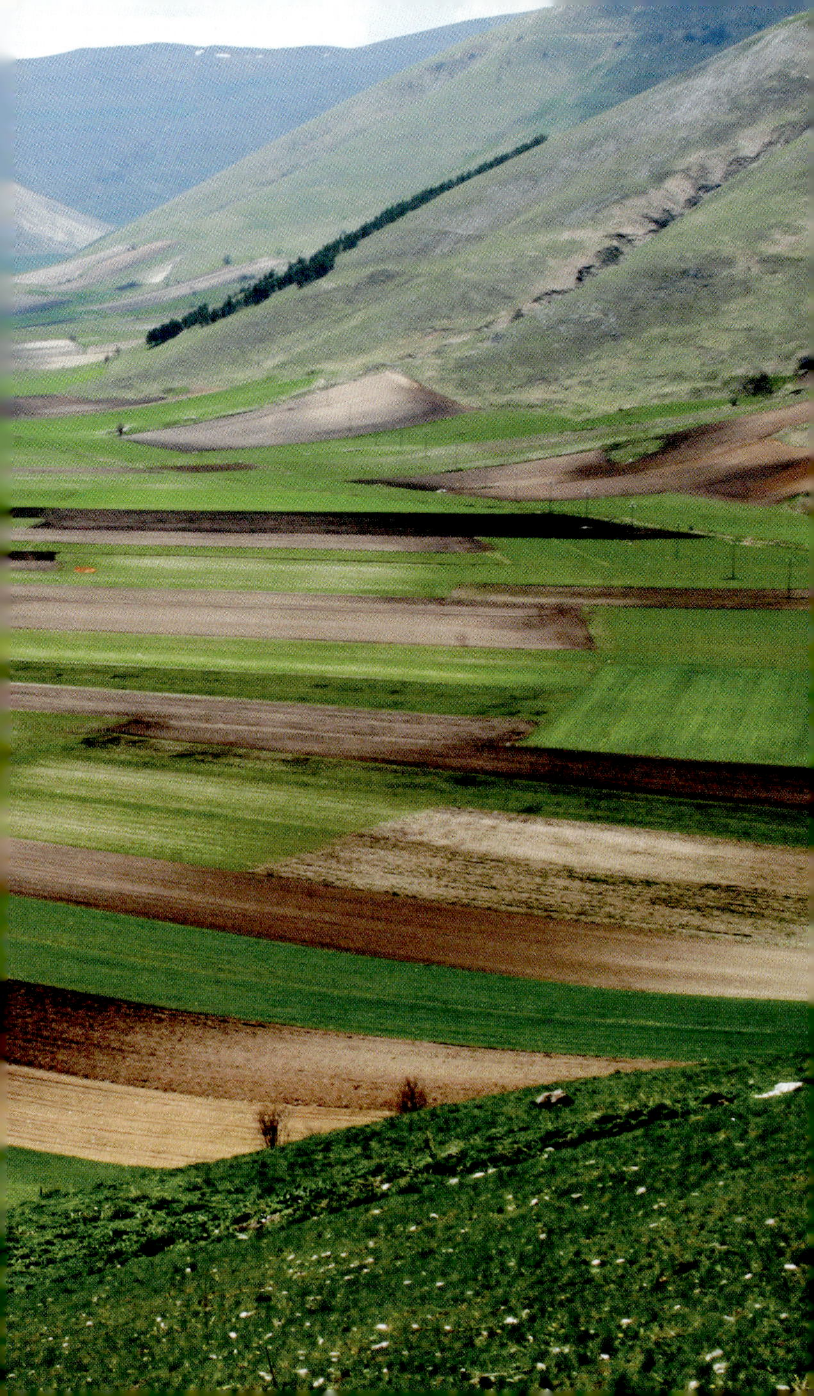

Toeristische woordenlijst

Regels voor de uitspraak

Over het algemeen wordt het Italiaans zo uitgesproken als dat het staat geschreven. Staan er twee **vocalen** direct naast elkaar, dan worden die apart uitgesproken (bijvoorbeeld E-uropa). De **klemtoon** ligt bij de meeste woorden op de voorlaatste lettergreep. Ligt die echter op de laatste lettergreep, dan wordt een accentteken toegepast (bijvoorbeeld città, caffè).

Medeklinkers

c	voor a, o en u als k, bijv. conto; voor e, i als tsch, bijv. cinque
ch	als k, bijv. chiuso
ci	voor a, o en u als tsch, bijv. doccia
g	voor e, i als dsch, bijv. gentile
gi	voor a, o en u als dsch, bijv. spiaggia
gl	als lj in briljant, bijv. taglia
gn	als gn in cognac, bijv. bagno
h	wordt los in het Italiaans niet gebruikt
s	deels stemhebbend, bijv. in museo; deels stemloos, bijv. in sinistra
sc	voor a, o en u als sk, bijv. scusi; voor e, i als sch, bijv. scelta
sch	als sk, bijv. schiena
sci	voor a, o en u als sch, bijv. scienza
v	als w, bijv. venerdì
z	deels als ds, bijv. zero; deels als ts, bijv. zitto

Algemeen

goedemorgen/-dag	buon giorno
goedenavond	buona sera
goedenacht	buona notte
tot ziens	arrivederci
excuus/sorry	scusa (scusi)
hallo/dag	ciao
alstublieft	prego/per favore
dank u	grazie
ja, nee	sì, no
Wat zegt u?	come?/prego?

Onderweg

halte	fermata
bus, auto	autobus, macchina
uitrit/uitgang	uscita
tankstation	stazione di servizio
rechts	a destra
links	a sinistra
rechtdoor	diritto
station	stazione
luchthaven	aeroporto
alle richtingen	tutte le direzioni
eenrichtingsverkeer	senso ùnico
ingang	entrata
geopend, gesloten	aperto/-a, chiuso/-a
kerk, museum	chiesa, museo
strand	spiaggia
brug	ponte
plein	piazza/posto

Tijd

uur, dag	ora, giorno
week	settimana
maand	mese
jaar	anno
vandaag	oggi
gisteren	ieri
morgen	domani
's morgens	di mattina
's avonds	di sera
's middags	a mezzogiorno
vroeg, laat	presto, tardi
maandag	lunedì
dinsdag	martedì
woensdag	mercoledì
donderdag	giovedì
vrijdag	venerdì
zaterdag	sàbato
zondag	doménica

Noodgevallen

Help!	Soccorso!/Aiuto!
politie	polizìa
arts, dokter	mèdico
tandarts	dentista
apotheek	farmacia
ziekenhuis	ospedale
ongeval/ongeluk	incidente
pijn	dolori
pech	guasto

Overnachten

hotel/herberg	albergo
pension	pensione
eenpersoonskamer	camera singola
tweepersoonskamer	camera doppia
met/zonder bad	con/senza bagno
wc	bagno, gabinetto
douche	doccia
met ontbijt	con prima colazione
halfpension/HP	mezza pensione
bagage	bagagli
rekening	conto

Winkelen

winkel, markt	negozio, mercato
creditcard	carta di credito
geld, geldautomaat	soldi, bancomat
levensmiddelen	alimentari
duur	caro/-a
goedkoop	a buon mercato
maat	taglia
betalen	pagara

Getallen

1	uno	17	diciassette
2	due	18	diciotto
3	tre	19	diciannove
4	quattro	20	venti
5	cinque	21	ventuno
6	sei	30	trenta
7	sette	40	quaranta
8	otto	50	cinquanta
9	nove	60	sessanta
10	dieci	70	settanta
11	undici	80	ottanta
12	dodici	90	novanta
13	tredici	100	cento
14	quattordici	150	centocinquanta
15	quindici	200	duecento
16	sedici	1000	mille

Belangrijke zinnen

Algemeen

Spreekt u Engels?	Parla inglese?
Ik begrijp het niet.	Non capisco.
Ik spreek geen Italiaans.	Non parlo italiano.
Ik heet ...	Mi chiamo ...
Hoe heet jij/heet u?	Come ti chiami/si chiama?
Hoe gaat het met je/u?	Come stai/sta?
Dank je/u, goed.	Grazie, bene.
Hoe laat is het?	Che ora è?

Onderweg

Hoe kom ik in/naar ...?	Come faccio ad arrivare a ...?
Excuus, waar is ...?	Scusi, dov'è ...?
Kunt u mij zeggen ... alstublieft?	Mi potrebbe indicare ..., per favore?

Bij nood

Kunt u mij helpen alstublieft?	Mi può aiutare, per favore?
Ik heb een dokter nodig.	Ho bisogno di un medico.
Hier heb ik pijn.	Mi fa male qui.

Overnachten

Hebt u een kamer vrij?	C'è una càmera libera?
Hoeveel kost de kamer per nacht?	Quanto costa la càmera per notte?
Ik heb een kamer gereserveerd.	Ho prenotato una camera.

Winkelen

Hoeveel kost ...?	Quanto costa ...?
Ik heb nodig ...	Ho bisogno di ...
Wanneer geopend/gesloten ...?	Quando apre/chiude ...?

Culinaire woordenlijst

Bereidingen/specialiteiten

affogato	overgoten met
alla griglia	gegrild
amabile/dolce	zacht/zoet
arrosto/-a	gebraden
arrostato/-a	geroosterd
bollito/-a	gekookt
caldo/-a	warm
formaggio	kaas
freddo/-a	koud
fritto/-a	gebakken
al forno	uit de oven
gratinato/-a	gegratineerd
stufato/-a	gesmoord
con/senza	met/zonder

Voorgerechten en soep

alici	sardines in zuur
antipasti misti	gemengd voorgerecht
antipasti del mare	voorgerecht met vis/zeevruchten
bruschetta	geroosterd brood met knoflook en olie
cannellini	witte grote bonen, niet gekruid
carciofi	artisjokken
cozze ripiene	gevulde mosselen
fagiolini bianchi	witte bonen
insalata di polpo	inktvissalade
melanzane alla griglia	gegrilde aubergines
minestrone	groentesoep
peperonata	gemengde gesmoorde groenten
prosciutto	ham
salame di cinghiale	wildzwijnsalami
vitello tonnato	kalfsvlees met tonijnsaus
zucchine alla griglia	gegrilde courgette
zuppa di pesce	vissoep

Pasta

cannelloni	gevulde pastapijpen
fettuccine/tagliatelle	lint-/bandpasta
gnocchi	aardappelnoedels
lasagne	pastavellen met daartussen gehakt, tomaat en bechamelsaus
paglia e fieno	gele en groene lintpasta
pasta fresca (fatta in casa)	verse (huisgemaakte) pasta
pasta ripiena	gevulde pasta (bijv. met spinazie en ricotta)
polenta	maïsbrij
risotto ai funghi	risotto met paddenstoelen
risotto alla marinara	risotto met zeevruchten

Vis en zeevruchten

anguilla	aal/paling
aragosta	langoesten
cozza	mosselen
gamberetto	garnalen
gambero	kreeft
orata	dorade/goudbrasem
ostrica	oester
pesce persico	zeebaars
salmone	zalm
seppia	inktvis
sogliola	zeetong
trota	forel

Vlees en gevogelte

agnello	lam
anatra	eend
arrosto	gebraad (ook vis)
brasato	runderstoof
capra	geit
carne	vlees
cinghiale	wildzwijn
coniglio	konijn
coscia/cosciotto	schapen-/lamsbout
faraona	parelhoen
lepre	haas
maiale/porco	varken
manzo	rund
oca	gans
pernice	patrijs

pollo, tacchino	kip, kalkoen	anguria	watermeloen
quaglia	kwartel	fico	vijg
salumi	worstsoorten	fragola	aardbei
spezzatino	goulash	frutta	fruit
vitello	kalf	gelato	ijs
		lampone	frambozen

Groente en bijgerechten

bietola	(snij)biet	macedonia	verse vruchtensalade
carota	peen/worteltjes	mela	appel
cavolfiore	bloemkool	melone	honingmeloen
cavolo	kool	panna cotta	gekookte slagroom
cipolla, porro	ui, prei	tiramisù	lange vingers met mascarponecrème
fagioli/fave	bonen		
finocchio	venkel	torta (di frutta)	taart (vruchtengebak)
fungo porcino	eekhoorntjesbrood	zabaione	crème van eierschuim
insalata mista	gemengde salade		
melanzana	aubergine		

Dranken

pane	brood	acqua (minerale)	(mineraal-)water
patata	aardappel	... con gas/gassata	... met koolzuur
pisello	doperwt	... senza gas/liscia	... zonder koolzuur
polenta	maisbrij	birra (alla spina)	bier (van het vat)
pomodoro	tomaat	caffè (corretto)	koffie (met Grappa)
riso	rijst	ghiaccio	ijs
sedano	selderij	granita di caffè	ijskoffie
spinaci	spinazie	latte	melk
zucca	pompoen	liquore	likeur
		spumante	mousserende wijn

Nagerechten en fruit

		succo	zacht
albicocca	abrikozen	tè	thee
cantuccino	amandelkoekjes	vino rosso/bianco	rode wijn/witte wijn
cassata	plakken ijs met gekonfijte vruchten		

In een restaurant

Ik wil graag een tafeltje reserveren.	Vorrei prenotare un tavolo.	dagmenu	menù del giorno
De kaart, alstublieft.	Il menù, per favore.	borden en bestek	coperto
wijnkaart	lista dei vini	mes	coltello
Mag ik de rekening?	Il conto, per favore?	vork	forchetta
voorgerecht/pasta	antipasto/primo piatto	lepel	cucchiaio
soep	minestra/zuppa	glas	bicchiere
hoofdgerecht	piatto principale	fles	bottiglia
nagerecht	dessert/dolce	zout/peper	sale/pepe
bijgerecht	contorno	suiker/zoetje	zucchero/saccarina
		ober/serveerster	cameriere/cameriera

Register

aardbevingen 276
Abbadia di Fiastra 236, 242
Abbazia di Rambona 230
Abbazia San Vittore alle Chiuse 182
accordeon 64
Acqualagna 154
Acquasanta Terme 276
affitacamera 27
agriturismo 26
Albergo diffuso 27
Alessandro-Ferruccio Marcucci Pinoli di Valfesina 73
Amandola 280
ambassades 39
Ancona 192
– Anfiteatro Romano 194
– Cattedrale S. Ciriaco 193
– Chiesa del Gesù 194
– Chiesa di Santa Maria della Piazza 195
– Chiesa San Domenico 195
– Corso Garibaldi 198
– Fontana del Calamo 198
– haven 76, 199
– Loggia dei Mercanti 198
– Museo Archeologico Nazionale Delle Marche 194
– Museo della Città di Ancona 198
– Museo Diocesano 194
– Museo Omero 199
– Palazzo degli Anziani 194
– Palazzo Governo 195
– Parco del Cardeto 199
– Passetto 199
– Pinacoteca Civica 'Francesco Podesti' 195
– San Francesco delle Scale 194
– synagoge 198
– Teatro delle Muse 198
apotheken 39
Arcevia 183
Aree sosta 28
Arquata del Tronto 276, 277
Ascoli Piceno 254
Assetto, Franco 93
auto 23

Badia di San Pietro 206
Balsamo, Giuseppe 72
bed and breakfast 27

Belvedere Ostrense 178
Beniamino da Pesaro 129
boogschieten 33
boot of veerboot 25
Borgia, Lucrezia 142
Borgo Pace 117
Bramante, Donato 101, 111
budgettips 40
Burano 51
bus 22, 25

Cagli 156
Camerano 66, 208
– Grotte di Camerano 209
Camerino 235
campings 28
Campofilone 249
Candigliano 51, 152
Carpegna 87, 88, 90
Cartoceto 147, 148
Cascata del Sasso 51
Casteldeci 71
Casteldimezzo 139
Castelfidardo 64, 212
Castelleone di Suasa 161
Castelli di Jesi 53, 164
Castello 95
Castelluccio 277, 282
Castel Santa Maria 233
Castel Sant'Angelo 233
Castelsantangelo sul Nera 277
Cedroni, Moreno 170
Cesarini, Giuseppe 152
Chiaravalle 169
Chientidal 220, 236
Ciaroffini, Francesco Maria 174
Cingoli 181
City Bikes 25
Civitanova Marche 250
Clemens XI 101, 106
Clemens XII 48, 78
Col di Tana 44
Colombarone 138
Conero, Parco Regionale del 201
Corinaldo 163
country houses 26
Cupra Marittima 264
Cupramontana 180

Dante 141, 158
Demian, Cyrill 64

douane 22
Duranti, Fortunato 281
Eco, Umberto 98
economie 45
Elcito 230
Eremo di Fonte Avellana della Santa Croce 158
Eremo di Monte Giove 146
Eremo Monte Carpegna 98
Esanatoglia 233
Esino 51
eten en drinken 28
evenementen 36

Fabriano 55, 185
Falerone 249
Fano 142
Fazzini, Pericle 265
Federico da Montefeltro 48, 59, 60, 72, 101
feestdagen 39
feesten 36
Fellini, Federico 71
Fermignano 111
Fermo 242
Fiastra 279
fietsen 33, 90, 96, 119, 136, 137, 154, 160, 268
Fiorenzuola di Focara 137, 139
fioritura 21
Foce 285
Foligno 55
fooien 39
Forca di Presta 277
Fossombrone 151
Francesco della Rovere 101
Francesco di Giorgio Martini 60, 72, 84, 99, 101, 109, 162
Francesco Maria della Rovere 112, 123
Franzoso, Antonio 64
Frederik II, keizer 47, 173, 258
Frontino 93
– Museo Franco Assetto 94
Fuente, José Manuel 90

Gabicce Mare 139
Gabicce Monte 139
geld 39
Gentile da Fabriano 188
geografie 44
geschiedenis 45, 46

Register

Gigli, Beniamino 216, 218
Giovanni Sforza 142
Gola del Furlo 51, 152
Gola della Frasassi 51
Gola della Rossa 51
Gola dell'Infernaccio 275, 285
Gola di Fiastrone 51
Goldoni, Carlo 62
golf 33
Gradara 141
Grotta di Frasassi 186
Grottammare 264, 266
Guerra, Tonino 71, 72
Guidobaldo da Monfeltro 101

handicap, reizen met een 41
hotels 26
huurauto 23

ideale stad 60
informatie 18
internet 18, 41

Jesi 169
jeugdherbergen 28

klimaat 20
kloosters 28

Lago di Fiastra 52, 279
Lago di Mercatale 99
Lago di Pilato 44, 52, 275, 285
Lamoli 117
Lapis, Gaetano 156
Laurana, Luciano 101
Lazzarini, Gianandrea 134
leestips 19
Leo XII 166
Leopardi, Giacomo 216, 275
Licini, Osvaldo 262
linzenbloei 21
Loreto 213
Lotto, Lorenzo 175, 181, 215

Macerata 222
Macerata Feltria 94
Maiolato Spontini 180
Maiolo 71
Maratti, Carlo 208
Marca Fermana 220
Marecchiadal 71, 84

Mari, Luigi 241
Masina, Giulietta 71
Matelica 233
Mattiacci, Eliseo 157
medische verzorging 39
Mercatello sul Metauro 116
Merckx, Eddy 90
Metauro 51, 115
Metaurodal 46, 82, 112
Mondavio 162
Montappone 248
Montecarotto 179
Monte Carpegna 88, 90
Monte Catria 44, 158
Montecerignone 97
Monte Conero 44, 201
Montecopiolo 98
Montefeltro 82, 87, 98
Montefortino 281
Montemonaco 284
Monte Prata 277
Monte San Vito 177
Monte Titano 85
Monte Vettore 275, 277
Monte Vettoretto 277
Monti Sibillini 44, 80, 252, 275
Morro d'Alba 177
Mussolini, Benito 153

Nathan, Sarah Levi 130
natuur 44
Nera 277, 278
noodgevallen 40
Novafeltria 71
Numana 209

Offida 271
Olivieri, Annibale degli Abbati 134
openingstijden 40
Osimo 211
Ostra (Antica) 176
Ostra Vetere 176
overnachten 26

paardrijden 34
Palmenrivièra 252
Pantani, Marco 90
papierproductie 55
parapente 33
Parco della Gola della Rossa e di Frasassi 181

Parco del Sasso Simone e Simoncello 87
Parco Naturale Monte San Bartolo 137
Parco Naturale Regionale della Gola della Rossa e di Frasassi 166
Parco Nazionale dei Monti Sibillini 44, 275
Parco Nazionale del Gran Sasso e Monti della Laga 44
Parco Regionale del Conero 201
Passo del Lupo 202
Pennabilli 71
Pergola 160
Pergolesi, Giovanni Battista 173, 175
Pesaro 73, 123, 128
Petrella Guidi 71
Piano Grande 275, 277, 282, 286
Piano Perduto 277
Piero della Francesca 60
Pietrarubbia 89, 92, 95
Pius IX 167
Pius VIII 181
politie 40
politiek 44
Pomodoro, Arnaldo 92
Pompili, Lucio 150
Ponte Cappuccini 92, 93
Pontius Pilatus 275
Portonovo 202
Porto Recanati 216
Porto San Giorgio 247
Porto Sant'Elipidio 250
Potenza 51

Rafaël 100, 107
raften 33
Recanati 216, 218
reiskosten 40
reistijd, beste 20
reizen naar Marche 22
renaissance 48, 59
Ridolfi, Claudio 163
Ripatransone 272
Riviera del Conero 190
Rossini, Gioachino 125, 131, 132, 134

Salimbeni, Lorenzo en Jacopo 231

293

Register

San Benedetto del Tronto 268
San Claudio al Chienti 238
San Ginesio 280
San Leo 71, 87
San Lorenzo 279
San Lorenzo in Campo 160
San Marino 85
San Michele Arcangelo di Lamoli 118
San Severino Marche 230
Sant'Agata Feltria 71
Santa Maria a Piè di Chienti 238
Santa Marina Alta 137
Sant'Angelo in Vado 68, 115
Sant'Arcangelo di Romagna 72
Sant'Elpidio a Mare 251
Santi, Giovanni 93, 101, 107, 156
Sarnano 280
Sassocorvaro 99
Sassoferrato 184
Sasso Simone 88, 89
Senigallia 166, 170
Sentino 51
Serra de' Conti 179
Serrungarina 150
Sirolo 206
Sixtus V 265
Soncino, Ghershom 130
Soprani, Paolo 65
souvenirs 41

Spontini, Gaspare 173, 180
Staffolo 180

taal 41
Talamello 71
telefoon 41
tennis 33
theater 61
thermaalbaden 35, 52
toeristische woordenlijst 288
Tolentino 240
Torre di Palme 247
Treia 227
trein 22, 25
truffelmarkten 68
truffelreizen 68
truffels 21, 67, 115

Uliassi, Mauro 170
Urbania 112
Urbanus VIII 112
Urbino 100
– Accademia di Belle Arti 107
– Casa della Poesia 109
– Casa Natale di Raffaello 107
– Chiesa di San Bernardino (Mausoleo dei Duchi) 109
– Dom 106
– Fortezza Albornoz 107
– Galleria Nazionale 101
– Joods getto 108
– Museo Diocesano Albani 106

– obelisk 106
– Oratorio di San Giovanni 107
– Oratorio di San Giuseppe 107
– Palazzo Albani 107
– Palazzo Ducale 101
– Rafaël-monument 107
– San Domenico 106
– San Francesco 106
– Teatro Sanzio 109
Urbisaglia 242

vakantiehuizen en -woningen 27
Vanvitelli, Luigi 78
veiligheid 41
verkeersbureaus 19
Via Flaminia 122, 151
Villagrande di Montecopiolo 89, 98
Villa Imperiale 138
Visso 278
vliegtuig 22

wandelen 35, 88, 89, 92, 119, 139, 154, 160, 202, 277, 285
wandelkaarten 35
watersport 33
wijn 53
wintersport 36

Zuccari, Federico 115
Zuccari, Taddeo 115

Notities

Fotoverantwoording en colofon

Omslag: brug over de Metauro in Fossombrone (shutterstock)

DuMont Bildarchiv, Ostfildern: blz. 61, 82 r., 108, 125, 253 l., 252 r., 255, 274

Manuel Hauptmannl, Frankfurt a. M.: blz. 12 lb., 12 lo., 13 lb., 13 ro., 53, 70, 90, 120 l., 128, 132/133, 148, 155, 191 l., 218, 221 l., 228, 236, 250, 260/261, 266

Huber-Images, Garmisch-Partenkirchen: blz. 165 l., 174, 246 (G. Baviera); 240 (S. Cellai); 86, 112/113, 121 l., 143 (L. Da Ros); 182/183 (O. Fantuz); 80/81 (L. Gaudenzio); 76/77, 279 (J. Huber); 164 l., 186 (Kaos02) 195, 265 (M. Ripani); 11 (S. Raccanello); 220 r., 224/225 (M. Rellini); 8 (P. Rigaud); 7 (G. Simeone)

Annette Krus-Bonazza, Bochum: blz. 6, 10, 13 rb., 24, 83 l., 95, 118, 159, 167

laif, Köln: blz. 190 l., 208 (Celentano); 16/17, 30/31 (Eid); 82 l., 102/103 (Galli); 42/43, 120 re, 153 (Kirchner); 170 (Siragusa)

Mauritius Images, Mittenwald: blz. 67 (Age); 12 rb., 12 ro., 34, 37, 50, 55, 64, 138, 162, 164 r., 178, 200, 204/205, 220 l., 231, 252 l., 282, 286/287 (CuboImages); 190 r., 214/215 (G. Lenz)

Roberto Pagliani, Carpi Modena: blz. 73

picture-alliance, Frankfurt a.M.: blz. 58 (E. Lessing), 13 lo., 272 (dpa/Udo Bernhart)

Hulp gevraagd!

De informatie in deze reisgids is aan verandering onderhevig. Het kan dus wel eens gebeuren dat u ter plaatse een andere situatie aantreft dan de auteur.
Is de tekst niet meer helemaal correct, laat ons dat dan even weten. Ons adres is:

Uitgeverij ANWB
Redactie KBG
Postbus 93200
2509 BA Den Haag
anwbmedia@anwb.nl

Productie: ANWB Media
Coördinatie: Els Andriesse
Tekst: Annette Krus-Bonazza
Vertaling: Joke Jonkhoff, Amsterdam
Herziening: Silke Bouman, Amsterdam
Eindredactie: Geert Renting, Dieren
Opmaak: Hubert Bredt, Amsterdam
Ontwerp binnenwerk: Jan Brand, Diemen
Ontwerp omslag: DPS, Amsterdam
Concept: DuMont Reiseverlag, Ostfildern
Grafisch concept: Groschwitz/Blachnierek, Hamburg
Cartografie: DuMont Reisekartografie, Fürstenfeldbruck

© 2017 DuMont Reiseverlag, Ostfildern
© 2017 ANWB bv, Den Haag
Derde, herziene druk
ISBN: 978-90-18-04095-6

Alle rechten voorbehouden
Deze uitgave werd met de meeste zorg samengesteld. De juistheid van de gegevens is mede afhankelijk van informatie die ons werd verstrekt door derden. Indien die informatie onjuistheden blijkt te bevatten, kan de ANWB daarvoor geen aansprakelijkheid aanvaarden.